海外中国研究丛书

刘东 主编

[日] 福原启郎 著
陆帅 刘萃峰 张紫毫 译

魏晋政治社会史研究

江苏人民出版社

图书在版编目(CIP)数据

魏晋政治社会史研究/(日)福原启郎著;陆帅,
刘萃峰,张紫毫译.--南京:江苏人民出版社,2021.1(2021.5重印)
(海外中国研究丛书/刘东主编)
书名原文:魏晉政治社会史研究
ISBN 978-7-214-25558-7

Ⅰ.①魏… Ⅱ.①福…②陆…③刘…④张… Ⅲ.
①政治制度史-研究-中国-魏晋南北朝时代②社会发展
史-研究-中国-魏晋南北朝时代 Ⅳ.①D691.2
②K235.07

中国版本图书馆 CIP 数据核字(2020)第 190160 号

GISHIN SEIJI SHAKAISHI KENKYU by FUKUHARA Akiro
Copyright © 2012 FUKUHARA Akiro
All rights reserved.
Originally published in Japan by Kyoto University Press, Kyoto
Chinese (in simplified character only) translation rights arranged with Kyoto University
Press, Japan, through HIROGAWA CO., LTD.
All rights reserved.
Simplified Chinese edition copyrights © 2021 by Jiangsu People's Publishing House
江苏省版权局著作权合同登记号:图字 10-2018-443 号

书　　　名	魏晋政治社会史研究
著　　　者	[日]福原启郎
译　　　者	陆　帅　刘萃峰　张紫毫
责 任 编 辑	洪　扬
特 约 编 辑	陆诗濛
封 面 设 计	陈　婕
责 任 监 制	王　娟
出 版 发 行	江苏人民出版社
地　　　址	南京市湖南路 1 号 A 楼,邮编:210009
网　　　址	http://www.jspph.com
照　　　排	江苏凤凰制版有限公司
印　　　刷	江苏凤凰通达印刷有限公司
开　　　本	652 毫米×960 毫米　1/16
印　　　张	30.5　插页 4
字　　　数	368 千字
版　　　次	2021 年 1 月第 1 版
印　　　次	2021 年 5 月第 2 次印刷
标 准 书 号	ISBN 978-7-214-25558-7
定　　　价	88.00 元

(江苏人民出版社图书凡印装错误可向承印厂调换)

序"海外中国研究丛书"

中国曾经遗忘过世界,但世界却并未因此而遗忘中国。令人嗟讶的是,20世纪60年代以后,就在中国越来越闭锁的同时,世界各国的中国研究却得到了越来越富于成果的发展。而到了中国门户重开的今天,这种发展就把国内学界逼到了如此的窘境:我们不仅必须放眼海外去认识世界,还必须放眼海外来重新认识中国;不仅必须向国内读者迻译海外的西学,还必须向他们系统地介绍海外的中学。

这个系列不可避免地会加深我们150年以来一直怀有的危机感和失落感,因为单是它的学术水准也足以提醒我们,中国文明在现时代所面对的绝不再是某个粗蛮不文的、很快就将被自己同化的、马背上的战胜者,而是一个高度发展了的、必将对自己的根本价值取向大大触动的文明。可正因为这样,借别人的眼光去获得自知之明,又正是摆在我们面前的紧迫历史使命,因为只要不跳出自家的文化圈子去透过强烈的反差反观自身,中华文明就找不到进入其现代形态的入口。

当然,既是本着这样的目的,我们就不能只从各家学说中筛选那些我们可以或者乐于接受的东西,否则我们的"筛子"本身就可能使读者失去选择、挑剔和批判的广阔天地。我们的译介毕竟还只是初步的尝试,而我们所努力去做的,毕竟也只是和读者一起去反复思索这些奉献给大家的东西。

刘 东

目 录

中文版序　1
序论　1
　　魏晋时代　1
　　贵族・贵族制・贵族制社会——日本贵族制研究的展开　2
　　魏晋史的史料特征　6
　　各章旨趣与缘起　9

第一部　政治史篇

第一章　魏晋时代的复肉刑议论及其背景
　　　　——以赞成派与反对派在廷议中的论据分析为中心　15
　　第一节　复肉刑相关争论的特征　20
　　第二节　复肉刑派的论据　29
　　第三节　反对派的论据　40
　　第四节　围绕复肉刑进行廷议的意义　45
　　小结　47

第二章　魏明帝
——奢靡皇帝的实像　52
第一节　成长经历——生母甄氏的暗影　53

第二节　执政　55

第三节　奢靡　59

第四节　烈祖　61

小结　67

第三章　关于西晋国子学创立的考察　70
第一节　西晋的国子学　72

第二节　国子学的创立年代问题　87

第三节　国子学的创立背景　94

小结　105

第四章　关于《晋辟雍碑》的考察　107
第一节　《晋辟雍碑》的相关信息　113

第二节　碑阳刻文分析　120

第三节　碑阴刻文分析　128

第四节　立碑的背景与时代性　151

小结　156

第五章　八王之乱的本质　159
第一节　八王之乱的特性　162

第二节　关于舆论　172

第三节　八王之乱与贵族制　185

小结　190

第六章　西晋时代宗室诸王的特质
——以八王之乱为线索　193

第一节 宗室诸王的出镇——以成都王司马颖为例 196

第二节 宗室诸王与士人——陆机、陆云被杀事件 206

第三节 宗室诸王的权威 213

小结 220

第二部 社会史篇

第七章 关于贾谧"二十四友"的若干问题 225

第一节 贾谧"二十四友"相关信息 228

第二节 赵王司马伦政变后的处置 231

第三节 阎缵的批判性议论 238

小结 242

第八章 关于西晋贵族社会风气的若干考察
——从《世说新语》中《俭啬》《汰侈》的研究出发 247

第一节 关于《俭啬》 248

第二节 关于《汰侈》 258

第三节 西晋贵族社会的风气 269

小结 275

第九章 《钱神论》的世界 278

第一节 鲁褒 279

第二节 《钱神论》译文 283

第三节 几种《钱神论》 290

第四节 《钱神论》的分析 298

小结 305

第十章 《释时论》的世界 307

第一节 作者王沈 311

第二节 《释时论》的结构与内容 313

第三节　作为仕隐论的《释时论》　322

　　第四节　作为时世论的《释时论》　329

　　第五节　《释时论》的世界——选举的浑浊　336

　　小结　340

第十一章　西晋墓志的意义　341

　　第一节　墓志起源的相关讨论　341

　　第二节　西晋墓志的特征　346

　　第三节　西晋墓志的意义　378

　　第四节　墓志的形成及其历史性意义　399

　　小结　403

结语　412

参考文献　431

各章摘要　450

后记　459

译后记　468

中文版序

本书由曹魏、西晋时期政治史、社会史相关的11篇论文构成,最初的日文版刊行于2012年,出版社为京都大学学术出版会。基于这本著作,我于2013年获得了京都大学文学博士学位。此次的中译本,可以说是2020年1月江苏人民出版社刊行的《晋武帝司马炎》的姊妹篇。两者都以魏晋时期为研究范围,但一为论文集,一为概说书。举例而言,《魏晋政治社会史研究》第五章《八王之乱的本质》是《晋武帝司马炎》八王之乱相关部分撰写时的重要参考。至于第三章《关于西晋国子学创立的考察》,则是《晋武帝司马炎》中未能涉及的全新论题。

如果列举本书所收论文的主题,属于政治史篇的有:是否复肉刑的相关议论、魏明帝曹叡、西晋国子学的创立、《晋辟雍碑》、八王之乱、西晋宗王;属于社会史篇的有:贾谧"二十四友"、《世说新语》中《俭啬》和《汰侈》、《钱神论》、《释时论》、西晋墓志。总而言之,本书以公元三世纪的魏晋时期为范围,选取了人物、事件、著作等课题。坦率而言,因为课题比较分散,所以本书并非围绕着一个宏大问题而展开、各章节之间存在有机联系的论文集。我展开研究的方式,是在仔细阅读文献史料、金石史料的过程中,发现一些朴素的问题,而后通过查阅诸种资料,最终解答问题。如前所言,我的研究课题比较分散,有些漫无目的的任性感。或因如此,虽然曾申请过日本学术振兴会的出版资助,但未能成功。不过,本书最终将这些散漫研究编织在了一起。正是基于这些成果,我个人对于魏晋时期历史构造的见解逐渐得以形成,即本书的结语部分。举例而言,我认为魏晋帝国重蹈了秦汉帝国崩溃的某些覆辙,如党锢之祸与八王之乱类似,黄巾之乱则与永嘉之乱类似,等等。

书中11篇论文的最初发表时间,自1982年始,迄于2009年。在此期间,我先后经历了京都大学文学研究科东洋史学专业博士研究生、京都大学文学部研修员、京都外国语大学教师等几种身份。该时期日本中国史学界,尤其是六朝史学界的动向,大致以1970年为分水岭。1970年以前,围绕着中国古代史分期问题(六朝隋唐时期属于古代还是中世),以及与之密切相关的六朝时期的主角——贵族的本质问题(寄生官僚还是地方名望家),学界不断展开争论。1970年之后,这些争论的风潮退去,研究者们沉浸于各自具体的研究之中。受此影响,我个人展开研究的方式也是阅读史料、发现问题、解决问题,因此题目散漫。不过,对于此前学界争论的主题之一——六朝贵族制的本质,我也进行过思考,但一开始没有完全想明白。因此,在撰写《晋武帝司马炎》一书时,几乎没有使用"贵族"这个词。为了探寻贵族制的本质,我参加了由谷川道雄老师发起的内藤湖南研究会——内藤湖南正是"六朝贵族"这一概念的创始人。此后,我撰写了《内藤湖南中世贵族说的逻辑》(收入内藤湖南研究会编:《内藤湖南的世界》,

河合文化教育研究所,2001年)等论文,对此问题展开考察。而关于贵族制的本质,正如本书结语所言,基于书中所收录的诸篇论文,我赞成川胜义雄老师对于六朝贵族制的看法。此外,我也受到同时期欧美新史学思潮——例如法国年鉴学派的影响。本书第十一章《西晋墓志的意义》中所涉及的心性史讨论,即为其例。

在六朝史相关的学术争论逐渐消散后,或是作为一种替代,各类学会、研究会纷纷成立。具体而言,有成立于1989年的魏晋南北朝史青年学者会(后改称魏晋南北朝史研究会),成立于1990年的六朝史研究会,成立于1992年的濑户内魏晋南北朝史研究会,成立于1997年的六朝学术学会,成立于2006年的三国志学会。以上学会,我本人都参加了,并在大会、例会等场合受到许多启发,也不时报告论文初稿,接受评议。此外,随着日本学界与中国学界的交流日渐兴盛,我积极参加过许多国际学术研讨会,进行会议报告。例如1992年于西安陕西师范大学召开的中国魏晋南北史学会第四届年会暨国际学术研讨会,当时日本方面以谷川道雄先生为团长,共带领14名学者参加。我仍然记得,在9月18日上午的大会(主持人为周伟洲先生)上,我进行了题为《西晋墓志的意义》的报告,由南京博物院罗宗真先生评议。本书第十一章正是以此次报告为基础而形成的。

拙著的研究成果,究竟哪些会为中国读者所接收,哪些又会受到批判,我心中颇为惴惴不安。而书中的诸篇论文,以及基于诸论文所形成的、展现我个人对魏晋历史见解的结语,如能承蒙读者们不吝赐教,则是我莫大的荣幸。

最后,我要对承担如此艰难翻译工作的陆帅、刘萃峰、张紫毫三位老师致以满腔谢意。此外,也想对帮助本书出版的"海外中国研究丛书"主编刘东老师、江苏人民出版社社长王保顶老师以及本书的责任编辑洪扬女士表示深深的感谢。

福原启郎
2020 年 12 月 6 日

序　论

魏晋时代

首先需要说明的是，本书书名《魏晋政治社会史研究》中的"魏晋"，指曹魏与西晋。"魏晋"一词，原本代指曹魏、两晋（西晋、东晋）。六朝的同义词——魏晋南北朝中的"魏晋"，就是这一用法。①"魏晋"还有另一种用法，即仅仅指代曹魏与西晋，或者说仅指代以曹魏为中心的三国时代以及西晋时代，东晋时代则被排除在外。冈崎文夫于1931年出版的《魏晋南北朝通史》第一章《魏晋时代》（第二章为《东晋五胡时代》）就是这种用法。本书中的"魏晋"，也基本是这种用法。这是因为尽管存在魏晋禅让，但曹魏、西晋王朝的连续性更值得重视，可以视为一个时代周期。这一时代周期，也就是天下由分裂走向统一的过程。通过研究此周期，我们能够把握六朝隋唐时代由分裂走向统一这一历史过程的前奏。此外，这一历史周期始于东汉灭亡、曹魏建立，终于西晋灭亡。名义上，该周期开始于公元220年，结束于公元316年。

---

① 在中国史学界，一般将魏晋南北朝时期的孙吴、东晋、宋、齐、梁、陈六个南方政权统称为六朝。日本史学界的习惯与此不同，六朝常指代魏晋南北朝。——译者

而实际上,周期的开始应当从党锢之祸(166)①、黄巾之乱(184)②、灵帝死后的屠杀宦官(189)③、曹操迎献帝入许县(196)④等历史事件中去寻求。无论怎样,魏晋时代的前半段,是曹操大为活跃的"三国志"时代。概括言之,魏晋时代始于群雄割据,而后三国鼎立⑤,西晋统一。西晋自八王之乱开始逐渐崩溃;至永嘉之乱中洛阳陷落(311),实质已经灭亡;随着长安陷落(316),名实皆亡。

这一狭义的魏晋时代,按照内藤湖南在《中国上古史》序言中的时代划分,属于古代(上古)至中世(中古)的过渡期,对应东汉后半至西晋后半期。古代社会的余绪与中世社会的萌芽在此时期相互对抗,展现出纷乱复杂的世相。拙著《晋武帝司马炎》(白帝社,1995年)⑥曾以司马氏家族的活动为中心,对此狭义魏晋时代历史的发展进行了概述。

在此魏晋时代,"贵族"登场了。

贵族·贵族制·贵族制社会
—— 日本贵族制研究的展开

所谓"贵族",一般指与平民相对,因血统、门第而具有一定社会特权的家族。而在日本的中国史研究中,"贵族"是代指六朝隋

---

① 如金文京《三国志の世界——後漢·三国時代》(讲谈社,2005年)中"贵族制成立的源流"一节所言,这是《三国演义》所不载的大事件"。
② 群雄登场,《三国演义》的开端。
③ 群雄割据的开端。
④ 曹魏政权的起点。
⑤ 按照大庭脩在《親魏倭王》(学生社,1971年)一书中的说法,也可称"四国"鼎立。"四国"即魏、蜀、吴、燕。——译者
⑥ 该书中文版为《晋武帝司马炎》,陆帅译,江苏人民出版社,2020年。——译者

唐,尤其是六朝时代某一社会阶层的历史概念。

在中国史研究中,确立"贵族"这一历史概念的是内藤湖南(1866—1934)。对于所谓的"贵族",在不同阶段,内藤湖南的认识也在不断深化。在第一阶段(《支那论》),内藤湖南在政治体制的脉络中理解"贵族",认为在"唐宋变革"的"君主独裁统治"之前,存在所谓的"贵族政治"。在一开始,内藤湖南认为"贵族政治"存在于古代(上古)与中世(中古)。之后,他又认为"贵族政治"仅存在于中世。在第二阶段(《概括的唐宋时代观》,收入《支那近世史》),内藤湖南指出了"贵族政治"的本源与本质。内藤认为,"贵族政治"的本源是地方名望家与中央官僚相辅相成的二元论。① 而"贵族政治"的本质是贵族的独立性②,贵族是一种社会存在③。在第三阶段(《支那中古的文化》),内藤湖南将贵族的形成过程追溯到汉代,认为贵族的本源是学问,以及在学问的影响下形成的重视礼仪、名节的风潮,贵族也由此形成。④

接下来,对继承内藤湖南贵族制学说的"京都学派"研究者及其观点略加介绍。冈崎文夫最先使用了"贵族制"这一名称,指出这是一种社会制度,基础是对贵族(士族)的阶级统辖(姓族制,前提为区分士庶),形成于南朝⑤。宫崎市定则将贵族制想象为君主制下官僚制与分封制(中世的本质)的一种中间形态,认为贵族(士)由豪族发展而来,与政权相结合,最终形成于三国时代。宇都宫清吉也认为,门阀(贵族)是汉代豪族中具有特定门第、历代

---

① 作为地方名望家,门第自然代代传承,也很自然地造就了世代为官的基因。
② 天子并不赐予贵族领土与民众。
③ 内藤之所以这么说,应该是想强调贵族的本源在于地方名望家的身份。
④ 参见福原启郎:《内藤湖南的中世贵族成立的論理》,内藤湖南研究会编:《内藤湖南の世界——アジア再生の思想》,河合文化教育研究所,2001年。
⑤ 换言之,冈崎文夫认为魏晋时代并非贵族制的时代。

出任高官的部分家族,并在公元三世纪形成了"门阀豪族"体制。值得注意的是,宇都宫清吉提出六朝时代具有自律性的时代特征("时代格"①)、汉末名士的根基在于清议(舆论)等观点。森三树三郎则揭示了"土地贵族"、"财产贵族"、"官职贵族"("官僚贵族")、"教养贵族"、"世袭贵族"等贵族的多元特征,指出贵族的根本特征在于世袭,并将贵族的必须条件依次排序为世袭、教养、官职、土地、财产。宫川尚志则列举了"不受皇帝意志、国家兴亡影响的高贵血统,稳定的宗族,以大土地所有为主的经济实力,在以朝廷为中心的官界、上流社会中具有优越地位,无论战时、平时都能在乡里保持政治社会声誉"等诸多要素,并尤为重视"士"这一社会身份,指出这是身为贵族所必不可少的条件。

对内藤湖南的贵族制论以及宫崎市定、宫川尚志的思考加以消化,批判性继承、继续发展的,是川胜义雄。其研究的关键词是"贵族制社会"。川胜从社会构造的变化(东汉基层社会"里共同体"的变化)中寻求贵族制社会的形成原因,认为第一个条件是豪族的发展,第二个条件是对豪族领主化的抵抗运动。在克服这对矛盾的过程中,产生了贵族制社会。贵族制社会的构造,是乡论环节的重层结构。川胜氏贵族制论的特征,是将汉末清流势力(逸民式的人士)视为贵族制社会的源流,并与之关联,川胜义雄还首次将党锢之祸、黄巾之乱等东汉政治史中的大事件定位到贵族制社会的形成过程中。

与川胜义雄同时,谷川道雄也对贵族制论提出看法。基于宫崎市定的《九品官人法研究》,谷川认为,"乡品决定官品这一事

---

① 宇都宫清吉认为,与每个人都有不同人格相似,每个时代也有不同的时代特征,故将之名为"时代格"。参见宇都宫清吉:《東洋中世史の領域》,《東光》第2号,1947年。——译者

实,说明贵族的身份、地位在本质上是由乡里社会中的地位、权威所决定的","贵族之所以是贵族,其根源不在王朝内部,而在王朝的外侧"。①谷川道雄明确了内藤湖南所主张的贵族独立性的根源,这是相当重要的一点。与此同时,在乡里社会基层构造中,关于共同体的延续与变迁(由里共同体到豪族共同体,此外还有宗教共同体),谷川关注到晋代坞壁领袖、北朝赈济地方的豪族等人群,指出能够克制世俗欲望、具有自律性的豪族共同体领袖,便是贵族。贵族的主体,也由此得以定位。川胜、谷川贵族制论的基干,主要继承了内藤湖南对贵族认识的第二阶段——即贵族作为地方名望家的一面。

与之相对,矢野主税、越智重明则更为强调贵族作为官僚的一面。这一点,与内藤湖南对贵族认识的第二阶段——贵族作为官僚的一面紧密联系。不过,矢野、越智二氏都预先设定了皇帝的权威性,最终否定六朝贵族制的存在,这是其共通之处。矢野提出了贵族是基于王朝权力的寄生官僚,越智则将皇帝单方面的统治作为前提。

就目前的贵族制论而言,"贵族"这一称呼、概念得以确定,并传播至中国、韩国、欧美等海外学界,成为一种既有概念。与此同时,与中国古代分期争论关系密切的贵族制论的争议,也淡出主流学界,最终消逝。近来颇具个人特色的贵族制论研究中,池田温、堀敏一、中村圭尔寻求名望家侧面与官僚侧面的统一,渡边义浩从儒学、文化中寻求贵族的本质(类似内藤湖南对贵族认识的第三阶段),堀敏一、川合安重新检讨九品中正制,安部聪一郎、津

---

① 谷川道雄:《六朝貴族制社会の歴史的性格と律令体制への展開》,《社会経済史学》第31卷第1—5号,1966年。

田资久对贵族制论依据的史料进行批评与再检讨等等。①

魏晋史的史料特征

凡是能够复原魏晋历史之物,皆可称为史料。② 尽管处理起来颇具难度,但历史遗迹当然也是史料,例如汉魏洛阳故城、褒斜道等等。以下,笔者就撰写本书诸篇论考过程中所感受到的魏晋史料特征,略加论述。

文献史料是最为直接的史料。文献史料的中心是《三国志》《晋书》等正史。在复原西晋历史时,正史《晋书》便是中心。不过,由于《晋书》是唐贞观年间的集体编纂项目,又与唐太宗李世民关系密切,因此对于唐修《晋书》有诸多批评之语,如"粗疏之处颇多""文字矛盾、不一致""多采传奇、小说家之言,并非实录"。其实,与其他正史相比,《晋书》的史料价值并不逊色。该书利用了六朝时代的十八家晋史③,此外还利用了包括"传奇、小说"、奏章、文学作品等"准当代史料"。虽然在引用时多有节略,但唐修《晋书》能够引用这些材料,此意识本身就很重要。当然,由于经过了十八家晋史与唐修《晋书》两阶段的编纂,就更要求研究者对

---

① 参见福原启郎:《日本における六朝貴族制論の展開について》,《京都外国語大学研究論叢》第77号,2001年。
② 史料的具体分类参考了杉山正明:《史料とは何か》,《世界歴史》第一卷《世界史へのアプローチ》,岩波书店,1998年。此外,史料解题等内容,参见平凡社:《東洋史料集成》,《世界歴史事典》第二十三卷,平凡社,1955年;岛田虔次编:《アジア歴史研究入門》第一卷,同朋舍,1983年;山根幸夫编:《中国史研究入門》上,山川出版社,1983年;中林史朗、渡边义浩编著:《三国史研究要覧》,新人物往来社,1996年;渡边义浩:《三国志研究入門》,日外アソシエーツ出版社,2007年。
③ 唐太宗《修晋书诏》提到用晋史"十有八家",实际为二十四家晋史。唐修《晋书》以臧荣绪《晋书》为底本,参考了其他家旧晋书。这些其他家旧晋史,类似于《三国志》裴松之注所引诸家史书。

史料加以批判地解读。本书的第一章、第五章、第七章、第九章、第十章，就较为积极地利用了包括《三国志》《晋书》在内的"准当代史料"。

非史书的典籍主要是《世说新语》。《世说新语》是收集、分类魏晋时代人物品评相关逸事的小说，"竹林七贤"等名士是其中主角。另一方面，作为《三国志》主角的关羽、张飞则未在书中登场。较之史书，《世说新语》中虚构的要素很多，需要极为慎重地处理。不过，该书直接反映了时人的心理状态，这类材料在史书中是比较少的，因而极具史料魅力。本书的第八章，就是以《世说新语》为主要材料展开的。

与后世编纂的文献史料相对，其他史料基于有无文字、书写材料如何①、传世品还是出土品等标准，还能够细分出文书史料、金石(石刻)史料、考古史料。

该时期的文书史料，包括简牍类(竹简、木简、木牍)的长沙走马楼吴简(1996年出土)、郴州晋简(2003年出土)、吐鲁番文书、楼兰尼雅晋简等。阅读走马楼吴简，能够很自然地切实感到，吴简中虽有与《三国志·吴书》相关联的部分，但更展现出了《三国志·吴书》所未能描述的广阔历史。此外，作为传世品，则有写于纸上、藏于北京故宫博物院的陆机尺牍——《平复帖》。② 顺带一提，西晋咸宁五年(279)于战国魏墓中发现了一批竹简，即汲冢古书。

金石(石刻)史料，则有出土于地下墓室之中的墓志。由于埋

---

① 魏晋时期为文书等书写材料从简牍向纸张转化的过渡期，参见富谷至：《木简·竹简の語る中国古代——書記の文化史》，岩波书店，2003年。
② 本书日文版封面照片即《平复帖》。历代法帖所收魏晋书法，还有晋武帝司马炎手书、钟繇的《宣示表》等。

于地下,墓志文字大体清晰。本书第十一章就主要利用墓志展开研究。相较于墓志,由于魏晋时期的数次禁碑令,立于地上的石碑(墓碑等)要比汉代少很多。曹魏有《毌丘俭纪功碑》《王基碑》等,孙吴的《禅国山碑》较为特别。西晋的《辟雍碑》则是超出常例的巨碑。本书第四章就《晋辟雍碑》展开了讨论。

考古史料则有画像砖(嘉峪关古墓)、明器(展现时代特征的魂瓶、绘有各种动物形象的青瓷器)等等。

上述出土史料存在辨别真伪的问题。① 此外,出土史料与文献史料的关系,除了补充、订正之外,还有文献史料与同时代史料相互验证的"二重证据法"。

例如,关于左思的妹妹左棻,文献史料中,《晋书》卷三一《后妃传·上》立有《左贵嫔传》。其中记载,左贵嫔名"芬",而金石史料《左棻墓志》中,名"棻",官职为"贵人"。究竟孰是孰非,难以立刻决断。此外,左思有两个女儿,其《娇女诗》(《玉台新咏》卷二)云"小字为纨素""其姊字惠芳",记载了她们的小字。《左棻墓志》记载"芳,字惠芳""媛,字纨素",与《娇女诗》一致,确认了文献史料的记载。又关于贾后贾南风的乳母徐义(徐美人),文献史料全无记载,随着《徐义墓志》的出土才为人所知。对于贾后,《晋书》的《贾后传》记载她"性酷虐""荒淫放恣"。而根据墓志,贾南风在成为皇后之后,也无法离开乳母徐义。两种记载的落差,使得我们很难将这两种贾后的形象合为一体。可以确定,这两种记载恐怕都有偏颇,应当避免不加批判的使用。具体论述可参见本书第十一章第三节。

以上,主要叙述了文献史料、金石史料,特别是唐修《晋书》、

---

① 包括"伪刻""疑刻""模刻"等情况,参见本书第十一章注释。

《世说新语》、墓志的相关情况。在复原魏晋历史的过程中,无论是文献史料还是石刻史料,都需要加以批判地阅读,这当然是无须赘言之事。

各章旨趣与缘起

本书由政治史篇(第一至六章)与社会史篇(第七至十一章)两部分构成。以下,对各章的旨趣、展开研究的契机加以介绍。

本书第一章《魏晋时代的复肉刑议论及其背景——以赞成派与反对派在廷议中的论据分析为中心》就曹魏、西晋、东晋时代反复出现的是否复肉刑的朝廷议论,特别以赞成派、反对派的相关论据为中心展开论述。本章的讨论基于以下两点疑问:为何当时知识分子的代表——郑玄、葛洪等人都主张乍一看明显不合时宜的论断?此外,为何曹操、魏文帝、魏明帝都意图恢复肉刑,却最终未能实现?第二章《魏明帝——奢靡皇帝的实像》讨论了意图复肉刑的魏明帝。本章试图解决的疑问在于,为何在大臣不断上书谏言的情况下,魏明帝仍强行营造宫殿?

第三章《关于西晋国子学创立的考察》针对西晋建立国子学,特别对就任国子祭酒与博士的相关人物、国子学的建立年代及建立背景等问题展开重点讨论。本章的讨论基于以下两点疑问:既然当时中央官学——太学依然存在,为何还要建立国子学?又为何是西晋建立了国子学?第四章《关于〈晋辟雍碑〉的考察》对西晋时代形制首屈一指的巨碑——《晋辟雍碑》及其相关问题展开考论。今天的西晋国子学遗址,在国子学成立不到两年时便修建完成。《晋辟雍碑》出土于该遗址附近,与国子学当有密切关联。本章在分析碑阳文字的同时,还就立碑背景、碑阴题名展开分析,考察了《晋辟雍碑》所蕴含的时代特性。那么,为何西晋政权要立此巨碑?这是本章撰写的缘起所在。

第五章《八王之乱的本质》与第六章《西晋时代宗室诸王的特质——以八王之乱为线索》都是针对西晋灭亡的要因——八王之乱的讨论。八王之乱爆发于西晋后半期,是以宗室诸王为主角的诸多政变、内乱等政治抗争的统称。为何政治抗争会连锁性地反复发生?循此疑问,笔者在第五章尝试对各次抗争的结构展开分析。而基于第五章的结论,又出现了新的疑问:西晋宗室诸王为何会成为八王之乱的主角?为此,本书第六章探讨了原本作为"屏藩"出镇地方要冲的宗室诸王僚属的结构、特征以及皇权的权威在八王之乱中被利用的情况等问题。

第七章《关于贾谧"二十四友"的若干问题》与第八章《关于西晋贵族社会风气的若干考察——从〈世说新语〉中〈俭啬〉〈汰侈〉的研究出发》都是西晋贵族社会特征的相关讨论。第七章讨论了元康年间(291—299)贵族社会中"二十四友"这一文学团体的历史特征。八王之乱中,寒门、寒人阶层与宗室诸王紧密联系,政变失败后纷纷被定罪。与之相对,永康元年(300)针对贾后的政变发生,身为外戚权贵的贾谧被杀;然而,与贾谧结交的"二十四友"却并未被问罪。这一疑问,是第七章讨论的基点所在。第八章针对《世说新语》中《俭啬》《汰侈》所收西晋、东晋贵族社会吝啬、奢侈的逸事,并注意分析吝啬与奢侈的差别,从而解释贵族社会的一个侧面。与此同时,笔者认为《汰侈》的某些逸事与其说表现了奢侈,倒不如说展现了豪气,更适合收入《豪爽》。故而也带着此疑问,对《汰侈》的内涵展开了考察。

第九章《〈钱神论〉的世界》与第十章《〈释时论〉的世界》的研究对象,都是批判晋惠帝(290—306在位)时期如"互市"一般世相的警世之言。第九章的研究对象是讽刺当时拜金主义风潮的鲁褒《钱神论》。第十章的研究对象是批判当时选举状况腐败的王沈《释时论》。本书通过对这两篇文章的分析、讨论,来切近当时选举的实态。在《钱神论》中,登场了两位人物——"司空公子"与"綦毋先生"。文章批判了体现拜金主义的"司空公子",这自然是理所应当的。但同时也批判了重视学问、清谈的"綦毋先生",这又是为何？该疑问是笔者展开研究的出发点。

第十一章《西晋墓志的意义》以西晋时代的墓志("墓志碑")为对象展开考论。在研究过程中,笔者对西晋墓志分布的地域倾向、女性墓志较为多见的现象有所疑问,由此展开讨论。在考察西晋墓志意义的同时,还对中国墓志(墓志铭)的起源提出了自己的见解。

第一部　政治史篇

第一章　魏晋时代的复肉刑议论及其背景
——以赞成派与反对派在廷议中的论据分析为中心

东汉魏晋南北朝时代，尤其是魏晋时代，复肉刑的相关议论很活跃。所谓肉刑，是指伤害或者去除人的一部分身体的刑罚，有墨刑（黥，刺字）、劓刑（去鼻）、剕刑（刖，去足。分为砍去左脚拇指的"刖左趾"与砍去右脚拇指的"刖右趾"）、宫刑（男性曰去势、女性曰幽闭）。① 西汉文帝十三年（前167），原则上废除了肉刑。当时，少女缇萦为替父亲淳于公赎罪，上书自求为官奴婢。汉文帝为缇萦所触动，免去淳于公的罪名，并将肉刑从刑罚中去除。在缇萦的上书中，有"妾伤夫死者不可复生，刑者不可复属，虽复欲改过自新，其道无由也"一节。肉刑违背人性，一旦受刑，便无法恢复，这也正是其被废除的原因。在肉刑被废除的同时，黥刑改为髡钳城旦舂（五年的劳役刑）、劓刑改为笞刑三百、斩左趾改

---

① 《尚书·吕刑》所载五刑，除大辟（死刑）之外，还有墨辟、劓辟、剕辟、宫辟。《周礼·秋官·司刑》载墨、劓、宫、刖、杀为五刑。《汉书》卷二三《刑法志》载"凡杀人者踣诸市，墨者使守门，劓者使守关，宫者使守内，刖者使守囿……"，又《后汉书》卷五二《崔寔传》载其《政论》云汉初有"黥、劓、斩趾、断舌、枭首"五种刑罚。

为笞刑五百、斩右趾改为弃市(死刑)。① 与废除肉刑的事实相对,主张复肉刑的议论也开始登场。张华《博物志·典礼考》载:

> 肉刑,明王之制,荀卿每论之。至汉文帝感太仓公女之言而废之。班固著论宜复。迄汉末魏初,陈纪又论宜申古制,孔融云不可。复欲申之,钟繇、王朗不同,遂寝。夏侯玄、李胜、曹羲、丁谧[谧]建私议,各有彼此,多云时未可复,故遂寝焉。②

又葛洪《抱朴子·外篇·用刑》载:

> 昔魏世数议此事,诸硕儒达学,洽通殷理者,咸谓宜复肉刑,而意异者驳之,皆不合也。③

从东汉班固的议论开始,复肉刑的议论不断高涨,自汉末至曹魏、西晋、东晋,复肉刑与反对肉刑两派争论不休,特别在曹魏时代,这一争论达到顶峰。不过在东晋末,议论逐渐消退,复肉刑也最终未能实施。

如上所见,复肉刑一直停留在议论阶段,最终未能实施。这就留下了一个难以究明的朴素问题:为何会出现复肉刑这种乍一看违背时代潮流的议论? 自东汉班固开始,复肉刑的议论反复出

---

① 参见《史记》卷一〇《孝文本纪》、卷一〇五《扁鹊仓公列传》,《汉书》卷四《文帝纪》、卷二三《刑法志》。又关于宫刑,汉文帝诏敕云"今法有肉刑三",废止了黥、劓、斩左右趾三种肉刑,不及宫刑。这就留下了是否要废除宫刑的问题,于是后来的汉景帝时代又出现了相关讨论。
② 本段文字依范宁《博物志校证》(中华书局,1980 年)校勘记,将原文中"去"改为"云","谊"改为"寝"。
③《抱朴子·外篇·用刑》全文作:"昔魏世数议此事,诸硕儒达学,洽通殷理者,咸谓宜复肉刑,而意异者驳之,皆不合也。魏武帝亦以为然。直以二陲未宾,远人不能统至理者,卒闻中国刖人肢体,割人耳鼻,便当望风谓为酷虐,故且权停,以须四方之并耳。通人扬子云亦以为肉刑宜复也。但废之来久矣,坐而论道者,未以为急耳。"由葛洪自己议论"用刑"的文字可知,他是复肉刑的支持者。

现,例如在《晋书·刑法志》中,相关议论占据了全文接近三分之一的篇幅,与魏晋律令编纂的记述相匹敌。此外,训诂学大家郑玄、《抱朴子》作者葛洪等人都是当时知识人的代表,也都主张复肉刑。与此疑问相关,又产生了新的疑问:自东汉至东晋,为何曹魏时代关于复肉刑的争论如此盛行?这种情况,不见于前后时代,是否属于偶然?此外,拥有巨大影响力的郑玄以及曹操(东汉丞相、魏王)、魏文帝、魏明帝、晋武帝、晋元帝等皇帝或权臣都意图复肉刑,但最终却都未能实施,这又是为何?复肉刑与反对肉刑两派各自坚持己见,固守观念,其原因何在?这两派的背后,是怎样的理念在支撑?两者最本质性的差异又在何处?疑问不断地涌现。那么,围绕着复肉刑议论,过往学界又是如何理解、解释的呢?

围绕着复肉刑的相关争议,代表性的论述有重泽俊郎的《汉魏时期的肉刑论》与西田太一郎的《肉刑论所见刑罚思想》。①

重泽俊郎指出,东汉班固、仲长统、陈纪的复肉刑论的论据与荀子相同。其理念根基在于寻求以轻重合适的刑罚来惩处罪行。他们认为,量刑过重、过轻,都会导致刑罚体系的混乱。此外,刑罚的意义不仅在于惩治犯罪,也在于预防再次犯罪。复肉刑论最初占据优势。曹魏的钟繇、李胜、曹志接连提出的复肉刑论也基本与此相同。不过,在与反对肉刑派的争论中,原本与斩右趾相当的死刑回避问题逐渐成为争论重点所在。与之相对,曹魏的孔融、夏侯玄反对复肉刑。他们主张,犯罪的原因不能完全归咎于罪犯本人,是应从整个社会中去寻求,刑罚应当令犯人改过自新;

---

① 重泽俊郎:《漢魏に於ける肉刑論》,京大支那哲学研究会《東洋の文化の社会》第二集,1952 年;西田太一郎:《中国刑法史研究》,岩波书店,1974 年。

而肉刑阻碍了犯人的改过自新,作为中间刑并不妥当。这类反对肉刑的议论,逐渐占据上风。围绕肉刑争论的变迁,实际与社会变迁相关联。西汉时代,国家权力与豪族势力相互对立,为了抑制豪强,出现了以废肉刑为名目的严刑主义。① 到了东汉这一豪族时代,为了去除严刑主义的弊端,恢复肉刑的议论开始登场。至东汉后半,随着农民阶层地位的上升、魏晋时期人性论对生命尊严的重视,复肉刑派强调肉刑能够避免死刑的滥用,反对肉刑派则强调犯人改过自新的权利。此外,曹魏(包括曹操掌握实权的汉末)时代,曹操及其后继者都意图复肉刑,相关议论日渐活跃,赞成者多为曹氏一族或与曹氏利益相关者,反对者则多是曹魏政权的边缘人物。此外,从编纂魏律所体现的法律思想发展来看,除了刑罚中的报应主义②、一般预防主义③,还出现重视犯人改过自新的特别预防主义④。在对以上内容进行总结之后,重泽俊郎又展开了议论。重泽俊郎对于复肉刑派、反对肉刑派的理论分析是正确的。不过,从社会背景中探求废肉刑以及

---

① 肉刑是介于轻刑与死刑之间的一种中间刑。西汉废除肉刑后,由于中间刑缺乏,相应的罪行判以重度的笞刑或死刑,刑罚实际变得更加严酷了。正如《汉书·刑法志》所云:"是后,外有轻刑之名,内实杀人。斩右止者又当死。斩左止者笞五百,当劓者笞三百,率多死。"因此重泽俊郎将之总结为"以废肉刑为名目的严刑主义"。相关论述在下文魏晋人的议论中也能够看到。——译者
② 报应主义,又称报应刑主义,强调刑罚的施加在于报应。恶有恶报、善有善报是人理常情,犯罪是一种恶,对于犯罪之恶,应以刑罚应之。刑罚是犯罪之报应,着眼于已然之罪,犯罪事实不仅为刑罚之条件,而且为刑罚之唯一原因。刑罚的正当性,就在于它是对犯罪的一种报应。——译者
③ 一般预防主义,是指将一般预防视为刑罚唯一目的的刑罚理论。该学说力主国家应采用严刑峻法,其目的在于对潜在犯罪人、意欲犯罪者甚至公众予以强制或威慑,以预防并制止他们实施犯罪。——译者
④ 与一般预防主义主张采用严刑峻法不同,特别预防主义强调国家对犯罪者采用刑罚的目的,在于防止罪犯本人将来再犯罪。该学说认为,对犯罪人使用刑罚,不仅是为了使他们不再犯罪,而且要使他们改过自新,重新做人。——译者

复肉刑、反对肉刑出现的原因,这一方向虽然正确,但在王朝特征的认定,以及讨论王朝特征与西汉废肉刑、东汉至曹魏围绕复肉刑相关议论的联系上,则显得过于机械。此外,正如论文标题所见,重泽俊郎未论及西晋及之后的肉刑议论,此点颇为遗憾。

与之相对,西田太一郎的《肉刑论所见刑罚思想》总结了东汉至东晋及唐代复肉刑、反对复肉刑的主要论者与论点,将之与魏律、晋律的刑罚规定相对应。在论文最后,西田太一郎全面整理了复肉刑论与反对肉刑论的要点。西田概论云,复肉刑论认为:(甲)希望恢复汉文帝所废肉刑中转化为死刑的斩右趾刑;(乙)死刑与髡钳刑量刑差距过大,需要肉刑作为中间刑;(丙)肉刑能够去除用以犯罪的肢体,具有特别预防主义的效果;(丁)肉刑能够给世人以威吓,具有一般预防主义、威吓主义的效果。与之相对,反对肉刑论认为:(戊)肉刑太过残酷;(己)应当引导罪犯身心向善,故而具有教育主义的倾向。无论是复肉刑派还是反对肉刑派,都以作为国家最高学说的儒学为基础,展开议论。不过,肉刑最终在原则上未能恢复,由此来看,当时刑罚思想中教育主义倾向更为强势。在中国的刑罚制度中,"五刑"的中间刑由肉刑向徒刑(劳役刑)转化,而劳役刑的要素中,就包含有以夏侯玄代表的反对肉刑论者所持的教育主义理念。夏侯玄认为,要安定民众的生活,利用教化防止犯罪的发生。如有犯罪,应以教育刑令犯人改过自新。① 西田太一郎的讨论如上。他敏锐地注意到反对肉刑派的教育主义倾向以及这一时期作为"五刑"中间刑的劳役刑,颇具启发之处。此外,西田对于恢复肉刑派、反对肉刑派论

---

① 唯有不知悔改的绝对恶人,即所谓"妖逆"才处以死刑。

者各自的观点以及复肉刑论、反对肉刑论的要点加以逐条梳理,理解精确,极具参考价值。不过,在复肉刑论的诸要点中,究竟哪个才是这一时代最本质的问题所在?这是笔者想要探求的问题。

以上简述了重泽俊郎《汉魏时期的肉刑论》、西田太一郎《肉刑论所见刑罚思想》两文内容,并指出其中应当注意的论点、问题点所在。对于笔者的疑问,重泽俊郎《汉魏时期的肉刑论》中提到,东汉是豪族的时代,为了缓和以废除肉刑为名目、抑制豪族的严刑主义,因而出现了复肉刑论。笔者不赞同这一解释。此外,西田太一郎《肉刑论所见刑罚思想》虽已点出复肉刑论与魏律、晋律的对应关系,颇具启发,但并未直接触及该问题。

在本章中,笔者尝试以魏晋时代的争论,尤其是朝廷中关于复肉刑的赞成派与反对派议论的内容、论据为中心展开分析,并在此基础上解答以上两点疑问。

第一节 复肉刑相关争论的特征

魏晋时期,围绕复肉刑的争论,有推进派、赞成派、阻止派、反对派,在对各派议论的内容进行分析之前,首先想对争论的梗概与特征展开考察。[①]

[①] 最基本的史料为《晋书》卷三〇《刑法志》,译注参见内田智雄编:《訳注中国歴代刑法志》,创文社,1964年。还可参见沈家本:《历代刑法考·刑法分考》卷五《议复肉刑》,《沈寄簃先生遗书》甲编,1909年;程树德:《九朝律考》卷二《魏律考·魏肉刑之议》、卷三《晋律考上·晋肉刑之议》,商务印书馆,1926年;重泽俊郎:《漢魏に於ける肉刑論》;西田太一郎:《中国刑法史研究》。此外,引用复肉刑论的研究,有滨口重国:《漢代の笞刑について》,《東洋学報》第24卷第2号,1937年。

第一章 魏晋时代的复肉刑议论及其背景

复肉刑议论的谱系始于两汉之际。班固所著《汉书》卷二三《刑法志》中展开的论述,是此后复肉刑论的原点。① 东汉后半,尤其是汉末,崔寔、郑玄、陈纪等"名儒大才"(《晋书·刑法志》)②,曹操幕僚傅幹、仲长统、荀悦等人③,此即葛洪所言"诸硕儒达学,洽通殷理者"。此外还有西晋时的曹志、葛洪④,东晋时的王隐、袁宏,主张复肉刑者接连不断地出现。

与复肉刑论的出现相对,"汉朝既不议其事,故无所用矣"

---

① 据《抱朴子·外篇·用刑》,西汉末扬雄主张复肉刑,参见前文注。东汉光武帝建武十四年(38),梁统等大臣奏请加重刑罚,其中虽然不直接论及复肉刑,但包含了复肉刑的相关内容。光武帝下诏令三公、廷尉等公卿议论,光禄勋杜林上奏反对。梁统虽坚持己说,但廷议最终决定采纳了杜林的意见。杜林是古文经学家。参见袁宏《后汉纪》卷六"建武十二年"条;《东观汉记·杜林传》;《后汉书》卷二七《杜林传》;《晋书》卷三〇《刑法志》;西田太一郎:《中国刑法史研究》。作为实质上最早的复肉刑论者,班固在其著作《汉书》卷二三《刑法志》展开议论。至此后的魏晋时代,班固的议论虽然为人所重视,但在朝堂上却没有自足其说的议论。参见《通典》卷一六八《刑典·肉刑议》;《博物志》卷六《典礼考》。另可参见上文注。

② 崔寔(实)(辽东太守)的相关议论,参见《后汉书》卷五二《崔寔传》;《晋书》卷三〇《刑法志》;《通典》卷一六八《刑典·肉刑议》;《太平御览》卷六四八《刑法部·论肉刑》。《晋书·刑法志》《通典·刑典·肉刑议》将崔寔作为主张复肉刑的论者。参见重泽俊郎:《漢魏に於ける肉刑論》,第112—114页。郑玄(大司农)的相关议论,参见《晋书》卷三〇《刑法志》;《通典》卷一六八《刑典·肉刑议》。郑玄是训诂学大家,对法律用章句学展开研究。陈纪(大鸿胪)的相关议论,参见《三国志》卷二二《魏书·陈群传》;《晋书》卷三〇《刑法志》;《通典》卷一六八《刑典·肉刑议》;《博物志》卷六《典礼考》。陈纪著有《陈子》一书,为陈群之父。参见重泽俊郎:《漢魏に於ける肉刑論》,第108页。

③ 荀悦的相关议论见于《申鉴》卷二《时事》。此外荀悦还著有《汉纪》等书。参见西田太一郎:《中国刑法史研究》,第231页。仲长统的相关议论,参见《后汉书》卷四九《仲长统传》所载《昌言·损益篇》。参见重泽俊郎:《漢魏に於ける肉刑論》,第107—108页;西田太一郎:《中国刑法史研究》,第231页。

④ 曹志的相关议论见《艺文类聚》卷五四《刑法部·刑法》;《太平御览》卷六四八《刑法部·论肉刑》引王隐《晋书》,其中曹志作曹彦。曹志是曹魏宗室。参见重泽俊郎:《漢魏に於ける肉刑論》,第111—112页。葛洪的相关议论见《抱朴子·外篇·用刑》。葛洪是道士,对道教建立颇具贡献。

(《晋书》卷三〇《刑法志》),东汉政权并未采纳此主张。① 建安年间(196—220),曹操登场,情势为之一转。连绵不绝的复肉刑论潜流开始浮现,以朝廷为舞台展开争论。此后,整个魏晋时代复肉刑的争论发生了八次。以下,笔者对这些争论的史实加以梳理,其中尤其以赞成派与反对派的比较为重点,制成表1-1"汉末至东晋复肉刑争议表",并依据该表讨论各次争论的梗概。

表1-1 汉末至东晋复肉刑争议表

	王朝	年号	皇帝与权臣 *为主张复肉刑者	主张复肉刑者	反对复肉刑者	备考
A	东汉	建安	献帝 *曹操	[荀彧]	孔融	
B	东汉 [魏王国]	建安	献帝 [*魏王曹操]	陈群 钟繇	王脩 王朗	发生于魏王国的廷议中
C	魏	黄初	*文帝	钟繇		
D	魏	太和	*明帝	钟繇	王朗	
E	魏	正始	废帝(齐王曹芳)	曹爽 司马懿	李胜	夏侯玄 曹羲 丁谧	"正始之音"诸人私议
F	西晋		*武帝	刘颂		未上廷议
G	东晋	太兴	*元帝	卫展 王导 刁协	周顗 王敦	
H	东晋	元兴	安帝	*桓玄	蔡廓	孔琳之

---

① 《晋书》卷三〇《刑法志》载:"是时天下将乱,百姓有土崩之势,刑罚不足以惩恶,于是名儒大才故辽东太守崔寔、大司农郑玄、大鸿胪陈纪之徒,咸以为宜复行肉刑。汉朝既不议其事,故无所用矣。"《通典》卷一六八《刑典·肉刑议》载:"后汉献帝之时,天下既乱,刑法(罚)不足以惩恶。咸以为宜复行肉刑。于是名儒大才崔寔、郑玄、陈纪之徒,咸以为宜复肉刑。"

第一章　魏晋时代的复肉刑议论及其背景

[A]争论最早发生于东汉建安初,应当在官渡之战(建安五年,200)前。① 曹操迎献帝至许县后,官拜司空,掌握实权,意图复肉刑。得知曹操意向后,尚书令荀彧向汉廷百官广泛征求意见。不过,少府孔融表示反对,百官也多数赞同孔融的意见。②

[B]争论发生于建安末年,在曹操由魏公封为魏王(建安二十一年〔216〕四月)之后。③ 以曹操所封魏国国都邺城的廷议为舞台,复肉刑的议论再起。曹操令魏国御史中丞陈群在其父陈纪复肉刑论的基础上加以扩展,提出复肉刑的益处。魏国国相钟繇对此表示赞同,但孔融的故吏,时任魏国郎中令的王脩认为为时尚早,表示反对,王朗等多数人也赞同王脩的观点。眼见复肉刑一派势微的曹操虽然心中赞同陈群的复肉刑论,但出于以王国改变汉廷制度要受到僭越的非议,且当时仍然战乱未平等原因,最

---

① 据《后汉书》卷九《献帝纪》,建安十三年(208)八月壬子,孔融为曹操所杀,则此次争论必在建安十三年以前。又《后汉书》卷七〇《孔融传》在此次争论后有建安五年相关内容,可见此次争论应在建安五年以前。《三国志》卷一《魏书·武帝纪》载建安元年(196)九月曹操迎献帝至许县,而后"至是宗庙社稷制度始立。……〔是岁〕始兴屯田"。复肉刑的争论或发生于此情势下。
② 《晋书》卷三〇《刑法志》载:"及魏武帝匡辅汉室,尚书令荀彧博访百官。"而《通典》卷一六八《刑典·肉刑议》则云"及曹公令荀彧,博访百官",明确记载曹操指示荀彧讨论复肉刑一事。孔融相关议论见《太平御览》卷六四八《刑法部·论肉刑》引《续汉书》及《后汉书》卷七〇《孔融传》。又《三国志》卷二〇《魏书·崔琰传》裴注引《续汉书》载:"建安元年,徵还为将作大匠,迁少府。每朝会访对,辄为议主,诸卿大夫寄名而已。"《后汉书》卷七〇《孔融传》则作:"及献帝都许,徵〔孔〕融为将作大匠,迁少府。每朝会访对,融辄引正定议,公卿大夫皆隶名而已。"由"辄为议主""引正定议"可知,孔融在廷议中握有主导权。另可参见渡边信一郎:《天空の玉座》第Ⅰ章第一节注(2),柏书房,1996年。
③ 据《三国志》卷一《魏书·武帝纪》,参与此次争论的钟繇于建安二十一年(216)八月担任魏国国相,二十四年(219)九月免官,议论在此期间发生的可能性较大,当时曹操为魏王。《三国志》卷一《魏书·武帝纪》载曹操于建安二十一年五月由魏公进封魏王。《后汉书》卷九《献帝纪》系于当年四月甲午。

23

终搁置此次议论。①

[C]争论发生于魏文帝曹丕在位的黄初年间(220—226)初期。出于魏文帝之令,复肉刑争论再起,但尚未产生结果便爆发了战争,争论也因此被搁置。②

[D]争论发生于魏明帝曹睿在位的太和年间(227—233)初期。③ 以太傅钟繇的上奏为契机,魏明帝下诏令群臣议论。此次争论的规模很大,参与者超过百人,不过百官中多数赞成反对派王朗的意见。最终,此次争论再次搁置,理由是吴、蜀未平的外部情势。④

[E]争论发生于魏废帝(齐王曹芳)在位的正始年间(240—249)。争论产生于以哲学为主题的清谈名士团体——"正始之音"成员内部。争论的中心人物是夏侯玄及其故吏李胜,同时曹

---

① 《晋书》卷三〇《刑法志》载:"及魏国建,陈纪子群时为御史中丞,魏武帝下令又欲复之,使群申其父论。群深陈其便。时钟繇为相国,亦赞成之,而奉常王脩不同其议。魏武帝亦难以藩国改汉刑之制,遂寝不行。"《通典》卷一六八《刑典·肉刑议》文字大致相同,唯"王脩"作"王循"。《三国志》卷一三《魏书·钟繇传》载:"初,太祖(曹操)下令,使平议死刑可宫割者。繇以为……议者以为非悦民之道,遂寝。"《三国志》卷二二《魏书·陈群传》载:"魏国既建,迁为御史中丞。时太祖议复肉刑,令曰:……[陈]群对曰:……时钟繇与群议同,王朗及议者多以为未可行。太祖深善繇、群言,以军事未罢,顾众议,故且寝。"《三国志》卷一一《魏书·王脩传》载:"初平中,北海[相]孔融召以为主簿,守高密令。……魏国既建,为大司农郎中令。太祖议行肉刑,[王]脩以为时未可行,太祖采其议。徙为奉尚。"王脩为[A]争论的反对派核心人物孔融的故吏。另可知当时王脩任郎中令,而非奉尚。
② 见《三国志》卷一三《魏书·钟繇传》。建安二十五年(延康元年,220)正月,曹操去世,曹丕嗣魏王。同年十月,汉魏禅让。曹丕嗣魏王后,钟繇任魏国大理,二月任御史大夫,汉魏禅让后拜为廷尉。魏文帝诏书中的"大理",可能是指与之职务相同的廷尉。此次争论发生的时间,可能与九品官人法的制定相同。据《三国志》卷二《魏书·文帝纪》,九品官人法制定于曹操去世后,汉魏禅让之前。
③ 据《三国志》卷三《魏书·明帝纪》,太和年间复肉刑争议中的反对派王朗去世于太和二年(228)十一月。
④ 见《三国志》卷一三《魏书·钟繇传》;《太平御览》卷六四八《刑法部·论肉刑》引《魏志》。

羲、丁谧等人也加入其中。围绕着复肉刑的利弊,夏侯玄与李胜"凡往复十六"(《通典》卷一八六《刑典·肉刑议》),双方各执己见,争论走向白热化。最终,多数人认为讨论复肉刑一事为时尚早,争论由此终结。据《博物志》卷六《典礼考》,此次争论"建私议,各有彼此",可知其并非朝堂上的公论,不过是同道之间的"私议"。正因如此,此次争论对国家制度的改革关注很有限。反过来说,单纯就复肉刑本身,此次争论的认识是较为深刻的。①

[F]争论发生于晋武帝(265—290)在位期间,廷尉刘颂频繁上书议论复肉刑的必要性,晋武帝本人亦赞同其说,但最终束之高阁,未能展开廷议。晋武帝晚年,时任淮南相的刘颂在奏陈他事时又再次建议复肉刑,晋武帝依旧置之不理。②

---

① 见《通典》卷一六八《刑典·肉刑议》。《博物志》卷六《典礼考》载:"……夏侯玄、李胜、曹羲、丁谧(谧)建私议,各有彼此……"参与争论的夏侯玄、李胜、曹羲、丁谧等人属于一个政治集团。他们或为曹魏宗室,或为曹氏同乡,或为曹操之父曹嵩的外家,与曹氏家族反复通婚的夏侯氏一族。魏明帝时期,该集团被贴上"浮华"的标签,受到排斥,但在正始年间曹爽掌权后复归,以何晏、王弼等人为中心,以哲学等主题展开清谈,被称为"正始之音"。不过,正始十年(249),司马懿发动政变,该集团随即灭亡。参见《三国志》卷九《魏书·曹爽传》、同传裴注引《魏略》;同书《夏侯玄传》、同传裴注引《魏略》。又,《魏略》载:"[夏侯]玄尝著乐毅、张良及本无肉刑论,辞旨远,咸传于世。"可知夏侯玄曾撰《本无肉刑论》一文。《通典》卷一六八《刑典·肉刑议》载:"夏侯太初(夏侯玄字太初)著论曰……"其后所载议论应该就是《本无肉刑论》的部分内容。另,朝堂争论(朝议)与私议的关系,正对应清议与清谈的关系。参见福原启郎:《西晋の武帝司马炎》,白帝社,1995年,第69—72页。
② 《晋书》卷三〇《刑法志》载:"及刘颂为廷尉,频表宜复肉刑,不见省,又上言曰:……疏上,又不见省。"《通典》卷一六八《刑典·肉刑议》载:"晋武帝初,廷尉刘颂上言曰:……疏上,又不见省。"《晋书》卷四六《刘颂传》载:"……除淮南相。……[刘]颂在[淮南]郡,上疏曰:……又论肉刑,见《刑法志》。诏答曰:'得表陈……任刑齐法,宜复肉刑……诸所陈闻,具知卿之乃心为国也。动静数以闻。'元康初,从淮南王允入朝。"《晋书·刑法志》《通典》均云刘颂为廷尉,而从刘颂上书内容来看,当为其任淮南相时之事。淮南王司马允始封于太康十年(289)十一月。据《晋书》卷三《武帝纪》,翌年四月晋武帝驾崩,则刘颂最后一次上奏已是晋武帝晚年最末期。又,从刘颂奏文中"臣昔常侍左右,数闻明诏,谓肉刑宜用,事便于政"一句可知,晋武帝最初赞成复肉刑。尽管如此,复肉刑不仅未能实现,甚至都没进入廷议,刘颂的执念最终未有结果。

[G]争论发生于东晋刚刚建立的晋元帝太兴年间(318—321)。① 廷尉卫展奏请复肉刑,晋元帝收到奏章后,下诏内外通议。王导、贺循、纪瞻、庾亮、梅陶、张嶷表示赞成;刁协、薛兼亦赞成,但提出一定条件。另一方面,周𫖮、桓彝针锋相对地提出反对意见。两方都是当世名臣,此次争论也成为曹魏太和年间争论([D])以来动摇朝堂的大论战。三方均上奏议论,负责裁断的晋元帝"犹欲从[卫]展所上"(《晋书》卷三〇《刑法志》),倾向于复肉刑,但最终听从王敦的奏议,放弃此事。②

[H]争论发生于东晋末安帝元兴二年(403),担任辅政大臣的相国桓玄意欲复肉刑作为其制度改革的一环,下令百官展开议论。蔡廓上书赞成复肉刑,而孔琳之则引用王朗、夏侯玄的议论反对,加之当时舆论支持孔琳之,复肉刑最终未能实行。③

以上,笔者概述了魏晋时代——准确说是汉末至东晋时代

---

① 据《晋书》卷六《元帝纪》,参与此次争论的贺循于太兴二年(319)七月去世,则争论发生于此前。又参与此次争论的刁协任尚书令。据《晋书》卷六《元帝纪》,刁协于太兴元年(318)六月由尚书左仆射转任尚书令,则此次争论有很大可能发生于此时间点后。
② 《晋书》卷三〇《刑法志》载:"及[元]帝即位,[卫]展为廷尉,又上言:'古者肉刑,事经前圣……愚谓宜复古施行,以隆太平之化。'诏内外通议。于是骠骑将军王导、太常贺循、侍中纪瞻、中书郎庾亮、大将军咨议参军梅陶、散骑郎张嶷等议,以……尚书令刁协、尚书薛兼等议,以为……尚书周𫖮、郎曹彦、中书郎桓彝等议,以为……议奏,元帝犹欲从[卫]展所上。大将军王敦以为……于是乃止。"
③ 《晋书》卷三〇《刑法志》载:"至安帝元兴末,桓玄辅政,又议欲复肉刑斩左右趾之法,以轻死刑,命百官议。蔡廓上议曰……而孔琳之议不同,用王朗、夏侯玄之旨。时论多与琳之同,故遂不行。"《晋书》卷九九《桓玄传》载:"……议复肉刑,断钱货,回复改异,造革纷纭,志无一定,条制森然,动害政理。"由此可知,桓玄意图实行货币改制等一系列制度改革,复肉刑是其中一环。蔡廓、孔琳之相关议论参见《宋书》卷五七《蔡廓传》,同书卷五六《孔琳之传》;《南史》卷二七《孔琳之传》。

第一章 魏晋时代的复肉刑议论及其背景

[A]至[H]八次复肉刑争论的梗概。① 如果关注到魏晋正始年间的争论[E]是"私议",将之首先排除在外,则其余争论均为在朝堂上或在等同于朝廷的藩廷(争论[B],发生于东汉王朝下的魏王国)上进行的,即所谓的"廷议"或"朝议"(西晋时代的争论[F]是例外,未召开廷议)。② 通观上述廷议的梗概,可见[Ⅰ]至[Ⅳ]四个共通要点。基于这些要点,当时廷议的基本面相,也就显露出来了。

［Ⅰ］廷议的契机,来自复肉刑论者的活动,即上书主张恢复肉刑。上书的人物,[B]为陈群,[C]、[D]为钟繇,[F]为刘颂,[G]为卫展,其中多数担任或曾经担任主管刑狱的廷尉(大理)一职。③ 此外,[A]荀彧以尚书令的身份,在司空曹操的授意下广泛征求朝臣意见,[B]陈群则并未对汉献帝上书,而是在魏王曹操的授意下,于魏王国的廷议上提出意见。

［Ⅱ］面对上奏,意图恢复肉刑的皇帝或权臣多数推崇法家,如曹操、魏明帝、晋元帝司马睿,站在用法公平的立场上,朝廷下达广泛征求意见的诏书,廷议由此开始。[C]魏文帝、[D]魏明帝、[G]晋元帝是其中的典型。[C]争论发生时,"文帝临飨群臣,

---

① 曹魏、西晋以后的诸王朝也不时有复肉刑的争论,或者一时实行过肉刑。如五胡十六国时代鲜卑慕容氏所建立的前燕、后燕、南燕政权都曾有过相关争论(《晋书》卷一二八《慕容超载记》)。南朝萧梁时期则一时施行过肉刑(《梁书》卷二《武帝纪》"天监十四年正月辛亥"条)。唐太宗贞观元年曾有廷议(《资治通鉴》卷一九二《唐纪》"贞观元年"条;《唐律疏议》卷二《名例律·应议请减》;《大唐六典》卷六《刑部》)。北宋神宗熙宁三年曾有廷议(《续资治通鉴长编》卷二一四"熙宁三年八月戊寅"条。)
② 参见永田英正:《漢代の集議について》,《東方学報》(京都)第43册,1972年;中村圭尔:《南朝における議について——宋、斉代を中心に》人文研究第40卷第10分册,1988年;渡边信一郎:《天空の玉座》第Ⅰ章。下文中的"廷议"均采用上引永田英正论文所提出的概念。在历次廷议中,至少[D]、[G]属于汉代"大议"谱系的"内外博议""通议"。参见渡边信一郎:《天空の玉座》。
③ 包括[C]钟繇,[F]刘颂,[G]卫展。

诏谓：'……公卿当善共议。'"[D]争论发生时"诏曰：'……公卿群僚善共平议。'"①[G]争论发生时，"诏内外通议。"②此外，在[A]、[B]争论中，[A]时曹操为司空，争论发生于汉廷，[B]时曹操为魏王，争论发生于魏王国的廷议，其作为主导者积极推动此事。就此点而言，[H]争论中桓玄的立场与之相同。而在[F]争论中，晋武帝将刘颂的上奏全部扣下，未展开廷议。

[Ⅲ]以朝堂或王国廷议为舞台，上述主张复肉刑派与反对复肉刑派展开争论。既有"议者百余人"([D]《三国志》卷一三《魏书·钟繇传》)这种动摇朝廷的大规模争论，也有"详议未定"([C]《晋书》卷三〇《刑法志》)这种双方各不相让、未有定论的情况。不过，从"朝廷善之(孔融之论)"([A]《晋书》卷三〇《刑法志》)、"顾众议，故且寝"([B]《三国志》卷二二《魏书·陈群传》)、"议者百余人，与[王]朗同者多"([D]《三国志》卷一三《魏书·钟繇传》)、"时论多与[孔]琳之同"([H]《晋书》卷三〇《刑法志》)来看，反对复肉刑一派向来占据优势。由此状况推测，在[F]争论中，晋武帝大概也察觉到当时反对复肉刑的舆论氛围，虽然自己也赞同复肉刑，但还是扣下了刘颂的上奏。

[Ⅳ]皇帝或辅政的权臣会以暂时中断讨论的形式搁置廷议，如"故且寝"([B]《三国志》卷二二《魏书·陈群传》、[D]《三国志》卷一三《魏书·钟繇传》)。中断的理由，则有"军事未罢"([B]，《三国志》卷二二《魏书·陈群传》)、"会有军事"([C]《三国志》卷一三《魏书·钟繇传》和《晋书》卷三〇《刑法志》)、"逆寇未殄"([G]《晋书》卷三〇《刑法志》，王敦之议)。战争的爆发、继续，或

---

① 参见《三国志》卷一三《魏书·钟繇传》。
② 参见《晋书》卷三〇《刑法志》。

因敌国存在而处于战时状态①;又如[B]争论中,作为封国,魏王国议论改革汉朝制度被议论为僭越之举,都成为理由所在。但总而言之,最根本的原因还是在于反对舆论的强势。因此在廷议中,表面上持中立态度的皇帝中断廷议,其内里的本质,是试图复肉刑的皇帝、权臣、肉刑复活论者败给了舆论,复肉刑也最终未能实现。

如上所见,除去作为"私议"的[E]争论,[A]至[H]廷议的过程为[Ⅰ]奏请复肉刑→[Ⅱ]皇帝下令廷议→[Ⅲ]廷议→[Ⅳ]皇帝下令中止廷议。魏晋时代,相似的廷议过程反复出现,其背后是复肉刑派与反对肉刑派的反复对抗,从某种意义上来说,这两派在力量上不相上下。接来下,在本章的第二、三节,计划通过分析复肉刑派、反对肉刑派的议论,对他们的论据展开考察。这一考察,与本章开头所提出的两点疑问呼应,有助于解答这些疑问。

第二节 复肉刑派的论据

复肉刑派,包括从班固开始的复肉刑的论者,魏晋时代廷议、私议中赞成、推进复肉刑的朝臣。下文中的表1-2"复肉刑派及其论据表",对他们的主要论据进行了整合,按时代顺序加以列举。论据的分类,依照的是西田太一郎总结的分类法。② 西田细分的四点论据,本章序言已提及,此处再次列举如下:(甲)希望恢复汉文帝所废肉刑中转化为死刑的斩右趾刑;(乙)死刑与髡钳刑量刑差距过大,有必要以肉刑作为中间刑;(丙)肉刑能够去除犯

---

① 对曹魏政权而言,敌国为吴、蜀;对东晋政权而言,敌国为五胡十六国政权。
② 西田太一郎:《中国刑法史研究》,第236页。

罪手段(特别预防主义①);(丁)用肉刑警示民众(一般预防主义、威吓主义)。以下,对论据(甲)至(丁)分别加以分析。

表1-2 复肉刑派及其论据表

王朝	复肉刑论者(英文字母为表1-1中廷议)	(甲)斩右趾刑的矛盾	(乙)中间刑缺乏	(丙)特别预防主义	(丁)一般预防主义
东汉	班固	○	◎		
	陈纪	○			
	傅幹		◎		
	仲长统		◎	○	
	陈群B	○			
	荀悦	◎			
曹魏	钟繇B	○			
	钟繇D	◎			
	李胜E	○	○	○	○

---

① 除此四点论据,在复肉刑议论的开头,往往会提及肉刑是上古圣人帝王所制定,以此将肉刑正当化。重泽俊郎一文将之称为"来自经典的论据"(《漢魏に於ける肉刑論》,第110页)。如[D]争论中钟繇云:"古之肉刑,更历圣人。……孝文(汉文帝)革法,不合古道。……思复古刑,为一代法。"(《三国志》卷一三《魏书·钟繇传》)又如傅幹云:"虽汤武之隆,成康之盛,不专用礼乐,亦陈肉刑之法,而康哉之歌兴,清庙之颂作,由此推之,肉刑之法,不当除也。……据经按传,肉刑不当除有五验。"(《艺文类聚》卷五四《刑法部·刑法》)[D]争论中刘颂云:"臣窃以为议者拘孝文之小仁,而轻违圣王之典刑。……圣王之制肉刑,远有深理,其事可得而言。"(《晋书》卷三〇《刑法志》)[G]争论中王导云:"肉刑之典,由来尚矣。肇自古先,以及三代,圣哲明王所未曾改也。"(《晋书》卷三〇《刑法志》)[H]争论中蔡廓云:"肉刑之设,肇自哲王。"(《宋书》卷五七《蔡廓传》)又,在"私议"[E]的争论中,李胜与丁谧围绕着古之圣人是否创立肉刑展开了论战。李胜云:"且肉刑之作,乃自上古。书载'五刑有服',又曰'天讨有罪,而五刑五用哉'。割劓之属也。周官之制,亦著五刑。历三代,经至治,周公行之,孔子不议也。"丁谧则云:"尧典曰:……咎繇曰:……吕刑曰:……以此,肉刑在於蚩尤之代,而尧、舜以流放代之,故黥、劓之文不载唐、虞之籍,而五刑之数亦不具于圣人之旨也。……"(《通典》卷一六八《刑典·肉刑议》)

续表

王朝	复肉刑论者（英文字母为表1-1中廷议）	（甲）斩右趾刑的矛盾	（乙）中间刑缺乏	（丙）特别预防主义	（丁）一般预防主义
西晋	曹志 刘颂 F 葛洪	○	○ ◎	◎	○ ○ ◎
东晋	卫展 G 王导 G 刁协 G 王隐 袁宏 蔡廓 H	○ ○ ○ ◎ ◎	○ ◎	○ ○	○

* ○议论中提到的论据　◎主要论据

在此首先对以（乙）中间刑缺乏为论据的观点进行讨论。在《汉书》卷二三《刑法志》中，班固首先引用了强调犯罪、刑罚相互均衡的《荀子·正论篇》，而后说道：

> 且除肉刑者，本欲以全民也，今去髡钳（髡钳城旦舂，五年的劳役刑）一等，转而入于大辟（死刑），以死罔民，失本惠矣。故死者岁以万数，[多为]刑重之所致也。至乎穿窬之盗，忿怒伤人，男女淫佚，吏为奸臧，若此之恶，髡钳之罚又不足以惩也。故刑者岁[多至]十万数，民既不畏[刑罚]，又曾不耻，刑轻之所生也。故俗之能吏，公以杀盗为威，专杀者胜任，奉法者不治。①

---

① 另可参见内田智雄编：《訳注中国歴代刑法志》，创文社，1964年；重泽俊郎：《漢魏に於ける肉刑論》，第106—107页。

如上所论,由于肉刑被废除,实质上的中间刑缺失,也就没有了与中度犯罪相应的刑罚。对于这些犯罪行为,一方面死刑过重,造成了数量庞大的死刑犯,另一方面劳役刑又过轻,犯罪难以绝迹,还存在官员为了树威而恣意杀人的情况。换言之,班固指出,肉刑的废除,带来了刑罚偏重、偏轻的双重危害,造成了死刑犯过多、犯罪多发、官员私立刑威的后果。此外,刑罚偏重的问题,与(甲)恢复斩右趾刑的论据存在重合之处。

汉末曹操公府参军仲长统所著《昌言·损益篇》云"肉刑之废,[刑罚]轻重无品(等级)……"①与班固所论趣旨相同。不过,仲长统不太关注庞大的死刑犯数量,而是强调人死不能复生。西晋末葛洪在《抱朴子·外篇·用刑》中提出,对于国家而言,法律、刑罚作为德政的辅助手段,不可或缺。随后,就刑罚中的肉刑,葛洪作出了与班固、仲长统趣旨相同的论述,"今不用肉刑,是次死之罪,常不见治也"②,以此说明肉刑的必要性。东汉袁宏也以为,"德化""刑辟"必须两者并用,在此基础上说明了刑罚中肉刑作为中间刑的必要性。袁宏所论的特点,在于强调刑罚偏轻的弊端,"故刑徒多而乱不治也"。③ 以上论者认为,就现状而言,中间刑的缺失,会阻碍犯罪与刑罚之"称"(《荀子·正论篇》),更会阻

---

① 《后汉书》卷四九《仲长统传》。另可参见重泽俊郎:《漢魏に於ける肉刑論》,第107—108頁;西田太一郎:《中国刑法史研究》,第231页。
② 《抱朴子·外篇·用刑》完整论述如下:"及于犯罪,上不足以至死,则其下唯有徒谪鞭杖,或遇赦令,则身无损;且髡其更生之发,挞其方愈之创,殊不足以惩次死之罪。今除肉刑,则死罪之下复无中刑在其间,而次死罪不得止于徒谪鞭杖,是轻重不得适也。又犯罪者希而时有耳,至于杀之则恨重,而鞭之则恨轻,犯此者为多。今不用肉刑,是次死之罪,常不见治也。"
③ 《三国志》卷一三《魏书·钟繇传》裴注载:"袁宏曰……今大辟之罪,与古同制。免死已下,不过五岁,既释钳锁,复得齿于人伦。是以民无耻恶,数为奸盗,故刑徒多而乱不治也。"袁宏生于东晋咸和三年(328),卒于太元元年(376)。另可参见西田太一郎:《中国刑法史研究》,第232页。

碍法律"报应""惩恶"的机能,最终引发社会问题。在德刑并用主义者的警示言论中,刑罚是关乎国家根基的重要问题,因而肉刑的废除受到了深刻批判。

上述皆为个人著作中的论据,而[F]刘颂、[G]王导都将廷议上奏中的一节引以为论据,如"今死刑重,故非命者众;生刑轻,故罪不禁奸。所以然者,肉刑不用之所致也""又死刑太重,生刑太轻,生刑纵于上,死刑怨于下,轻重失当,故刑政不中也"。①

再来看论据(甲)。汉文帝下诏废除肉刑,意图减轻刑罚。但与此趣旨相反,在废除的肉刑中,斩右趾刑被弃市替代,反而比此前的刑罚更重了,由此出现矛盾。至少魏晋时代的人都作如此认识。② 如前所述,从班固开始的论者都指出,由于(乙)中间刑缺失,造成了刑罚偏重这一矛盾。就现有史料来看,在廷议中首次提及此问题的是[B]争论中的陈群。陈群介绍了其父陈纪复肉刑论的主要观点,并在此基础上提出"汉律所杀殊死之罪,仁所不及也,其余逮死者,可以刑杀"③。陈群主张解决问题的方法,是

---

① 《晋书》卷三〇《刑法志》。
② 对于汉文帝废除肉刑却造成刑罚过重的情况,崔寔曾给予积极评价。《后汉书》卷五二《崔寔传》载其著作《政论》云:"文帝虽除肉刑,当劓者笞三百,当斩左趾者笞五百,当斩右趾者弃市。右趾者既殒其命,笞挞者往往至死,虽有轻刑之名,其实杀也。……以此言之,文帝乃重刑,非轻之也;以严致平,非以宽收平也。"据此,对于汉文帝通过废止肉刑来加重刑罚,改斩右趾为弃市的政策,崔寔给予了积极评价。正如重泽俊郎(《漢魏に於ける肉刑論》,第112—114页)指出的那样,就崔寔现有著作来看,他并不主张恢复肉刑。《晋书·刑法志》将崔寔与郑玄、陈纪一同列举为复肉刑论者,说起来自然不对(崔寔的理论见于[G]反对派的议论)。不过,如果考虑到复肉刑是为了加重刑罚,那么把崔寔作为复肉刑派也不能说是完全错误的。因为肉刑与死刑虽全然不同,但就加重刑罚来预防犯罪这点而言是相通的。肉刑废止后,死刑判决增多,对于此严刑主义,崔寔给予肯定。这点与班固所批判的官员恣意妄为造成实际死刑判决增多的情况,乍一看有些类似,但本质上是完全不同层面的问题。崔寔的评价是基于法律的公用层面,与之相对,班固批判的则是违背法律的私人行为。两者截然相反,存在根本性的差别。
③ 《三国志》卷二二《魏书·陈群传》。"刑杀"即减刑之意。

除了适用斩首刑的杀人罪("殊死之罪"),其余应判死刑的犯罪行为("其余逮死者")——即肉刑废止前适用斩右趾刑的犯罪行为可以减刑,以肉刑(斩右趾)加以惩罚。大约同时,荀彧之侄、在汉献帝身边历任秘书监、侍中,又侍于曹操幕下的荀悦在其论述政治、社会的《申鉴》一书中主张仅恢复斩右趾刑。① 接续陈群、荀悦的议论,钟繇首次在廷议上明确主张只恢复斩右趾刑。在[D]争论的廷议中,钟繇以为"出本当右趾(斩右趾之刑)而入大辟(死刑)者,复行此刑",主张恢复斩右趾刑,又云"其黥、劓、左趾(斩左趾之刑)、宫刑者,自如孝文(汉文帝),易以髡、笞",与荀悦同样反对恢复斩右趾以外的肉刑。② 如此,刑罚有所让步,斩右趾刑的受刑者可以有不至于死刑的选择,并且事先规避了反对派对于肉刑太过残酷的批判。而与钟繇的议论相对,反对派王朗主张用已存在的劳役刑("髡刖(刑)")代替某些死刑判决,如果觉得劳役刑过轻,可以创建新的劳役刑,期限比已有最长的五年劳役刑翻倍。总之,王朗反对恢复斩右趾刑,主张在劳役刑的范围内寻求替代以解决问题。③ 其后,在东晋初年[G]廷议中,卫展以恢复斩右趾刑为重点,奏请复肉刑。王导表示完全赞成。刁协与钟繇的意见相同,主张提供死刑或斩右趾刑两种选择,赞同有条件地恢复肉

---

① 《申鉴·时事》载:"肉刑,古也。或曰:'复之乎?'曰:'古者人民盛焉。今也至寡。整众以威,抚寡以宽,道也。复刑非务,必也生刑而极死者,复之可也。自古肉刑之除也,斩右趾者死也。惟复肉刑,是谓生死而息民。'"《汉魏丛书·子翼》所收)
② 《三国志》卷一三《魏书·钟繇传》。另可参见重泽俊郎:《漢魏に於ける肉刑論》,第110页;西田太一郎:《中国刑法史研究》,第232—233页。
③ 《三国志》卷一三《魏书·钟繇传》载:"司徒王朗议以为……今可按[钟]繇所欲轻之死罪,使减死之髡、刖(刑)。嫌其轻者,可倍其居作之岁数。"《资治通鉴·魏纪》"魏明帝太和元年"条将"髡刖"改为"髡刑"。如果不做如此修改,原文的确存在矛盾之处。

刑。① 发生于东晋末的[H]廷议始于桓玄"欲复肉刑斩左右趾之法，以轻死刑"之令。② 从减轻刑罚的意图来看，此次复肉刑与钟繇所论的旨趣相同。但令人好奇的是，其中又加上了汉文帝废肉刑时由髡钳城旦舂与笞五百所替代的斩左趾刑。针对桓玄之命，蔡廓展开议论，否定了仅有"酷惨之声"而无惩罚效果的黥刑、劓刑，主张恢复斩左、右趾刑以减轻死刑。③ 由上所见，复肉刑论者，尤其是魏晋时代廷议中的赞成派始终关注的焦点，是解决论据（甲）中废肉刑产生的矛盾。其主要目标，是只恢复斩右趾刑。④

接下来讨论论据（甲）的背景。荀悦在《申鉴·时事篇》中对此有所议论。⑤ 其主要观点是现今人口极端缩减，应用宽容之政，来安抚数量稀少的民众。因此，尽管原则上没有复肉刑的必

---

① 《晋书》卷三〇《刑法志》载："及[元]帝即位，[卫]展为廷尉，又上言：'古者肉刑，事经前圣，汉文除之，增加大辟。今人户凋荒，百不遗一，而刑法峻重，非句践养胎之义也。愚谓宜复古施行，以隆太平之化。'诏内外通议。于是骠骑将军王导……等议，以……逮班固深论其事，以为外有轻刑之名，内实杀人……尚书令刁协、尚书薛兼等议，以为：'……圣上悼残荒之遗黎，伤犯死之繁众，欲行刖以代死刑，使犯死之徒得存性命，则率土蒙更生之泽，兆庶必怀恩以反化也……愚谓行刑之时，先明申法令，乐刑者刖，甘死者杀，则心必服矣。'"

② 《晋书》卷三〇《刑法志》载："至安帝元兴末，桓玄辅政，又议欲复肉刑斩左右趾之法，以轻死刑，命百官议。"

③ 《宋书》卷五七《蔡廓传》："……终身剧役，不足止其奸，况乎黥劓，岂能反其善！徒有酸惨之声，而无济治之益。……诚宜明慎用刑，爱民弘育，申哀矜以革滥，移大辟于支体，全性命之至重，恢蕃息于将来。"

④ 沈家本《历代刑法考·刑法分考》卷五《议复肉刑》云："盖自班固创于前，自此推波助澜，至东晋之末而尤未息，可为法家中止一大争端矣。推求其故，则张苍定律，改斩右趾为弃市，系由生入死，人遂得据此为言耳。"又唐太宗贞观年间，曾一时恢复斩右趾刑，以代替五十种处以绞刑的罪名。另可参见《三国志》卷一三《魏书·钟繇传》。

⑤ 《申鉴·时事》载："肉刑，古也。或曰：'复之乎？'曰：'古者人民盛焉。今也至寡。整众以威，抚寡以宽，道也。复刑非务，必也生刑而极死者，复之可也。自古肉刑之除也，斩右趾者死也。惟复肉刑，是谓生死而息民。'"（《汉魏丛书·子翼》所收）

要,但一些本来应以生刑判罚的罪名,现在却判处死刑。在此情况下,作为一种宽容之政,应该额外恢复作为生刑的肉刑。他还进一步提出,"自古肉刑之除也,斩右趾者死也。惟复肉刑,是谓生死而息民",主张仅恢复肉刑中的斩右趾刑。在人口大量减少的乱世中,这类宽容之政作为一种治民理念行于当时。这种思路,在钟繇的议论中也能看到。钟繇认为,"今天下人少于孝文(汉文帝)之世,下计所全,岁三千人。张苍(汉文帝时丞相)除肉刑,所杀岁以万计。臣欲复肉刑,岁生三千人"(《三国志·钟繇传》),通过恢复斩右趾刑,每年或至少能使三千余人免于死刑。同样的看法,班固在其议论"死者岁以万数"中就已表达过。东晋初的王导也曾提及,当时未必一定要判处死刑的罪犯"岁以巨计"(《晋书·刑法志》)。如果恢复斩右趾刑,大量的罪犯便可免于死刑。当时,"今也至寡"(荀悦)、"今人户凋荒,百不遗一"(卫展)、"况今千不遗一"(王隐)。诸人感同身受的"今",即汉末三国(荀悦)与两晋之际(卫展、王隐)。当此时代,人口因战乱锐减,即便这不多的人口,政权也很难加以掌握。如此,通过恢复斩右趾刑来保留死刑犯的生命,并且期待他们能够生育后代,对当时政权而言无疑是颇具魅力的政策,值得肯定。这一政策包含两层内涵,一是站在罪犯的立场上,用生刑取代死刑,对民众施以仁政,此即荀悦议论中所表达的立场。① 另一方面,站在廷议——即议论当前政策的立场上,如东晋初王导、庾亮在上书中明确论述的那样:"自古多人,犹惜民命,得以御寇,况今[比之古代]千不遗一,益宜存在以伐大贼

---

① 重泽俊郎还举出钟繇的类似观点,指出这类观点"发端于尊重人性的伦理道德"。参见重泽俊郎:《漢魏に於ける肉刑論》,第110页。

（前赵、后赵）。今若得改之（恢复斩右趾刑），则岁活数万，生数亦如之。若此十载，生各数万。断支之后，随刑使役［刑徒］，不失民，不乏用，富国强兵。此之谓也。"①可以看出，王导、庾亮意图利用刑徒的劳力，对现政权有所助益。富谷至曾论述以为，汉代以劳役刑为主体的刑罚体系具有功利性。王导、庾亮的思路，基本与之相同。而这种思路与宽容之政一同构成了复肉刑派在廷议中赞成恢复肉刑的主要理由。

不过就根本而言，钟繇等复肉刑派在廷议中将仅恢复斩右趾刑用作论据时，舍弃了论据（乙）提及的中间刑缺失所造成的用法偏轻问题，作为一种让步政策将斩右趾刑作为死刑以外的刑罚选择（钟繇、刁协），同时援用荀悦的宽容主义。上述诸种行为，大概只是一种手段，共同之处在于回避反对肉刑派所批判的肉刑"残虐"问题。就根本而言，论据（乙）并非复肉刑派的理论依据。当然，站在民众、罪犯的立场上，主张用法宽容（即"息民"）的荀悦是其中的例外。

在论据（丙）中，可见陈纪、李胜、刘颂的议论。陈纪以为，"若用古刑，使淫者下蚕室，盗者刖其足，则永无淫放穿窬之奸矣。"②李胜则认为，"盗断其足，淫而宫之，虽欲不改，复安所施。"③两者均指出，刖刑、宫刑是为了防止盗窃罪、奸淫罪的再次发生。此外，刘颂也指出："乃去其为恶之具，使夫奸民无用，不复肆其志，止奸绝本，理之尽也。亡者刖其足，无所用［足］复亡；盗者截其手，无所用［手］复盗；淫者割其势，理亦如之。除恶塞源，莫善于

---

① 《太平御览》卷六四八《刑法部·论肉刑》。
② 《三国志》卷二二《魏书·陈群传》。
③ 《通典》卷一六八《刑典·肉刑议》。

此。"①为了防止逃亡罪、盗窃罪、奸淫罪的再次发生,故有"刖足""截手""割势"之刑。上述论者认为,将与犯罪行为直接相关的身体部位去除,就能够"除恶塞源",犯罪自然也就无法再次发生。就防止受刑者再度犯罪这一点而言,上述观点虽与通过令犯人悔改、自新来防止犯罪再度发生的教育刑截然不同,但在形式上也的确属于一种特别预防主义。其中可以看到仁井田陞《中国古代的同害刑与反映刑》一文提及的反映刑思想,②与报应刑思想也有密切关联。因此,这一点很难说是恢复肉刑的积极论据。不过,刘颂在上书的前半段指出流刑刑徒不断逃亡的事态,并以此为论据主张恢复刖刑作为对策。③ 如刘颂这样为了防止再次逃亡而利用刖刑的思想,在其后东晋时代的王导、王隐,④晚至北宋

---

① 《太平御览》卷六四八《刑法部·论肉刑》引王隐《晋书》,此为[F]争论中刘颂上奏的一节。另可参见西田太一郎:《中国刑法史研究》,第235页。就犯罪与刑罚的对应关系,陈纪、李胜将刖刑对应为盗窃罪的刑罚,刘颂则对应为逃亡罪,而盗窃罪则对应原本肉刑所无的"截手"之刑。
② 参见仁井田陞:《中国旧法的同害刑と反映刑》,《中国法制史研究 刑法》,东京大学出版会,1959年。他还指出,由于宫刑一直存在,所以肉刑并没有完全废除(第89页)。
　　同害刑,即对罪犯施加与犯罪同样的刑罚,简单而言就是"以牙还牙,以血还血"。《汉谟拉比法典》中就有不少反映同害刑思想的条款,例如损坏他人的眼、齿、骨等身体器官和肢体的,要给予加害人以相同的损坏;因一定原因而造成他人死亡的,要偿命。反映刑,即直接反映罪犯所犯罪行的刑罚,对奸淫犯处以宫刑、对盗窃犯处以刖刑都是典型代表。——译者
③ 《晋书》卷三〇《刑法志》载:"今为徒者,类性元恶不轨之族也,去家悬远,作役山谷,饥寒切身,志不聊生。……是以徒亡日属,贼盗日烦,亡之数者至有十数,得辄加刑,日益一岁,此为终身之徒也。……亡者积多,系囚猥畜。"
④ 《晋书》卷三〇《刑法志》载[G]争论中王导论曰:"今,盗者窃人之财,淫者好人之色,亡者避叛之役,皆无杀害也,则加之以刑。"(《通典》卷一六八《刑典·肉刑议》中"刑"做"刖"。)王导提及,逃亡、盗窃、奸淫罪都应当处以肉刑。至于"避叛之役",不明何意。《太平御览》卷六四八《刑法部·论肉刑》载王隐曾对庾亮(征西大将军)建议恢复肉刑,云:"叛盗之属,断支而已,是好生恶煞,叛盗背死,是好煞恶生也。"此外,庾亮与[G]争论中的王导一样,也主张恢复肉刑。

38

曾布的相关议论中都能看到①。此外，在原则上反对肉刑的孔琳之，也将逃亡罪视为例外，支持肉刑的恢复，此点值得注意。②

论据（丁）的一般预防主义（威吓主义）代表性议论，为葛洪《抱朴子·外篇·用刑》中的相关内容："［受肉刑者］不绝其生类之道，而终身残毁。百姓见之，莫不寒心。亦足使未犯者肃栗，以彰示将来，乃过于杀人。杀人，非不重也。然辜之三日，行埋弃之，不知者众，不见者多也。若夫肉刑者之为摽戒也多。"葛洪将肉刑与死刑相比较，指出肉刑能够长时间为人所见，对"百姓"具有抑制犯罪的效果。③

这种一般预防主义的威吓说也见于陈群［B］、李胜［E］、曹志与刘颂［F］、王导［G］的议论之中。④

---

① 《续资治通鉴长编》"熙宁三年（1070）八月戊寅"条载曾布议论云："凡军人逃亡应斩，贼盗赃满应绞，刖其足。"此处肉刑对象是逃亡的军人。
② 《宋书》卷五六《孔琳之传》载："肉刑不可悉复者也。……钟繇、陈群之意，虽可斩不同，而欲右趾代弃市。若从其言，则所活者众矣。……又今之所患，逋逃为先，屡叛不革，逃身靡所，亦以肃戒未犯，永绝恶原。"孔琳之在论述中还援引了论据（四）中的一般预防主义思想。
③ 近代西欧的刑罚思想将一般预防主义进一步细分为威吓说与心理强制说。如果尽可能寻求与安德列斯·费尔巴哈（Andreas Feuerbach）主张的心理强制说相对应的措施，则魏晋时期律令的编纂，以及泰始律令中要求将死刑条目贴于亭（警局）、传（驿站）的规定，似属此类。
④ "刑一人而戒千万人。"（［E］李胜，《通典》卷一六八《刑典·肉刑议》）、"且创制墨刖，见者知禁。彰罪表恶，闻者多服。"（［F］曹志，《艺文类聚》卷五四《刑法部·议》；另可参见重泽俊郎，《漢魏に於ける肉刑論》，第 111 页。）、"而残体为戮，终身作诫。人见其痛，畏而不犯，必数倍于今。"（［F］刘颂，《晋书》卷三〇《刑法志》）、"惑（或）者乃曰：'死犹不惩，而况于刑？'然人（甿）者冥也，其至愚矣，虽加斩戮，忽为灰土，死事日往，生欲日存，未以为改。若刑诸市朝，朝夕鉴戒，刑者咏为恶之永痛，恶者睹残刖之长废，故足惧也。然后知先王之轻刑以御物，显诫以惩愚，其理远矣。"（［G］王导，《晋书》卷三〇《刑法志》，（）中为《通典》卷一六八《刑典·肉刑议》中的异字。）此外，西晋袁准亦云："先王制肉刑，断人之体……刑不断则不威……如是则奸不禁，而犯罪者多……"（《群书治要》卷五〇引《袁子正书·明赏罚》）另可参见仁井田陞：《中国における刑罰体系の変遷——特に"自由刑"の"発展"》第三节《中国旧法における一般予防主义》，《法学協会雑誌》第 57 卷第 3、4、5 号，1939 年。

以上讨论了复肉刑派的四点论据。就它们的相互关系而言，论据（乙）中间刑的缺乏是魏晋时代围绕复肉刑不断争论的根本所在，论据（甲）斩右趾的矛盾与论据（乙）刑罚偏重的问题重合，是廷议中复肉刑派最主要的论据。论据（丙）特别预防主义与论据（丁）一般预防主义则是论据（甲）、（乙）的补充。此外值得注意的是，尽管具有肉刑的特殊色彩，但论据（乙）、（丙）、（丁）的根基依然在于《荀子·正论篇》所说的："凡制刑之本，将以禁暴恶，且惩其未也。"即刑罚具有对犯罪行为的报应，预防将来犯罪的双重内涵。反言之，肉刑作为同时满足这两种条件的刑罚，自班固提出复肉刑的议论以来一直引人注目。但就内涵而言，此时的肉刑，与西汉废肉刑前在原则上与劳役刑相联的肉刑完全不同。因此，与其说是肉刑的恢复，倒不如说是全新肉刑的创设。《晋书·刑法志》云："是时天下将乱，百姓有土崩之势，刑罚不足以惩恶，于是名儒大才……咸以为宜复行肉刑。"如果此言确实，那么汉末乱世之际，"名儒大才"倡议恢复肉刑，来代替以维护治安为目的、难有"惩恶"效果的刑罚体系，是因为他们认为这是关乎国家存亡的要务。而魏晋时代复肉刑的争论，也由此开端。①

第三节　反对派的论据

那么，为何在廷议中反对派始终占据优势？关于反对派在廷

---

① 《通典》卷一六八《刑典·肉刑议》载："后汉献帝之时，天下既乱，刑罚不足以惩恶，于是名儒大才崔寔、郑玄、陈纪之徒，咸以为宜复肉刑。"崔寔相关信息见前注。又《抱朴子·外篇·用刑》载："今不用肉刑，是次死之罪，常不见治也。"又袁宏议论以为"免死以下，不过五岁，既释钳锁，复齿于人。是以民不耻恶，数为盗奸，故刑徒多而乱不治也。"《三国志》卷一三《魏书·钟繇传》又，对于恢复肉刑的目的是否在于"惩恶"，重泽俊郎持怀疑态度。参见重泽俊郎：《漢魏に於ける肉刑論》，第118页。

议中的优势,可由第一节廷议情况[Ⅲ]中列举的事例明了,例如[D]曹魏太和年间廷议中"议者百余人,与[王]朗同者多",等等。由此可知,在尚未实施肉刑的时代,反对肉刑派在与意图恢复肉刑的人士争论中登场,而参加廷议的多数大臣支持反对肉刑派,当时以朝廷为中心的主流舆论反对恢复肉刑。对于主流舆论,执着于复肉刑的皇帝、掌握实权的辅政权臣都无法逆其潮流而上,强行恢复肉刑。那么,支撑着反对肉刑派,为舆论所接受的主要论据,应从何处加以探寻?

首先,与第二节相同,西田太一郎对反对肉刑派的论据也有总结,为如下两点:论据(戊)肉刑残酷;论据(己)应当引导罪犯身心向善。①

反对肉刑派的代表,有孔融[A]、王脩[B]、王朗([B]、[D])、夏侯玄[E]等人。其中,在孔融的议论中,就能够看到论据(己)站在受刑者的立场上,意图使罪犯自新的教育主义倾向,而明确提出这一点的是夏侯玄。孔融议论以为"被刑之人,虑不念生,志在思死,类多趋恶,莫复归正"。② 孔融从受刑者的立场考虑,指出罪犯若被施加肉刑,就失去了自新的余地,这正是肉刑的弊端所在。夏侯玄进一步发展了相关理论,他指出,刑罚是为了安定人民的生活,通过教化防止犯罪的发生,如果发生犯罪,就使用教育刑令罪犯自新,死刑仅仅针对不知悔改的纯粹恶人——即所谓

---

① 参见西田太一郎:《中国刑法史研究》,第 236 页。又若江贤三在《前漢文帝の刑法改革考》(《東洋學術研究》第 17 卷第 5 号,1978 年)一文中曾从汉文帝所具有的权威中寻求未能复肉刑的原因。复肉刑论者在其议论中引用上古帝王制定肉刑之事,或许就是为了对抗汉文帝所具有的权威。复肉刑论者的相关论述材料,参见上文第二节第一段的第三个注释。
② 《后汉书》卷七〇《孔融传》。《晋书》卷三〇《刑法志》文字同。另可参见重泽俊郎:《漢魏に於ける肉刑論》,第 114—115 页;西田太一郎:《中国刑法史研究》,第 232—233 页。

"妖逆"。① 夏侯玄将犯人分为无法改过自新的彻底恶人与可能改过自新之人。对于前者,使用死刑。对于后者,使用教育刑。因此,就原则而言,两者之间没有肉刑存在的余地。细究夏侯玄观点的原理,使人想起欧洲近代刑法思想史上近代学派(新派)的弗兰茨·冯·李斯特(Franz von Liszt)的教育刑论。他认为教育刑属于目的刑中的特别预防主义。曹魏正始年间的[E]"私议",摆脱了廷议所具有的政策论争面相,是纯粹白热化的学术论争,也因此生成了当时最为先进的刑罚思想。

不过,根据《孔融传》的记载,"每朝会访对,融辄引正定议,公卿大夫皆隶名而已"。② 如其所述,在廷议上,反对肉刑派的支持者们无条件赞同孔融的议论。因此,孔融作为主导朝廷舆论的意见领袖,对于他反对肉刑的旨趣,其他反对派人士究竟能够理解到何等程度?可以说是大可怀疑的。此外,在公开场合,优先政治判断的争论中,出现于"私议"中的夏侯玄之论对于反对肉刑派的论者究竟存在何种程度的影响?似也存在疑问。[E]争论发生于曹魏正始年间,就时间线而言,夏侯玄的观点至少没有被在广义的曹魏政权下已经发生的[A]至[D]一连串廷议中的反对派用作论据。③ 就上述事实来看,必须承认,在廷议中,尤其是在曹

---

① 《通典》卷一六八《刑典·肉刑议》载:"夏侯太初著论曰:'……夫死刑者,杀妖逆也,伤人者不改,斯亦妖逆之类也,如其可改,此则无取於肉刑也……'夏侯答曰:'圣贤之治世也,能使民迁善而自新……能惩戒则无刻截,刻截则不得反善矣。'"另可参见重泽俊郎:《漢魏に於ける肉刑論》,第115—116页;西田太一郎:《中国刑法史研究》,第234页。
② 《后汉书》卷七〇《孔融传》。《续汉书》中"隶名"做"寄名",意为与议主孔融联合署名。具体史料可参见本章第一节第四段的第二个注释。
③ 反过来说,在[E]争论后的反对肉刑派议论中,都可以看到夏侯玄之论有形无形的影响。例如[H]晋末廷议中反对肉刑派孔琳之就基于王朗与夏侯玄的观点而立论。相关材料参见《晋书》卷三〇《刑法志》,《宋书》卷五六《孔琳之传》,《南史》卷二七《孔琳之传》。

魏政权时期的廷议中,反对肉刑派并没有重点关注论据(己)——即应当引导罪犯身心向善。

值得注意的是,在[B]魏王国廷议中,王脩反驳以为"时未可行"①,认为恢复肉刑为时尚早,以王朗为首的众多议论者也支持王脩的看法②。又[E]李胜对夏侯玄、曹羲、丁谧的私议中,也是"各有彼此,多云时未可复,故遂寝焉"③。东晋初[G]廷议同样,周顗等反对派指出:"肉刑平世所应立,非救弊之宜也。……须圣化渐著,兆庶易威之日,徐施行也。"④反对派议论以为,肉刑是社会安定的太平盛世所用的刑罚,与当今的乱世不合。⑤ 这是他们更为明确的论据所在。其中最为重要的一点,是王脩这些论者并非反对肉刑本身。⑥ 那么,这些不反对肉刑本身的反对论者,在廷议中反对肉刑的最大论据,则是论据(戊),即对肉刑残酷性的反对。如曹魏正始年间的[E]"私议"中主张复肉刑的李胜所云"今诸议者(反对肉刑派),惟以断截为虐,岂不轻于死亡邪?"⑦反对肉刑论者强调肉刑的残虐性。更为具体的议论,以"前世仁者,

---

① 《三国志》卷一一《魏书·王脩传》。
② 参见《三国志》卷二二《魏书·陈群传》。
③ 《博物志·典礼考》。
④ 《晋书》卷三〇《刑法志》。又《通典》卷一六八《刑典·肉刑议》"平世"作"平代","易威"作"易感"。
⑤ [A]争论中的孔融虽然没有明言,但提及现今为"末世",不应恢复肉刑。换言之,孔融或认为,如果并非"末世"而是太平之世,则有恢复肉刑的余地。《后汉书》卷七〇《孔融传》载:"融乃建议曰:'末世陵迟,风化坏乱,政挠其俗,法害其人。故曰上失其道,民散久矣。而欲绳之以古刑,投之以残کے,残其支体而弃废之。非所谓与时消息者也。'"
⑥ 在反对肉刑论者中,夏侯玄[E]、孔琳之[H]都认为,对于逃亡罪以及本该斩右趾但判处死刑的罪名,可以有限地恢复肉刑。换言之,至少夏侯玄、孔琳之认为在某些情况下可以仅复活斩右趾刑。
⑦ 《通典》卷一六八《刑典·肉刑议》。

不忍肉刑之惨酷"([D]王朗之论)为代表,①表现肉刑残酷的字词如"虐""残酷""酸惨"等等频繁出现。② 应当注意的是,"纣斮[冬日之]朝涉之胫(《尚书·泰誓下》),天下谓为无道"([A]孔融之论)③、"今复行之,恐所减之文未彰于万民之目,而肉刑之间已宣于寇雠之耳,非所以来远人也"([D]王朗之论)④,反对肉刑派忧虑一旦恢复"残虐"的肉刑,便会影响人心。此正如葛洪《抱朴子·外篇·用刑》中所言:"昔魏世数议此事,诸硕儒达学,洽通殷理者,咸谓宜复肉刑,而意异者驳之,皆不合也。魏武帝亦以为然。直以二陲未宾,远人不能统至理者,卒闻中国刖人肢体,割人耳鼻,便当望风谓为酷虐,故且权停,以须四方之并耳。通人扬子云亦以为肉刑宜复也。但废之来久矣,坐而论道者,未以为急耳。"曹操因惧怕敌国给予酷虐的风评,很快放弃了恢复肉刑的想法。此外,东晋初年的[G]廷议,王敦上书云"忽复肉刑,必骇远近。且逆寇未殄,不宜有惨酷之声,以闻天下"⑤,使得犹豫不决的

---

① 《三国志》卷一三《魏书·钟繇传》。
② 后来的议论还有[G]王敦所言"惨酷之声",此外[H]复肉刑论者蔡廓有:"况乎黥、劓,岂能反其善,徒有酸惨之声,而无济治之益。"(《宋书》卷五七《蔡廓传》,《晋书》卷三〇《刑法志》"其善"作"于善","济治"作"济俗")蔡廓主张只恢复斩右趾刑,认为黥、劓等其他肉刑存在"酸惨"的问题。主张复肉刑的袁宏与李胜同样,在将肉刑与死刑相互比较的文脉中云:"今不忍刻截之惨,而安剿绝之悲。"(《三国志》卷一三《魏书·钟繇传》)如果寻求肉刑具有残虐性这一观点的源流,可以追溯到汉文帝废除肉刑的诏敕:"刑至断支体,刻肌肤,终身不息,何其楚痛而不德也。"(《史记》卷一〇《孝文本纪》)
③ 《后汉书》卷七〇《孔融传》(《晋书》卷三〇《刑法志》文字同)。孔融以商纣王的暴虐为例论述肉刑的残酷。
④ 《三国志》卷一三《魏书·钟繇传》(《太平御览》卷六四八《刑法部·论肉刑》文字基本相同)。在王朗的批判性意见中,可以看到钟繇所主张的减轻现有死刑中的原斩右趾刑罪名判罚,恢复斩右趾刑。此外,《宋书》卷五六《孔琳之传》载:"然人情慎显而轻昧,忽远而惊近,是以盘盂有铭,韦弦作佩,况在小人,尤其所惑,或目所不睹,则忽而不戒,日陈于前,则惊心骇瞩。"孔琳之([H])担心恢复肉刑会造成人心的动摇。复肉刑论者,也承认这一点。参见前注蔡廓、袁宏之论。
⑤ 《晋书》卷三〇《刑法志》。

晋元帝最终决定停止恢复肉刑。如曹操、晋元帝的案例所见，反对派对肉刑残虐的强调，使得权臣或皇帝中断、搁置了恢复肉刑的想法。对于这些外部压力紧张、局势不稳的政权，特别是身处后汉割据、三国鼎立的曹魏政权与永嘉乱后随即建立、与五胡政权对峙的东晋政权而言，它们担心如果强行恢复肉刑，则"暴虐"的评价就会与本政权直接联系起来，招致人心的离散。当时的社会，人口流动频繁，如此不仅不会吸引敌国民众归顺，反过来还可能使民众逃亡敌国，导致出现动摇现政权根基的致命事态。对反对肉刑派而言，在廷议中讨论肉刑的利弊时，肉刑本身并不是问题，复活肉刑可能会影响现政权的存续才是真正的问题所在。正因如此，他们反对恢复肉刑。因而无论复肉刑派如何论述上古盛世制定的肉刑所具有的正当性①，或是通过与死刑相比较反驳肉刑的残虐性②，都无法动摇反对派的论据。无论召开廷议的皇帝、复肉刑论者是何种意图，反对派占据优势的背后，明面上是由皇帝下令中断廷议，实质则是复肉刑的提案在矛盾搁置未决的情况下，就此无疾而终。

第四节　围绕复肉刑进行廷议的意义

为了回答文章开头提出的两个疑问，上文第二节、第三

---

① 参见本章第二节第一段的第二个注。
② 复肉刑论者，尤其是主张仅恢复斩右趾刑的论者（论据[甲]）将肉刑存活人命与死刑杀人相比较，认为前者仁慈，后者残虐，以此反驳反对肉刑派。[D]争论中的钟繇云："子贡问：'能济民，可谓仁乎？'子曰：'何事于仁，必也圣乎，尧、舜其犹病诸！'又曰：'仁远乎哉？我欲仁，斯仁至矣。若诚行之〈斩右趾〉，斯民永济。'"（《三国志》卷一三《魏书·钟繇传》）[G]争论中王导等人云："……之则止，而加之斩戮，戮过其罪，死不可生，纵虐于此，岁以巨计。此乃仁人君子所不忍闻，而况行之于政乎！"（《晋书》卷三〇《刑法志》）此外还可参见[E]争论中李胜慈母与猛兽的比喻（《通典》卷一六八《刑典·肉刑议》）以及袁宏的议论（《三国志》卷一三《魏书·钟繇传》）。

对复肉刑派、反对肉刑派各自的论据进行了考察。本节则留意考察魏晋时代复肉刑廷议与当时政治史,尤其是曹魏政治史的关联。

在廷议中,尤其是[A]至[D]争论中,无论是复肉刑派还是反对肉刑派,基本上都不是要反对肉刑本身。① 面对肉刑的残虐性,前者主张只恢复斩右趾刑,后者则认为恢复肉刑为时尚早。说穿了,双方的见解并无根本性差别,只不过前者意图通过实质中间刑的恢复,达到"惩恶""应报"的效果,以此建立作为公权的政权、国家之权威、威信。而后者更为重视作为公权的政权、国家之舆论、人心。与公权关联的权威、威信,或是舆论、人心,究竟以何者为先? 这是双方一致思考的问题。这两类要素,令政权、国家的公权性得以建立。然而在乱世之中,加之政权的脆弱性,使得两类要素相互拉扯,形成尖锐的矛盾。围绕恢复肉刑展开的廷议,正显现出了这一进退维谷的困难情形。反之,当时政权、国家获得公权性的必要条件,也由此浮现。就此问题,肉刑所具有的残虐印象,无疑颇具意味。例如曹魏的敌国孙吴大臣张悌对比曹氏与司马氏时云:"曹操虽功盖中夏,威震四海,崇诈杖术,征伐无已,民畏其威,而不怀其德也。丕(魏文帝)、叡(魏明帝)承之,系以惨虐,内兴宫室,外惧雄豪(吴、蜀),东西驰驱,无岁获安,彼之失民,为日久矣。"②张悌论述曹氏的"惨虐",举出了营造宫殿、亲征吴蜀的实例。实际

---

① 重泽俊郎认为,东汉农民阶层的兴起与魏晋人性论的流行使得人们重视生命的尊严,故而复肉刑论者强调对死刑的回避,而反对肉刑者强调犯人的自新。参见重泽俊郎:《漢魏に於ける肉刑論》以及本章开头部分。
② 《三国志》卷四八《吴书·三嗣主传》裴注引《襄阳记》。

上,这些都是新兴的曹魏政权强化皇帝权威的策略。① 有些实现了,而有些未能实现。与之相同,曹氏三代都出现的恢复肉刑问题,也可以在同一线索上加以把握。

此外,关于曹氏三代[A]至[D]廷议中的复肉刑派荀彧、陈群、钟繇与反对派孔融、王脩、王朗,重泽俊郎曾指出,复肉刑派多为与曹氏利益相关的人物,而反对派多为政治边缘人物。② 的确,前者与曹操更为密切,受到信任,而后者与曹操保持着一段距离。按照川胜义雄的归纳,两者虽都属清流,但前者为颍川系清流,后者则为北海系清流。③ 而按照吉川忠夫的归纳,前者为权道派,后者则为党人派("正论派")。④ 实际上,这两派人物没有本质差别,他们都属清流,具有官僚、贵族的双重属性,类似今日官僚、政论家双重身份的结合体。⑤

小 结

以上,本章讨论了魏晋时代恢复肉刑相关争论的意义,不过,将之引入笔者主要关心的魏晋政治史的文脉中展开解释,是较为困难的。如果将焦点置于废止以前的肉刑及相关废止过程,以此考察肉刑的特征,则滋贺秀三的观点无疑颇具启发意义。他曾论述,上古的刑罚观——即死刑与肉刑的基本观念,为后世社会所

---

① 福原启郎:《西晋の武帝司马炎》,第 65—66、130—132、322—324 页。
② 重泽俊郎:《漢魏に於ける肉刑論》,第 118 页。
③ 参见川胜义雄:《シナ中世貴族政治の成立について》,《史林》第 33 卷第 4 号,1950 年。
④ 参见吉川忠夫:《范曄と後漢末期》,《古代学》第 13 卷 3・4 号,1967 年。
⑤ 例如主张恢复肉刑的陈纪、陈群父子([B])与反对肉刑的孔融([A])就是好友。参见佐藤达郎:《曹魏文・明帝期の政界と名族層の動向——陳羣・司馬懿を中心に》,《東洋史研究》第 52 卷第 1 号,1993 年,第 31 页。

逐渐抛弃。① 此外,关于汉文帝废肉刑一事。根据富谷至对于秦汉刑罚体系的一系列考论,原本由死刑、肉刑、劳役刑、身份刑、迁徙刑等各类刑罚所构成的秦代刑罚体系,在汉文帝的刑罚改革后,死刑以下被全部归入劳役刑(强制劳动刑),存在髡钳城旦舂(五年)及以下的各种刑期,形成了汉代独有的刑罚体系。而废除肉刑,正是当时刑罚体系改革中的一环。② 富谷至还指出:"汉文帝的刑罚改革,是重视政策的功利之物,在功利性政策的深处,正是理念的缺失。在《刑法志》中,班固借由荀子之论阐述恢复肉刑的主张。他认为,肉刑对犯罪的报应,以及对未来的威吓,是刑罚的基本精神。而这种精神,随着肉刑的废除而没落。在班固之后,此类观点也不断为人所继承。可以说,在主张政策调整的背后,实际是对遗失刑法理念恢复的提倡。"③这一论述,也揭示了魏晋时代恢复肉刑论的出现背景。此外,籾山明曾指出,在汉文帝刑罚改革以前,劳役刑(无期)已经脱离了原始刑罚的领域,与肉刑属于同一体系。那么肉刑的废除,必然意味着对劳役刑的调整(修改刑期),劳役刑与肉刑也在此时完全分离。④ 就此而言,魏晋时代对恢复肉刑的推动,并非肉刑于此前基本为社会所抛弃的本意。新恢复的肉刑,本质上与劳役刑不相关联,与此前的肉刑也并不相同。就此点而言,与其说是肉刑的恢复,倒不如说是新肉刑的创设。恢复肉刑,目的在于恢复遗失的刑法理

---

① 参见滋贺秀三:《中国上代刑罰についての一考察——誓と盟を手がかりとして》,《石井良助先生還暦祝賀 法制史論集》,创文社,1976年。
② 参见富谷至:《秦漢の劳役刑》,《東方学報》(京都)第50册,1983年;同氏《ふたつの刑徒墓——秦と後漢の刑徒と刑期》,川胜义雄、砺波护编《中国貴族制社会の研究》,京都大学人文科学研究所,1987年;同氏《古代中国の刑罰、髑髏が語るもの》,中央公论社,1995年。
③ 参见富谷至:《秦漢の劳役刑》,《東方学報》(京都)第50册,1983年。
④ 参见籾山明:《秦漢刑罰史研究の現状》,《中国史学》第5卷,1995年。

念。在秦汉帝国崩溃后，魏晋时代的政权、国家能否存立，与此息息相关。作为紧要的现实政治课题，恢复肉刑的提议因此而出现。

肉刑最终未能恢复。那么，恢复肉刑所要解决的矛盾，最终以怎样的形式得以消解？做此思考，新的问题便浮现出来：一、施行于当时，身处《晋书·刑法志》所载恢复、废除肉刑两派争论中的魏晋律令①，在编纂、使用时，与刘颂（[F]恢复肉刑派）主张的判罪时以律令为主，避免官吏专断的"罪行法定主义"思路，具有哪些关联？二、六朝时代，设立了新的中间刑以代替肉刑，新的"五刑"②——笞、杖、徒、流、死由此出现。而在隋唐律令中，新"五刑"被置于律令开头的总规定——名例律中。③ 这两者之间又存在何种联系？

最后，对本章的内容再次进行总结。东汉开始，出现了恢复肉刑——实际为创设作为中间刑的肉刑之议论。此后曹魏至东晋，在廷议这类公的场合，围绕该政策实行与否的争论不断发生。但最终，肉刑未能恢复（创建）。如果在魏晋政治史的背景下思考这一争论的意义。在当时，无论是在"私议"中，还是在廷议这类公的场合，恢复肉刑派主张仅仅恢复斩右趾刑取代部分死刑，而反对派也并非否定肉刑本身，只是主张恢复肉刑为时尚早，两派的观点其实没有根本性的差异。若集中观察曹魏前期参与争论的士大夫，按照川胜义雄、吉川忠夫及现代政治的立场对其加以分类，可以看到，恢复肉刑派的成员主要是颍川系士人、权道派、

---

① 魏明帝时曾编纂律令，西晋泰始四年（268）又编纂完成了泰始律令。
② 所谓新"五刑"是相对于《尚书·吕刑》所载五刑，即墨、劓、剕、宫、大辟构成的肉刑至死刑的刑罚体系。
③ 参见《唐律疏议》卷一《名例律》。

官僚,而反对肉刑派的成员主要是北海系士人、党人派、政论家;两者同属清流,兼具官僚与政论家的侧面。双方的分歧在于,对于当时脆弱的国家(政权)而言,作为公权的国家(政权)得以存立的必要条件,包括权威的确立与舆论(人心)的支持。那么,两者谁当更具有优先地位? 在双方的争论中,反对肉刑派最主要的论据,正是肉刑天生具有的残虐性无法消除,故而恢复肉刑会招致舆论(人心)的反对。而在反对肉刑派占据上风的情况下,肉刑最终未能在此时代恢复(创建)。

在下一章,笔者将针对有意恢复肉刑的魏明帝,就其营造宫殿的意图为中心展开考察。恢复肉刑与营造宫殿,表面看似无关,实则内部颇有联系。

补 记

陈俊强指出,肉刑的"恢复"论与"废除"论的争议与新王朝的建立密切相关。作为取代肉刑的中间刑,在曹魏时代,律令中存在远比汉律丰富的徒刑,实际对应着最终由北魏政权创建的流刑。落合悠纪指出,曹魏时代,特别是魏明帝时发生争论的太和年间,沿着反对派王朗的思路,劳役刑的内涵被大大充实,与曹魏律令的编纂相关联。上述两位学者都注意到了曹魏律令中丰富的徒刑(劳役刑)。此外,在 1996 年出土的长沙走马楼吴简的名籍简中,可见"刑左手""刑右手"等的记载,让人不禁联想到以"刑"+手足表现的肉刑。不过按照笔者的理解,这里的"刑"是伤害的意思。因此这并不足以说明在曹魏政权讨论是否恢复肉刑的同时期,孙吴政权有实施肉刑的情况。

参见陈俊强:《汉末魏晋肉刑争议析论》,《中国史学》第 14

卷,2004年;落合悠纪:《关于曹魏时代恢复肉刑论的一个考察》①,《白山史学》第 46 号,2010 年;福原启郎:《长沙吴简所见"刑"的初步考察》,《长沙吴简研究报告》第二集,2004 年②。

---

① 落合悠纪:《曹魏時代における肉刑復活論に関する一考察》。
② 福原启郎:《長沙呉簡に見える"刑"関する初步的考察》,《長沙呉簡研究報告》。

第二章　魏明帝
——奢靡皇帝的实像

魏明帝并非人所熟知的皇帝。在诸葛亮上《出师表》，展开北伐之际，敌国曹魏的皇帝就是魏明帝。此外，其年号太和、青龙、景初见于日本出土的纪年铜镜上。而在小说《三国演义》中，魏明帝或是接到蜀军来袭、魏军战败的消息，仰天长叹，惊慌不已，急召司马懿，仰仗其力量；或是在诸葛亮死后大兴土木，建造宫殿、高楼、苑囿，被大臣的劝谏激怒，被描写成一个昏庸之君。

那么，对于魏明帝，正史《三国志》又是如何评价的？作者陈寿所撰《明帝纪》的论赞云：

> 明帝沉毅断识，任心而行，盖有君人之至概焉。于时百姓凋弊，四海分崩，不先聿脩显祖，阐拓洪基，而遽追秦皇、汉武，宫馆是营，格之远猷，其殆疾乎！

如上所见，陈寿认为魏明帝充满了皇帝应该具有的才干、气概，即便是营造宫殿的恶政，也兼具了积极与消极两个方面。

降至南宋，袁枢在《通鉴纪事本末》卷一〇中以"明帝奢靡"为标题，集中了大臣针对魏明帝修建宫殿等恶政所上的劝谏奏疏。此外，冈崎文夫在《魏晋南北朝通史》中总结云："魏明帝乃极其独裁、万事均政由己出之人。"①要之，人们关于魏明帝共有的印象，是一个营造宫殿的奢靡之君、作风专断的独裁之主。

本章计划在通览魏明帝成长、统治过程的基础上，以其奢靡行为的再检讨为主轴，切近一个真实的魏明帝。

第一节　成长经历——生母甄氏的暗影

魏明帝仅是个略称，曹叡的正式谥号为明皇帝，庙号烈祖，字元仲。他的籍贯，是沛国谯县，即今天京九铁路所通过的安徽省亳州市。魏明帝的祖父，是曹魏政权的实际创建者曹操，父亲是接受汉献帝禅让、开创曹魏王朝的魏文帝曹丕。如果以曹魏皇帝的世系来计算，接续魏文帝的明帝曹叡是第二代，如果将追谥为魏武帝的曹操也计算在内，则是第三代。魏明帝生于建安十一年（206）②，此时官渡之战已结束，赤壁之战尚未开始。曹操很喜欢这个聪明伶俐的孙子，总将他带在身边。建安二十一年（216），曹操亲征孙权，十一岁的曹叡与同母妹东乡公主一同随行。

在黄初元年（220）汉魏禅让前后，由王孙成为王子、皇子的曹叡先后获封武德侯、齐公、平原王。黄初七年（226）五月，曹丕在病危之际指名曹叡为皇太子。据说此事发生于曹丕驾崩的前一天。虽然曹叡深获曹操的喜爱，却迟迟不得册封为太子，最大的

---

① 冈崎文夫：《魏晋南北朝通史·内编》，平凡社，1931年，第52、61页。
② 关于魏明帝的生年，有建安九年（204）、十年（205）、十一年（206）三说。本文采建安十一年说。因为史载延康元年（220），十五岁的曹叡封武德侯，以此上推可知。参见《三国志》卷二《魏书·文帝纪》"延康元年五月戊寅"条、卷三《魏书·明帝纪》；《资治通鉴》卷七二《魏纪·明帝》"景初三年正月"条胡三省注；卢弼：《三国志集解》卷三《明帝纪》"景初三年正月"条。在本章下文中，明确出自《三国志》及裴松之注的材料，原则上不再一一出注。

原因在于其生母甄氏是被"赐死"的。

甄氏生于东汉灵帝光和五年(182),籍贯为位于今河北省会石家庄市附近的中山郡无极县,乃名门之女。时代进入建安年间(196—220),甄氏嫁于称霸河北的袁绍次子袁熙。不过,在建安九年(204)八月,曹操攻陷了袁氏的大本营邺城,曹丕与甄氏相遇。知晓曹丕意图的曹操将甄氏许配给曹丕,也可以说是某种程度的强迫掠夺式婚姻。据《世说新语·惑溺篇》的记载,曹操曾云"今年破贼正为奴"。受到曹丕宠爱的甄氏,很快产下了曹叡与东乡公主。曹植也对自己的嫂子十分钦慕,据说《洛神赋》就是假托洛水之神宓妃来歌咏甄氏之作。① 不过,在曹丕继位之后,事态便随即向着反面发展起来。曹丕宠爱之人,已经换成了郭氏。而在此时,甄氏又招致了曹丕的怒火。曹丕再三要求甄氏由邺城前往都城洛阳,然而甄氏却坚持推辞。最终,寥落失意的甄氏口出怨言。魏文帝曹丕得知,大怒,遣人将甄氏赐死。时为黄初二年(221)六月。

生母自杀——实际为诛杀,对年仅十六岁的曹叡产生了怎样的冲击,不难想象。此后,曹叡在宫中恭敬地侍奉被立为皇后的郭氏,不与朝臣交际,钻研学问,谨慎度日。很显然,他知道自己处于非常微妙的地位,对父亲曹丕也抱有复杂的情绪。②

作为皇后的郭氏没有子嗣,在一共九位皇子中,包括曹叡在内有可能被立为太子的有四人。其中,魏文帝曹丕所喜爱的曹

---

① 参见《文选》卷一九《赋·情·洛神赋》李善注。
② 西晋时有种说法,说魏明帝因生母犯罪而受到牵连,降为平原侯(平原王),见于《晋书》卷四八《阎缵传》。不过平原侯是曹植曾经的爵位,西晋人大概是搞混了。承蒙越石女史告知,据《三国志》相关记载,曹叡的确曾为平原侯。《三国志·卫臻传》载:"及文帝即位,东海王霖有宠,帝问臻:'平原侯何如?'臻称明德美而终不言。"又《三国志·毌丘俭传》亦载:"俭袭父爵,为平原侯文学。明帝即位,为尚书郎,迁羽林监。以东宫之旧,甚见亲待。"曹叡在曹丕临死前才被立为太子,因此文中的"东宫之旧"指的就是毌丘俭为"平原侯文学"一事。——译者

礼、曹霖都是有力的竞争者。① 此外，属意曹丕曾经的敌手——曹植的言论，在当时仍有根基。在两年后，也就是曹叡即位的次年，魏明帝巡行长安。当时仍传出魏明帝驾崩，随行大臣拥立曹植这类一听便知虚假的无稽之谈。

关于曹叡被立为太子的契机，《魏末传》中记载了这样一则故事：

> 帝常从文帝猎，见子母鹿。文帝射杀鹿母，使帝射鹿子，帝不从，曰："陛下已杀其母，臣不忍复杀其子。"因涕泣。文帝即放弓箭，以此深奇之，而树立之意定。

这则故事将甄氏的死与曹叡的册立联系在一起，十有八九是虚构之说。实际的情况，大概是魏文帝感到大限将至，考虑到曹魏开国未满十年，为了国家的前途不断犹豫。最终，在各有优劣的太子候选人中，选择了最值得托付的皇子——即年长而爱好学问的曹叡。

第二节 执 政

黄初七年（226）五月十七日，魏明帝曹叡即位，时年二十一岁，开始了他十二年半的统治。当日，按照惯例，卞皇太后改称太皇太后，郭皇后升格为皇太后。两天后的十九日，朝廷正式追赠魏明帝的生母甄氏为文昭皇后。母以子贵，对甄氏封以特别的尊号自然符合礼法，但实际上是作为儿子的魏明帝为母亲平反昭雪。接着，魏明帝对甄氏一族进行了一系列的表彰与优待。

按照魏文帝的遗命，守卫在新帝身边，承担辅政之任的是深受文帝信任的曹真、曹休、陈群、司马懿四人。前两人属于出身曹

---

① 参见《三国志》卷三《魏书·明帝纪》裴松之注引《魏略》及卷二二《魏书·卫臻传》。

魏宗室的军方代表。在当时,曹真统领洛阳禁军,而曹休统率位于寿春(今安徽寿县)的对吴作战军团。后两人则是出身于世家大族的文官代表,在魏文帝时代就负责管辖文书行政的中心尚书台。此外,钟繇、华歆、王朗三人作为世家大族与开国元勋的代表伫立朝堂。而在曹操、曹丕两代一直掌握秘书、中书系统的刘放与孙资继续担任新帝的秘书,参与机密。

魏明帝即位之初,朝中颇有不安。新皇帝究竟是个怎样的人物?曾经为曹操所喜爱的伶俐少年是如何长大成人的?由于此前一直被隔绝于宫中,与朝臣几乎没有接触,所有人都无缘推察魏明帝其人。据《世语》记载,在魏明帝召见侍中刘晔后,朝中的不安情绪得以消除。刘晔在当初孙权请求称臣时,是朝中唯一的反对者。魏明帝与刘晔交谈了一整天。刘晔出来后,在外紧张等待的大臣问刘晔:"何如?"刘晔答云:"秦始皇、汉孝武之俦,才具微不及耳。"于是朝臣们立刻放心下来。此外,在此品评人物盛行的时代,也留下了对魏明帝毫不留情的评价。辛毗因在司马懿出镇长安时担任监军而闻名,他曾品评魏明帝云:"主上虽未称聪明,不为闇劣。"

首先来对魏明帝的形象做个速写。① 魏明帝曹叡作为曹氏

---

① 本段对于魏明帝的描述主要来自《三国志·明帝纪》结尾裴松之注所引王沈《魏书》以及孙盛所言。此外,还参考了本章开头所引陈寿的论赞。关于魏明帝的诗才,萧梁的钟嵘在《诗品》中说,曹氏一族之中,魏明帝的叔父曹植为上品,其父曹丕为中品,魏明帝虽不及此二人,但仍与祖父曹操、叔父曹彪一同进入下品。《玉台新咏》中择取了曹叡的两首诗歌,分别是《伤歌行》与《种瓜篇》。《世说新语·贤媛篇》载,许允之妻云魏明帝"明主可以理夺,难以情求"。《三国志》卷二五《魏书·高堂隆传》载:"天下之天下,非独陛下之天下也。"当时,在洛阳官界拥有高名的散骑常侍夏侯玄、尚书诸葛诞、邓飏等人自称四聪、八达、三豫,模仿汉末党锢名士排定次序。面对此浮华的风潮,魏明帝以司徒董昭的上书为契机,于太和四年(230)下诏将上述诸人的官职免去,并剥夺入仕资格。参见《三国志》卷三《魏书·明帝纪》"太和九年四月壬午"条、卷九《魏书·曹真传附曹爽传》、卷一四《魏书·董昭传》、卷二二《魏书·卢毓传》、卷二八《魏书·诸葛诞传》及裴松之注所引《世语》。又《三国志》卷二二《魏书·陈矫传》载:"车驾尝卒至尚书门,矫跪问帝曰:'陛下欲何之?'帝曰:'欲案行文书耳。'"

家族的一员,富有诗才,热衷学术,很看重法理(法律与道理)。他不接受求情,但能以理说服。由于口吃,魏明帝很少说话,而沉着刚毅,果断有见识,礼遇大臣,犯颜极谏者也尽量容忍。在动员军队等重大事件中,他果敢坚决,以天下为己任,独断专行,特别是对浮华结党的夏侯玄等人加以打击。此外,魏明帝记忆力极好,近侍小臣的档案记录、性情举止、曾经的任官履历、其父兄子弟,一经耳目,终不遗忘。他侧耳倾听庶民的诉求,哪怕上疏的文章拙劣,也通读前后,毫无倦意,每月多达数万封。① 他还曾突然前往尚书台,检查文书档案。对于魏明帝,评价认为他具有皇帝的气概。魏明帝作为一位严苛的独裁君主,让人不由地联想起清朝的雍正皇帝。

魏明帝刚刚即位,很快就迎来了挑战。当年八月,孙权似乎想要试试新登基的明帝,对魏国领土展开攻势,以此削弱敌国。太和二年(228)春,蜀汉丞相诸葛亮终于开始北伐。作为前哨战,新城太守孟达于邻近三国交界处的上庸城(今湖北省竹山县)起兵反叛,但为刚刚出镇南阳的司马懿所镇压。② 接着,曹真直接与北伐的诸葛亮针锋相对,魏明帝也巡幸长安。凭借街亭之战的完胜,此次危机得以平息。而在此之前,曹休所部大败于为呼应北伐而起兵的孙吴军队。在此事态下,魏明帝辅臣中的曹真、司马懿、曹休三人已分别被派遣至防御蜀汉、孙吴的重镇长安、南阳与寿春。至太和年间(227—233),曹休、曹真相继去世,满宠继而出镇寿春,司马懿出镇长安。魏明帝拟定了避免对蜀汉、孙吴的

---

① 按《三国志》卷三《魏书·明帝纪》载:"(魏明帝)听受吏民士庶上书,一月之中至数十百封。"可能作者对史料的理解有误,或是刊行时的校对有误。——译者
② 关于孟达反叛与诸葛亮北伐的关系,参见拙著《晋武帝司马炎》,第44—55页。后面提及的司马懿征辽东可参见同书第55—61页。

两线开战,进行持久战的方针。尽管在曹真、曹休担任对蜀、吴防御长官时期,有过曹真与司马懿进攻汉中但因大雨而撤退,也有过曹叡亲率大军进攻合肥等事,但主要还是被动防御。在满宠修筑合肥新城之后,更是完全专心于防守。从中书令孙资的进言可知,曹叡命令满宠、司马懿一心坚守。青龙二年(234)夏,蜀汉方面准备充分的第五次北伐,以诸葛亮病逝五丈原而中断。对于曹魏而言,也去除了自己的最大威胁。三年后,曹魏的方针一下转向积极。景初二年(238),魏明帝令驻屯长安的司马懿讨伐辽东公孙渊。在前一年,魏明帝通过幽州刺史毌丘俭征召公孙渊,赤裸裸地给予压力。公孙渊则自称燕王,明确打出自立的旗号。司马懿率五万大军征辽东,同年八月斩杀公孙渊,将辽东公孙氏灭国。

再将目光转向战事背后的内政。首先,在太和年间,以重新发行五铢钱为开端,①魏明帝实施了将宗庙由邺城迁往洛阳,制定新律及州郡令、尚书官令、军中令等律令,选定郊庙的乐舞,恢复巡幸等等一系列构建曹魏王朝的措施。接着,在青龙年间(233—237),魏明帝于诸葛亮去世的次年——青龙三年(235),开始在都城洛阳大兴土木,修建包括太极殿、昭阳殿在内的宫殿、楼阁、苑囿。顺带一提,与吴国孙权往复于建业(今江苏省南京市)、武昌(今湖北省鄂州市)同样,魏明帝在太和、景初年间居于洛阳,位于太和、景初之间的青龙年间则居住于许昌。在营造洛阳宫殿

---

① 再发行五铢钱一事,见于《三国志》卷三《魏书·明帝纪》"太和元年四月乙亥"条及《晋书》卷二六《食货志》。宗庙的搬迁,见于《三国志》卷三《魏书·明帝纪》"太和三年十一月、十二月"条。律令的制定,见于《晋书》卷三〇《刑法志》,郊庙乐舞的制定,见于《宋书》卷一四《礼志·一》、卷一五《礼志·二》、卷一九《乐志·一》。巡幸一事,见于《三国志》卷三《魏书·明帝纪》"太和六年三月癸酉"条。又《宋书》卷一五《礼志·二》载:"明帝凡三东巡……"。

的三年之前——即太和六年(232)，魏明帝着手在许昌营建景福、承光两殿。此外，景初元年(237)三月，颁布景初历，以青龙五年三月为景初元年四月，五月由许昌迁往洛阳，六月定七庙之制。

不过，就在景初二年(238)十二月，司马懿正在凯旋途中，而魏明帝却因急病一下子病笃，三年(239)正月元旦驾崩，享年三十四岁。顺带一提，在五个月后，也就是景初三年六月，邪马台国卑弥呼女王的使者到达带方郡(今韩国首尔市附近)。十二月，新即位的曹魏皇帝赐予使者诏书、铜镜等赏赐物。这是司马懿征辽东产生的额外影响。①

第三节　奢　靡

在魏明帝三十四年的生命中，对他十二年的统治最著名的评价，就是"奢靡"二字。所谓奢靡，即豪奢靡丽、大肆铺张的做派。《三国志》卷三《魏书·明帝纪》"青龙三年"条裴松之注引《魏略》中太子舍人张茂的谏奏云："陛下……而乃奢靡是务……"②而在本章序言中，也提及《通鉴纪事本末》中有"明帝奢靡"一章，集中记载了对魏明帝的谏言。上奏进谏者，包括司空陈群、廷尉高柔、卫尉辛毗、少府杨阜、护军将军蒋济、中书侍郎王基、尚书仆射卫臻、尚书孙礼、光禄勋高堂隆、散骑常侍王肃、侍中卢毓、司徒军议掾董寻、尚书卫觊、太子舍人张茂等"旧臣、大僚、小臣"，多达十

---

① 据《三国志》卷三《魏书·明帝纪》，魏明帝享年三十六岁，相关考证参见本章第一节第一段第一个注。又《三国志》卷三《魏书·东夷传·倭人》将景初三年误作为二年。

② 《三国志》卷二五《魏书·高堂隆传》载高堂隆谏奏亦云："然今之小人，好说秦汉之奢靡以荡圣心……"

四人。①

青龙年间,陈群所上奏疏云:

> 禹承唐(尧)、虞(舜)之盛,犹卑宫室而恶衣服,况今丧乱之后,人民至少,比汉文、景之时不过一大郡。加边境有事,将士劳苦,若有水旱之患,国家之深忧也。且吴、蜀未灭,社稷不安。宜及其未动,讲武劝农,有以待之。今舍此急而先宫室,臣惧百姓遂困,将何以应敌?昔刘备自成都至白水,多作传舍,兴费人役,太祖(曹操)知其疲民也。今中国劳力,亦吴、蜀之所愿。此安危之机也,惟陛下虑之。②

陈群基于汉末战乱后的人口锐减及曹魏与蜀、吴对峙的战时体制现状,认为征发不必要的劳役使得人民疲敝,甚至可能因灾害而引发关系国家存亡的危机,这些都是问题。故而他主张扶持农业、补充兵源,爱护作为国家基础的万民。换言之,陈群主张优先考虑民众的休养生息。直臣杨阜、高堂隆也异口同声,发出与陈群同样的谏言。此外,还可以看到批判后宫扩充与用度奢侈的意见。③ 无论怎样,魏明帝最受批判的行为,是征发农民服劳役,大兴土木,建造宫殿。青龙三年(235)开工的洛阳城,就是其例。

洛阳原本是东汉政权的都城。初平元年(190),董卓挟持汉献帝及百官、宫女迁往长安,一把火将洛阳化为焦土。而随着天下局势的安定,曹操就已经开始着手重建洛阳。魏文帝时,继续

---

① 参见王夫之:《读通鉴论》卷一〇。除了《通鉴纪事本末》所载诸人外,陈矫、毌丘俭、司马懿也曾上书劝谏。
【补注】安田二郎在《曹魏明帝の「宫室修治」をめぐって》(《東方学》第111辑,2006年)一文中共列举了当时二十三名发表劝谏、批判言论的官员。
② 《三国志》卷二二《魏书·陈群传》。
③ 魏明帝采少女入宫,新设女尚书一职。此外强制士家(兵户)出身、嫁与平民的女子离婚,令她们改嫁士家出身的男性。

洛阳宫殿的营造事业，在东汉洛阳北宫的遗迹上新修了建始殿。魏明帝营造宫殿的象征，则是在东汉洛阳南宫的遗迹上新修的太极殿与昭阳殿。它们的地位类似于今天北京明清故宫的太和殿与乾清宫。尤其是太极殿，它是日本平城京、平安京等都城正殿——大极殿的源流。另据史料记载，魏明帝还重修了因两度火灾而毁坏的崇华殿，改名为九龙殿。营建了总章观、云龙门，开凿了濛汜池等等。顺带一提，建始殿的后殿崇华殿（九龙殿）在文帝、明帝两代一直用作殡宫①。除了以上大规模的营建，魏明帝还用从长安搬运而来的承露盘、极其沉重的铜柱所铸铜人翁仲、令技术天才马钧复原制作的指南车等物装饰新宫。此外，魏明帝还计划将横亘于洛阳以北的邙山铲平出一块，修筑拥有高殿，能够远眺离宫所在的黄河渡口孟津，不过最后还是接受了劝谏，中止此事。②

第四节　烈　祖

虽然群臣不断劝谏，但魏明帝却坚持营造宫殿，其原因究竟何在？据《宋书》卷三三《五行志·四》，景初元年（237）九月，淫雨霏霏，造成了冀州等地发生洪水。天降灾异的原因，在于明帝曹叡霸占幼女、夺取兵士之妻、崇饰宫室、妨害农战等种种"触情恣欲"之行。这表明，至少在南朝，就已经出现将明帝的奢靡行为归

---

① 人死之后，下葬之前，一时停放灵柩的房舍。——译者
② 参见元代《河南志》中的《魏城阙古迹》《曹魏京城图》。关于太极殿的划时代性，参见吉田欢：《漢魏宮城中枢部の展開》，《古代文化》第 52 卷第 4 号，2000 年。云龙门相关记载见于《晋书》卷四〇《杨骏传》。濛汜池见于《三国志》卷三《魏书·明帝纪》"青龙三年"条裴松之注引《魏略》《魏书》卷一一四《释老志》。朝臣对改造邙山的劝谏，见于《三国志》卷二五《魏书·辛毗传》。

结为一己私欲的解释。不过,还应当注意到魏明帝的另一侧面:他动员具有免役特权的官员、太学生,自己也身先士卒,参与宫殿的修建。① 那么,为何曹叡在宫殿营造上会有如此强烈的意愿?过往研究似乎并未说清、说透。

值得注意的是,在对陈群上奏的答复中,魏明帝提到了"萧何之大略"②。所谓"大略",即营造汉都城长安中的未央宫一事。《史记》卷八《高祖本纪》"汉八年"条记载,汉高祖讨伐韩王信党羽后回到长安,见宫室壮丽,对留守的丞相萧何大发雷霆:"天下匈匈,苦战数岁,成败未可知,是何治宫室过度也?"而萧何却说:"天下方未定,故可因遂就宫室。且夫天子四海为家,非壮丽无以重威,且无令后世有以加也。"于是刘邦大悦。在萧何的回答中,最为重要的是"非壮丽无以重威"这句话。在魏明帝的认识中,营造宏伟的宫殿,是王朝、皇帝将自身威信以肉眼可见的形式表现出来的一种手段。在敌国蠢蠢欲动的当下,"重威"的必要性较之天下统一之后,更为突出。

实际上,直言劝谏的朝臣们,对于魏明帝在曹操、曹丕之后继续三代营造宫殿的事业,本身并不反对。只是有些人认为天下未定,为时尚早;有些人认为不宜过度营造。③ 从这一点而言,皇帝、朝臣围绕营造宫殿产生对立,双方论点的主要理念,与同时期围绕复肉刑的争议在本质上是相同的(参见第一章)。所谓肉刑,就是伤害身体的刑法。汉文帝时,原则上废止了肉刑。不过至东汉时,恢复肉刑以作为死刑与笞刑之间的中间刑的议论又高涨起

---

① 《三国志》卷二五《魏书·高堂隆传》载:"公卿以下至于学生,莫不展力。帝乃躬自掘土以率之。"
② 见于《三国志》卷二二《魏书·陈群传》。——译者
③ 例如《三国志》卷二四《魏书·高柔传》云:"二方平定,复可徐兴。"

来。曹魏、西晋时期，在廷议中，出现了多次是否恢复肉刑的争议。在曹操、魏文帝、魏明帝时期，共有四回。魏明帝时期，在太和元年（227）或是二年（228），以复肉刑派钟繇的上书为契机，赞成恢复肉刑的曹叡下诏令群臣议论。此次议论规模巨大，参与其中的朝臣超过百人，不过其中多数赞成反对派王朗的意见。魏明帝见局势不利，于是以吴、蜀未平的外部局势为理由中止朝议，事实上废止了恢复肉刑的提案。其实，朝廷中的复肉刑派与反对肉刑派在根本观点上没有冲突。两者都不否定肉刑本身，只是对于肉刑残虐的态度不同。前者主张只恢复斩右趾刑，而后者则认为为时尚早。如果说两者存在矛盾的话，则是恢复肉刑派希望通过实质性地恢复中间刑来惩罚恶行、给予报应，建立作为公权的政权权威性；而反对肉刑派更加重视作为政权根基的舆论、人心。要言之，两者的差异可归结于权威优先还是舆论、人心优先。就此点而言，在肉刑的争议与围绕着营造宫殿的争议上，赞成派与反对派的主要理念具有共通性。

对恢复肉刑一腔热情、力排众议营建宫殿的魏明帝，在内政方面也采取了制定律令、颁布新历法等积极措施，其中亦可见确立皇帝权威的方向性。那么，魏明帝如此强烈意愿的根源，究竟何在？解读的关键，在于景初元年（237）七月，魏明帝建七庙，同时确立了永不毁庙的三祖之制。在当时，曹叡先祖的谥号有高祖曹腾谥高皇帝，曾祖曹嵩谥太皇帝，祖父曹操谥号武皇帝，父亲曹丕谥号文皇帝。而魏明帝以曹操为开端，将曹操、曹丕与自己的庙号分别定为太祖、高祖与烈祖，这就是所谓的曹魏三祖。皇帝自行立庙，并在生前就确定庙号，十分少见。所谓庙号，即宗庙、灵庙的称呼。按惯例，有开国、中兴之功的皇帝称为"某祖"，常规继承的皇帝称"某宗"。那么，魏明帝为何要自称烈祖？据提议此事的相关部门上书，曹操"拨乱反正"①，使乱世回归稳定；文帝"应天受命"，为天命所归；而明帝"制作兴治"，创立制度，构建治世。② 祖父曹操在群雄割据之中崛起，统一华北，建立魏国，乃事实上的创业之主。父亲曹丕通过汉魏禅让开创曹魏王朝，成为初代皇帝。而接续曹操、曹丕之后的魏明帝选择烈祖为庙号，大概是因为他自负能够完成曹魏王朝尚有欠缺的制度建设。

位于此延长线上的，还有封禅。为了实现封禅，魏明帝命令高堂隆研究相关仪式。高堂隆在明帝做平原王时期担任王国傅，明帝即位后高堂隆出任侍中、光禄大夫，为明帝筹谋策划。而由于高堂隆的去世，封禅一事被迫中断。魏明帝接到讣告时，叹息曰："天不欲成吾事，高堂生舍我亡也。"③

可以窥见，魏明帝构建曹魏王朝的意识根源，在于他出自皇室嫡系的自负，以及他个人对父祖的思念，尤其是对祖父曹操的敬爱之情。在富有诗才的魏明帝所作乐府中，《宋书》卷二一《乐志·三》所收《苦寒行》一首，亦可见此思绪：

> 悠悠发洛都，并我征东行。
> 征行弥二旬，屯吹龙陂城。
> 顾观故垒处，皇祖之所营。
> 屋室若平昔，栋宇无邪倾。
> 奈何我皇祖，潜德隐圣形。

---

① 典出《春秋公羊传·哀公十四年》。
② 参见《三国志》卷三《魏书·明帝纪》"景初元年六月"条及裴松之注引孙盛所言；《宋书》卷一六《礼志·三》、卷三一《五行志·二》；王鸣盛：《十七史商榷》卷四〇《三祖》。
③ 《三国志》卷二五《魏书·高堂隆传》。

第二章　魏明帝

> 虽没而不朽，书贵垂伐名。
> 光光我皇祖，轩耀同其荣。
> 遗化布四海，八表以肃清。
> 虽有吴蜀寇，春秋足耀兵。
> 徒悲我皇祖，不永享百龄。
> 赋诗以写怀，伏轼泪沾缨。①

对于伟大、令之钦慕的"皇祖"曹操，魏明帝直率地歌咏出自己的思念与感怀，也决心继承其事业，将之完成。

以上对魏明帝坚持营造宫殿的心理，进行了一些探讨。此外还可以注意到，尽管同样以恢复威望为目的，也同样在舆论上受到主流的批判，但复肉刑与营造宫殿两者之间存在一定的差异。魏明帝放弃了前者，而坚持后者。此外，陈群对此二事态度相反，他赞成恢复肉刑，但反对营造宫殿。如黄初七年（226）鲍勋被杀一事所见，陈群对于魏文帝滥用刑罚、无视朝臣乞求、执意将鲍勋问斩一事耿耿于怀，但还不至于到私怨的程度。② 而魏明帝对于营造宫殿，则有自己的执念在其中。这是两者的差异所在。不过，这种执念并非如舆论批判皇帝奢靡那样，是为了满足明帝个人的私欲，而是满怀着前述魏明帝对祖父曹操的敬慕之情。魏明帝所作所为，都是为了身为皇室的曹氏一族。与他的私心互为表里的，则是与营建宫殿并行的重用贵戚倾向。

在魏明帝时期，属内朝的近侍官如散骑常侍、侍郎，以禁卫长官步兵校尉为首的五校尉等，逐渐为宗室、外戚——即所谓的贵

---

① 参见本章第二节第四段第一个注。
② 这里作者似乎是想说，鲍勋被杀的悲剧是推动陈群赞成复肉刑的一个原因，但这种情绪不是非常强烈，与下文提到的魏明帝营建宫殿的执念形成了一种对比。因此陈群最后没有坚持推动复肉刑，而魏明帝则执意营建宫殿。——译者

戚集团所占据。① 这一倾向的顶峰,则是魏明帝驾崩前六日为幼帝安排辅政大臣的遗诏。魏明帝指名的辅政大臣,以其叔父燕王曹宇为首,另有曹真、曹休的子嗣曹爽、曹肇,准宗室夏侯氏出身的夏侯献②,虽是异姓但自幼随母亲进入曹操后宫、与宗室子弟一同养育成人的秦朗。以上五人均为贵戚,且都担任将军或校尉。世家大族则被排除出辅政大臣之列。其中最值得注意的,是任命燕王曹宇为大将军。曾与曹植激烈争夺太子之位的曹丕疏远宗室,禁止他们担任官职。尽管至亲的父亲曹丕定下了规矩,但魏明帝依然打破惯例,从中不难感到他对贵戚的倚重。不过,这一决定却因中书监刘放与中书令孙资的抵制而最终未能施行。刘、孙二人把持着病榻上的魏明帝强行撰写了手诏。结果,辅政大臣被指定为曹爽、司马懿两人。在表面上,的确遵从了文帝曹丕的遗命,回归到宗室、外臣的平衡状态。但实际上,与年轻的曹爽相比,司马懿不仅仅是一介文官,更是立下赫赫战功、在军中隐隐具有影响力的重臣。曹叡亲笔所书遗诏,为河内司马氏的篡位开辟了道路。这一事件,发生于魏明帝驾崩前三日。③ 无论怎样,从魏明帝弥留之际内心的摇摆,特别是从他最初指定五位贵戚组成辅助体系的诏书来看。辅政大臣人选偏向贵戚,体现出魏明帝对曹魏皇室未来的不安与焦虑。实际上,魏明帝虽然有女儿,但在黄初七年(226)、太和三年(229),其子清河王曹冏、繁阳王曹穆相继离世。太和五年(231),皇子曹殷在众人的期望中诞

---

① 参见佐藤达郎:《曹魏文·明帝期の政界と名族層の動向——陳羣·司馬懿を中心に》,《東洋史研究》第52卷第1号,1993年。
② 曹氏与夏侯氏家族关系甚密,成员之间相互联姻,甚至有曹操本姓夏侯的说法。由于夏侯氏在曹魏政权中的地位比较特殊,因此作者用了"准宗室"一词。——译者
③ 参见《三国志》卷三《魏书·明帝纪》"景初二年十二月"条及裴松之注引《汉晋春秋》、卷二〇《魏书·武文世王公传》;拙著《晋武帝司马炎》,第61—66页。

生,但六年(232)即夭折。魏明帝没有子嗣,于是在着手营建洛阳宫殿的青龙三年(235)八月,将叔父曹彰之孙、一直养于宫中的曹询与曹芳兄弟分别封为秦王、齐王,作为将来的太子人选。这一同时期的动向与营建宫殿没有直接关联,但如果以维持曹魏皇室这一点为媒介的话,从中能够看到一致的方向性。

以上,笔者从"奢靡"的评价为起点,对魏明帝展开了考察。从中浮现而出的,是一个较之外患,更为担心内忧,潜心于提升曹魏王朝、皇帝的威信,因维持曹魏皇室而苦恼不已的魏明帝形象。

小　结

景初三年(239)正月初一,魏明帝驾崩。临终前,刚满八岁的齐王曹芳被指名继承大统,随即即位,依遗诏中止了宫殿的营建。这份遗诏的内容,很可能是司马懿的意向。

此后,曹魏王朝历经齐王曹芳(废帝)、高贵乡公曹髦(后废帝)、元帝曹奂(陈留王)三代,虽然存续了二十五年,但前两位皇帝是废帝,被认为不够资格做天子。结果,在魏明帝死前被册立为皇后的郭氏连续做了三代皇帝的皇太后,以先帝(魏明帝)皇后的身份君临天下。而效法太后郭氏一族,同外戚一般占据高位、掌握实权、逐渐篡位的,则是司马氏父子。正如曹魏的敌国孙吴宰相张悌分析的那样,曹操父子三代施政残虐,失去人心,而司马氏代之以宽容之政,人心归焉。① 相对于注重威权、被认为施政残虐的曹氏,司马氏有意识地重视人心,以宽容为方针。

---

① 参见《三国志》卷四八《吴书·三嗣主传》孙皓相关记载及裴松之注引《襄阳记》;拙著《晋武帝司马炎》,第130—132页。

以魏晋禅让开创晋王朝的晋武帝司马炎自然也以宽容之政为旗号。不过在实际上，制定泰始律令等措施，使得晋武帝意外地继承了魏明帝的政策，最终在数百年后，发展出了隋唐时代的律令体制。此外，与疏远宗王、依赖贵戚的曹魏相对，西晋政权认为压制宗王是曹魏政权灭亡的要因，为了避免重蹈覆辙，于是反过来优待宗王，期待他们能够成为屏藩。然而，最终却招致了宗室的内乱。无独有偶，魏明帝、晋武帝死后，曹魏、西晋均经历了三代皇帝就灭亡了。重视贵戚，是魏晋时代的特征。表面上，这是为了对抗异姓贵族的势力；而本质上，则源于皇帝权力的弱势。魏明帝、晋武帝，虽属不同王朝，却身处同一个时代。他们所直面的，是魏晋国家共通的困境。换言之，这两位皇帝，正体现了魏晋时代的矛盾所在。

最后，再次对本章的内容进行总结。如魏明帝制定"三祖"之制，自定庙号为烈祖的行为所明确表现出的那样，他拥有继承武帝（曹操）、文帝（曹丕）的事业，创设制度、确立权威，以此构建曹魏王朝的抱负。作为重视内政的一环，魏明帝制定律令，发布新历法。与此同时，即便遭到重臣的反对，他依然沿着"非壮丽无以重威"的萧何故事，坚持营造宫殿（但放弃了复肉刑）。这些措施，有魏明帝维持曹魏皇室的私心在内。而他最终被贴上了"奢靡"的标签。

就某种意义而言，魏明帝的事业，为直面同样课题的晋武帝所继承。在接下来的一章，就将对晋武帝创设国子学一事展开考察。

补 记

渡边信一郎指出，作为构建曹魏王朝、整备诸制度的核心，魏明帝将天人感应的关系纳入宫殿布局中,以对应天上紫微宫的太极殿(建于东汉北宫德阳殿的遗迹上)为中心,形成"太极宫型宫城布局"的构想。作为其中一环,魏明帝设置听讼观,展开皇帝听讼(华林园听讼的渊源所在),而这一传统在往后的三百五十年一直延续着。① 安田二郎认为,魏明帝的"宫室修治"可以理解为行政官僚所支持的"社稷之计"(超大型公共工程)——都城营造②中的一环。③

---

① 参见渡边信一郎:《天空の玉座》,柏书房,1996年。
② 这一都城营造计划,以储水坝"千金堨"的竣工为基础。
③ 参见安田二郎:《曹魏明帝の「宫室修治」をめぐって》。

69

第三章　关于西晋国子学创立的考察

西晋王朝创立国子学,意味着汉代以来的太学体系中新加入了国子学,"二学""两学"[1]体制成立,作为最高学府的中央官学开始了"双轨制"或者说"并行制"[2]。此后,东晋南朝虽然王朝兴废频繁,但一直继承了以国子学(国学)为首的"二学"体制。而在十六国北朝,可注意到,十六国承袭汉魏制度,设立太学,与东晋南朝形成对比;北魏在太学、国子学(中书学)之外,还开设了皇宗学(对象为宗室)、四门小学、律学、算学;北齐时,设立了专门的教育行政机构——国子寺(隋改为国子监),这样就从汉代以来附属太常的体系中独立了出来。至唐代,如《唐六典》卷二一《国子监》所载,作为律令制度的一环,当时形成了由国子学、太学、四门学、律学、书学、算学等多层中央官学所构成的国子监体制。从汉晋时期的太学、国子学的创立,至隋唐国子监的形成。从这一过程

---

[1] 关于"二学",参见《晋书》卷五五《潘岳传附潘尼传》所载《释奠赋》等;关于"两学",参见《文选》卷一六《赋·志下》所载潘岳《闲居赋》和《晋书》卷五五《潘岳传》等。

[2] "双轨制"说参见周予同:《中国学校制度》,商务印书馆,1933年;杨吉仁:《三国两晋学校教育与选士制度》,正中书局,1968年。"并行制"说参见高明士:《唐代东亚教育圈的形成——东亚世界形成的一个侧面》,国立编译馆中华丛书编审委员会,1984年。

之中，能把握住中国教育史的宏观演进。① 如以上概述所见，国子学位于唐代中央官学的顶端，教育机构也以国子监为名。换个角度而言，西晋创立国子学，显然具有相当的历史意义。也正因如此，关于中国教育史的概说书籍，必然都会提到西晋创设国子学一事。不过，就西晋国子学的创立，《资治通鉴·晋纪》中没有相关记载，而相关的研究专论，也可以说几乎没有。推测其中原因，大概是西晋创立国子学相关的上奏、诏敕等文书未能传世，因此核心史料仅存只言片语。并且，即便是在这些零碎史料中，还存在诸多问题。例如关于国子学的创立年代，不同史料的记载相互矛盾，等等。在笔者还是研究生的时候，先师谷川道雄曾在一次讨论会上提及"二学"的问题。自此以后，我就一直关注西晋国子学创立的问题。虽说如此，但研究也没有立即展开，而是搁置一旁，故而在撰写《晋武帝司马炎》（白帝社，1995年）时，也没能够就西晋国子学发表任何看法。1996年秋我因病住院，在此期间下定了决心，至少将西晋国子学研究中的问题整理出来。笔者认为，西晋国子学的研究不能局限于狭义的教育史框架内，而应当与任官制度、思想、学术乃至于当时的政治、社会密切关联起来。那么，既然已经存在作为中央官学的太学，西晋王朝又为何要设立国子学？此外，国子学为何出现于西晋，而不是位于此前或此后的秦汉三国、南北朝时期？在本章中，笔者将把上述两点作为问题意识，对西晋国子学——尤其以西晋国子学的创立年代问题、创立理由、创立背景为中心，展开具体的整理与讨论。

关于西晋国子学的先行研究。以陈东原的经典研究《中国教

---

① 参见多贺秋五郎：《唐代教育史の研究——日本学校教育の源流》，不昧堂书店，1953年；多贺秋五郎：《中世儒教主义学校体系完成の過程》，《東洋教育史研究》第1号，1977年；高明士：《唐代东亚教育圈的形成——东亚世界形成的一个侧面》。

育史》①为首,民国时期有一系列中国教育史的概说书。②特别包含西晋教育史内容的专门研究,则有杨吉仁的《三国两晋学校教育与选士制度》③、杨承彬的《秦汉魏晋南北朝教育制度》④、程舜英的《魏晋南北朝教育制度史资料》⑤。关于孙吴、东晋、南朝的二学——尤其是国学,则可参考柳诒徵的《南朝太学考》⑥。而最值得提及的研究,是高明士的《唐代东亚教育圈的形成——东亚世界形成的一个侧面》一文。在该文中,作者以唐代庙学制度的成立及其对东亚世界的影响为主轴,对官学教育制度展开了生动、宏观的研究。本章基本上批判地继承了高氏的论点,不过研究范围、关心的重点,则与之不同。

第一节　西晋的国子学

(1) 名称由来

国子学这一名称,无疑正如《宋书》卷一四《礼志·一》所云:"咸宁二年,起国子学。盖《周礼》国之贵游子弟所谓国子,受教于师氏者也。"又如《宋书》卷三九《百官志·上》"国子祭酒"条所解释的那样:"国子,周旧名,周有师氏之职,即今国子祭酒也。"该名称典出《周礼·地官司徒》所载"以三德教国子,……掌国中失之事,

---

① 陈东原:《中国教育史》,商务印书馆,1936年。
② 民国时代的相关研究史,参见高明士:《中華民国における中国教育史の研究》,《東洋教育史研究》3,1979年。
③ 杨吉仁:《三国两晋学校教育与选士制度》,正中书局,1968年。
④ 杨承彬:《秦汉魏晋南北朝教育制度》,台湾商务印书馆,1978年。
⑤ 程舜英:《魏晋南北朝教育制度史资料》,北京师范大学出版社,1988年。
⑥ 柳诒徵:《南朝太学考》,《史学杂志》(南京)第1卷第5、6号,第2卷第1、2、3号,1929—1930年。又柳诒徵该文以太学为名,他认为东晋南朝的最高学府只有太学,国子学、国学实际就是太学。对此观点,笔者并不认同。

以教国子弟。……凡国之贵游子弟学焉"中的"国子"。① 所谓国子,即国(都)的"贵游"(显贵、贵族,公、卿、大夫)之子弟。在国子学创立之前的三国曹魏正始年间(240—249),就已有此种用例,如当时刘靖上书云:"宜高选博士,取行为人表,经任人师者,掌教国子。"②此外,撰写于西晋元康年间(291—299)的潘岳《闲居赋》将国子学与太学的学生(赋中称为"生徒")对比表现为"国胄"与"良逸";潘尼《释奠颂》则对比表现为"国子""胄子"与"学徒""学生"。在东晋南朝设立国子学的上奏、诏敕中,亦惯例将国子学学生写为"国子",或写为密切相关的"国胄""胄子"。③ 值得玩味的是,国子学这一名称典出的《周礼》,是古文经学的经典,显示出国子学与古文经学的关联性。在本文第三节,笔者将就这一问题,以及建议创立国子学的古文经学领袖王肃、其子王恂一并加以考察。

(2) 学官与学生

接下来,对国子学的人员构成——即学官(教师)与学生,与太学加以对比、讨论。西晋创立国子学的基础史料,见于《晋书》卷二四《职官志》中的"太常"条:

> 及咸宁四年,武帝初立国子学,定置国子祭酒、博士各一

---

① 在师氏之后还有保氏"而养国子以道,乃教之六艺……乃教之六仪……"之语。
② 参见《三国志》卷一五《魏书·刘馥传》。《宋书·礼志一》将刘靖误作刘馥。类似"国子"一词的用例,如《汉书》卷八八《儒林传》序言载西汉平帝王莽执政时,增收太学生,"元士之子得授业如弟子,勿以为员"中的"元士"(亦称"善士",指公卿大夫以下的士、下级官僚,参见《礼记·王制篇》)子弟。中央官学在招收这类学生时,限定在具有一定门第的子弟内,可以说是国子学创立的先驱。
【补注】渡边义浩指出,嘉平初年王昶上书司马懿的《治略五事》中的"重整太学"一策,有"使国子入学"这一节内容。参见渡边义浩:《西晋における国子学の設立》,《東洋研究》第159号,2006年(后改名为《国子学の設立》,收入渡边义浩:《西晋"儒教国家"と貴族制》,汲古书院,2010年)。
③ 参见柳诒徵:《南朝太学考》。

人,助教十五人,以教生徒。……及咸宁四年,武帝初立国子学,定置国子祭酒、博士各一人,助教十五人,以教生徒。

以及《宋书》卷三九《百官志·上》的"太常条":

> 国子祭酒一人,国子博士二人,国子助教十人。……晋初复置国子学,以教生徒,而隶属太学焉。晋初助教十五人,江左以来,损其员。……①

如上所见,国子学设有国子祭酒一人,国子博士一人(大约刘宋开始增至两人),国子助教十五人(东晋太元十年〔385〕后减至十人)。如与太学加以比较,魏晋时期太学博士定员十九人。② 而国子学的特征则是祭酒、博士仅两人,新设置了太学所无的助教加以补充,定员多达十五人。在大约于国子学创立同时期的咸宁四年(278)十月二十日所立《大晋龙兴皇帝三临辟雍碑皇太子又再莅之盛德隆熙之颂》(下文简称《晋辟雍碑》③)的碑阴,刻有立碑相关者的题名,其中可见与太学学官、学生并列的国子学学官:

> 散骑常侍,博士祭酒,颍川,庾纯,谋甫
>
> 散骑常侍,博士,甄(鄄)城公,谯国,曹志,允恭
>
> 助教,中郎,长广,□□,□□
>
> 国子主事,广平,高盛,巨谋

---

① 参见《大唐六典·国子监》《通典·职官典·诸卿下·国子监》。
② 《宋书·百官志上》:"博士……魏及晋西朝置十九人。"
③ 参见余嘉锡:《晋辟雍碑考证》,《辅仁学志》第3卷第1号,1932年(后收入《余嘉锡论学杂著》上册,中华书局,1963年)。《晋辟雍碑》释文参见顾廷龙:《大晋龙兴皇帝三临辟雍皇太子又再莅之盛德隆熙之颂跋》,《燕京学报》第10期,1931年;刘承幹:《希古楼金石萃编》卷九,吴兴刘氏希古楼刻本,1933年(后收入《石刻史料新编》第1辑第5册,新文丰出版公司,1977年);罗振玉:《石交录》卷二,收入《贞松老人遗稿甲集》,1941年(后收入《罗雪堂先生全集续编》第3册,大通书局有限公司,1989年);以及本书的第四章。

> 国子司成,广平,张随,玄时
> 国子司业,陈留,董康,兴元
> 国子司成,陈留,焦岐,宣周
> 国子都讲,汝阴,谢韶,南伯
> (官职、[爵位]、本贯、姓名、字)

如上所见,碑阴所刻国子学官职有国子祭酒(博士祭酒)、国子博士、国子助教、国子主事、国子司成(两名)、国子司业、国子都讲。① 正如《晋书·职官志》所载,国子祭酒、国子博士各一名。但相对的,定员为十五名的助教在碑阴只有一名。② 在西晋国子学的初创期,助教只设一人的可能性很大。《宋书》卷三九《百官志·上》的"太常条"载:

> 自宋世若不置学,则助教唯置一人,而祭酒、博士常置也。

与之相同,这显示出西晋国子学可能当时也处于尚未招收国子学生的阶段。国子都讲、国子主事与国子司成、国子司业,未见于《晋书·职官志》。与前两者对应的,是碑阴所见太学的都讲、主事。碑阴题名标明了学生的等级,有"礼生""弟子""门人""散生""寄学",③但不清楚这些题名中是否包含国子学的学生。

接下来,想对国子学诸学官加以详细考察。国子祭酒,再加上下文要提及的国子博士,其职责是总管国子学,即所谓的校长。如《大唐六典·国子监·国子祭酒》载:

---

① 国子祭酒与国子博士的相关考证,参见余嘉锡《晋辟雍碑考证》。
② 顺带一提,太学博士定员为十九名,刻于碑阴为十一名。
③ 木岛史雄认为,"礼生"中的"郑大射礼生"与"王乡饮酒礼生"分别从郑玄说行大射礼、行王肃说行乡饮酒礼,在事实上属于专门的礼学技术人员。参见木岛史雄:《〈大晋龍興皇帝三臨辟雍皇太子又再蒞之盛德隆熙之頌跋〉にみる晋初の礼学とその実践》,《中国思想史研究》第19号,1996年。

>《晋令》曰：祭酒博士当(掌)为训范，总统学中众事。

《艺文类聚·职官部·祭酒》载：

>《[晋]百官表注》曰：博士祭酒一人，掌国子学。①

《太平御览·职官部·国子祭酒》载：

>《齐职仪》曰：《晋令》，博士祭酒掌国子学。②

再来看国子学与太学的关系。两者都属于太常所管辖的中央官学，《宋书》卷三九《百官志·上》的"太常条"说到国子学隶属于太学。③ 此外，正如下一项"学舍所在"要提及的那样，两学的建筑相邻。国子祭酒恐怕也不仅仅主管国子学，而是统管二学。④ 且不管国子学与太学的隶属关系如何，二学很可能作为一个整体共有很多设施。国子祭酒的官品为三品，旧来比视侍中、列曹尚书，着皂朝服、介帻、进贤两梁冠，佩水苍玉。⑤ 国子祭酒的别称，有"祭酒博士"⑥"博士祭酒"⑦。《通典·职官典·国子监》载：

>又汉置博士，至东京，凡十四人，而聪明有威重者一人为

---

① 《北堂书钞》卷六七《设官部·国子祭酒》"一人"二字阙；《太平御览》卷二三六《职官部·国子祭酒》《百官表注》作《汉书·百官表》注"。
② 《艺文类聚·职官部·祭酒》"国子学"三字阙。
③ 黄彰健认为"太学"乃"太常"之误，推测此句实际意思为国子学隶属太常。参见黄彰健：《论曹魏西晋置十九博士、并论秦汉魏晋博士制度之异同》，《大陆杂志》第64卷第1号，1982年。
④ 参见余嘉锡：《晋辟雍碑考证》。
⑤ 参见《大唐六典·国子监·国子祭酒》引《百官志》；《艺文类聚·职官部·祭酒》引《[晋]百官表注》；小林聪：《六朝時代の印綬冠服規定に関する基礎的考察——〈宋書〉礼志にみえる規定を中心にして》，《史渊》第130辑，1993年；小林聪：《晋南朝における冠服制度の変遷と官爵体系——〈隋書〉礼儀志の規定を素材として》，《東洋学報》第77卷第3、4号合刊，1996年。
⑥ 参见《大唐六典·国子监·国子祭酒》引《晋令》。
⑦ 参见《晋辟雍碑》、《艺文类聚·职官部·祭酒》引《[晋]百官表注》《齐职仪》。

第三章　关于西晋国子学创立的考察

祭酒,谓之博士祭酒,盖本曰仆射,中兴转为祭酒。魏因之。①

在西晋创立国子学之前,自东汉初年开始,从博士中选一人为博士祭酒,魏晋继承此制(曹魏时已称之为国子祭酒)。②统辖二学的国子祭酒的前身,就是此博士祭酒。或正由于此,博士祭酒成了国子祭酒的别名。据现存史料,按照基本年代列举西晋时期的国子祭酒如下:

(1) 刘毅③;(2) 庾纯④;(3) 刘智⑤;

---

① 《北堂书钞》卷六七《设官部·祭酒》引《晋百官表注》:"光武……博士有聪明威重者为祭酒。"同书同卷《设官部·国子祭酒》引《汉旧仪》:"博士祭酒选有道之人,习学者祭酒。"《太平御览·职官·国子祭酒》引《续汉书·百官表》:"建武初……有聪明威重者,又为祭酒,总领纲纪。"

② 国子学创立之前,西晋太学的博士祭酒有刘熹与冯恢。关于刘熹,在《晋辟雍碑》碑阳序文所载晋武帝登基及泰始三年(267)行礼一事之间,他以"博士祭酒、骑都尉"的官职出现。又《晋书》卷三七《宗室·高阳王睦传》载:"事下太常,依礼典平议。博士祭酒刘熹等议……"关于冯恢,《晋书》卷四五《崔洪传》载:"[冯]恢始仕为博士祭酒,散骑常侍翟婴荐恢高行迈俗,侔继古烈。洪奏恢不敦儒素,令学生番直左右,虽有让侯微善,不得称无伦辈,婴为浮华之目。遂免婴官,朝廷惮之。"下文所举最早任西晋国子祭酒的刘毅,有可能也担任过太学的博士祭酒。

③ 《北堂书钞》卷六七《设官部·国子祭酒》引臧荣绪《晋书·武纪》:"泰始二年(266),诏曰:'刘毅惠忠好古云云,其以毅为散骑常侍·国子祭酒。'";《晋书》卷四五《刘毅传》:"武帝受禅……迁散骑常侍、国子祭酒。……咸宁(275—280)初,复为散骑常侍,博士祭酒。"

④ 《北堂书钞》卷六七《设官部·国子祭酒》引臧荣绪《晋书·武纪》:"咸宁三年(277),诏曰:'议郎庾纯,笃志好古,敦说诗书,文说(此二字衍)儒行[也],宜训导国子。'"《晋书》卷五〇《庾纯传》:"复以纯为国子祭酒,加散骑常侍。……侍中甄德进曰:'……诏赦纯前愆,擢为近侍,兼掌教官。'"另可参见前引《晋辟雍碑》及余嘉锡:《晋辟雍碑考证》,《辅仁学志》第 3 卷第 1 号,1932 年。后收入《余嘉锡论学杂著》上册,中华书局,1963 年。北宋版《通典》卷一四《选举典·历代制·晋》引《山公启事》议论侍中彭权的后任人选云:"博士祭酒庾纯强正有学义,亦堪此选。国学初建,王(王济)、荀(荀恺)已亡,纯能其事,宜当小留,粗立其制,不审宜尔有当圣旨者不。"另可参见莪森健介:《〈山公启事〉的研究——西晋初期的吏部選用》,川胜义雄、砺波护编:《中国贵族制社会的研究》,京都大学人文科学研究所,1987 年。

⑤ 《北堂书钞》卷六七《设官部·国子祭酒》引臧荣绪《晋书·武纪》:"咸亨(咸宁)四年(278),诏曰:'南阳王师刘智,政化之绪(学行优著),其子之教,其以智为国子祭酒。'"

77

(4) 曹志①;(5) 王济②;(6) 庾旉③;
(7) 刘寔④;(8) 裴頠⑤;(9) 邹湛⑥;
(10)［彭城王］司马植⑦;(11) 杜育⑧;(12) 王琛⑨;
(13) 谢衡⑩;［(14) 卢浮⑪］。

---

① 《晋书》卷五〇《曹志传》:"咸宁初,诏曰:'鄄城公曹志,笃行履素,达学通识,宜在儒林,以弘胄子之教。其以志为散骑常侍、国子博士。'……后迁祭酒。齐王攸将之国,下太常议崇锡文物。……"《三国志》卷一九《魏书·陈思王植传》裴松之注引《志别传》、《晋书》卷四四《郑袤传附郑默传》以及卷五〇《庾纯传附庾旉传》写作"博士祭酒"。太康三年(282)至四年齐王攸归藩事件发生时,曹志的职位是国子祭酒。
② 《世说新语·方正篇》刘孝标注引《晋诸公赞》:"齐王攸当出藩,济自此被责,左迁国子祭酒。"《晋书》卷四二《王浑传附王济传》:"齐王攸当之藩……以忤旨,左迁国子祭酒,常侍如故。"
③ 《晋书》卷五〇《庾纯传附庾旉传》:"后数岁,复起为散骑侍郎。终于国子祭酒。"庾旉的复官,当在齐王攸归藩事件发生后数年。
④ 《晋书》卷四一《刘寔传》:"后起国子祭酒,散骑常侍。"此时当发生于太康年间,在太康十年(289)愍怀太子初封广陵王之前。
⑤ 《北堂书钞》卷六七《设官部·国子祭酒》引《晋诸公赞》:"裴頠,惠帝时,拜为国子祭酒。奏立国子、太学,起讲堂,筑门阙,刻石以写五经。"《大唐六典·国子监·国子祭酒》引《晋诸公赞》内容基本相同。《晋书》卷三五《裴秀传附裴頠传》:"迁散骑常侍,惠帝即位,转国子祭酒,兼右军将军。……时天下暂宁,頠奏修国学,刻石写经。皇太子既讲,释奠祀孔子,饮飨射侯,甚有仪序。"
⑥ 《晋书》卷九二《文苑传·邹湛》:"［杨］骏诛,以僚佐免官。寻起为散骑常侍、国子祭酒,转少府。元康(291—299)末卒。"又同书卷四八《阎缵传》:"国子祭酒邹湛以缵才堪佐著作,荐于秘书监华峤。"
⑦ 《晋书》卷三七《宗室彭城穆王权传》:"子元王植立。……寻拜国子祭酒……出为安东将军、都督扬州诸军事,代淮南王允镇寿春,未发。……"司马植就任国子祭酒当在永康元年(300)淮南王司马允对赵王司马伦发动政变这一事件前。
⑧ 《世说新语·品藻篇》刘孝标注引《晋诸公赞》:"杜育……累迁国子祭酒,洛阳将没,为贼所杀。"杜育就任国子祭酒当在永嘉五年(311)洛阳陷落之前。
⑨ 《晋书》卷三三《王祥传附王览传》:"［王］琛,字士玮,国子祭酒。"另可参考《晋书》卷七六《王廙传附王棱传》。王琛出任国子祭酒或是在东晋时。
⑩ 《晋书》卷四九《谢鲲传》:"父衡,以儒素显,仕至国子祭酒。"谢衡历任太学博士、国子博士。参见《晋辟雍碑》及余嘉锡《晋辟雍碑考证》。谢衡任国子祭酒也有可能是在东晋时。
⑪ 《晋书》卷四四《卢钦传》:"浮……以为国子博士、祭酒、秘书监,皆不就。"《太平御览》卷四七五《人事部·待士》引《晋诸公讚(赞)》:"就以为国子博士。"载卢浮只被征召为国子博士,未被征召为国子祭酒。《三国志》卷二二《卢毓传》裴松之注所引《晋诸公赞》:"浮……就家以为国子博士,迁祭酒。永平中(291)为秘书监。"则卢浮或拒绝了国子祭酒的征召,或居宅遥任国子祭酒。

以上国子祭酒的任职者,有三点引人注目:第一,西晋建立不久的泰始二年(266)就已经有了国子祭酒(刘毅);第二,以散骑常侍兼任国子祭酒的人很多,由史料可确认,上述十四人中至少有六人是此情况,这一事实符合下文所引荀崧的上书内容;第三,与散骑常侍兼任国子祭酒的人较多这点相关联,这些任职者具有出身名门、儒学名望较高的特征。若分析他们的身份,司马植出身皇室河内司马氏;曹志(曹植之子)出身曹魏皇室谯郡曹氏;刘毅出身东莱刘氏,刘寔、刘智兄弟出身平原刘氏,均为汉代宗室;庾纯、庾旉出身颍川庾氏;王济出身太原王氏;裴頠出身河东裴氏;王琛出身琅琊王氏;谢衡(谢鲲之父)出身陈郡谢氏;卢浮则出身范阳卢氏。这些任职者的家族均为天下名门,属于六朝时代的代表性贵族。尤其是卢浮,他是自东汉末以来卢植、卢毓、卢钦这支范阳卢氏的直系后代。他们与儒学的关联,则有庾纯被称为"儒宗",刘智有"儒行"①,谢衡为人"儒素",刘智撰《丧服释疑论》,刘寔撰《春秋条例》。不过,被贬官为国子祭酒的王济在《易经》《庄子》《老子》上造诣很深。② 国子祭酒的任职者中,还有对当时浮华风气展开批判的人物,如撰写《九品八损议》的刘毅,撰写《崇让论》的刘寔,撰写《崇有论》的裴頠。太康三年(282)至四年,在动摇朝廷的齐王攸归藩事件发生时,作为朝臣的曹志、王济、庾旉坚持上书批判晋武帝。③ 此外如下文所述,曹志、谢衡、卢浮曾任国子博士,邹湛曾任魏太学博士,而刘毅之子刘暾也曾任国子博士。

就国子博士的职务,最为明确的叙述见《宋书·礼志一》所收东晋元帝时太常荀崧的上书,其中云:

---

① 《晋书》卷四一《刘寔传附刘智传》。
② 《老子》《庄子》《易经》是魏晋玄学的代表性经典。——译者
③ 庾纯也默认了其子庾旉的行为。参见本书第五章《八王之乱的本质》。

> 昔咸宁、太康、元康、永嘉之中,侍中、常侍、黄门之深博道奥,通洽古今,行为世表者,领国子博士。一则应对殿堂,奉酬顾问;二则参训门子,以弘儒学;三则祠、仪二曹,及太常之职,以得藉用质疑。①

据此,在西晋时期,侍中、散骑常侍、黄门侍郎等近侍官中学问深厚且言行端正的人物,兼领国子祭酒。② 其职务,则为(1)应对皇帝,作为顾问;(2)训育国子学生;(3)应对尚书祠曹、仪曹及太常等祭祀、礼仪相关部门的询问与答疑。在官品方面,国子祭酒为三品,国子博士为六品。不过在服饰上,两者相同。《大唐六典·国子监·国子博士》载:

> 晋官品第六,介帻两梁冠,服佩同祭酒。

又《北堂书钞·博士》引《晋百官表》:

> 博士,俸有二十五斛云云。

《太平御览》卷二三六《职官部·博士》引《晋令》:

> 博士皆取履行清淳,通明典义,若散骑、中书侍郎、太子中庶子以上,乃得召试。③

《晋令》的规定,与荀崧的上书存在矛盾。而在《晋书·职官志》中,与上引《晋令》相同的内容后为太学博士的相关记载。④ 由此

---

① 《北堂书钞》卷六七《设官部·博士》引《晋中兴书·颍川荀录》、《晋书》卷七五《荀崧传》"门子"作"国子"。
② 国子祭酒也同样,只是其中以散骑常侍兼任的情况为多。关于散骑常侍,参见下仓涉:《散骑省的成立——曹魏·西晋における外戚について》,《歷史》第86辑,1996年。
③ 参见《北堂书钞·博士》、《艺文类聚》卷四六《职官部·博士》引《晋令》、《晋书·职官志》。《晋书》中"散骑、中书侍郎"作"散骑常侍、中书侍郎"。
④ "上引《晋令》相同的内容"指的是《晋书·职官志》所载:"若散骑常侍、中书侍郎、太子中庶子以上,乃得召试。"——译者

情况判断,太学博士中或也包括了太常博士。

史料所见西晋国子博士的任职者,有曹志*①、华峤②、谢衡*③、曹嘉④、石崇⑤、嵇绍⑥、江统⑦、[卢浮*⑧]。曹志、华峤、嵇绍、江统本官为散骑常侍,兼领国子博士。⑨ 华峤出身平原华氏,祖父为华歆,父亲为华表,兄长为华廙。曹嘉出身曹魏宗室,为曹彪之子,高邑公。石崇出身渤海石氏,为功臣石苞之子。嵇绍出身侨郡嵇氏,为嵇康之子。江统出身陈留江氏,曾撰《徙戎论》。与就任国子祭酒者相同,担任国子博士者也都出身名门。

关于国子助教,《大唐六典·国子监·[国子]助教》载:

> 晋武帝初立国子学,置助教十五人,官品视南台御史(第六品),服同博士。东晋孝武损为十人,宋齐并同。

---

① *为上文已见担任国子祭酒者。《北堂书钞》卷六七《设官部·博士》引《晋起居注》:"咸宁二年(276),诏曰:'甄诚(鄄城)公曹志为笃行道履,达(先)觉通义,宜在儒林,阐弘胄子。'"据前引《晋书·曹志传》,此后"以志为散骑常侍、国子博士"。
② 《晋书》卷四四《华表传附华峤传》:"更拜散骑常侍,典中书著作,领国子博士,迁侍中。太康末……"
③ 《晋书》卷四〇《贾充传附贾谧传》:"惠帝立,……国子博士谢衡……"《通典》卷九九《礼典·沿革·凶礼·与旧君不通服议》:"惠帝元康中……国子博士谢衡议云……"另参见余嘉锡:《晋辟雍碑考证》,《辅仁学志》第3卷第1号,1932年(后收入《余嘉锡论学杂著》上册,中华书局,1963年)。
④ 《三国志》卷二〇《魏书·武文世王公传·楚王彪》裴松之注:"臣松之案……元康中,[曹嘉]与石崇俱为国子博士。"不过,该史料与《晋书·职官志》"太常"条载西晋国子博士定员为一名的记载矛盾相矛盾。
⑤ 参见上条。又《晋书》卷三三《石苞传附石崇传》中不见石崇担任国子博士的记载,此处存疑。
⑥ 《晋书》卷八九《忠义传·嵇绍》:"[贾]谧诛……封弋阳子,迁散骑常侍,领国子博士。"嵇绍领国子博士时在永康元年(300)。
⑦ 《北堂书钞》卷六七《设官部·博士》引王[隐]《晋书》:"江统,字元世,以学义著名,为国子博士。"《晋书》卷五六《江统传》:"迁黄门侍郎、散骑常侍,领国子博士。永嘉四年(310)……病卒。"
⑧ 相关情况参见卢浮任国子祭酒的注释。
⑨ 汉魏时期,太学博士有时兼任给事中。参见王国维:《汉魏博士考》,《观堂集林》卷4,1921年。

国子助教的官品(第六品)和冠服与国子博士相同。此外,东晋孝武帝太元十年(385),将国子助教的定员减为十人(《晋书·职官志》)。至刘宋时,《宋书》卷三九《百官志上》载:

> 《周易》《尚书》《毛诗》《礼记》《周官》《仪礼》《春秋左氏传》《公羊》《谷梁》各为一经,《论语》《孝经》为一经,合十经,助教分掌。

国子助教与太学博士一样,分担教授诸经典。西晋国子助教的任职者,在前出《晋辟雍碑》的碑阴题名中有一人,不过字迹剥落,姓名不详。此外,《宋书》卷六〇《范泰传》载其上书云:

> 昔中朝助教,亦用二品(乡品)。颍川陈载已辟太保掾,而国子取为助教,即太尉准之弟。

可知陈准之弟陈载曾任西晋国子助教,他出身颍川陈氏,乡品为二品。①

国子祭酒、国子博士、国子助教以下的低级学官,见于《晋辟雍碑》碑阴题名的则有"国子主事""国子司业""国子司成""国子都讲"等官名。太学入学为"门人",满两年,通过考试合格后则为"弟子"。在《晋辟雍碑》中,"国子主事""国子司业""国子司成""国子都讲"与太学的"门人""弟子"同列,按照籍贯排序。由此来看,他们大约与太学生同一级别,更严谨地说,他们是介于学官与学生之间的中间层。② 关于国子司业与国子司成,《晋辟雍碑》中不见单独题刻的"司业"与"司成",则太学当无此职,应是国子学独有的职位。司业、司成之名典出《礼记·文王世子》。在《大唐

---

① 参见宫崎市定:《九品官人法の研究——科举前史》,《门第二品の成立》一章,东洋史研究会,1956年(后收入《宫崎市定全集》第6卷,岩波书店,1992年)。
② 参见挚虞《决疑要录》等;参见余嘉锡《晋辟雍碑考证》。

六典·国子监》中,司业(从四品下)执掌"邦国儒学训导之政令",每年在学官训导、考核功绩、释奠、视察学校之际给予辅佐,承担国子祭酒副官的职责。① 而在《晋辟雍碑》中,国子司业、国子司成与弟子同列,地位不及唐代。他们大概类似于辅导员,辅佐国子祭酒、国子博士、国子助教。关于国子都讲与国子主事,《晋辟雍碑》碑阴中还刻有单独的"都讲""主事",则太学中也设此二职。所谓"都讲",从其名称来看,在讲解经书时,都讲负责在博士讲解前后进行讽诵、提问与辩论,是类似于助手的高材生(高足弟子)。所谓主事,想象一下的话,其助教的性质与都讲相同,不过可能属于还要负责处理一些杂务的高材生。②

关于国子生,如前所见,在元康年间潘尼所撰《释奠赋》、潘岳所撰《闲居赋》中,将国子生与太学生相对比,称他们为"国子""胄子""国胄"等等。可见至少在元康年间,国子生是存在的。不过,西晋时代国子生的具体姓名,目前一无所见。③《晋辟雍碑》碑阴题名中的"礼生""弟子""寄学""门人""散生"中是否有部分国子生?这种可能性也不能完全否定。不过,在下一节中会提到,这些题名中的学生多数还是太学生。就现有史料来看,束皙或许在西晋国子学创立之初曾为国子生,这也是唯一有可能的一例。

---

① 龙朔六年(662)改称少司成。
② 顾廷龙将都讲解释为"学舍之长"。关于主事,《太平御览》卷五三四《礼仪部·学校》引《[三辅]黄图》:"主事、高第、侍讲,各二十四人。"西汉、新莽时期,高第、侍讲与主事并举。《通典》卷二二《职官典·尚书上·历代主事》:"主事,二汉有之。"另可参见高明士:《唐代东亚教育圈的形成——东亚世界形成的一个侧面》,第95—100页。又,在《晋辟雍碑》的碑阴题名中,郑大射礼、王乡饮酒礼的"礼生"题名各有"都讲""主事"各一人打头。推测起来,都讲、主事在此场合引导、率领行礼的礼生。余嘉锡则认为他们是"礼生之领袖"。参见余嘉锡:《晋辟雍碑考证》。
③ 据柳诒徵研究,国子学学生之名,最早出现于刘宋。顺带一提,柳诒徵的考论主要集中在东晋、南朝国子祭酒、博士、助教的任职者。参见柳诒徵:《南朝太学考》。

《晋书》卷五一《束晳传》载：

> 晳博学多闻，与兄璆俱知名。少游国学，或问［国子］博士曹志曰："当今好学者谁乎？"志曰："阳平束广微好学不倦，人莫及也。"还乡里，察孝廉，举茂才，皆不就。

曹志任国子博士时，为国子学初创的咸宁二年(276)。《晋辟雍碑》碑阴亦刻有"博士"曹志的字样。由上所见，束晳曾游学于"国学"(国子学)。① 不过他是否属于正式的国子生，尚未可知，或许只是《晋辟雍碑》碑阴上"寄学"一类的身份。

(3) 国子学的学舍与地点

关于国子学的学舍与地点，应当注意到其与同为中央官学的太学所具有的关联性。首先，国子学具有哪些设施？具有怎样的布局？这些问题都不清楚。只能在潘岳《闲居赋》中看到"两学齐列，双宇如一，右延国胄，左纳良逸"的记载。② 由此可以模模糊糊地窥见元康中国子学的样貌。太学与国子学东西相邻，仿佛连为同一建筑。此外，在诏书中可见，存在"国子堂(《水经注·谷水》)""国子学堂(《洛阳伽蓝记·城南·报德寺》③)"等国子学的学堂(讲堂)。顺带一提，关于太学的建筑。东汉光武帝在都城洛

---

① 据《晋书》卷五一《束晳传》，他推辞赵王司马伦的召辟，随即去世，享年四十岁。赵王司马伦任相国是在永康元年(300)至永宁元年(301)，则曹志任国子博士的咸宁二年(276)时，束晳为十六岁或者十四五岁，就年龄而言他是国子学生的可能性很高。
② 兴膳宏认为潘岳《闲居赋》的撰作时间是元康六年(296)。参见兴膳宏：《潘岳　陆机》，《中国詩文選》第10卷，筑摩书房，1973年。
③ 原文作"汉国子学堂"，实际可能是"晋国子学堂"或"汉太学堂"。从下文"堂前有石经二十五碑"来看，当作"汉太学堂"。不过把汉代的太学说成国子学，也不能算错。另可参见余嘉锡：《晋辟雍碑考证》附篇《晋辟雍废弃考》。

阳后所兴建的太学有"太学博士舍""内外讲堂""诸生横巷(斋舍)"等建筑。① 此后,魏文帝在同地再建太学。② 穿插于这两次兴修太学的前后时期,熹平石经(一体石经、汉石经)与正始石经(三体石经,魏石经)分别竖立于太学讲堂的东西两侧。③ 据陆机《洛阳记》,太学讲堂规模为长十丈(24 米),进深三丈(7.5 米)。④

其次,国子学在何处?如前引潘岳《闲居赋》所见,国子学与太学西侧相邻。收录《闲居赋》的《文选》李善注引刘宋郭缘生《述征记》云:

> 国学在辟雍东北五里,太学在国学东二百步。

西晋时,洛阳城南、洛水以北,自西向东依次排列着灵台、明堂、辟雍,成为国家礼仪场所的集中区域。⑤ 据上引史料,国子学在辟雍东北五里(2.2 千米)处,东边两百步(约 300 米)为太学。如前所述,洛阳太学于东汉建武五年(29)为汉光武帝所立,此后虽反复荒废、再建,但东汉、曹魏、西晋三朝太学的地点未变。⑥《洛阳

---

① 《后汉书》卷四八《翟酺传》。详细情况参见高明士:《唐代东亚教育圈的形成——东亚世界形成的一个侧面》,第 103—104 页。
② 《三国志》卷一三《魏书·王朗传附王肃传》裴松之注引《魏略》:"至黄初元年之后,新主乃复始扫除太学之灰炭,补旧石碑之缺坏……"
③ 参见王国维:《魏石经考》,《观堂集林》卷 20,1921 年;《后汉书》卷一《光武帝纪》引李贤等注引陆机《洛阳记》。
　　所谓"一体""三体",为字体之意。熹平石经由隶书一种字体写成,正始石经由古文、小篆、隶书三种字体写成。——译者
④ 《后汉书》卷一《光武帝纪》李贤注引陆机《洛阳记》云:"太学在洛阳城外故开阳门外,去宫八里。讲堂长十丈,广三丈。"
⑤ 参见余嘉锡:《晋辟雍碑考证》附篇《晋辟雍废弃考》;中国社会科学院考古研究所洛阳工作队:《汉魏洛阳城南郊的灵台遗址》,《考古》1978 年第 1 期。需要指出的是,余嘉锡认为明堂就是辟雍。
⑥ 参见《后汉书》卷一《光武帝纪》、同书卷七九《儒林传》序;《三国志》卷二《魏书·文帝纪》"黄初五年"条、同书卷一三《魏书·王朗传附王肃传》裴松之注引《魏略》;《晋书》卷二四《职官志》"太常"条。

85

伽蓝记·城南·报德寺》载：

> 开阳门御道东有汉国子学堂，堂前有石经二十五碑。①

《水经注·谷水》又载：

> 又东迳国子、太学石经。……汉魏以来，置太学于国子学东。……晋永嘉中，王弥、刘曜入洛，焚毁二学，尚仿佛前基矣。

在北魏时代，西晋末永嘉之乱中被焚毁的太学、国子学遗址位于洛阳城南墙最东边门——开阳门外南出御道之东。汉魏洛阳太学的具体位置，根据相关发掘，②综合出土的熹平石经残石，可知位于河南省偃师县佃庄公社东大郊大队太学村。③详细而言，可以确认太学旧址在太学村西北 35 米，南接今洛河的河道。④则太学旧址西 300 米的地下，应该就埋藏着国子学的遗址。

不过，关于西晋国子学的位置，有一点值得注意。上文推测的地点与《魏书》卷五五《刘芳传》所收刘芳上书中提出的说法存在矛盾：

> 《洛阳记》："国子学宫与天子宫对，太学在开阳门外。"……由斯而言，国学在内，太学在外，明矣。案如《洛阳记》，犹有仿像。臣愚谓："……宫阙府寺，今复故趾，至于国学，岂可舛替？校量旧事，应在宫门之左。至如太学，基所炳

---

① 参照上引《洛阳伽蓝记·城南·报德寺》条注释。
② 中国社会科学院考古研究所洛阳工作队：《汉魏洛阳故城太学遗址新出土的汉石经残石》，《考古》1982 年第 4 期。
③ 该地址为中华人民共和国 1982 年的行政区划。
④ 【补注】盐泽裕仁指出，"太学位于太学村西北，沿着洛河的堤防，比周围略高，地势平坦"。参见盐泽裕仁：《千年帝都　洛陽——その遺跡と人文・自然環境》，雄山阁，2010 年。

在,仍旧营构。"①

北魏宣武帝时,国子祭酒刘芳主张重建国子学、太学于西晋旧址。依此文脉,则上文推测的国子学位置便存在问题。刘芳的论点依据,来自于《洛阳记》。此《洛阳记》的作者是陆机抑或另有其人,尚存疑问。② 太学在城外,相对的,国子学在城内。更详细地说,西晋太学遗址位于开阳门外,为时人所见,事实确凿。而根据上引《洛阳记》"国子学宫与天子宫对"一句,国子学的位置可比定为宫城门之左(东)。这样一来,就与潘岳《闲居赋》等史料呈现的国子学西邻太学的情况相矛盾。如果一定要加以整合的话,可以解释为国子学的"讲堂"在城外而"国子学官"在城内③,但这近乎穿凿。总之,目前西晋国子学的遗址尚不确定,其具体位置也就很难有定论。

第二节　国子学的创立年代问题

国子学创立于何时?虽然事情说不上复杂,国子学肯定创立于西晋时期,但仍有必要详细讨论国子创立的具体年代。问题的所在,是国子学的创立年代存在[A]咸宁二年(276)、[B]咸宁四年(278)、[C]元康三年(293)这三种说法。究竟哪种说法是正确的?或者说,怎样去解释国子学创立年代的多种说法?在讨论的开头,首先将这三种说法所依据的史料列举如下:

---

① 参见《北史》卷四二《刘芳传》。据中华书局标点本《北史》校勘记,"国子学官"的"官"疑作"宫"。
② 参见兴膳宏、川合康三:《隋書経籍志詳考》,汲古书院,1995年。
③ 高明士援用西汉长安太学中的"太学官"为"太学生住宿之地"的例子,认为此处的国子学官为国子学生的宿舍。参见高明士:《唐代东亚教育圈的形成——东亚世界形成的一个侧面》,第97页。

[A] 咸宁二年说

《晋书》卷三《武帝纪》：

[咸宁二年]夏五月……立国子学。

《宋书》卷一四《礼志·一》：

咸宁二年，起国子学。盖《周礼》国之贵游子弟所谓国子，受教于师氏者也。

[B] 咸宁四年说

《晋书》卷二四《职官志》：

及咸宁四年，武帝初立国子学，定置国子祭酒、博士各一人，助教十五人，以教生徒。博士皆取履行清淳，通明典义者，若散骑常侍、中书侍郎、太子中庶子以上，乃得召试。

[C] 元康三年说

《南齐书》卷九《礼志·上》：

永泰元年(498)，东昏侯即位，尚书符依永明旧事废学。领国子助教曹思文上表曰："……据臣所见，今之国学，即古之太学。晋初太学生三千人，既多猥杂，惠帝时欲辩其泾渭，故元康三年始立国子学，官品第五以上得入国学。……太学之与国学，斯是晋世殊其士庶，异其贵贱耳。然贵贱士庶，皆须教成，故国学太学两存之也，非有太子故立也。"

此外，针对以上三种说法，《通典》卷五三《礼典·沿革·吉礼·大学》、《文献通考》卷四一《学校考·大学》、《玉海》卷一一二《学校》取[A]咸宁二年说；《大唐六典·国子监·国子博士》、《通典》卷二七《职官典·诸卿下·国子监》、《册府元龟》卷五八《学校部·

总序》、《通志》卷五四《职官略·国子监·国子祭酒·国子博士·助教》取[B]咸宁四年说。①

以下,对既往中国教育史相关论著、概说书等研究的观点稍作概述。周予同、多贺秋五郎、宫崎市定均取[A]咸宁二年说。②此外,余嘉锡根据《北堂书钞》所引臧荣绪《晋书》所载咸宁三年任命庾纯为国子祭酒的诏书,赞同[A]咸宁二年说,考察认为[B]、[C]二说所据《晋书》《南齐书》史料有误。③ 杨吉仁、毛礼锐、沈灌群均取[B]咸宁四年说。④ 杨承彬[A]、[B]两说并录。⑤ 陈东原则在灵活处理[A]、[B]、[C]三说的基础上试图加以整合性解释⑥,程舜英的研究当也承袭该观点⑦。陈东原认为,咸宁二年是国子学设立名义上的起点,而咸宁四年则是实质性的开始,元康元年(291)则确定了相关制度。⑧ 总结而言,就是国子学的设立,

---

① 《宋书》卷三九《百官志·上》载"国子,周旧名,周有师氏之职,即今国子祭酒也。晋初,复置国子学,以教生徒,而隶属太学焉",只提及国子学创立于"晋初"。而在《通典》中,《礼典》依据《宋书·礼志》云国子学创建于咸宁二年,《职官典》依据《晋书·职官志》记为四年,各自保留了原史料中的说法。《文献通考》卷四一《学校考·太学》载"咸宁二年,起国子学。……惠帝,元康元年,以人多猥杂,欲辨其泾渭,于是制立学。官第五品以上,得入国学",取咸宁二年说。但在后文又引《南齐书·礼志》中曹思文的上奏,不知何故,将"元康三年"误作"元康元年"。《玉海》卷一一二《学校下·辟雍·晋太学·国子学·两学·辟雍》在"咸宁二年五月"下注"或作九月"。
② 参见周予同:《中国学校制度》,商务印书馆,1933年;多贺秋五郎:《唐代教育史の研究——日本学校教育の源流》,不昧堂书店,1953年;宫崎市定:《九品官人法の研究——科举前史》,东洋史研究会,1956年。
③ 参见余嘉锡:《晋辟雍碑考证》。另,任命庾纯为国子祭酒的诏书,详见本章第一节国子祭酒相关论述。
④ 参见杨吉仁:《三国两晋学校教育与选士制度》;毛礼锐、沈灌群主编:《中国教育通史》第2卷,山东教育出版社,1986年。
⑤ 参见杨承彬:《秦汉魏晋南北朝教育制度》。
⑥ 参见陈东原:《中国教育史》。
⑦ 参见程舜英:《魏晋南北朝教育制度史资料》。
⑧ 此说引《文献通考》的记载而致误,公历年亦误。参见前注关于《文献通考》文本的讨论。

89

实际成于晋武帝时,而定制于晋惠帝时。① 程舜英则认为,咸宁二年立国子学,咸宁四年设置国子祭酒以下的学官,元康元年明确相关规定②,即"国子学的建立始于武帝,定于惠帝"。③ 关于[C]元康三年说,多数研究都提及了《南齐书·礼志》所引曹思文的上书,但无人积极主张此说。总之,尽管上述论著、概说书并没有将西晋国子学成立年代的考证作为重点,但也很难再有进一步的讨论。高明士曾批判性地总结道:"学者不辨由形式到实质的发展过程,见史书所载有异说,草率者辄取一而立说,慎重者则存诸异说,鲜有由历史变迁的观点论述其事,对史料亦无批判。"④

值得注意的是,吕思勉与陈东原、程舜英之说相同,也对上述史料中的三说——即三个创立年代加以灵活的解释,高明士更在此基础上进一步发挥。吕思勉以为:"盖楼宇起于咸宁二年,教官定于四年,生徒入学之法,实至元康三年而后定也。"⑤他推测,西晋国子学建筑于咸宁二年开始营建,接着咸宁四年任命教官(学官),至元康三年确定国子学生的入学制度。⑥ 与之相对,高明士最早将西晋国子学成立年代相关史料——三部正史的成立年代纳入比较,按时代顺序依次为南朝沈约的《宋书》、萧子显的《南齐

---

① 咸宁、元康分别为晋武帝、晋惠帝的年号。
② 据上引史料,"元康元年"当为元康三年,此误与陈东原相同。
③ 杨承彬指出:"国子学之设,始于晋武帝,而至惠帝才正式成为制度,所以《南齐书》有'元康三年始立国子学'之语。"杨氏搁置了国子学设立问题中咸宁二年与四年的矛盾,但对咸宁与元康的解释与陈东原、程舜英相同。参见杨承彬:《秦汉魏晋南北朝教育制度》,第195页。
④ 高明士:《唐代东亚教育圈的形成——东亚世界形成的一个侧面》,第130页。
⑤ 参见吕思勉:《两晋南北朝史》第二十三章《晋南北朝学术》第一节《学校》,开明书店,1948年。
⑥ 吕思勉《燕石续札》"国子太学"文字基本相同,唯将"教官"改为"官制","生徒入学之法"改为"生徒选补之法"。参见吕思勉:《燕石续札》,上海人民出版社,1958年,第133页。

书》与唐房玄龄的《晋书》。高明士认为,沈约《宋书》的可信性最高,"起国子学"一句中的"起"也非常明确,是营建学馆之意。①接着,高明士将西晋国子学的建立过程推测如下:

(1) 在泰始四年(268)颁布的泰始律令中,有《学令》。《学令》明文规定了国子学的设置。②

(2) [A]咸宁二年(276),开始建造国子学的学馆。③

(3) [B]咸宁四年(278),设置国子祭酒、国子博士、国子助教等学官。④

(4) [C]元康三年(293),接纳国子祭酒裴頠的建议,开始招收学生,讲授课程。⑤ 至此,西晋国子学从此前(1)、(2)、(3)阶段"形式意义"上的学校转化为"实质意义"上的学习。换言之,国子学建设此时才真正完成。

以上,高明士利用[A]、[B]、[C]三说再加之《晋令》佚文,对西晋国子学成立的四阶段展开解释,可以说是关于这一问题最为精密细致的考察。

那么,高明士的解释是否正确,或者说是否的确合乎史实?接下来,我想提出疑问,展开具体讨论。

首先,关于泰始律令中的《学令》(由汉代《功令》中独立出来)

---

① 同时,高明士也注意到,[A]说的另一个史料依据《晋书·武帝纪》写作"立国子学"。参见高明士:《唐代东亚教育圈的形成——东亚世界形成的一个侧面》上篇《汉唐间学校教育发展的特质》第一章《学校发展的诸阶段》第二节"立国子学——两晋南北朝时代"。
② 这一说法的依据是《晋令》佚文中有关国子祭酒的记载。参见本章第一节第二项国子祭酒相关段落所引《大唐六典》。
③ 依据为上引《宋书》卷一四《礼志·一》相关记载。
④ 依据为上引《晋书》卷二四《职官志》相关记载。
⑤ 依据为《北堂书钞·国子祭酒》所引《晋诸公赞》。参见本章第一节第二项国子祭酒中裴頠相关内容。

在法律上规定设立国子学这一点。其依据当为《大唐六典·国子监·国子祭酒》：

> 《晋令》曰："祭酒博士当（掌）为训范，总统学中众事。……"

及《艺文类聚》卷四六《职官部·二·祭酒》所引《齐职仪》：

> 《晋令》："博士祭酒掌［国子学，而］国子生师事祭酒，执经，葛巾单衣，终身致敬。"①

还有《太平御览·职官部·博士》：

> 《晋令》曰："博士皆取履行清淳，通明典义，若散骑、中书侍郎、太子中庶子以上，及得召试，诸生有法度者，及白衣试在高第拜郎中。"

检讨上述《晋令》，正如本章第一节中国子祭酒相关部分所论述的那样，"博士祭酒""祭酒博士"（如果与"博士祭酒"同义的话）在国子学创立之前，甚至在泰始律令制定以前的魏晋时代就已经存在了。不过，《晋令》中为何会有"国子学""国子生"的字样，不是很清楚。但在国子学创立之际，增订《晋令》的《学令》，写入国子学的相关条目，似乎是很自然的事情。或许就发生在元康年间（291—299）刊定律令（"定令"②）之际。

第二，关于高明士所云的（2）阶段——即国子学建设于咸宁二年这一点。的确，如果关注到"起国子学"的"起"这个字，将这条史料向着营造建筑的方向去解释，是可能的。但反过来说，将

---

① ［　］内为根据《太平御览》卷二三六《职官部·国子祭酒》所引《齐职仪》补充的内容。
② 参见仁井田陞：《唐令拾遗》，第6页。

这个"起"字理解为设立、创设、创立的意思,似乎也没什么问题。

第三,关于高明士所云的(3)阶段——咸宁四年(278)任命学官这一点。正如余嘉锡业已指出的那样,史料中可见咸宁三年(277)任命庾纯为国子祭酒的诏书与咸宁二年(276)任命曹志为国子博士的诏书。[①] 如果这两个时间点记载无误的话,则高明士的说法就不能成立。顺带一提,在碑阴题名中散见国子学相关职位的《晋辟雍碑》刻于咸宁四年十月二十日。

第四,关于高明士所云的(4)阶段——元康三年(293)招收国子学生,开始授课这一点。的确,正如本章第一节国子生相关部分所展开的考察那样,如果排除束皙为国子生的可能性,则在元康三年之前无法确认国子生的存在。但反过来说,从裴頠的建议与曹思文的上表中,也无法直接找出开始招收学生的相关内容。

在此,笔者想对灵活处理[A]、[B]、[C]这三种说法提出私见。首先,[A]咸宁二年(276)与[B]咸宁四年(278)的关系,可能与刘宋元嘉年间恢复国子学的情况类似。《宋书·文帝纪》《宋书·何承天传》载,元嘉十九年(442),[文帝]诏曰:"……广训胄子……"[十二月]诏曰:"胄子始集……立国子学。"另一方面,《宋书·礼志》则载:"太祖元嘉二十年(443),复立国子学。"柳诒徵《南朝太学考》解释为:"《宋书》复立国学,在元嘉二十年。而兴学之诏,实在十九年初。盖经营缔构,逾年始就。"西晋咸宁年间的[A]、[B]两说或也同样,一个是下达诏敕的时间([A]咸宁二年),一个是实际运营开始的时间([B]咸宁四年),诏书的发布与正式施行很可能存在一个时间差。另外,关于[C]元康三年(293)之说。如果仔细观察与之关联密切的国子祭酒裴頠上书所

---

① 《北堂书钞·博士》所引《晋起居注》。参见本书第一节国子博士相关内容。

云:"立国子、太学,起讲堂,筑门阙,刻石以写五经。"①则元康三年为国子学讲堂营造等校园建设正式完成的时间。② 顺带一提,西汉太学在创立一百二十余年后,即汉平帝元始年间才开始营建校舍。③ 或许,西晋国子学在创立之初,位于北魏刘芳所说的洛阳城内宫城宫门之东,但后来移至潘岳《闲居赋》中所描写的城南太学之侧,两者建筑连为一体。④ 总结而言,按照笔者的私见,晋武帝咸宁二年下诏建国子学,咸宁四年正式施行,至晋惠帝元康三年,国子学建成。

第三节　国子学的创立背景

那么,为何要创立国子学?又为何是西晋王朝创立了国子学?要回答这一问题,就必须考察国子学的创立背景——其中包括同为中央官学、已有四百年历史的太学的沿革及其存在的问题,以及创立国子学的魏晋时代之政治、社会状况。总之,需要关注到国子学创立的经与纬。

太学创立于西汉武帝时,建元五年(前136),设置五经博士;元朔五年(前124),开始招收博士弟子。⑤ 不过,太学的特征随后

---

① 参见《北堂书钞·国子祭酒》所引《晋诸公赞》;《晋书·裴秀传附裴颜传》载:"修国学,刻石写经。"另可参见本章第一节国子祭酒裴颜相关部分。
② 这一点,倒是可以与高明士所云(2)咸宁二年开始建设学馆的说法相呼应。
③ 具体时间约在元始三年或四年,即公元3年或4年。参见高明士:《唐代东亚教育圈的形成——东亚世界形成的一个侧面》,第92—93页。
④ 参见本章第一节国子学的校舍与位置相关内容。
⑤ 参见富谷至:《"儒教的国教化"与"儒教的官学化"》,《東洋史研究》第37卷第4号,1979年;高明士:《唐代东亚教育圈的形成——东亚世界形成的一个侧面》;西川利文:《漢代博士弟子制度について——公孫弘の上奏文解釈を中心に》,《鷹陵史学》第16号,1990年。

发生变化。根据西川利文的研究,太学生(博士弟子)在此后数量激增,太学的变化也可整理为:(1)西汉至东汉中期,以培养官吏为目标的教育、学问之所;(2)东汉中期开始,成为经营人脉的交际场所;(3)魏晋时代,成为逃避徭役的场所。①

在此,对西晋国子学创立前夜的曹魏时代——更严格地说——是曹魏至西晋初的太学的情况展开集中探讨。② 在曹魏时期,魏文帝曹丕于黄初五年(224)在东汉时代洛阳太学的旧址上重建、整备新的太学,如整合了门人→弟子→[文学]掌故→太子舍人→郎中的考试升进制度;在原有的今文经学博士的基础上增设了古文经学博士,两种博士共计十九人;刻立古文经学定本的正始石经(三体石经)等等。不过,相应弊端也随即产生。在此列举如下两条史料,其一为《三国志》卷一三《魏书·王朗传附王肃传》裴松之注引《魏略·儒宗传》序:

> 从初平之元,至建安之末,天下分崩,人怀苟且,纲纪既衰,儒道尤甚。至黄初元年之后,新主乃复始扫除太学之灰炭,补旧石碑之缺坏,备博士之员录,依汉甲乙以考课,申告州郡,有欲学者,皆遣诣太学。太学始开,有弟子数百人。至太和、青龙中,中外多事,人怀避就。虽性非解学,多求诣太

---

① 参见西川利文:《漢代博士弟子制度の展開》,《鷹陵史学》第17号,1991年。又,吉川忠夫关于东汉时期的太学曾有以下论述:东汉安帝时期(106—125)太学荒废的原因,是今文经学的固化所造成的学问沉滞。为了改变这一状况,朝廷通过新建学舍(顺帝时期,132年完工)等措施,使游学者急增至三万人。然而,学问并未因此活跃。儒学衰退,"浮华"相尚,反而成了新的问题,太学成为"禄利之路"的特征逐渐加强。浊流大肆进出官界,也由此进入了政治更为闭塞的时代。汉桓帝时(146—167),作为清流势力一大据点的太学,因党锢之祸而颓废、寥落。至汉献帝时,考试合格者激减至四十余人(发生于193年)。而从私塾的活跃与党人数量众多的著作中可以窥见,"文学"在此时兴起了。
② 【补注】关于曹魏时期的太学,可参见落合悠纪:《曹魏時代の太学について——明帝紀を中心として》,《駿台史学》第139号,2010年。

学。太学诸生有千数,而诸博士率皆粗疏,无以教弟子。弟子本亦避役,竟无能习学,冬来春去,岁岁如是。又虽有精者,而台阁举格太高,加不念统其大义,而问字指墨法点注之间,百人同试,度者未十。是以志学之士,遂复陵迟,而末求浮虚者各竞逐也。①

其次为《宋书》卷一四《礼志·一》,其中部分据《三国志》卷一五《刘馥传》加以补正:

> 魏文帝黄初五年,立太学于洛阳。齐王正始中,刘馥([刘靖])上疏陈儒训之本曰:"[夫学者,治乱之轨仪,圣人之大教也。自]黄初以来,崇立太学,二十余年,而成者盖寡(而寡有成者,盖),由博士选轻,诸生避役,高门子弟,耻非其伦,故无学者。虽有其名,而无其实[人],虽设其教,而无其功。宜高选博士,取行为人表,经任人师者,掌教国子。依遵古法,使二千石以上子孙,年从十五,皆入太学。明制黜陟,陈荣辱之路(明制黜陟荣辱之路)。[其经明行修者,则进之以崇德;荒教废业者,则退之以惩恶;举善而教不能则劝,浮华交游,不禁自息矣。阐弘大化,以绥未宾;六合承风,远人来格。此圣人之教,致治之本也。]"不从。晋武帝泰始八年,有司奏:"太学生七千余人,才任四品,听留。"诏:"已试经者留之,其余遣还郡国。大臣子弟堪受教者,令入学。"咸宁二年,起国子学。盖《周礼》国之贵游子弟所谓国子,受教于师氏者也。

---

① 日译版本可参见今鹰真、井波律子、小南一郎译:《三国志》,《世界古典文学全集》第24卷(3册),筑摩书房,1977、1982、1989年。

这里值得注意的是太学生数量的增加。从再建之初的"数百人"到"千数"(数千人)。曹魏末年嵇康行刑时,集于洛阳东市的太学生有"三千人"。① 西晋泰始八年(272),太学生数量则攀升至"七千人"。也存在另一种说法:"晋初"的太学生为"三千人"。② 这或许是在太学生人数达到"七千人"后官方对太学生人数加以限制的结果。③ 魏晋时期的太学生,虽不及二世纪中叶东汉时的三万余人那么多,但也膨胀至数千人的规模。正如前人所指出的那样,其中最大的原因,是存在着大量"避役"的太学生。本来,国家为了让太学生研习学问,给予免役的特权。然而,由于当时战争、土木工程的繁多,反而本末倒置,很多人进入太学以求"避役"。④ 吕思勉指出,"避役"的太学生占据太学,形成了太学"猥杂"的事态。结果,便导致因门第而拥有免役特权的"高门子弟"不屑于进入太学。而他们厌恶太学更重要的理由,还有负责教学的[太学]博士地位低下,素质恶劣,对儒家学问不甚关心等等。以上这些,便是太学生专注于"交游"的主要原因。⑤ 顺带一提,周予同认为,魏晋时代学校教育呈现大为"衰落停歇"现象的原因,有(1)政治影响;(2)反儒学的潮流;(3)选举制的变异三点。原因(1),指的是魏晋政权将太学作为表彰文治的"装饰品",而民众也将太学视为免役避乱的"收容所";原因(2),指佛教、老庄、文学的盛行;

---

① 参见《晋书》卷四九《嵇康传》。
② 参见《南齐书》卷九《礼志》中曹思文的上书。
③ 通过经学考试,"才任四品"合格者以外的太学生被勒令归乡的措施。
④ 宫崎市定对太学生的免役特权有所论述。参见宫崎市定:《九品官人法の研究——科举前史》中《士族的范围与特权》一节,东洋史研究会(后收入《宫崎市定全集》第6卷,岩波书店,1992年)。另可参见曾我部静雄:《中国社会经济史的研究》中《中国古代免除学生力役的理由》一节,吉川弘文馆,1976年;高明士:《唐代东亚教育圈的形成——东亚世界形成的一个侧面》。
⑤ 参见吕思勉:《燕石续札》,上海人民出版社,1958年,第134页。

原因(3),指随着九品官人法的制定,"门第世族之风"形成。官僚们基于门阀,而不再依靠太学,将太学等同于"赘瘤"。① 与太学的凋落相对,如前文引用的刘靖上奏那样,出现了改革学校制度的提议。西晋泰始八年,因学力不足,朝廷决意遣散太学生,实施改革。从某种意义而言,作为学校制度的彻底改革措施而登场的国子学,正创立于此时。可以窥见,这一系列中央官学改革措施推进的背景——正如东汉光武帝时期朱浮上书所云:"夫太学者,礼仪之宫,教化所由兴也。"②——作为中央官学的太学应当成为天下礼教、教化中心的理念,以及这一理念与现实中太学凋敝所产生的落差。

接下来,就国子学创立同时期的时代背景加以考察。首先想举出的是《南齐书》卷九《礼志·一》所收曹思文的上奏。在前文第二节"国子学的创立年代问题"中,这条史料是[C]说的依据。这里不再重引原文,而通过表格来概括曹思文所认为的国学(国子学)与太学,尤其是国子生与太学生的差异。③

表 3-1　国学、太学及学生差异表

国学	泾(清)	士	贵	官品五品以上
太学	渭(浊)	庶	贱	官品六品以下

曹思文是南朝齐人,因此必须考虑到他在认识魏晋历史方面

---

① 参见周予同:《中国学校制度》中古编《魏晋时代学校制度的衰败》,1933 年,商务印书馆。
② 《后汉书》卷二三《朱浮传》。另可参见高明士:《唐代东亚教育圈的形成——东亚世界形成的一个侧面》,第 110 页。
③ 在汉代,也存在将太学别称为"国学"的情况。如《后汉书》卷三三《朱浮传》、《太平御览》卷五三四《礼仪部·学校》引《[三辅]黄图》。另可参见高明士:《唐代东亚教育圈的形成——东亚世界形成的一个侧面》,第 95 页。在曹思文的上表中,太学与国学对比而叙,这里的国学显然指的是国子学。

存在着一定偏差。但由以上表格仍可以明确,国子学以士族——也就是贵族子弟为对象。从国子学这一最大特征也不难推测,创立于西晋的国子学与同时代,即魏晋时代成立的贵族制密切关联。事实上,前贤也曾指出此点。如多贺秋五郎认为,国子学"对应着贵族社会的情势"。① 高明士则论述以为:"但西晋新设的国子学,则隶于太学。表面来看,仍是单一制,非为并立制。其后发展的结果,国子学竟凌驾太学,这个因素,当然与西晋以后门阀社会的发达有密切的关系。开两学之争长过程不论,从晋以后,中央官学的确是两学并立的制度。"②宫崎市定在《九品官人法研究》中也有相关结论,颇有深意。在此不厌其烦,引用该书余论《贵族制与官僚制》相关文字:

> 最为明显地表现九品官人法走向贵族化的事实,是九品官制中上下界限切于何处的变化。最初制度设计的旨趣,是将九品官制在五品以上与六品以下之间设立界限。五品以上官员相当于拥有特权的古公卿大夫,本人及其家族一并免役。然而,在九品官人法走向贵族化运作后,贵族子弟大多由六品官起家,六品以上与七品以下之间,出现了很大的断

---

① 参见多贺秋五郎:《唐代教育史の研究——日本学校教育の源流》,不昧堂书店,1953年。
② 参见高明士:《唐代东亚教育圈的形成——东亚世界形成的一个侧面》,第135页。此外毛礼锐、沈灌群在《中国教育通史》第 2 卷(罗佐才、赵家骥执笔,第 311—312 页)中指出:"由此可见,国子学的出现,是士族地主阶级享有政治、经济的特权,在教育上的反映。由于两晋的政权是建立在依靠南北豪强士族地主阶级,同时又必须团结庶族中、小地主阶级的基础之上,因此,为了满足当时豪强士族地主阶级与庶族中、小地主阶级的需要,并调和两者间的矛盾,巩固统治的阶级基础,所以两晋时期太学与国子学一直是两者并存的。"程舜英在《魏晋南北朝教育制度史资料》(第 27 页)中指出:"这样国学、太学两存可使地主阶级士庶两个阶层都可以受到教育。"卜宪群、张南在《中国魏晋南北朝教育史》(第 24 页)中指出:"这是向教育贵族化趋势迈出的第一步,是门阀政治的发展在教育上的反映。"

层。起家六品官为乡品二品,故六品官又被称为二品,屡屡出现"二品以上"的说法。

……若将五品以下划出的线称为官僚线,六品以下所划出的线称为贵族线。以上事实则表明官僚线逐渐模糊,而贵族线则逐渐明确。

随着贵族线的日益深化,同时便出现了"门第二品"的特权阶层。所谓"门第二品",就是能够以乡品二品获得六品官起家的门第。也称之为"士族""士类"。贵族线同时也意味着免役的特权。①

《南齐书·礼志》曹思文上表云国子学的入学资格,为官品五品以上子弟。可知该规定对应九品官人法制定之后、门第二品尚未形成的阶段,也可以说对应着贵族制正在展开的门阀社会过渡阶段。② 可以说,国子学的学生,正是西晋刘毅《九品八损议》中所说的"上品无寒门,下品无势族"中的"势族"子弟。

不过应当留意的是,在贵族制成立以前,就已经存在国子学从太学中分化而出的契机。例如西汉平帝时太学在定员之外,还有招收"元士"(六百石)之子之制。③ 至东汉时代,设有以外戚子

---

① 宫崎市定:《九品官人法の研究——科举前史》,第537—539页。另请参照第117页《汉代俸禄与魏官品比较表》、第540页《魏晋南北朝士庶线》变迁表。
此段翻译参考了《九品官人法研究——科举前史》的中译本(韩昇、刘建英译,中华书局,2008年,第330—331页)。——译者
② 参见高明士:《唐代东亚教育圈的形成——东亚世界形成的一个侧面》,第142—143页。
③ 参见本章第一节第一段第一个注。又,据高明士《唐代东亚教育圈的形成——东亚世界形成的一个侧面》第93页注52,亦可取《礼记·王制篇》中"卿、大夫、元士之适子(嫡子),国之俊选,皆造焉"之意。即扩大"受业如弟子"的对象,其中不仅包括"元士"子弟,还包括"元士"以上(即六百石以上)的高官子弟。顺带一提,太学生分为两种,一种是原本的"博士弟子",为由太常选拔的正式生;一种是"受业如弟子",为地方选拔的特别生。

弟为对象的"宫邸学"。① 从左雄提出招收公卿子弟为太学诸生的建议、汉质帝下诏鼓励大将军以下至六百石官员子弟入太学的诏书中可以看到②，后来国子学学生与太学学生所具有的"胄子""贤良"这一特征差异，在当时太学中已然隐隐显现。再联系到曹魏刘靖在上书中提议二千石（五品）以上、年过十五的子孙入太学，西晋泰始八年鼓励大臣子弟可接受教育者入太学者的诏书。③ 最终，仅招收五品以上官员子弟的国子学得以创立。④

另有一点值得注意的是，国子学的创立，与贵族制的最终确立相辅相成。如曹思文的上表所见，国子学的目标在于将"猥杂"的太学生区分"泾渭"（清浊）。在曹思文的认识中，"清浊"对应着"士庶""贵贱"。因此国子学与贵族制密切关联。太学中的"浊"，其代表是以"避役"为目的的太学生。这一现象，可视为东汉后半期蔓延于当时社会"浊"的风潮中的一环。魏晋时代，这一风潮仍在太学以外的社会上弥漫，具体而言，例如拜金主义的风潮。如此而言，国子学的创立，或可视为西晋王朝对抗这一风潮措施中的一环。

那么，为何是在西晋时代，尤其是在晋武帝时果断施行这一措施？推测起来，当与西晋王朝的使命——尤其是晋武帝所认为

---

① 参见高明士：《唐代东亚教育圈的形成——东亚世界形成的一个侧面》，第122—123页。
② 参见吉川忠夫：《党錮と学問——とくに何休の場合》，《東洋史研究》第35卷第3号，1976年（后收入吉川忠夫：《六朝精神史研究》，同朋舍，1984年）。
③ 参见前引《宋书》卷一四《礼志·一》。
④ 西晋重视乡饮酒礼、大射礼、释奠礼，与之关联，培养学礼演练的专家作为现实需要，也就成了太学的重要功能。这一点，从《晋辟雍碑》碑阴题名中多见"礼生"中即可窥见。如此一来，太学的特点发生变化。这可能也是贵族子弟对太学敬而远之的原因之一。参见木岛史雄：《〈大晋龍興皇帝三臨辟雍皇太子又再蒞之盛德隆熙之頌跋〉にみる晋初の礼学とその実踐》。

的西晋王朝的使命关联密切。继承灭亡的东汉王朝而登场的魏晋王朝,其最大课题是解决导致秦汉古代帝国崩溃的根本问题。换言之,在东汉崩溃后,作为公权的原有国家权威、威信已然丧失。魏晋政权需要基于新的指导思想,通过创立权威、威信再建国家,使之安定。在曹魏时代,以亲征孙吴、营建宫殿为代表,曹魏皇帝意图通过外在形式提高威信,但同时曹魏王朝也被贴上了"苛酷"的标签。亲眼看见此情形、开创西晋王朝的河内司马氏,恐怕是有意识地加以错位,在政治前台打出"宽裕"的形象,基于此来推进政策。在这一脉络中,完成禅让革命的司马炎选择了与曹魏王朝不同的方向——以中央官学的改革(创立国子学)、重视学礼等措施,从文教领域来提高王朝的威信。或可称之为"礼教立国"。泰始三年(267)对星气、谶纬之学的禁止,当也可置于同一脉络中来理解。当然,在晋武帝司马炎的观念中,河内司马氏的原点、本质就是"诸生"。① 学问是国家存续的根基,这或多或少也是包括河内司马氏家族在内,当时贵族们的共识。而这些观念、共识,与西晋国子学的创立有关,它们应该也具有促进西晋王朝积极重视文教政策的一面。② 如本章第一节所讨论的那样,朝廷选用出身名族的近侍官、儒学造诣深厚者为国子祭酒、国子博士,正是上述情势的反映。

从晋武帝创立国子学的背景来看,晋武帝亲自、积极地推进国子学。在对这些改革学校制度的措施展开思考的基础上,可以发现一个颇有意味之处,那便是与晋武帝有私交的两个人物——刘靖与王恂。首先来看刘靖。刘靖出身沛国刘氏,刘

---

① 参见《晋书》卷二〇《礼志·中》所载晋武帝诏书。
② 参见福原启郎:《西晋の武帝司馬炎》,白帝社,1995 年,第 13—15、65—66、129—132、146—148、322、324 页,以及本书第一章。

馥、刘靖、刘弘祖孙三代出仕魏晋王朝,尤其是作为地方官颇有政绩。正如葭森健介所言,这是个"威惠型官员"频出的家族门第。刘靖之子刘弘与晋武帝司马炎同年(青龙四年,236),且同住洛阳永安里,是邻居,年幼时两人同桌学习,乃晋武帝的"旧恩"。① 对司马炎而言,刘靖是父辈人物。刘靖在曹魏时代奏请学校制度改革的上书中,可以看到"国子"、以"二千石以上子孙"(二千石相当于官品五品)为太学生等表述,与西晋国子学具有共通点。虽然刘靖并没有提议在太学以外创立新的中央官学,但从某种意义而言,晋武帝创立国子学,正实现了他幼时玩伴的父亲刘靖的设想。

接下来看王恂。王恂出身东海王氏,祖父王朗、父亲王肃均仕于曹魏政权,而他们作为当时学者的代表,更为有名。尤其是王肃,他是与郑玄相对抗,建立新说的古文经学学者。顺带一提,《晋辟雍碑》中所彰显的咸宁三年乡饮酒礼用王肃说,而咸宁四年大射礼用郑玄说。王肃之女、即王恂之妹王元姬嫁给了司马昭,生下了晋武帝司马炎,因此王恂乃司马炎的舅父。据《三国志》卷一三《王朗传附王肃传》裴松之注引《世语》:"建立二学,崇明五经,皆恂所建。"二学——即国子学与太学(潘尼《释奠赋》等亦有此用例)的建立,实际而言就是国子学的创立,来自于王恂的建议。不过,《世语》作为史料的可信度不高,"建立二学"这一说法也比较含糊。据《晋书》卷九三《外戚传·王恂》,咸宁四年,王恂去世。可以想象,国子学的创立强烈地反映了晋武帝的母家——古文经学家族的东海王氏的意向。正如第一节国子学名称由来

---

① 参见《晋书》卷六六《刘弘传》;葭森健介:《劉弘と西晋の政界——劉弘墓出土によせて》,《古代文化》第 48 卷第 11 号,1996 年。

相关部分所提及的那样,国子学之名出自古文经学的经典《周礼》。如果将国子学的建立与魏晋经学的关联概括言之,那么可以说国子学的名称与王恂的提议,分别反映了广义上古文经学的崛起与王肃学说的风靡。①

表3-2 东海王氏世系表

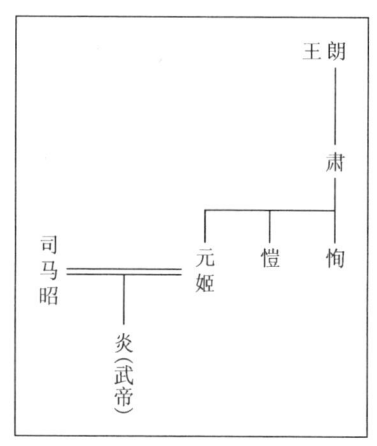

最后,想稍作余论。在咸宁年间国子学创立之后,至太康元年(280)平吴,天下统一。太康三年至四年,发生了齐王攸归藩事件。② 笔者能够明显感到,在该事件发生后,晋武帝司马炎对国

---

① 关于魏晋时期的古文经学,尤其是王肃的学问,参见狩野直喜:《魏晋学术考》,筑摩书房,1968年;加贺荣治:《中国古典解释史 魏晋篇》,劲草书房,1964年;李振兴:《王肃之经学》,嘉新水泥公司文化基金会,1980年;南泽良彦:《王肃の政治思想——"感生帝说"批判の背景》,《中国思想史研究》第10号,1987年。东汉末,郑玄以礼学,尤其是《周礼》为中心,将今文经学包含在古文经学中,集其大成。与之相对,曹魏王肃继承了郑玄以前贾逵、马融的"荆州之学",对郑玄展开批判。这是当时经学发展的大致脉络。曹魏时期,新设教授古文经学经典的博士,刻立古文经学经典文本的正始石经(三体石经)等等,都反映了古文经学的崛起。
【补注】渡边义浩指出,二学并立的想法,源自《礼记·学记》郑玄注云:"谓,内则设师保以教国子焉,外则有太学、庠序之官。"参见渡边义浩:《西晋における国子学の設立》。
② 此事的经纬,可参见本书第五章《八王之乱的本质》以及福原启郎:《西晋の武帝司马炎》,第170—180页。

子学的态度有了微妙的反感。之所以这么说,是因为在齐王攸归藩事件的旋涡中,太常博士庾旉上奏反对晋武帝力主的齐王攸归藩。对这封奏疏,国子学创立时的祭酒庾纯加以默认,而国子学创立时的博士、当时的祭酒曹志则表示赞同。晋武帝对此大为恼怒。而在此事件后,同样作为反对派的王济被任命为国子祭酒,此后庾旉也担任此职。就以上事实来看,以齐王攸归藩事件为界,晋武帝司马炎失去了改革学校制度的意图,对国子学态度转向冷淡。另一方面,事件次年的太康五年(284),开始修复作为修学礼仪场所的明堂、辟雍、灵台。其结果,在晋武帝死后,晋惠帝时代,国子学得以完成,按照国子祭酒裴頠的建议,开始了实际的运营。

小　结

以上,围绕着西晋国子学的创立,特别是以西晋国子祭酒、国子博士的人选、创立时间与背景为重点,展开了讨论。不过,笔者自己最直接关心的,并非国子学在中国教育史上的一页,而是它作为魏晋历史的一个面相。因此,以下针对本章开头所提出的疑问进行一些总结性的回答,以明晰本章主旨。

在贵族制——具体地说是魏晋门阀制形成前的贵族制,古文经学——更具体地说是在王肃古文经学的影响下,晋武帝有意识地与之前的曹魏王朝区别开,以礼教国家为志向,重视教化。在当时,唯一的中央官学——太学本应以礼教为中心,成为教育、学问之所,然而却堕落为以避役为目的的"浊"之场所,太学生膨胀至数千人。为了消解这一裂痕,晋武帝果断实行根本性的改革,也就是创建国子学。其结果,是中央官学确立了清、浊分别的"二学"体系。更详细而言,晋武帝咸宁二年(276)下诏,四年(278)施行,至晋惠帝元康三年(293),国子学完成,实现了刘靖、王恂等人的提议,以具有儒学素养、名族出身的近侍官出任国子祭酒、博士等,招收贵族子弟。以此作为礼教政策的核心,在政治前台打出"宽容"之政的旗号。

接下来的课题,是对魏晋贵族制、古文经学等相关内容以及同时期确立的学礼制度进行讨论。在中国古代,孔庙与官学结合所形成的庙学制,是中国乃至于东亚世界学校制度的典范。高明士在论述唐代庙学制成立过程时,曾对西晋时期的庙学制特加笔墨,论述其中的变革,举出西晋时期具有教育独立,尤其是在摆脱宗教具有共通性的三大政策:(1)在西晋泰始律令中,作为学校教育规定的"学令"从原本的"功令"①中独立出来;(2)创立国子学,确立中央官学的"并立制";(3)在学礼场所辟雍行大射、乡射、乡饮酒等礼,与太学中的释奠礼分离。② 如要考察高明士所列举西晋王朝教育方面的变革,则西晋时期的学礼问题就是接来下要讨论的对象。具体说来,即在本章已经提及多次,与国子学的创建大约同时期竖立的彰显学礼——乡饮酒礼、大射礼的《晋辟雍碑》。其碑阴刻有当时国子学、太学的学官与太学生的题名。在下一章中,笔者就将尝试对此碑展开分析。

---

① 泰始律令中名为《贡士令》,唐令中名为《选举令》。
② 同时期的另一个政策为太学、国子学从太常中分离的萌芽。以上内容参见高明士《唐代东亚教育圈的形成——东亚世界形成的一个侧面》上篇《汉唐间学校教育发展的特质》。

第四章　关于《晋辟雍碑》的考察

在本章,笔者将尝试讨论被称为"传世晋碑之冠"[①],题额为"大晋龙兴皇帝三临辟雍皇太子又再莅之盛德隆熙之颂跋"的这块彰显碑(下文略称为《晋辟雍碑》)。解明该碑所具有的历史意义,则是笔者尤为关注的目标。笔者之所以关心《晋辟雍碑》,与第三章考察西晋国子学的经纬、意义有关。西晋国子学创立于咸宁二年(276),而《晋辟雍碑》竖立于大约同时期的咸宁四年(278),两者当有密切联系。因此,笔者对《晋辟雍碑》产生了兴趣,并感到有必要展开相关讨论。

在进入正式讨论前,首先对《晋辟雍碑》相关释文、考论等参考文献稍作介绍。原则上以时代先后为顺序,分中、日文列举如下:

> 顾廷龙:《大晋龙兴皇帝三临辟雍皇太子又再莅之盛德隆熙之颂跋》,《燕京学报》第10期,1931年。

> 余嘉锡:《晋辟雍碑考证》,《辅仁学志》第3卷第1号,1932年(后收入《余嘉锡论学杂著》上册,中华书局,1963年)。

---

① 罗振玉:《石交录》卷二,收入《贞松老人遗稿甲集》,1941年(后收入《罗雪堂先生全集续编》第3册,大通书局有限公司,1989年)。

执笔者不详:《晋咸宁辟雍碑并额及附记》,《河北第一博物院半月刊》第 11、12 期,1932 年。

刘承幹:《希古楼金石萃编》,吴兴刘氏希古楼刻本,1933 年(后收入《石刻史料新编》第 1 辑第 5 册,新文丰出版公司,1977 年)。

张鹏一:《晋辟雍碑跋》,《北平图书馆馆刊》第 7 卷第 6 号,1933 年。

陈伯弢:《晋辟雍碑跋》,《制言半月刊》第 13 期,1936 年。

许平石:《晋太学盛德隆熙颂碑跋》,《河南博物馆馆刊》第 4 集,1936 年。

郭玉堂访记、王广庆校录:《洛阳出土石刻时地记》,大华书报供应社,1941 年。另有气贺泽保规:《复刻洛阳出土石刻时地记》[时地记],汲古书院,2002 年。

罗振玉:《石交录》卷二,收入《贞松老人遗稿甲集》,1941 年(后收入《罗雪堂先生全集续编》第 3 册,大通书局有限公司,1989 年)。

何昌泗:《语石》,稿本,1943 年。新版为《语石　语石异同评》,中华书局,1994 年。

阎文儒:《洛阳汉魏隋唐城址勘查记》,《考古学报》第 9 册,1955 年。

启功:《从河南碑刻谈古代石刻书法艺术》,《文物》1973 年第 7 期,1973 年。

方若原著、王壮弘增补:《增补校碑随笔》,上海书画出版社,1981 年。修订版为上海书店,2008 版[校碑]。

高明士:《唐代东亚教育圈的形成——东亚世界形成的

一个侧面》,国立编译馆中华丛书编审委员会,1984年。

张彦生:《善本碑帖录》,中华书局,1984年。

杨育彬:《河南考古》,中州古籍出版社,1985年。

徐金星、黄明兰:《洛阳市文物志》,洛阳市文化局,1985年。

王靖宪主编:《中国美术全集·书法篆刻编》卷2《魏晋南北朝书法》,人民美术出版社,1986年。

马子云(栗林俊行译):《中国碑帖导览》,二玄社,1988年。① 中文版为马子云:《碑帖鉴定浅说》,紫禁城出版社,1986年。

贺官保编写:《洛阳文物与古迹》,文物出版社,1987年。

北京图书馆金石组编:《北京图书馆藏中国历代石刻拓本汇编》第2册《三国·晋·十六国·南朝》[汇编],中州古籍出版社,1989年。

苏健:《洛阳古都史》,博文书社,1989年。

国家文物局主编:《中国文物地图集·河南分册》,中国地图出版社,1991年。

偃师县志编纂委员会编:《偃师县志》,生活·读书·新知三联书店,1992年。

河南省文物局编:《河南碑志叙录》,中州古籍出版社,1992年。

傅振伦:《洛阳考古随笔》,洛阳第二文物工作队编:《河洛文明论文集》,中州古籍出版社,1993年。

河南省文物局编:《河南文物名胜史迹》,中原农民出版

---

① 马子云(栗林俊行译):《中国碑帖ガイド》,二玄社,1988年。

社,1994 年。

国务院:《国务院关于公布第四批全国重点文物保护单位的通知》,1996 年 11 月 20 日,《文物》1997 年第 3 期。

平凡社:新版《书道全集》第 3 卷《中国三·三国·西晋·十六国》,1959 年。其中收入神田喜一郎:《中国书道史》3《三国·西晋的石刻与皇帝三临辟雍碑解说》(外山军治执笔)。①

伏见冲敬:《晋·辟雍碑》,《书品》第 214 号,1971 年。②

足立丰解说:《晋·皇帝三临辟雍碑》,二玄社,书迹名品丛刊,第 166 回配本,1971 年。

西林昭一责编、执笔:《视觉书法艺术全集》第 4 卷《三国—东晋》,雄山阁,1991 年。③

艺术新闻社:《中国碑刻纪行》,《季刊墨特辑》第 14 号,1993 年。④

木岛史雄:《〈大晋龙兴皇帝三临辟雍皇太子又再莅之盛德隆熙之颂跋〉所见晋初礼学及其实践》,《中国思想史研究》第 19 号,1996 年。⑤

三国时代出土文字资料班:《魏晋石刻资料选注》,京都

---

① 平凡社:新版《書道全集》第 3 卷《中国三·三国·西晋·十六国》,1959 年。其中收入神田喜一郎:《中国書道史》3《三国·西晋の石刻と、皇帝三臨辟雍碑解説》(外山军治执笔)。
② 伏见冲敬:《晋·辟雍碑》,《書品》第 214 号,1971 年。
③ 西林昭一责编·执笔:《ヴィジュアル書藝術全集》第 4 卷《三国—東晋》,雄山阁,1991 年。
④ 艺术新闻社:《中国碑刻纪行》,《季刊墨スペシャル》第 14 号,1993 年。
⑤ 木岛史雄:《〈大晋龍興皇帝三臨辟雍皇太子又再莅之盛德隆熙之颂跋〉にみる晋初の礼学とその実践》,《中国思想史研究》第 19 号,1996 年。

大学人文科学研究所,2005年。①

学界对《晋辟雍碑》非常关注,因此在它刚出土的1931、1932年(民国二十、二十一年),就已有相关释文、考证等等。目前,《晋辟雍碑》的释文有顾廷龙、刘承幹、罗振玉、三国时代出土文字资料班四家,足立丰解说的版本只对碑阳文字进行了训读、标点。②不过,在文字比定,特别是在碑阴的录文上,诸家各有出入。其中特别要提到的是刘承幹版本的录文,它是杨殿珣在《石刻题跋索引(增订本)》(商务印书馆,1957)中唯一提及的录文,也是《石刻史料新编》中唯一收录的录文。刘氏录文为避清讳,"弘""玄"多改作"宏""元",此外还有诸如将"累"作"系"、"汝阴"作"汝阳"、"门人"作"弟子"这类小讹误。刘氏录文将碑阴的十八行题名进行了重新释读,或由于此,原本十列的题名又增加了一列。③ 总之,刘氏录文错误不少,在利用时需持谨慎态度。④ 由于甚为漫漶,碑阴题名中很多文字无法释读。就拓片的实际观感而言,收录整拓、改用为书法字帖的二玄社《晋·皇帝三临辟雍碑》(足立丰解说)是相对易读的拓片。

《晋辟雍碑》主要的先行研究,有顾廷龙的题跋、余嘉锡的考证、足立丰的解说与木岛史雄的相关论文。⑤ 顾廷龙在题跋

---

① 三国时代出土文字资料班:《魏晋石刻資料選注》,京都大学人文科学研究所,2005年。
② 参见上文所列《晋辟雍碑》相关文献。——译者
③ 现在一般排版规则为竖排称列,横排称行。但由于古碑为竖排,因此往往竖排称行,横排称列,作者亦采此用法,故在翻译时保留原貌。本章讨论《晋辟雍碑》的文字中,"行"指竖排文字,行数自右向左数;"列"指横排文字,列数自上向下数,特此说明。——译者
④ 参见木岛史雄:《〈大晋龍興皇帝三临辟雍皇太子又再蒞之盛德隆熙之頌跂〉にみる晋初の礼学とその実踐》注3。
下文言及木岛史雄观点者皆出此文,不再一一注出。——译者
⑤ 参见上文所列《晋辟雍碑》相关文献。——译者

中考证了碑文中人物、学官、学生的头衔,并按州郡对学生进行统计,颇为有用,并如前所述进行了录文。余嘉锡在序文与上篇考证了碑阳(包括题额与序文)的相关文字,下篇考证了碑阴的题名,另附录有《晋辟雍兴废考》。上篇就若干要点考证了碑阳题额、序文的文本,下篇则与顾廷龙题跋相同,考证了碑阴题名的人物、头衔。余氏此文被赞誉为"详瞻"①、"至精核"②,也是对本章参考价值最大的成果。足立丰的解说对《晋辟雍碑》的书风特征进行了具体论述,并从碑阳文字的内容出发对立碑原因进行了推测。木岛史雄的考论首先探讨了制定、实践碑阳辟雍礼的相关学者,指出撰写礼学著作、经典注释的学者另有其人,并以此为背景,推测当时礼学的实践与礼学经典的解释存在乖离。其次,他注意到辟雍礼中大射礼、乡饮酒礼分别采用了郑玄、王肃学说这一点,并将之解读为当时放弃了郑玄、王肃对经典注释的有机统一。为了保证郑、王二学派的仕途,两学派在现实中各自区分开,使礼仪实践成为专门技术人员的工作,礼学也由此名存实亡。木岛氏的考论还附有《晋代辟雍记事综合年表》。

以上列举了《晋辟雍碑》相关文献,并对其中主要的释文、考证、论考等进行了介绍、评论。而对《晋辟雍碑》相关信息进行整理,对碑阴题名展开进一步分析,考察其与西晋政治史关联等等,则是依然存在的课题。笔者在本章的小论,正是希望多少对以上课题试加解决。在第一节,将整理、确认《晋辟雍碑》的相关信息;第二节与第三节分别对碑阳、碑阴文本展开分析;第四节则将尝

---

① 陈伯弢:《晋辟雍碑跋》。
② 罗振玉:《石交录》卷二。
  下文言及罗振玉观点者皆出此文,不再一一注出。——译者

第四章 关于《晋辟雍碑》的考察

试以立碑意图为中心，对《晋辟雍碑》与西晋政治史的关联，及其所具有的时代性试加考察。

第一节 《晋辟雍碑》的相关信息

首先依据郭玉堂访记、王广庆校录的《洛阳出土石刻时地记》中《晋龙兴皇帝三临辟雍碑 咸宁四年十月二十日》一篇，对《晋辟雍碑》的出土信息加以确认：

> 民国二十(廿)年(1931)阴历三月二十(廿)四日，洛阳东南大郊村北一里许，黄瑞云墓旁，掘得之，与石经出土处同[地]。碑形制甚大，[碑首和碑身系用一块整石雕成。碑]高约一丈一尺，广约四尺。正面(碑正文隶书卅行、每行五十五字、共)千五百余字，背面刻人名[多至四百余人]。《河南府志》名"辟雍行礼碑"，谓石已佚。初出土，乡人以牛十七头[拉]运至村中。远近来观者，日数百人。是年五月十五日，玉堂驰函南京，与广庆商保存之法，拟由地方购存，未果。然石亦未外售，今存李子彬后宅。民国二十(廿)一年与曾洪父、陆仲渔等同至大郊，惜未能见之也。①

---

① 郭培育、郭培志主编《洛阳出土石刻时地记》中与之文本相异者，以()、[]标出。《辟雍行礼碑》并非《晋辟雍碑》，参见本章第四节。傅振伦《洛阳考古随笔》载："……有晋《太学碑》，已断为二，1992年有半截出土，而大半仍埋于地下。1931年徐森玉访古至此，雇工掘出，将碑拓20份，曾赠我1份，北大考古学会亦得2份，其一原样保存，其一剪裱为帖，加楠木板。马衡先生以碑原题'大晋龙兴皇帝三临辟雍皇太子又[再]莅之盛德隆熙之颂'23字，故定名为《盛德隆熙之碑》，亲题签其上，考《水经注·洛(谷)水》云：'汉石经北，有晋辟雍行礼碑，是太(泰)始二年立，其碑中断'，即此碑也"，与《洛阳出土石刻时地记》、出土情况记载有异。关于断碑这点，上文存在错误。参见本章第四节第一段第一、二个注释。

113

以上,以古董商人的视角,记录了《晋辟雍碑》的出土及此后相关情况。《晋辟雍碑》出土时间为民国二十年,即1931年的农历三月二十四日①,公历为五月十一日。余嘉锡记为"六月"②,或是公历时间,但仍有一月之差。郭玉堂、余嘉锡的信息都源自传闻③,不过下文要提到,余嘉锡文中所云《晋辟雍碑》的地点也有误,则郭玉堂的信息可能更为精确。不过无论怎样,《晋辟雍碑》出土于民国二十年(1931),这是可以确定的。是年,对抗南京国民政府的中华苏维埃共和国临时中央政府在江西省瑞金成立,此外又爆发了九一八事变,时局纷扰多难。在洛阳地界上,发掘盗墓之风自民国十年(1921)开始兴盛起来。民国十九年(1930),洛阳出土了西晋"墓志碑"三方。④《晋辟雍碑》的出土,也是此发掘热潮的产物之一。不过从出土后的动向看,当属偶然出土。此碑的出土地为洛阳市区东南、河南省偃师县(今偃师市)佃庄乡东大郊村北500米⑤,与汉魏洛阳故城南郊太学、辟雍遗址与熹平石经、正始石经的出土地基本重合。罗振玉亦记录为"[洛阳]县城东大郊"。余嘉锡则记录为"河南洛阳县城外大东郊","大""东"二字当是前后颠倒了。⑥亦有学者云该碑出土于"朱圪垱村"⑦、"冈上"⑧,恐

---

① 张鹏一《晋辟雍碑跋》记为"春";杨育彬《河南考古》记为"三月"。相关文献信息本章开头已列。
② 余嘉锡:《晋辟雍碑考证》。
下文言及余嘉锡观点者皆出此文,不再一一注出。——译者
③ 余嘉锡在文中注记云"据洛阳碑贾所言"。
④ 即菅洛、郭槐、左棻三人的墓志。具体参见本书第十一章。
⑤ 郭玉堂访记、王广庆校录的《洛阳出土石刻时地记》作"北一里许"。另可参见徐金星、黄明兰主编:《洛阳市文物志》,洛阳市文化局,1985年;偃师县志编纂委员会编:《偃师县志》,生活·读书·新知三联书店,1992年。
⑥ 杨育彬云"又云出洛阳东南大郊村。"参见杨育彬:《河南考古》。
⑦ 参见傅振伦:《洛阳考古随笔》。此地目前属太学村。又许平石记为"朱格塔村"。参见许平石:《晋太学盛德隆熙颂碑跋》,《河南博物馆馆刊》第4集,1936年。
⑧ 也写成"岗上",参见阎文儒:《洛阳汉魏隋唐城址勘查记》。

怕也不算错。因为偃师县佃庄乡东大郊村北面正是朱圪垱村,其中小而高的丘陵地形一带在当地被称为"岗上(冈上)",或许就是《晋辟雍碑》的出土地。① 据上引《洛阳出土石刻时地记》,《晋辟雍碑》出土后被运往[东]大郊村李子彬的"后宅"。而据阎文儒的记录,1955年时,该碑保存于东大郊村李家营李长陞(升)家的"后院",②在当时为"私有"之物。③ 李长陞或许即李子彬的后代。此后,修建了"碑亭""碑楼",将该碑保护起来。④ 1997年时,《晋辟雍碑》被立于佃庄乡东大郊村的南街小巷之内⑤,暴露于室外。⑥ 2000年,笔者访此碑,已有铁栅栏保护起来。2007年,笔者第二次踏查此碑,整修更为完备,被立于新的碑座之上。此外,如余嘉锡所言,此碑绝无伪刻的可能。至1996年,《晋辟雍碑》由

---

① 参见《晋辟雍碑》关联地图。本图基于阎文儒《洛阳汉魏隋唐城址勘查记》、中国科学院考古研究所洛阳工作队《汉魏洛阳城初步勘察》(《考古》,1973年第4期)中各自所附《汉魏洛阳城[平面]实测图》制作。中国社会科学院考古研究所洛阳工作队《汉魏洛阳城南郊的灵台遗址》(《考古》1978年第1期)记载灵台遗址位于"河南偃师县佃庄公社朱圪垱大队岗上村"。阎文儒《洛阳汉魏隋唐城址勘查记》(《考古学报》第9册,1955年)记为"朱圪塔村",并说明当地称之为"冈上",位于汉魏洛阳东城的延长线上,即今洛河南四百四十米处西向延伸的丘陵地带。
② 参见阎文儒:《洛阳汉魏隋唐城址勘查记》。
③ 参见张彦生:《善本碑帖录》,中华书局,1984年。启功《从河南碑刻谈古代石刻书法艺术》(《文物》1973年第7期,1973年)、杨育彬《河南考古》说《晋辟雍碑》藏于天津的河北第一博物院或开封的河南博物馆,但仅是依据《河北第一博物院半月刊》、《河南博物馆馆刊》杂志刊行的《晋辟雍碑》题跋类文章,未免有些武断。又,国家文物局主编《中国文物地图集·河南分册》记载此碑为河南省博物馆所藏。
④ 参见贺官保编写:《洛阳文物与古迹》;苏健:《洛阳古都史》。
【补注】据盐泽裕仁:《千年帝都洛阳——その遺跡と人文·自然環境》(雄山阁,2010年,第92页),"《晋辟雍碑》(高3.22米,宽1.1米,厚0.3米)立于东大郊村的居民区。'文革'中,村民担心该碑遗失,将此碑搬入村内"。
⑤ 三国时代出土文字资料班《魏晋石刻资料选注》云该碑立在"佃庄乡南寨门内西边"。
⑥《偃师县志》载该碑"现树于东大郊村",并有照片。另可参见河南省文物局编:《河南碑志叙录》,中州古籍出版社,1992年。木岛史雄于1995年夏曾造访该碑,有所记录。葭森健介亦于1997年5月造访该碑,与我谈论了相关情况。

省文保单位归入汉魏洛阳故城遗址中,升格为全国文保单位。①洛阳博物馆第二层第四陈列室、洛阳市南郊的洛阳古代艺术馆(关林)东廊内的墓志碑碣陈列室等均有《晋辟雍碑》的复制品。②拓片方面,由于出土较晚,再加上原石质地紧致,"石出之后,拓片无大变化"。③ 传入日本的拓片中,京都大学人文科学研究所藏拓片收入新版《书道全集》第3卷中,田近宪三、西川宁两人所藏整拓被收入足立丰解说的《晋·皇帝三临辟雍碑》中。此外,该碑拓片曾于1971年在日本展出。④

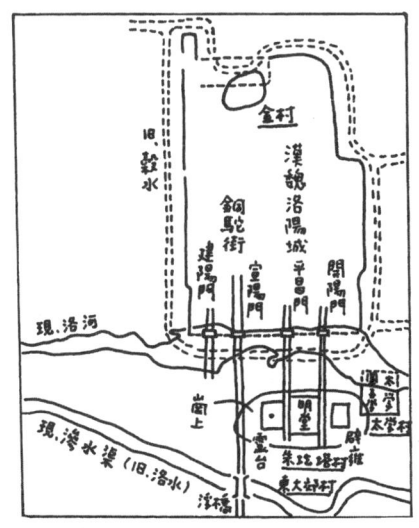

图4-1 《晋辟雍碑》关联地图

图4-2 碑亭入口
(笔者2009年3月所摄)

---

① 参见国家文物局主编:《中国文物地图集·河南分册》;偃师县志编纂委员会编:《偃师县志》;国务院:《国务院关于公布第四批全国重点文物保护单位的通知》。
② 洛阳古代艺术馆的复制品照片参见艺术新闻社:《中国碑刻纪行》;北京图书馆金石组编:《北京图书馆藏中国历代石刻拓本汇编》第2册《三国·晋·十六国·南朝》。
③ 参见张彦生:《善本碑帖录》。
④ 参见徐金星、黄明兰:《洛阳市文物志》;偃师县志编纂委员会编:《偃师县志》。洛阳龙门博物馆有民国时代拓片,笔者亦花费四千元从偃师商城博物馆商店购得此碑拓片。

接下来是《晋辟雍碑》碑文相关的基本信息。该碑原石高322厘米、宽110厘米、厚30厘米①，也有说高335厘米、宽110厘米、厚27厘米②。《晋辟雍碑》高度超过3米，如余嘉锡所言"丰碑巨制"，较之大型汉碑亦不逊色，如汉《孔褒碑》高为323厘米。《晋辟雍碑》原石材料为"青石"，③俗称铜青石、富平石，是适合碑刻的优良石材。④ 形制为螭首（浮雕蟠龙的圆首），在西晋墓志碑中也可见若干例。⑤ 此外，《晋辟雍碑》的碑座近年于辟雍遗址出土。⑥ 该碑出土于太学遗址，更具体地说，当是出土于太学遗址西南方向的辟雍遗址。碑座的出土时间，有1969年⑦、1974年⑧两说，不知哪个说法正确。座上刻有孔子、颜渊等八位儒家经典人物。⑨ 据说碑座出土后，与原碑合为一体保存。⑩ 但根据葭森健介提供的照片⑪，《晋辟雍碑》的碑身以水泥固定于地面上，未与该碑面世四十年后出土的碑座镶嵌在一起，碑座具体所

---

① 参见徐金星、黄明兰：《洛阳市文物志》；苏健：《洛阳古都史》；国家文物局主编：《中国文物地图集·河南分册》；偃师县志编纂委员编：《偃师县志》。
② 参见阎文儒：《洛阳汉魏隋唐城址勘查记》。《河北第一博物院半月刊》载此碑高八尺五寸，宽三尺四寸。刘承幹《希古楼金石萃编》云此碑高八尺四寸，宽三尺二寸。许平石《晋太学盛德隆熙颂碑跋》云此碑七点六八尺，宽三尺。拓片大小方面，新版《書道全集》第3卷《中国三·三国·西晋·十六国》载京都大学人文科学研究所藏本为碑额长68厘米，碑身（碑阳）长206厘米，宽109厘米；足立丰解说《晋·皇帝三臨辟雍碑》载西川宁氏所藏拓片（碑阳）长273厘米，宽（下侧）107厘米；北京图书馆金石组编《北京图书馆藏中国历代石刻拓本汇编》载北京图书馆所藏拓片（碑阳）长264厘米，宽104厘米。
③ 参见偃师县志编纂委员编：《偃师县志》；河南省文物局编：《河南文物名胜史迹》。
④ 参见马子云：《碑帖鉴定浅说》[浅说]。
⑤ 参见本书第十一章。
⑥ 参见杨育彬：《河南考古》。
⑦ 参见苏健：《洛阳古都史》。
⑧ 参见徐金星、黄明兰：《洛阳市文物志》。
⑨ 参见苏健：《洛阳古都史》。
⑩ 参见徐金星、黄明兰：《洛阳市文物志》。
⑪ 参见插图4-3"1997年《晋辟雍碑》状况"（碑阳，当年5月葭森健介摄影）。

在不详。①

下面对碑文稍作概括。《晋辟雍碑》分为碑阳、碑阴两面，碑阳刻有题额、序、颂，碑阴刻有题名。其字体为八分隶，启功认为与《徐义墓志》一样属于晋隶的典型。② 关于该碑书法特征的具体分析，可参见足立丰的解说。③ 该碑在书法变迁，尤其是汉隶至晋隶书法变迁中的地位，可参见启功、马子云、神田喜一郎、西林昭一等人的研究。④ 关于该碑的书法风格，有"方整"⑤"完整"⑥"整正之美"⑦等评价，可见"整"是一种共识。也有人赞誉为

图4-3　1997年《晋辟雍碑》状况（碑阳，当年5月菰森健介摄影）

---

① 笔者于2007、2009年考察时，见到并确认《晋辟雍碑》有碑座支撑，但不知是否为出土原物。
② 参见启功：《从河南碑刻谈古代石刻书法艺术》，《文物》1973年第7期，1973年。大阪市立美术馆《六朝の美術》（平凡社，1976年）所载中川宪一《北朝の書》论述云《晋辟雍碑》等晋隶强调起笔与收笔，是极为形式化的隶书。
③ 参见足立丰解说：《晋·皇帝三臨辟雍碑》。
④ 参见上文所列《晋辟雍碑》相关文献。——译者
⑤ 参见平凡社：新版《書道全集》第3卷《中国三·三国·西晋·十六国》。
⑥ 参见伏见冲敬：《晋·辟雍碑》
⑦ 参见足立丰解说：《晋·皇帝三臨辟雍碑》。

"挺劲朴茂"①"谨严庄重"②。此外,也有学者指出该碑用扁笔③,"平板刻画",字体为"长方体"④,刻工细致、保存较为完好⑤。

碑额为四行,共二十三字。第二行的"皇帝"、第三行的"皇太子"均抬头一格,字径8厘米。⑥ 柯昌泗评价云:"额字之多,当以《晋辟雍碑》为始见。……六朝以前碑额,字多式奇,无逾此者。"⑦此外,碑额整体偏在碑右侧。具体而言,碑额的中心线——也就是碑额的第二行与第三行之间向下延伸,对应碑阳三十行序、颂的第十三行;反过来,碑阳三十行序、颂的中心线——第十五行与十六行之间向上延伸,与碑额第三行、第四行之间相连。题额右偏(亦称左垂)的情况,在同样为螭首的汉碑中也能见到。

碑阳碑身部分的文字,就内容而言,分为序、颂与立碑年、月、日。共三十三行,每行五十五字,总计一千五百一十六字。罗振玉称之为"鸿篇巨制"。第三行"宣皇帝"、第五行"文皇帝"、第八行"圣上"、第十二行"皇帝"、第十三行"诏"、第十七行"皇太子"均抬头一格(抬头一格之行为五十六字)。⑧ 字径3厘米⑨,无一字剥蚀⑩,完好。序有二十五行,之后为颂,五行。立碑年、月、日

---

① 参见余嘉锡:《晋辟雍碑考证》。
② 参见西林昭一责编、执笔:《ヴィジュアル書藝術全集》第4卷《三国—東晉》,雄山阁,1991年。
③ 参见方若原著、王壮弘增补:《增补校碑随笔》;徐金星、黄明兰:《洛阳市文物志》。
④ 参见徐金星、黄明兰:《洛阳市文物志》。
⑤ 参见偃师县志编纂委员会编:《偃师县志》。
⑥ 参见徐金星、黄明兰:《洛阳市文物志》;偃师县志编纂委员会编:《偃师县志》;河南省文物局编:《河南文物名胜史迹》。
⑦ 参见柯昌泗:《语石》卷三。
⑧ 参见许平石:《晋太学盛德隆熙颂碑跋》,《河南博物馆刊》第4集,1936年。
⑨ 参见徐金星、黄明兰:《洛阳市文物志》,洛阳市文化局,1985年;偃师县志编纂委员会编:《偃师县志》,生活·读书·新知三联书店,1992年;河南省文物局编:《河南文物名胜史迹》,中原农民出版社,1994年。
⑩ 参见柯昌泗:《语石》卷三。

(咸宁四年十月廿日立)在颂的第五行——大约从上数第二十八字开始,刻于末行空白处的中间。

碑阴为立碑相关人员的题名,共十列(十段)。第一列在碑阳题额部分的反面,同样也是右偏,十五行。第二列以下在碑阳序、颂部分的反面,共计四十四行,每行字数不等,多者有八字①,共四百余人②。余嘉锡数出四百零八人,但第一列共十五人,余下九列各四十四行,除去第四列的"右郑大射礼生"与第六列的"右王乡饮酒礼生"两个标题③,应当共计四百零九人。与碑阳相比,碑阴全体磨泐,有些文字无法读出。尤其是碑文的左右两端,较为模糊。④ 这显示出,此前该碑很可能是碑阴向上躺倒的。

第二节 碑阳刻文分析

如上所论,碑阳的碑首处有题额,碑身刻有散文形式的序、韵文形式的颂与立碑年月日。题额为"大晋龙兴/皇帝三临辟雍/皇大(太)子又再莅之/盛德隆熙之颂",字数较多,其特征是对碑文的内容有所展示。题额与序、颂的相关内容对应,类似于序、颂的摘要。反过来,序、颂则可以说是题额的展开。换言之,序文可分为三部分,各自的标题为"大晋龙兴""皇帝三临辟雍""皇太子又再莅之",而颂的内容可总结为"盛德隆熙之颂"。

以下,首先展示此碑序文,以段落顺序展开分析:

---

① 参见本章第三节。
② 参见偃师县志编纂委员会编:《偃师县志》。
③ 傅振伦《洛阳考古随笔》云:"能够确认者有三百九十五人。"
④ 顾廷龙云:"碑阴题名十列。第一列十五行,余列均四十四行。惟二、四、九列,蚀左一行,七、八列,蚀右一行,三、五、六、十诸列,则两边皆泐一行。"

曰昔在先代，肇开文教。殊风至化，发迹乎黄唐，备物致用，具体于三代。历自列辟，废兴存亡，以降于秦汉，虽开国立统，而皇道不融，帝典阙而未/备，王纲有所不张，累世弥久，有由来矣。至于大晋龙兴，当魏氏多难，而天命未一，豪桀虎争，三方分崩，寔赖/宣皇帝，栉风沐雨，经营寓内。是时正朔未加于华阳，王教不被于江表，西崌抍摛杨（扬）越内侵，戎车屡驾。抑有不暇，虽诞敷神武，光被四海，流风迈化，/惠怀黎元，而未遑治定之制，儒道不得并时而施。至于/文皇帝，方寇负固，犹未帅职，左提右挈，虔刘边垂，乃振威域外，荡定梁益。西戎既殄，遂眷东顾文告江裔为百姓请命，南蛮顺轨，革面款附。九服混/同，声教无贰，彭濮肃慎、织皮卞服之夷，楛矢石砮、齿革大龟之献，莫不和会王庭，屈膝纳贽，戎夏既泰，九域无事，以儒术久替，古典未隆，乃兴道/教，以熙帝载，廓开大学，广延羣生。天下鳞萃，远方慕训，东越于海，西及流沙，并时集至，万有余人。暨/圣上践祚，崇光前轨，阐五帝之绝业，迈三代之弘风，敦礼明化，以庠序为先。乃遣相国长史东莱侯史光、主簿东莱刘毅奉诏诣学，延博士，会学生，/咨询谠言。又下丙辰诏书，兴行古礼，备其器服。大（太）常乐安亭侯琅耶（邪）诸葛绪、博士祭酒骑都尉济南刘熹、博士京兆段溥，考合仪制，述造弦歌。泰/始三年十月，始行乡饮酒、乡射礼，马、郑、王三家之义，并时而施。然后罍樽列于公堂，俎豆陈于庭阶，乡县之乐设，百拜之仪陈，缙绅之士，始覩揖/让之节、金石之音。六年正月，熹、溥等，又奏行大射礼，乃抗大侯设泮县用肆，夏歌驺虞，邦君之制，于是而显。其年十月，行乡饮酒礼。/皇帝躬临幸之，正法服，负黼扆，延王公卿士、博士、助教、治礼、掌故、弟子、门人，咸在列位,莫不被文相德,祗服宪度,穆穆焉,济济焉,抢抢焉,礼行乐奏。/诏曰:"群生勤学务礼,尊修旧典,朕甚嘉之。"遂斑(班)飨大燕,上下咸周,三家之礼,庭肆终日。既而锡寺卿丞、博士、治礼学生,下至乐工,束帛帱巾,各有等/差。厚施丰备,人知所劝,宇内承风,莫不景慕。于时方国贡使,及款塞入献之戎,倍于海外者,盖以万数,若夫耆老呕叹于邑里,士女抃舞于郊畛,/歌咏升平之谣,咨嗟大同之庆,布濩流衍,充塞四嵎,飞英声腾,茂实足以盈天地,而冒六合矣。咸宁三年,大(太)常修阳子平原刘寔,命博士京兆段/畅、渔阳崔豹,讲肆大礼。冬十一月,行乡饮酒礼,四年二月,行大射礼于辟雍。/皇大(太)子圣德光茂,敦悦坟素,斟酌道德之原,探赜仁义之薮,游心远览,研精好古,务崇国典,以协时雍。乃与大(太)保侍中大(太)尉鲁公充、大(太)傅侍中司空/齐王攸儋(詹)事给事中光禄大夫关内侯珧,及百辟卿士,同升辟雍,亲临礼乐,降储尊之贵,敦齿让之制,畴咨轨宪,敷纳话言,堂列不臣之客,庭延/布衣之宾,缉柔学徒,接引众心,温温其仁,翼翼其恭。故夫洪烈之美,可述而不可及,规模之格,可衍而不可阶。是以髦士骏奔,华夏向臻,缉熙圣/绪,光融至化,仪形万国,作孚四方,盛德大业,于斯为美。于是学徒沐浴,纯泽承风,感化伏膺,咏叹不知手之舞之。乃相与言曰:"盖享帝王之位者,/必有则天之象,成厚载之功者,必建不朽之业。是以顺应交泰,莫崇乎三皇,开物兴务,罔隆于五帝。前圣之所归美,永守鸿名,常为称首,唯斯而/已。然夫品物咸亨,以广被为贵,天下化成,以同风为大。光于前人,可得笃述者鲜矣。观今变通之符(符),典模之则,顺天承运,肇造区域,则虞夏之烈/也。建皇极之中,恢配天之范,则羲农之略也。韬威迈德,树之风声,则汤武之轨也。阐化本垂道纲,则宣尼之教也。兼六代之美迹,苞七圣之遐踪,/巍巍荡荡,大晋其是也已。在昔先叶,德化可述,仪形可象,皆发之于雅颂,播之于金石。故使风流长存,晖光不隧,且古诗之兴,采游童之歌,收牧/竖之谣。今遇不世之运,被覆焘之施,岂无风人之作,奚斯之志哉。"于是礼生、守坊、寄学、散生乃共刊石,赞述洪美,遂作颂曰……

题额"大晋龙兴"对应第一行开头"曰昔在先代,肇开文教"至第八行"敦礼明化,以庠序为先"。① 这部分论述的内容如下:从"黄唐"(黄帝、尧)、"三代"(夏、商、周)到"秦汉",礼教日渐衰退,"至于大晋龙兴"时,"当魏氏多难,而天命未一,豪桀虎争,三方分崩",陷入政治分裂。"宣皇帝"(司马懿)及之后的"文皇帝"(司马昭)尽力改正这一状况。其结果,"圣上"(司马炎)得以"践阼"。另一方面,宣帝与文帝重视"儒道""儒术",而武帝则"敦礼明化,以庠序为先""兴行古礼,备其器服",继承祖、父的方针,整备礼乐。这段文字从晋王朝、河内司马氏的立场出发,对司马

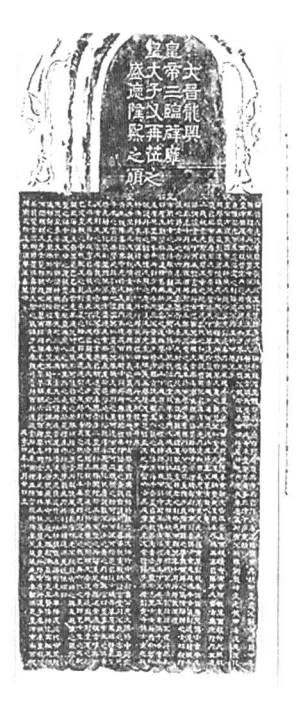

图 4-4
《晋辟雍碑》碑阳拓片(出自《京都大学人文科学研究所所藏石刻拓本资料》)

---

① 足立丰解说《晋·皇帝三临辟雍碑》将"大晋龙兴"理解为对次行"皇帝"(第三行的"皇太子"或也是对象)的形容。但核验序文,中有"至于大晋龙兴"这一节文字,则此解释应当无法成立。

氏家族的崛起,司马懿、司马昭、司马炎三代以秩序恢复与礼教复兴为支柱来构建晋王朝进行了赞美。

这里值得注意的是,对于景皇帝司马师的功绩,碑文中不及一言。的确,司马师担任辅政大臣仅有短短不足三年半的时间。造就司马氏家族崛起的司马懿庙号高祖,始封晋公、晋王的司马昭庙号太祖,而开创晋王朝的司马炎庙号世祖。与之相对,司马师庙号为世宗。就此点而言,碑文中不提司马师也不算奇怪。但如果考虑到司马攸作为过继给司马师的嫡子,在帝位继承问题上与司马炎、司马衷父子都形成过竞争关系,那么碑文不提司马师很可能是有意为之。①

"皇帝三临辟雍",即泰始年间晋武帝三次亲临辟雍学礼一事,自碑文的第八行"乃遣相国长史东莱侯史光"开始,至第十五行"足以盈天地,而冒六合矣"为止。其中心内容,为晋武帝亲临泰始三年(267)十月乡饮酒礼与乡射礼(取马融、郑玄、王肃三家之说)、泰始六年(270)正月的大射礼、同年十月的乡饮酒礼之事。此外,关于乡饮酒礼,《宋书·礼志》记为十二月,《晋书·武帝纪》则记为十一月。此外,傅玄《[帝幸]辟雍乡饮酒赋》为歌颂此次行礼的作品。②

"皇太子又再莅之",即咸宁元年皇太子司马衷两次亲临辟雍学礼一事,自碑文第十五行"咸宁三年,大(太)常修阳子平原刘寔"开始,至第二十五行"乃共刊石,赞述洪美,遂作颂曰"为止。

---

① 参见福原启郎:《西晋の武帝司馬炎》,白帝社,1995年。尤其是第170—171页。
② 参见《宋书》卷一四《礼志·一》《晋书》卷三《武帝纪》。傅玄《[帝幸]辟雍乡饮酒赋》佚文参见《艺文类聚》卷三八《礼部·上·辟雍》载《辟雍乡饮酒赋》、《太平御览》卷五三四《礼仪部·辟雍》载《帝幸辟雍乡饮酒赋》。此外,张鹏一《晋辟雍碑跋》认为"三临辟雍"为泰始六年十月、咸宁三年十一月、咸宁四年二月,但后两次明显为皇太子亲临辟雍。又木岛史雄认为皇帝并未亲临泰始六年正月的大射礼。他认为皇帝三临辟雍,或许是泰始三年十月的乡饮酒礼、乡射礼与泰始十年十月的乡饮酒礼。

其中心内容为皇太子司马衷亲临咸宁三年(277)十一月乡饮酒礼(取王肃说,由崔豹担任行礼的总负责)与咸宁四年(278)二月的大射礼(取郑玄说,由段畅担任行礼的总负责)。① 与前一段晋武帝亲临辟雍的记载相比,皇太子的相关记载更为具体详细,并且文中引用了参与行礼"学徒"们的赞美之词,这是令人注意的一点。

以上两段,即辟雍内学礼的实践与皇帝(晋武帝司马炎)、皇太子(司马衷)亲临辟雍的相关内容。在此,对辟雍与学礼加以简单概述。

辟雍(辟廱、璧廱),在人们本来的想象中,是周代天子的大学。② 西汉时,辟雍得以建立。东汉时,辟雍作为行礼之所,与明堂、灵台合称"三雍"(班固《东都赋》)、"三朝之礼"(《后汉书·明帝纪》永平二年),营建于都城洛阳之南。③ 东汉末年,辟雍为董卓所破坏,曹操随后重建。在撰写于西晋元康年间(291—299)的潘岳《闲居赋》中,描写辟雍云"其东则有明堂、辟雍,清穆敞闲,环林萦映,圆海迴渊"。④ 永嘉之乱发生后,由于洛阳陷落,辟雍再次被破坏。⑤

关于学礼,有乡饮酒、大射、乡射、释奠、视学、养老诸礼,西晋所行者为辟雍中的乡饮酒礼、大射礼(乡射礼)与太学中的释奠

---

① 《晋咸宁辟雍碑并额及附记》认为皇太子的"再莅"为泰始七年、咸宁三年分别修习完《孝经》《诗经》后,亲临太学的释奠礼。但阅读序文可知,皇太子亲临辟雍的是咸宁年间的乡饮酒礼与乡射礼,非常明确。
② 参见《诗经·大雅·灵台》《礼记·王制》。
③ 辟雍遗址位于今洛河以南。参见本章第一节及插图4-1《晋辟雍碑》关联地图。
④ 《文选》卷一六《赋·志下》。
⑤ 参见前引余嘉锡论文附录《晋辟雍兴废考》。不过余嘉锡认为西晋的辟雍就是明堂。刘向《五经通义》云:"灵台以望气,明堂以布政,辟雍以养老教学。"《后汉书》卷一《光武帝本纪》载:"[中元元年],是岁,起明堂、灵台、辟雍,及北郊兆域。"其注云:"[《汉官仪》]又曰:'辟雍去明堂三百步,车驾临辟雍,从北门入,三月九日,皆于中行乡射礼,辟雍以水周其外,以节观者。'"《白虎堂·辟雍》载:"天子立辟雍何,所以行礼乐,宣德化也。"又,曹魏王沈曾撰《辟雍颂序》。参见陈伯弢:《晋辟雍碑跋》,《制言半月刊》第13期,1936年。

礼。① 乡饮酒礼与大射礼（乡射礼）典出《仪礼》中的"乡饮酒礼""乡射礼""大射［仪］"（皆属五礼中的嘉礼）与《礼记》中的"乡饮酒义"与"射义"。本来，乡饮酒是乡学三年修满、成绩优异、被推举为乡大夫者的送行宴。乡射是乡饮酒前的射箭比赛。大射则先是诸侯，后成为天子举办的射箭比赛。自汉代以来，民间就有儒生举办的

---

① 本章所谓的学礼，为乡饮酒礼与大射礼。以下，主要依据小南一郎《射の礼儀化をめぐって》(《中国古代礼制研究》，京大人文科学研究所，1995年)、《飲酒礼と裸礼》(《中国の礼制と礼学》，朋友书店，2001年)加以论述。同时，亦可参考藤川正数：《郷飲酒礼に現われたる秩序の原理》，《内野台嶺先生追悼論文集》，1954年；吕思勉：《燕石续札》"乡射облать"条，上海人民出版社，1958年；高明士：《唐代东亚教育圈的形成——东亚世界形成的一个侧面》，国立编译馆中华丛书编审委员会，1984年；渡边义浩：《後漢国家の支配と儒教》第一篇第四章《祭祀》，雄山阁出版，1995年；等等。
原本在氏族共同体中，飨食祖先神为原始的"乡饮酒礼"，以射箭试探神意为原始的"乡射礼"。以神灵为主角，具有饮酒的仪式，是这两种礼仪的共通之处。它们原以氏族成员的平等关系为基础，作为神与氏族成员之间的媒介，赋予氏族首领权威。这种状况，一直持续到西周前半。西周中期，由于政治功能的加入，乡饮酒礼、乡射礼走向"礼乐"化，至战国初期走向仪式化。与此同时，乡饮酒礼、乡射礼中的宗教性也被清除。乡饮酒礼与乡射礼的目的在于维持乡里社会的年齿秩序与成员联系，为了使乡饮酒礼、乡射礼适合于上层统治阶级，又重新编成了更高级的飨礼与大射礼，其构造基本一致。战国时代成书的《仪礼》(乡饮酒礼、乡射礼、燕礼、大射)与《礼记》(乡饮酒义、射义、燕义)对诸种礼仪的流程与解释进行了介绍，这些仪礼为儒家所吸收。在孔子死后，鲁国孔庙会同时举行祭祀先圣、先师即周公、孔子的释奠礼(参见《史记·孔子世家》《乙瑛碑》《礼器碑》《史晨碑》，其中公元169年竖立的《史晨碑》所描绘的行礼过程与西晋时期构造相同)。西汉时期，随着儒学的官方化，明堂、辟雍、灵台的建设，乡饮酒礼、乡射礼成为学校中"学礼"的一环(还有释奠礼、养老礼、视学礼等等)。东汉时期，乡饮酒礼与乡射礼成为皇帝亲临的国家祭祀(汉安帝以后中止)。在郡国层面，乡饮酒礼与乡射礼作为地方长官的教化政策行于学校之中(逐渐衰退)。东汉末之三国时期，马融、郑玄、王肃等学者对乡饮酒礼与乡射礼加以种种解释。曹魏政权仅实行了释奠礼，而在魏晋易代(265)时，晋武帝司马炎很早就开始着手恢复"古礼"(碑阳序文云"乃遣相国长史东莱侯史光、主簿东莱刘毅奉诏诂学")，于泰始元年或二年(266)实施行礼(《水经注·谷水》中记载了泰始二年的《晋辟雍行礼碑》)。同时，正如刻于《晋辟雍碑》碑阳的序文所言，泰始三年(267)十月行乡饮酒礼与乡射礼(取马融、郑玄、王肃说)、泰始六年(270)正月行大射礼，同年十月(或十一月，或十二月)行乡饮酒礼，晋武帝三次亲临辟雍。咸宁三年(277)十一月行乡饮酒礼(取王肃说)、咸宁四年(278)二月行大射礼(取郑玄说)，皇太子两次亲临辟雍。

大射礼、乡饮酒礼。进入东汉后,据说在汉明帝时期,皇帝亲临举行于辟雍、基于"春射秋飨"①的学礼。这也成了西晋学礼的原型。降至西晋初年,原本作为地方学礼的乡饮酒礼,替代了已经失传的飨礼,与"春射秋飨"中的大射礼相对。换言之,《晋辟雍碑》所记为泰始六年正月的大射礼与同年十月的乡饮酒礼为一对,咸宁三年十一月的乡饮酒礼与咸宁四年二月的大射礼为一对。② 从咸宁四年乡饮酒礼取王肃说这点推测,西晋乡饮酒礼在当时基于王肃的学说。以上内容,可参见高明士、木岛史雄的相关研究。③

最后,对"盛德隆熙之颂"进行分析,录文如下:

> 悠悠皇羲,承天作帝,幽赞神明,观象天地。三坟五典,八索九丘,发原在昔,迈兹清流。大道陵迟,质文推移,朴散为器,醇浇为漓。降逮三代,世笃轨/仪,郁郁之美,莫尚于斯。六国从横,礼乐消亡,秦焚其绪,汉末之详。铄哉皇代,时惟大晋,龙飞革命,天应人顺。敷演彝伦,亮采贤儁,神化罔极,风翔/雨润。明明大(太)子,玄览惟聪,游心六艺,再临辟雍。光光翠华,骎骎六龙,百辟云集,卿士率从。儒林在位,爱暨生童,升降有序,行过乎恭。祇奉圣敬,旷/若发蒙,玄冥司节,飨饮嘉宾。大射之仪,讲于元春,执弓鹰扬,百拜逡巡。金石迭奏,两礼并陈,容服猗猗,宴笑斌斌。德感庶

---

① 参见《诗经·大雅·灵台》注引《韩诗说》。
② 此外,元康九年(299)晋惠帝亦亲临辟雍的乡饮酒礼,与之相对的大射礼不见于史籍。翌年正月,愍怀太子被杀,颇疑大射礼受此事件影响而被中止。参见《宋书》卷一四《礼志》;《晋书》卷二一《礼志》;高明士:《唐代东亚教育圈的形成——东亚世界形成的一个侧面》,第145页。
③ 参见高明士:《唐代东亚教育圈的形成——东亚世界形成的一个侧面》,第104—122、144—162页;木岛史雄:《〈大晋龍興皇帝三臨辟雍皇太子又再蒞之盛德隆熙之頌跋〉にみる晋初の禮学とその実践》中的《晋代辟雍記事總合年表》。

类,洪恩丰沛,东渐西被,/朔南式赖。遂作颂声,永垂万世。

以上之颂,以"盛德隆熙之颂"为题。① 正如题名所见,该颂为《晋辟雍碑》最重要的内容,以韵文写就。起自第二十六的"悠悠皇羲,承天作帝",至末行的"遂作颂声,永垂万世"。此颂对序文所载晋王朝的兴隆,皇帝、太子亲临行礼之事统一歌颂为"盛德隆熙"。不过,此颂的直接对象是皇太子,立碑的目的也是在于彰显皇太子亲临辟雍一事。正如余嘉锡所论:"盖立碑于咸宁四年,实专为太子莅雍而作,故其颂曰:'明明太子,玄览惟聪,游心六艺,再临辟雍。'而于武帝,惟言其'应天顺人,敷演彝伦'②而已,略不及泰始间飨射之事。"《晋辟雍碑》既直接立于皇太子亲临行礼后,颂词中关于晋武帝的部分又仅有两句,则此碑终究是对皇太子的颂词。另可补充一点的是,刻于碑阴题名的立碑人群主体,正如序文末尾所云:"于是礼生、守坊、寄学、散生乃共刊石,赞述洪美,遂作颂曰。"说到底,是参加皇太子亲临行礼的"学徒"自发竖立此碑。此外,在上一节也提到,题额右偏的结果,是第三行"皇太子又再莅之"位于碑的中心位置,这很可能也是有意为之。

以上主要就内容构成对碑阳的文字进行了分析。接下来,笔者想对碑阴题名试加分析。

第三节 碑阴刻文分析

(1) 立碑相关者的题名

碑阴刻文是立碑相关者的题名,共计十列,第一列有十五行,

---

① 许平石《晋太学盛德隆熙颂碑跋》论云:"为感皇帝崇尚儒学德意所立,故曰'盛德隆熙之颂碑'。"
② 按实际碑文,当作"天应人顺,敷演彝伦"。——译者

第二列以下的九列本各有四十四行，题名共计四百零九人。① 每一行为一个题目，其构成要素例如"礼生安平王沈弘道"，依次为头衔、本贯、姓名、字。每行字数不等，大多数为八个字。②

这四百零九人的题名（第一节所述碑阴相关信息），可以通过归纳法分成若干组。在此为方便起见，将题名分为五组，依次进行分析。

第一组为第一列十五行，即十五人的题名，相当于碑阳碑额的位置。以下为题名的录文，文字皆改为通用字。题名开头有＊＊标志的是《晋书》中立传的人物，有＊标志的是史书中出现的人物：

＊＊大（太）常修阳子平原刘寔子真

＊＊散骑常侍博士祭酒颖（颍）川庾纯谋甫

＊＊散骑常侍博士甄（鄄）城公谯国曹志允恭

大（太）常丞阳丘男谯国蒋林永元

＊高功博士中山张靖彦贞

＊典行郑大射礼博士京兆段畅永弘

＊典行王乡饮酒礼博士渔阳崔豹正雄

博士东郡周旸彦春

＊＊博士新兴秦秀玄良

＊博士京兆杜琬文琰

＊博士东莞孙毓休朗

博士梁国项棐建政

博士京兆韦承元举

---

① 参见第一节所述碑阴相关信息。
② 之所以这么说，是因为在头衔、本贯、姓名、字四要素中，本贯与字均为两个字，姓、名之中，姓基本为单姓一字，名皆为一字。头衔方面也一样，占据题名主体的学生除了"寄学倍（陪）位"以外，头衔均为两个字。

＊博士平原宋昌茂初
＊博士陈国谢衡德平

图4-5
《晋辟雍碑》碑阴拓片（出自《京都大学人文科学研究所所藏石刻拓本资料》）

以上，除去管辖太学、国子学的太常府长官太常［卿］（三品）刘寔、次官太常丞（七品）蒋林，其余十三人皆为广义上的博士。在此广义的博士中，庾纯、曹志可能是国子学的博士祭酒（国子祭酒，兼太学祭酒）与博士，以散骑常侍（三品）兼任。其他十一位博士为太常博士或太学博士（六品）。在太常、太学博士中，有冠以"高功""典行郑大射礼""典行王乡饮酒礼"的博士各一人。关于"高功"，据余嘉锡考证，"高功博士，盖博士之'资深'者……凡官之称号高功者得为祭酒，则高功、博士亦博士祭酒之次矣"。① 冠以"高功"的太常博士张靖在博士中仅次于博士祭酒，可能是由于他在职时间较长。"典行郑大射礼"的段畅与"典行王乡饮酒礼博士"的崔豹，正如碑阳序文所言："咸宁三年，大（太）常修阳子平原刘寔，命博士京兆段畅、渔阳崔豹，讲肆大礼。冬十一月，行乡饮酒礼，四年二月，行大射礼于辟雍。"在皇太子两

---

① 《晋咸宁辟雍碑并额及附记》据《宋书·百官志》，将"高功"解释为因才能卓茂而兼职博士者。

次亲临辟雍的过程中,段畅、崔豹同时为太常刘寔所任命,他们各自是大射礼(用郑玄说)、乡饮酒礼(用王肃说)从礼仪规划阶段至咸宁三年十一月、咸宁四年二月实际行礼时的总负责人。

以上博士主要担任了学官中的"显职"①,尤其刘寔、曹志、蒋林分别拥有五等爵爵位即修阳子、甄(鄄)城公与阳丘男。其中的人物,余嘉锡已论述十分详细。其中想再次确认的是,《晋书》中立传的有刘寔(卷四一)、庾纯、曹志、秦秀(均在卷五〇)四人,而张靖、段畅、崔豹、杜琬、孙毓、宋昌、谢衡七人则在史书中出现,多数是《晋书·礼志》《隋书·经籍志》《通典·礼典》等与礼学相关的议论或书籍。以上十一人在文献史料留下了相关记载(蒋林、周旸、项棐、韦承四人则未有记载)。这一事实,与第二组开始的下级官吏、学生之名在文献中全无记载的情况形成了绝好的对照。

第二组为第二列四十四行中右起前十一行,即十一个人的题名,以下为释文:

助教中郎长□(广)□□□□

治礼议郎鲁国孔胤宗明

治礼议郎大(太)原常贲忠宣

治礼议郎河南陈严敞平

治礼郎中济北戴瑾公孝

治礼中郎勃海王诞承宗

治礼舍人赵国耿陵伟发

治礼军谋掾乐安孙优泰元

治礼军谋掾东海戴珍伟琦

---

① 顾廷龙:《大晋龙兴皇帝三临辟雍皇太子又再莅之盛德隆熙之颂跋》。下文言及顾廷龙观点者皆出此文,不再一一注出。——译者

大(太)学吏舍人齐国徐龙伯虎

大(太)学吏军谋陈留帅围邵虎

若观察以上十一人的头衔,其职位可分为上、下两部分。上部为"助教""治礼""大(太)学吏"三种,下部为"议郎"(七品)、"郎中""中郎"(皆为八品)等郎官与"舍人"(九品)、"军谋掾"("军谋"或为七品)等舍人、掾属(九品,流外官)。"助教"即国子助教,为国子祭酒、博士之下实际教授国子生的学官(参见第三章第一节)。不过碑阳序文中能看到,泰始六年行礼时就已有助教之名,但此时国子学尚未创立。有"治礼"头衔者为八人,占大多数。如其名称所示,乃"修治礼仪"之意。具体而言,他们的作用,应当是在典行郑大射礼博士、典行王乡饮酒礼博士之下,负责直接指挥行礼。① "太学吏"舍人、军谋[掾]可能是太学学吏的杂务官。无论怎样,若与第一组题名人物相比较,虽然第二组题名人物也属于学官,但与第一组题名人物身居高位相对,第二组题名人物由基层官吏所构成。而在这些基层官吏中,还能够明显区分出郎官层与舍人、掾属层两大类。

第三组为第二列第十二行开始至第六列第十二行结束,一共一百七十五人。他们的头衔,有"都讲"两名、"主事"两名、"礼生"一百七十一名(其中八人姓名无法读出)。这一组题名,首先为"都讲""主事"各一人,其后为"礼生"一百零八名(碑文左右两端的题名磨泐不清,但依据前后人名的头衔与后行的说明,②九成九是"礼生"),在末尾刻有"右郑大射礼生",下移一格。次一行又

---

① 顾廷龙认为这组人员皆"当属行礼之指导及执事者,半主大射,半主乡饮"。此外,关于"治礼",顾廷龙引用了《续汉书·百官志》中属大鸿胪的"治礼郎"的例子。
② 即"右郑大射礼生"这一行,说明自"主事"之后,该行之前,所有人的头衔应都是礼生。——译者

是"都讲""主事"各一人，其后为"礼生"六十三名（有三人因题名位于碑文左右两端而无法读出），在末尾刻有"右王乡饮酒礼生"，下移一行。这组题名的主体是"礼生"。所谓"礼生"，顾廷龙释为"行礼之学生"，余嘉锡释为"太学诸生"。余嘉锡认为，由于这些礼仪至为繁重，"俯仰揖让、进退周旋"皆有规范，因此令太学生讲习，有资质者为行礼的"礼生"。根据碑文上的说明，"礼生"前半为"郑大射礼生"，后半为"王乡饮酒礼生"，很明确。郑大射礼生、王乡饮酒礼生应该是在咸宁四年二月的大射礼与咸宁三年十一月的乡饮酒礼中各自采用郑玄、王肃之说，表演了行礼的仪式。在两者之前，都有"都讲""主事"各一人。顾廷龙认为他们都是"礼生之领袖"，其中"都讲"为"学舍之长"。余嘉锡则认为"都讲"为"高足子弟"，将之解释为"高材生"。也可以说，都讲、主事为助教，他们引导、率领礼生演习礼仪。关于第三组题名，尚有一些疑问存在：郑大礼生为一百零八人，王乡饮酒礼生为六十三人。礼生人数的差别是否反映了两种学礼规模的差别？两种学礼实施的时间顺序为乡饮酒礼（咸宁三年十一月）、大射礼（咸宁四年二月），而碑阴题名的顺序则相反，郑大射礼生在前，王乡饮酒礼生在后，究竟为何？碑阴题名中特意插入"右郑大射礼生""右王乡饮酒礼生"的说明，其原因又何在？

第四组题名为第六列十三行开始至第九列二十八行，共一百四十八人。其中有若干处引人注目、值得探讨，是这组题名的特征所在。故以下列举题名的释文：①

掌故荥（荣）阳傅宣孝周

---

① 本释文参照了顾廷龙、刘承幹、罗振玉、三国时代出土文字资料班、足立丰释文及作者所藏拓片实物。

弟子汲郡王洪孔范
弟子汲郡焦胤宗嗣
弟子河东上官桢德幹
弟子河东上官雄季幹
弟子平阳相里挥茂英
弟子弘农许鲍延叔
都讲河间李奥渊冲
弟子清河牟征允休
弟子清河成寂君孙
弟子清河邢儁文英
弟子清河孟珪伟璋
弟子安平李擢延宗
弟子安平李该道休
弟子安平崔柔士援
弟子安平张随士世
弟子安平马临世长
弟子安平赵烈灵基
弟子安平董超士伦
弟子广平窦衡叔渊
弟子广平张诚叔休
弟子广平高恺巨悌
国子主事广平高盛巨谋
国子司成广平张随玄时
弟子钜鹿霍虑友林
弟子钜鹿贾余允桓

图 4-6 《晋辟雍碑》状况（碑阴，1997年5月，葭森健介摄影）

图 4-7 碑阳题额（1997年5月，葭森健介摄影）

弟子中山张遵德举
弟子中山赵卓初季
弟子高阳王统世伦
弟子高阳齐游伟龙
弟子高阳刘开宗明
□□□□菅□□之
□□□□□□□□
弟子勃海程莠伯苗
弟子勃海樊商广容
弟子勃海李舒思平
弟子勃海孙仪令宗
弟子勃海陶冲灵默
寄学倍位阳平刘雄儁英
弟子阳平解种休徵
弟子顿丘张宣子叔
弟子常山张询元中
弟子常山赵伦曼英
弟子章武孙昌元时
国子司业陈留董康兴元
弟子陈留崔诞景舒
弟子陈留冯徽贤先
弟子陈留吴基茂初
弟子陈留胡虑显思
国子司成陈留焦岐宣周
弟子高平翟洪长业
主事高平夏茂季伦

图 4-8　碑阴题额(1997 年 5 月，葭森健介摄影)

图 4-9　碑亭内的《晋辟雍碑》(及碑侧面)(2009 年 3 月，辻正博摄影)

135

弟子高平江荣初玄
弟子高平王劢士南
弟子济北莱嘉世弘
弟子东郡伏歆舒伯
弟子泰山王扬宣叔
弟子任城孙造士元
弟子东平曹尚次先
弟子平原荣深渊仲
弟子平原西门佩士容
弟子平原杜颀长旗
弟子平原县伏□光
弟子平原王绍方伯
弟子平原孟胤玄嗣
弟子东莱唐阳令春
弟子济南彭旂叔谋
弟子济南梁丘熊承伯
弟子济南用粲绍世
弟子北海后爽世高
弟子北海无选乾儁
弟子乐安国悝广元
弟子乐安王弨成叔
弟子乐安车度世文
弟子乐安接礼兆文
弟子乐安王舆世林
□□□□□
弟子乐陵孙恪元恭

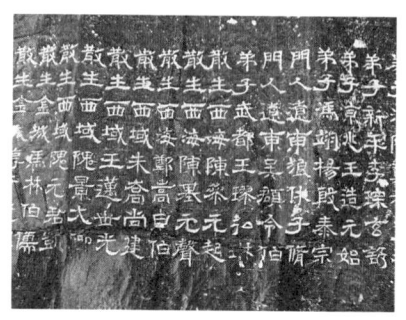

图4-10 碑阴题名拓片中"门人""散生"的局部(笔者所藏)

图4-11 碑阳(2009年3月,辻正博摄影)

弟子城阳淳于恢昭裕

弟子城阳令振□明

弟子城阳侍其熊彦雄

弟子琅邪卢权良伯

弟子彭城纪瑾季伟

弟子沛国傅康德初

国子都讲汝阴谢韶南伯

弟子汝阴龙运孔机

弟子梁国王悝元淑

弟子鲁国胁施初伯

弟子颖(颍)川张颗休明

弟子汝阴郑穆季恭

弟子新平李琛玄舒

弟子京兆王造元始

弟子冯翊杨殷泰宗

弟子辽东狼休子脩

门人辽东吴頵令伯

弟子武都王璆弘琳

散生西海陈参元起

散生西海陈基元声

散生西海郑嵩申伯

散生西域朱乔尚建

散生西域王迈世光

散生西域隗景大卿

散生西域隗元君凯

散生金城马林伯儒

图4-12　碑阳题额(2009年3月,辻正博摄影)

散生金城淳于光显初
散生金城窦震伯宗
散生金城窦良脩伯
散生金城毛祉伟道
散生金城毛条伟达
散生金城马称宣衡
散生金城张立子木
散生金城淳于文显章
散生敦煌马训子道
散生敦煌盖壶思文
散生敦煌窦蟠鸿举
散生敦煌田绚巨兰
散生敦煌马斌世义
散生敦煌孟旂长休
散生西平田龟玄象
散生西平鞠舆伯始
散生西平□□□□
散生西平马育□□
散生西平卫鲜世明
散生西平卫琨允先
散生西平鞠仁仲兴
散生西平麹晃巨明
弟子乐陵李顺建忠
散生西平卫深少明
散生西平桥旂元龙
散生西平卫直正平

散生西平麹康休祖

散生西平卫其令章

散生西平郭丰文盛

散生西平彭泰文平

散生西平孙术孔儒

散生西平杨钦仲明

散生西平马菅玄仲

弟子清河卞曾正子

散生西平杨达显通

散生西平麹崇巨元

散生西平王初长发

散生西平卫斐儁雄

散生西平田敷威国

散生西平田法长则

散生西平北宫默叔治

散生西平杨敷公演

散生西平郭平叔直

散生西平马达文伯

以上一百四十八人题名的头衔，可分为(括号中为人数)："弟子"(84)、"门人"(2)、"寄学倍(陪)位"(1)、"散生"(50)、"都讲"(1)、"主事"(1)、"掌故"(1)、"国子司成"(2)、"国子司业"(1)、"国子都讲"(1)、"国子主事"(1)与头衔不明者(3)。其中有太学生，如弟子、门人、寄学陪位、散生；①有位于太学学官、学生之间的助

---

① 《晋咸宁辟雍碑并额及附记》将学生具有各自身份想象为当时存在类似于宋朝三舍法的制度。张鹏一《晋辟雍碑跋》论云："而寄学陪位、散生义，不可考。或其数为弟子名额所限，而附于其列之谓。""门人""散生"的论述见下文。

手,类似研究生的都讲、主事、掌故;也有位于国子学学官、学生之间的国子司成、国子司业、国子都讲、国子主事。题名的前半部分以弟子为主,后半部分以散生为主。在以弟子为主体的前半部分,弟子与其他头衔者的排列次序,就头衔而言没有规律,大体以本贯(本籍地)为原则聚集。以下,依照题名中的先后次序列举本贯郡国。括号内的数字为题名的人数,如果只有一个人则省略不写,汉字为本贯郡国所属州名,"州"字亦省略不写:

荥阳(司)、汲郡(2,司)、河东(2,司)、平阳(司)、弘农(司)、河间(冀)、清河(4,冀)、安平(7,冀)、广平(5,司〔旧冀〕)、钜鹿(2,冀)、中山(2,冀)、高阳(3,冀)、渤海(5,冀)、阳平(2,司〔旧冀〕)、顿丘(司〔旧冀〕)、常山(2,冀)、章武(冀)、陈留(6,兖)、高平(4,兖)、济北(兖)、东郡(兖)、泰山(兖)、任城(兖)、东平(兖)、平原(6,冀)、东莱(青)、济南(3,青)、北海(2,青)、乐安(5,青)、乐陵(冀)、城阳(3,青)、琅邪(徐)、彭城(徐)、沛国(豫)、汝阴(2,豫)、梁国(豫)、鲁国(豫)、颍川(豫)、汝阴(豫)、新平(雍)、京兆(雍)、冯翊(雍)、辽东(2,平)、武都(秦〔旧雍〕)、西海(3,凉)、西域(4,凉州刺史间接统治)、金城(9,秦〔旧凉〕)、敦煌(6,凉)、西平(8,凉)、乐陵(冀)、西平(10,凉)、清河(冀)、西平(10,凉)

如果关注到本贯郡国所属的州,虽然略有出入,但大体为司、冀、兖、青、徐、豫、雍、平、秦、凉,以都城洛阳为中心,呈顺时针排列。此外,在太康元年(280)统一天下后西晋王朝的十九州中,不见幽、并、扬、荆、梁、益、宁、广、交九州所辖郡国。在立碑的咸宁四年(278),广、交二州皆在吴国版图内。扬、荆二州,虽然西晋方面亦有设置,但其原本州域也大半在吴国版图内。

西晋所设扬、荆二州位于邻近孙吴的前线,在包括第三组、第五组在内的全部学生题名中,荆州仅有三人,而扬州无一人。① 原本为蜀汉疆域的梁、益、宁三州此时已在西晋版图内,但仅有一位来自梁州的学生。此时距蜀汉灭亡已有十五年②,原蜀国士人也已经入洛参与政权。但来自原蜀国疆域的学生如此之少,令人无法理解。顾廷龙认为,"彼时值蜀初平,吴尚负固,故太学中无南方学者。"幽、并二州皆位于北境。学生总人数为幽州十一人,并州七人,也很少。其原因或许在于当地非汉族群的叛乱等等。总之,在第四组题名中看不到吴国、旧蜀汉疆域与来自幽、并二州的学生。

相对的,与幽、并二州同属边境的凉州与平州,则呈现出人数众多、关联紧密的特征。首先来看凉州,凉州出身者皆为"散生",③且此散生的头衔未见于其他的分组。因此,散生皆出自凉州。换言之,凉州出身者与散生头衔的结合具有排他性。此前余嘉锡已指出此点。④ 这些散生在太学生的定员之外,⑤大概类似于今天具有特殊入学通道的归国子女学生或留学生。⑥ 为凉州设立这一制度的原因,并非"西北儒学独盛"⑦,而应向着"岂以其介在边陲,文风不及中原,特设此名以处之耶,不可考矣"(余嘉锡语)的方向去理解。

---

① 参见顾廷龙的相关统计,下文同。
② 蜀汉灭亡于曹魏景元四年(263)。
③ 此处凉州包括了泰始五年(269)移属新设秦州的金城郡与兼职戊己校尉的凉州刺史间接统治的西域。
④ 余嘉锡云:"……又不知何以独并州(当为凉州,此处讹误)及西域人为散生,且无一人礼生弟子门人,而他州亦无一散生也。"
⑤ 余嘉锡云:"散生盖在太学弟子员之外者。"
⑥ 顾廷龙理解为:"疑为预备入太学为门人者。"
⑦ 参见张鹏一:《晋辟雍碑跋》。

若对凉州与散生的关联再作更为细致的讨论,则凉州境内以西平郡的二十八人打头,金城郡九人、敦煌郡六人、西域四人、西海郡三人。与以上形成对照的,是位于河西走廊沿线的凉州州治武威郡,以武威郡为首,西郡、张掖郡、酒泉郡一名散生都没有。这应该是由于泰始五年(269)至咸宁五年(279)西北地区的鲜卑秃发树机能叛乱极为猖獗。① 顺带一提,《晋辟雍碑》立于该叛乱平息的前一年,即咸宁四年(278)。以凉州为主要活动舞台的秃发树机能于咸宁三年(277)将大本营移至武威。西海、西域、敦煌的散生们很可能是避开了河西走廊,南越祁连山脉,经由西平、金城郡来到都城洛阳的。② 此外,在西平郡的二十八名散生中,大约每隔十人,分别插入了出身乐陵、清河郡的冀州弟子两名。这两名弟子可能是西平散生们列席学礼之际分配给他们的冀州模范生。

关于平州,与凉州同散生的关系相同,在全部题名中,平州辽东郡与"门人"的结合具有排他性。平州是以原公孙氏政权的势力范围新设之州,以辽东郡为中心,包括乐浪等郡。公孙氏政权(末代君主公孙渊,国号燕)灭亡于曹魏景初二年(238),即《晋辟

---

① 《晋书》卷一二六《秃发乌孤载记》:"孙树机能立,壮果多谋略。泰始中,杀秦州刺史胡烈于万斛堆,败凉州刺史苏愉于金山,尽有凉州之地。武帝为之旰食。后为马隆所败,部下杀之以降。"《晋书》卷五七《马隆传》:"俄而[凉州刺史杨]欣为虏所没,河西断绝,帝每有西顾之忧……[马]隆到武威……又率善戎没骨能等与树机能大战,斩之,凉州遂平。"《晋书》卷三《武帝纪》:"[咸宁四年六月]凉州刺史杨欣与虏若罗拔能等战于武威,败绩,死之。""五年春正月,虏帅树机能攻陷凉州。乙丑,使讨虏护军武威太守马隆击之……十二月,马隆击叛虏树机能,大破,斩之,凉州平。"另可参见福原启郎:《西晋の武帝司马炎》,第302—303页。
② 这些学生可能是利用了唐长孺《南北朝间西域与南朝的陆路交通》(收入唐长孺:《魏晋南北朝史论拾遗》,中华书局,1983年)一文中所论"河南道"的部分路线。又,唐长孺在论考中指出,于西晋置于居延地区的西海郡相对,王莽所置西海郡位于青海湖以西。碑阴题名中的西海郡应当是位于居延者。

雍碑》立碑四十年前。① 然而问题在于,《通典》卷五三《礼典·沿革·吉礼·大学》据挚虞《决疑要录》云:"时慕学者始诣大学为门人。满二岁,试通一经者称弟子,不通罢遣。弟子满二岁,试通二经者,补文学掌故……"②从入大学(太学)开始,仕官途径是根据每两年一次的考试成绩,自门人、弟子、文学掌故、太子舍人、郎中至"随才叙用"其他官职。门人就好比今天的大学里的大一、大二学生,弟子则好比大三、大四学生。则门人的数量,应当不少于弟子。然而在《晋辟雍碑》的碑阴题名中,门人仅有籍贯为平州的两人。碑阴题名中学生总数为不到四百人,而晋初太学生总数为"三千人"③。由此点来看,辟雍能够容纳的人员有限,因此在太学中学习资历尚浅的门人原则上不参列行礼。而来自偏远地区的平州门人与凉州出身的散生一样,作为特例被允许参列,也因此参与了碑阴题名。这应是最合理的解释。

在位于北境的幽、并、凉、平四州中,与幽、并二州形成对比的,是凉州与第四组中的"散生"、平州与第四组中的"门人"所形成的排他性结合。也就是说,凉、平二州在当时属于特殊政策地区。

最后为第五组,即第九列第二十九行至末尾第十列第四十四行题名,共计六十人。与第五组相同,第六组也以学生为主体,六十人全部都是太学的学生,头衔有"弟子"(52)、"寄学"(3)、"礼

---

① 关于东汉以来辽东郡的动向、围绕着邪马台国的国际关系,参见大庭脩:《親魏倭王》,学生社,1971年;谷川道雄:《後漢末、魏晋時代の遼西と遼東》,《中国辺境社会の歴史的研究》昭和63年度科学研究费补助金综合研究(A)研究报告书(项目主持人:谷川道雄),1989年;福原启郎:《西晋の武帝司馬炎》,第55—61页。
② 《决疑要注》佚文见于《北堂书钞》卷六七《设官部·学士》与《太平御览》卷五三四《礼仪部·学校》。
③ 参见前引《南齐书》卷九《礼志》所收曹思文上表。

生"(2)以及身份不明者三人。其中存在疑问的是:有两名礼生脱离了第三组而题名于此,以及"寄学"与第四组中的"寄学陪位"有何不同。题名顺序则与第四组一样,看不出规则性。不过,若除去本贯不明的四人,对其余五十六名所属州加以整理,则冀州以四十名占据了压倒性份额,以下则是司州四名、青州三名、雍州三名、兖州三名、并州两名、徐州一名。在冀州学生中,人数最多者为平原郡,有十七名;渤海郡、赵郡七名。冀州出身者以平原郡为中心的情况,在碑阴题名全体学生中也能够看到。据顾廷龙所作《晋初学籍人数统计总表》与《分表》,在全体三百八十四名学生中,冀州为一百四十一名(人数第二多的是凉州,四十六名),其中平原郡有三十四名。可以考虑到的一点是,当时的太常卿、位于碑阴题名开头的刘寔即出身冀州平原郡。与太常卿的地缘关系,在这里或许发挥了作用。而更具有启发意义的是,吉川忠夫指出,在公元二世纪后半期,郑玄学塾中的学生们带有一定的地域性,大概以学塾所在的青州为中心,同时还包括冀州、兖州、豫州、司隶校尉这些地域。虽然这一认识不能完全解释冀州学生为何在碑阴题名中如此突出,但可以想象得出,在郑玄学塾的余风之下,冀州应较之其他地域具有更为浓厚的求学氛围。

以上,为方便起见,将碑阴题名分成五组展开了分析。最后,想对碑阳序文第三段皇太子亲临辟雍的记载与碑阴题名的关联试加论述。如果序文中的"学徒",即"礼生""守坊""寄学""散生"与等同于碑阴题名中学生的头衔加以对比的话,则"守坊"等同于"弟子",而"学徒"分为"行礼"与"列位"两类,则前者对应第三组的礼生,而后者对应第四、第五组的弟子、散生。参见下表:

表4-1 碑阳序文与碑阴题名学生(学徒、生童)名称对应关系表

碑阳序文		行礼		列位		
	泰始六年			弟子门人		
碑阴题名	咸宁三、四年	礼生		守坊	寄学	散生
		礼生(郑大射礼生、王乡饮酒礼生)3,5	弟子 4,5 门人 4		寄学陪位 4 寄学 5	散生 4

说明:表中阿拉伯数字表示组别

(2) 关于立碑题名的本贯

接下来,进一步对前已涉及的本贯地名——即郡国名中,同地有郡、国两种名称的情况展开分析与讨论。即碑阴题名中"赵郡"与"赵国"共存这一点。首先列举相关的本贯与人名(括号中前者为头衔,后者为所在列数):

出身"赵郡"者有八名:郄(邵)超(礼生,3)、王察(礼生,3)、解肇(礼生,3)、赵京(礼生,4)、宋康(礼生,5)、苗谧(礼生,5)、解庆(礼生,6)、赵粲(礼生,9)。与之相对,出身"赵国"者有七名:耿陵(治礼舍人,2)①、张允(弟子,10)、靳常(弟子,10)、石鸾(弟子,10)、张余(弟子,10)、张恒(弟子,10)、李施(弟子,10)。

出身"赵郡"的八名都是属于第三组的礼生,②与之相对,出身赵国者,属于第三组的礼生一人也没有,只有治礼舍人一名,其余六名皆是弟子。③ 这意味着什么?至少有一点可以明确,这并

---

① 顾廷龙释为楚国。
② 郄超、王察、解肇、赵京为郑大射礼生,宋康、苗谧、解庆、赵粲为王乡饮酒礼生。
③ 但他们都不属于弟子人数较多的第四组、第五组。在第五组中,有出身赵郡的礼生赵粲。当地名为单名时,封国名中有"国"字。泰始元年(265)始封的有梁王、齐王、燕王、沛王、谯王、陈王、鲁公等宗室、异姓诸侯;咸宁三年(277)有转封的赵王;还有太康十年(289)始封、转封的楚王、秦王、代王。与之相对,如将《晋辟雍碑》碑阴题名中书写"国""郡"的情况挑出来看,写"国"字的有谯国、梁国、陈国、楚(赵)国、齐国、燕国、沛国、鲁国,全部都是泰始元年的始封国(顾廷龙将治礼舍人耿 (转下页)

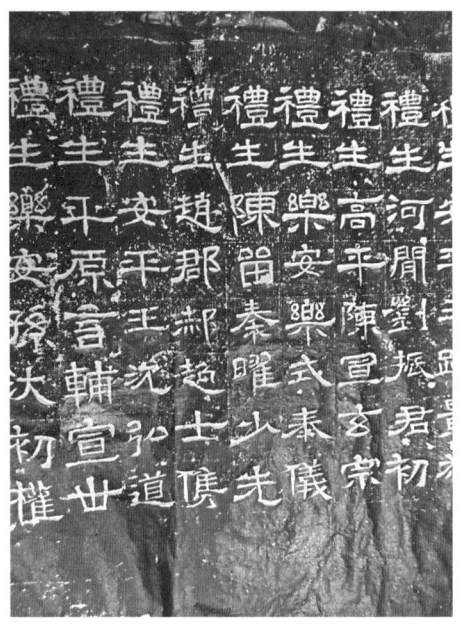

图 4-13 碑阴题名拓片（笔者所藏）第二列"赵郡"题名

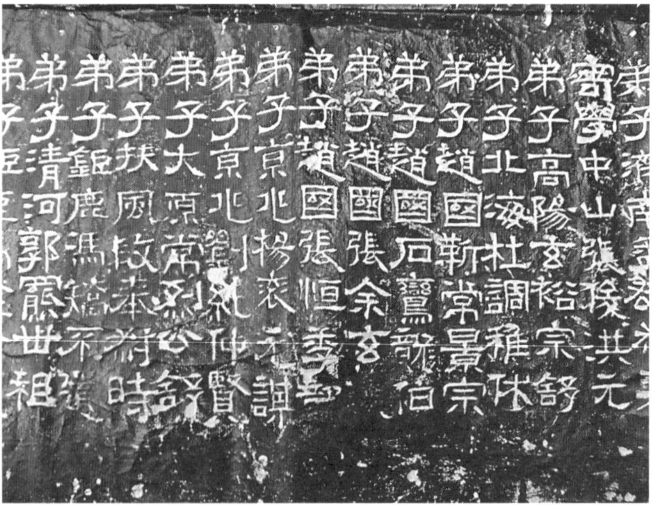

图 4-14 碑阴题名拓片（笔者所藏）第十列"赵国"题名

非碑文的讹误或者书写的不统一。在碑阴题名在文稿撰作之际所依据的名籍类文档中，赵郡与赵国很可能就已经区分开了。

在西晋宗室中，有司马伦其人。他是晋武帝的叔父，也是此后八王之乱的主角之一。正是这个司马伦，在咸宁三年（277）八月癸亥由琅邪王转封为新设的赵王。① 与此同时，该地区的名称也由郡到国，由"赵郡"变化为"赵国"。而在《晋辟雍碑》碑阴的礼生信息，依据的是咸宁三年八月癸亥以前的名籍；弟子等人的信息，则依据的是咸宁三年八月癸亥以后的名籍。

顺带一提，西晋时的两方墓志：太康三年（282）的《冯恭墓志》与太康五年（284）的《和国仁墓志》，其墓主人本籍刻写为"赵国高邑""赵国中丘"，均写成"赵国"，这当然是理所应当之事。②

（3）与东汉时期彰显碑碑阴题名的对比

如果以碑阴刻有题名这一侧面作为焦点，《晋辟雍碑》渊源于汉碑。进一步限定的话，它源自东汉时期的彰显碑。在此节，将通过与同样刻有碑阴题名的东汉彰显碑（包含祭祀相关碑刻以为参考）进行比较，呈现《晋辟雍碑》碑阴题名的特征所在。③

（接上页）陵的本贯释读为"楚国"，罗振玉释读为"赵国"）。写"郡"字的有东郡、汲郡、代郡、魏郡。因太康十年始封的代国而更名的代郡，在碑阴题名中仍写为"代郡"。像"赵郡""赵国"两种名称并存的情况，并无他例。顺带一提，沛国、梁国、鲁国、魏郡既有礼生题名，也有弟子题名。

① 据《晋书》卷三《武帝纪》，西晋时期大规模的始封、转封分别实施于王朝建立的泰始元年（265）、咸宁三年、太康十年（289）、太康十二年。咸宁三年的此次大规模分封、转封为第二次，始封四人，转封十一人，司马伦为转封的诸王之一。而转封国名仅一字（如"赵"等等）、在碑阴题名中不省略国名（郡、国名为两字的情况下，题名省略"郡""国"。）的宗王仅有司马伦一人。参见福原启郎：《西晋の武帝司馬炎》，226—227页。
② 具体参见本书第十一章第二节。
③ 参见袁维春：《秦汉碑述》，北京工艺美术出版社，1990年；角谷常子：《秦漢時代の石刻資料》，《古代文化》第43卷第9号，1991年；永田英正：《概説　漢代の石刻》，收入永田英正编：《漢代石刻集成》，同朋舍，1994年；三国时代出土文字资料班：《魏晋石刻資料選注》等文献。

在东汉彰显碑中的题名部分,其格式为自碑阴自上而下分列(段),每列自右向左,一行一人,刻下立碑者姓名。其中的大多数题名为三列,也有如中平二年(185)曹全碑那样,碑阴题名为五列。① 就立碑人数而言,如汉安二年(143)《北海相景君碑》题名为五十四人这类,题名人数四十至六十人的情况比较多。不过《韩敕碑》题名多达一百零三人、《冀州刺史王纯碑》题名则多达两百人。② 就列数、人数而言,《晋辟雍碑》碑阴题名为十列(碑侧的情况未详,但应该没有题名),共四百零九人,规模较汉碑要大上很多。

汉碑题名的构成要素以姓、名为中心(《晋辟雍碑》的构成为头衔＋本贯＋姓＋名),若进行整理,则无须赘言,其中大多数都刻有姓与名。③《晋辟雍碑》亦刻有姓与名。

汉碑题名在姓、名之前刻有头衔与本贯。头衔有官名、爵名、职名与门生等身份,例如《孔宙碑》提名中的头衔有"门生""门童""故吏""故民""弟子",《张迁碑》有"故安国长""故从事""故守令""故吏""故督邮"等具体、一般的头衔。④ 此外,如《张迁碑》《北海

---

① 曹魏青龙三年(235)前后的《庐江太守范式碑》(残碑)为四列。立碑者较少的情况,如建宁四年(171)的《孔彪碑》,题名仅有一列。此外,也有如建和元年(147)《武斑碑》一样刻于碑阳末尾的情况。反之,也有如永寿二年(156)《韩敕碑》那样不题名于碑阴,而是题名于碑侧的情况。

② 延熹七年(164)的《孔宙碑》题名为六十二位,熹平二年(173)的《鲁峻碑》题名为四十二位,中平三年(186)的《张迁碑》题名为四十一位。关于《冀州刺史王纯碑》(收入《隶续》卷一二),参见小嶋茂稔:《〈冀州刺史王純碑〉考》,《論集中国古代の文字と文化》,汲古书院,1999年。

③ 不过,也有如《张迁碑》的"故吏韦伯善钱三百"、《范式碑》的"翟仲荣"这样不写名,只写字的情况。此外,曹魏黄初元年(220)左右的《上尊号碑》写成"相国安乐乡侯臣歆(华歆)",省略姓,以"臣"＋名,不过这并非碑阴上的题名。

④ 其他情况,还有熹平二年(173)的《鲁峻碑》题名中的"故吏""门生""义士"等等。在祭祀相关碑刻中,还有光和六年(183)的《白石神君碑》题名中的"主簿""祭酒""都督"。

相景君碑》("故门下督盗贼剧腾颂字叔远""故吏朱虚孙征字武达"),或如建宁四年(171)《孔彪碑》中"故吏司空掾博陵安国刘德字伯桓"那样,在头衔的最前端附加上"故""故吏"这类显示与碑主关系用语的例子也很多。① 而在碑阳序文的末尾,也有很多记载立碑关系者的情况,例如《孔宙碑》中的"故吏门人"、《衡方碑》中的"海内门生故吏"等等。② 与之相关联,例如《孔彪碑》《郑季宣残碑》(中平三年,186)等碑的碑阴有篆书所写"门生故吏名""尉氏故吏处士人民"等题额。③ 由此可见,碑阴题名是碑主与立碑者关系,即所谓的门生故吏关系的清晰呈现。而《晋辟雍碑》碑阴题名则为学官与太学学生,题名的特征在于对题名主体的学生进一步细分为"行礼""列位",接着又更进一步细化了"列位"的"学徒"们的身份。

其次,关于本贯的地名。题名在记录地名时④,可以分为郡县、仅有郡、仅有县三种情况。同时记载郡县者,有《孔宙碑》等。⑤ 仅记载郡者,除了《王纯碑》之外,还有曹魏太和五年(231)左右的《曹真碑》(均以"州民"开头)、《庐江太守范式碑》(部分记载了本贯所属郡),汉碑中此类记录格式很罕见。仅记载县者,有

---

① 《曹真碑》的题名如"州民雍州部从事天水苗梁……",在头衔的最前端附有"州民"二字。
② 《北海相景君碑》的碑阳可见"州里乡党""故吏""四海冠盖",碑阴刻有"竖建□□,惟故臣吏"。题名的故吏皆为北海国出身,为碑主服丧三年。
③ 祭祀相关碑刻,延熹六年(163)的《桐柏淮源庙碑》碑阴有"侍祠官属"之语。
④ 光和六年(183)的《白石神君碑》、中平三年(186)《张迁碑》(由谷城县长转任荡阴县令的张迁的彰显碑)、年代不明的《刘熊碑》残石、蜀汉章武元年(221)或二年(222)的《黄龙甘露碑》(《隶续》卷一六)等碑中未载本贯。关于《黄龙甘露碑》,可参见津田资久的口头报告《蜀漢〈黄龍甘露之碑〉について》,中国石刻合同研究会,明治大学,2008年7月26日。
⑤ 其他还有《武斑碑》《韩敕碑》(郡[·县])、建宁元年(168)的《衡方碑》《孔彪碑》(郡名皆为"博陵")、《鲁峻碑》等等。

《北海相景君碑》(故吏均为北海国出身)等。① 《晋辟雍碑》的记载方式则为郡(国)名。

姓、名之后为字,有些场合还会记录立碑集资中所出金额。关于字,多数情况下都会记录,但也有如阳嘉二年(133)《阳嘉残碑》那样不记字的例子。记录字的格式分为两种:在具体的字之前有"字"字,或直接接续于姓名之后。前种格式的例子,如《北海相景君碑》等②;后者的例子,如《鲁峻碑》等③。记录立碑集资中所出金额的例子,如《曹全碑》《张迁碑》等④,其中《张迁碑》在具体数字前有"钱"字。立碑的集资,在当时被称为"奉钱"(《白石神君碑》)等等。与之相对,《晋辟雍碑》中只记录了字。

根据以上讨论碑阴题名,尤其是题名构成要素的对比结果,可以确认《晋辟雍碑》在形式上继承了东汉时代的彰显碑。在东汉时代,类似于封建关系的门生故吏关系在当时的社会自然发生,大为盛行。此门生故吏关系的典型特征之一,就是门生、故吏们集资竖立彰显碑,将他们的姓名刻于碑阴。《晋辟雍碑》正是东汉彰显碑系统的继承。至于《晋辟雍碑》与东汉彰显碑在题名规模存在的差异——例如列数、人数等等。其大致原因应当在于东汉的彰显碑,终究植根于郡这一级别的乡里社会。相对的,《晋辟雍碑》则是国家(全国)层面之物。

在上述事实的反面,由于魏晋时期对立碑的禁止,东汉的彰显碑与《晋辟雍碑》之间存在断裂。魏晋政权禁止如东汉时代那

---

① 还有很多祭祀相关碑刻,如《桐柏淮源碑》、年代不明的《华岳庙碑》残碑碑阴等等。
② 还有《韩敕碑》《孔宙碑》《孔彪碑》、年代不明的《孟旋碑》残碑等。
③ 还有如《武斑碑》《白石神君碑》《华岳庙碑》残碑碑阴、年代不明的《刘熊碑》残石、《曹真碑》残石等等。
④ 还有如《阳嘉残碑》《韩敕碑》、延熹五年(162)的《仓颉庙碑》《鲁峻碑》《白石神君碑》("义钱")、《刘熊碑》残石等等。

样立碑于乡里的行为,而《晋辟雍碑》的竖立是一个例外。对于存在于立碑背景中的门生故吏关系,《晋辟雍碑》当也含有否定之意。就某种意义而言,此一集权于王朝、集权于中央的动向,让人联想起科举制度中殿试的创设。从中亦能窥探到魏晋国家体制,尤其是西晋王朝的特征所在。

第四节　立碑的背景与时代性

在魏晋王朝禁碑的背景之下,《晋辟雍碑》为何而竖立？在当时,洛阳城南的太学一带石碑林立。在《水经注》卷一六《谷水》中,列举了熹平石经与正始石经(共四十八方)、《〈典论〉碑》(六方)、《太学赞》与《太学弟子赞》两碑、阳夏(嘉)元年(132)某碑、《晋辟雍行礼碑》等等诸碑名①,仿佛昔日光景再现。作为国家公认的特例《晋辟雍碑》,亦为此碑林中的一员。不过,与之碑名类似的《晋辟雍行礼碑》并非此碑。之所以这么说,是因为根据《水经注》的记载,《行礼碑》竖立于太(泰)始二年(266),且北魏时碑身从中间断开("中折"),与竖立于咸宁四年(278),以完整形态出

---

① 《水经注》卷一六《谷水》载:"又东径国子太学石经北。……汉灵帝光和六年刻石镂碑,载五经,立于太学讲堂前,悉在东侧。蔡邕以熹平四年……奏求正定六经文字,灵帝许之。邕乃自书丹于碑,使工镌刻,立于太学门外……魏正始中,又立古、篆、隶三字石经。……魏初,传古文出邯郸淳,石经古文,转失淳法。树之于堂西,石长八尺,广四尺,列石于其下。碑石四十八枚,广三十丈。魏明帝又刊《典论》六碑附于其次。陆机言:'《太学赞》别一碑,在讲堂西。下列石龟,碑载蔡邕、韩说、堂谿典等名。《太学弟子赞》复一碑,在外门中。'今二碑并无。石经东有一碑,是汉顺帝阳嘉元年立。碑文云,建武二十七年造太学,年积毁坏。永建六年九月,诏书修太学。刻石记年,用作工徒十一万二千人,阳嘉元年八月作毕。碑南面刻颂,表里镂字,犹存不破。汉石经北,有《晋辟雍行礼碑》,是太始二年立,其碑中折。但世代不同,物不停故,石经沦缺,存半毁几,驾言永久,谅用忧焉。"

土的《晋辟雍碑》存在差异。①

那么,《晋辟雍碑》的立碑意图何在？正如本章第二节与第三节所讨论的那样,依据碑阳的序文,立碑的主体人群是"礼生、守坊、寄学、散生",即太学生。而依据碑阴题名,可知有太常、太学、国子学的学官与学生。立碑的目的,在于彰显晋王朝以及晋武帝司马炎、皇太子司马衷亲临举行于辟雍的学礼,尤其是为了彰显皇太子司马衷亲临辟雍。这一点,正如第三节"与东汉时期彰显碑碑阴题名的对比"所讨论的那样,《晋辟雍碑》与题名碑阴的门生、故吏彰显先师、地方长官的东汉墓碑、德政碑——例如《北海景君碑》《孔宙碑》《曹全碑》《张迁碑》等等——具有相同的构造。②

不过,学官、学生,尤其是以学生为主体的人群在《晋辟雍碑》竖立过程中的自发活跃,令人联想起朝臣的劝进、地方官员报告祥瑞的行为。正如这类行为一样,在《晋辟雍碑》的背后能够感受到晋武帝司马炎的强烈意愿。若确实如此,《晋辟雍碑》的立碑意图与辟雍行礼、亲临辟雍的意图紧密关联。由此出发,具体呈现为两方面的意图。

第一,正如足立丰所言:"在碑额上书写三临、再莅,是接受曹魏禅让的西晋王朝向世间展示自己为尊重礼教之国,宣扬扫除三国时代动乱的晋王朝之权威的一种文教政策。"③西晋王朝通过重视礼教、文教的政策,来宣扬政权的权威。进一步展开来说,

---

① 张鹏一《晋辟雍碑跋》论述以为,《晋辟雍碑》在北魏孝文帝太和十七年迁都洛阳以前就已埋没,至尔朱荣之乱时完全没入土中。笔者以为,从碑面,尤其是碑阳面完好的情况来看,《晋辟雍碑》在较早的永嘉之乱时已经倾倒并被埋入地下。此外根据碑阳序文的记载,晋武帝首次亲临辟雍是泰始三年(267),迟于《洛阳伽蓝记》"谷水"所见《晋辟雍行礼碑》竖立的泰始二年(266)。
② 柯昌泗将之与《永寿孔庙碑》加以对比。参见柯昌泗:《语石》卷三。
③ 参见足立丰解说:《晋·皇帝三临辟雍碑》。

《晋辟雍碑》所要彰显的、行于辟雍的乡饮酒礼、大射礼以及其他包含太学释奠礼在内的体系化学礼，与本书第三章所考察的、通过创设国子学确立的中央官学"二学"体制，皆为西晋王朝一系列礼教立国政策中的一环。这是丧失了秦汉帝国所具权威的魏晋国家通过摸索，新创造出的权威基础。相对于"苛酷"的曹魏，标榜"宽容"的西晋很自然地选择了礼教政策，作为晋王朝的权威基础。

第二，亦正如足立丰所论，"以下诸碑文叙述皇太子的伟岸，力主皇太子为当今天子的合格后继者。对于目睹乱世的晋武帝而言，明确皇位的继承者，对保证大晋帝国的永存为非常重要之事"①，《晋辟雍碑》的竖立是为了对皇太子加以彰显。据《晋书》卷三《武帝纪》、卷四《惠帝纪》，作为晋武帝事实上的嫡子，皇太子、此后的晋惠帝司马衷于泰始三年（267，九岁）被立为太子，泰始八年（272）迎娶重臣贾充之女贾南风。在此期间的泰始七年、咸宁三年，司马衷分别修习完《孝经》《诗经》，行释奠之礼。② 咸宁四年（278）《晋辟雍碑》竖立时，司马衷年二十岁。然而，随着不断成长，司马衷的资质也被认为虽"纯质"但"蒙蔽"（或可理解为愚笨）。朝臣们都认为，若司马衷将来即位称帝，则无法亲政，晋武帝司马炎也日渐认识到这一点。废黜太子的问题，也就此浮现出来。③

---

① 参见足立丰解说：《晋·皇帝三临辟雍碑》。
② 参见《晋书》卷一九《礼志·上》。
③《世说新语·规箴篇》："晋武帝既不悟太子之愚，必有传后意。诸名臣亦多献直言。帝尝在陵云台上坐，卫瓘在侧，欲申其怀，因如醉跪帝前，以手抚床曰：'此坐可惜！'帝虽悟，因笑曰：'公醉邪？'"另可参见该条刘孝标注引《晋阳秋》，《晋书》卷三六《卫瓘传》。《晋书》卷四《惠帝纪》："帝之为太子也，朝廷咸知不堪政事，武帝亦疑焉。……其蒙蔽皆此类也。"《晋书》卷三一《后妃传·上·惠贾皇后》："帝常疑太子不慧，且朝臣和峤多以为言，故欲试之。"另可参见福原启郎：《西晋の武帝司馬炎》，第190—192页。

表 4-2　司马氏世系略表

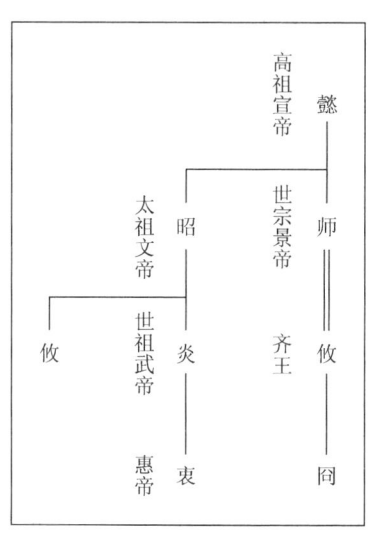

《晋辟雍碑》的序文云："皇太子，圣德光茂，敦悦坟素，斟酌道德之原，探赜仁义之薮，研精好古，务崇国典，以协时雍。"在颂中也写道："明明太子，玄览惟聪，道心六艺，再临辟雍，光光翠华。"《晋辟雍碑》盛赞皇太子的聪明好学，与文献史料中所见晋惠帝为人暗愚的评价形成了明显的反差。皇太子被评价为人暗愚，同时太子的废黜问题在当时形势严峻，因此，或许正是为了消解或者说为了压制、牵制此种动向，《晋辟雍碑》必须对皇太子大肆赞美，并以此进一步追捧太子，为他的形象镀上一层金光。

泰始、咸宁年间，西晋政权正与南方的孙吴政权对峙。皇帝、皇太子亲临洛阳城南的辟雍观摩学礼，以及为了彰显此事竖立的《晋辟雍碑》，在其背后能够感到树立权威的强烈意志。若用一句话加以概括，这是秦汉帝国瓦解之后魏晋国家的课题①，也是曹

---

① 第一章所论恢复肉刑的动向即其中一环。

魏政权灭亡之后西晋政权的课题①。即对于西晋王朝而言,实际面临着以上双重的课题。皇帝、皇太子亲临学礼与《晋辟雍碑》的竖立这两个阶段的政治表演,就是一种尝试。直接地说,两者的目的都在于通过礼教政策,创造出视觉上的权威感。与此同时,也兼有为当时年二十岁、性格暗愚的皇太子司马衷增饰添彩的目的在内。更严密地说,咸宁年间皇太子亲临辟雍、《晋辟雍碑》的竖立、"盛德隆熙之颂"的直接对象,正是为了彰显皇太子司马衷。②

顺带一提,《晋辟雍碑》竖立于咸宁四年(278)十月。③ 而在一年半之后,晋平吴,天下再次统一。另值得注意的是《晋辟雍碑》与同年颁布的禁碑令之间的关联。④ 这一点,正如第三节"与东汉时期彰显碑碑阴题名的对比"的结论所言,《晋辟雍碑》是东汉彰显碑谱系的延伸;而另一方面,禁碑则意味着国家对当时弥漫社会的门生故吏关系的遏制。因此,就立碑的主体人群而言,刻于碑阳末尾的学生⑤与碑阴上题名的身份并不吻合,西晋王朝的此次自"下"而上、自发兴起的政治表演,也由此露出了马脚。硬要说的话,这是对门生故吏关系的利用。⑥

---

① 强调与曹魏政权的差异,亦为其中一环。
② 余嘉锡业已指出此点。
③ 碑阳末尾刻有"咸宁四年十月廿日立"。另可参见本章第一节。
④ 《宋书》卷一五《礼志·二》:"汉以后,天下送死奢靡,多作石室石兽碑铭等物。建安十年,魏武帝以天下雕弊,下令不得厚葬,又禁立碑。……晋武帝咸宁四年,又诏曰:'此石兽碑表,既私褒美,兴长虚伪,伤财害人,莫大于此。一禁断之。其犯者虽会赦令,皆以毁坏。'"作为禁止东汉时期厚葬之风的一环,东汉建安十年(205)、西晋咸宁四年(278)两次下达禁碑令。
⑤ 即碑阳末尾所云"礼生、守坊、寄学、散生",这些身份与碑阴题名记载的身份存在一些出入,故作者有此言。——译者
⑥ 参见内藤湖南:《概括的唐宋时代観》,《歴史と地理》第9卷第5号,1922年;《支那中古の文化》(后改名《中国中古の文化》)、《支那近世史》(后改名《中国近世史》),弘文堂,1947年。

小　结

　　正如开头所述,本章通过《晋辟雍碑》这一方石碑,对西晋王朝的特征——更具体地说,通过此碑,尤其是以碑阴题名的分析、讨论为中心,通过与东汉彰显碑的对比,展开考察。因为各种偶然的叠加,《晋辟雍碑》幸运地以几乎完好的状态保存了下来,伪刻的可能性非常低。作为同时代的史料,它的价值极高,特别是碑上的文字极具时代性。

　　本章内容可总结如下。民国二十年(1931),《晋辟雍碑》出土于当时河南省偃师县的汉魏洛阳故城南郊太学遗址附近,是一座高三米以上的螭首巨碑,正反面均刻有晋隶,竖立于咸宁四年(278)。碑阳由题额、序、颂、立碑年月日构成,碑文的内容为以恢复秩序、复兴礼教为主轴的晋王朝的确立过程,以及泰始年间晋武帝、咸宁年间皇太子司马衷(此后的晋惠帝)亲临辟雍学礼,尤其以皇太子亲临辟雍为重点。碑阴为题名,有学礼的相关人员,也有立碑的相关人员。从太常、博士祭酒、博士以下,至"礼生""弟子""寄学""散生"等等各类学生,题名者达四百余人。其中"散生"是凉州出身者的特有身份。从表面上看,立碑的主体是学生。而从目的来看,是为了彰显晋武帝与皇太子,尤其是皇太子亲临辟雍学礼。就此点而言,《晋辟雍碑》属于盛行于东汉时代的彰显碑系列。在魏晋禁碑令之下,《晋辟雍碑》却得以竖立,这很显然是晋武帝的旨意。因此,竖立《晋辟雍碑》的意图,其一在于通过标榜"宽容"的西晋王朝之重视礼教政策,宣扬视觉上的权威感。此点与本书第三章所考察的国子学创立问题相关联。其二在于否定世间风传的皇太子"暗愚",对皇太子加以彰显。而《晋辟雍碑》的立碑背景，在此稍作复述。其一，是东汉时代反映门生故吏关系的彰显碑的盛行。其二，在魏晋禁碑令之下，彰显碑的数量急剧减少，而于此时竖立的《晋辟雍碑》，则显示出诸多要素组成的多层构造：（1）由彰显碑反映门生故吏关系的东汉要素；（2）禁止立碑、否定东汉的魏晋要素；（3）作为标榜"宽容"、重视礼教政策的一环，否定曹魏的西晋要素。这种多层构造，如实呈现了王朝国家的意志，可以说反映了某种时代性。

在《晋辟雍碑》的细节中，也能够看到《三国志》时代最末期某些史事的痕迹。例如咸宁年间凉州鲜卑系的秃发树机能叛乱（第三节"立碑相关者的题名"部分），作为咸宁三年（277）宗室诸王的大规模分封、转封的一环，晋武帝叔父司马伦由琅邪王转封赵王一事（第三节"关于立碑题名的本贯"部分），等等。

《晋辟雍碑》所欲彰显的皇太子司马衷，于立碑十二年后即位（即晋惠帝）。关于他在位期间所爆发的八王之乱，将在接下来的第五章、第六章加以讨论。

尽管本章对《晋辟雍碑》得出了以上一些结论，但仅停留在基础研究层面，残留问题依然很多。例如，碑阳序文、碑阴第五组题名究竟有何意义等。在将来的研究中，笔者也将试图通过探讨碑阳文字内容等工作，从整体上阐明《晋辟雍碑》，并在此基础上考察西晋王朝学礼体系的时代特征及其与当时贵族制的关联。

另，本章内容基于1997年8月第三回"汉魏石刻会"、同年11月"L的会（六朝史研究会）"、2008年9月"魏晋南北朝史与石刻史料的新展开"国际学术论坛的口头报告撰写而成。此外，德岛大学的葭森健介就《晋辟雍碑》的现状，当时就职于筑波大学（目前就职于中央大学）的妹尾达彦就洛阳相关的参考文献均有所赐教。

补 记

关于太学、辟雍遗址的详情,可参见中国社会科学院考古研究所编著:《汉魏洛阳故城南郊礼制建筑遗址》,文物出版社,2010年。据1936年的调查,确认《晋辟雍碑》的碑座位于辟雍遗址中心建筑地基南面的边缘。

第五章　八王之乱的本质

八王之乱是三世纪末到四世纪初西晋王朝的外戚与宗室引发的内乱。内乱之初，外戚之间以朝廷为舞台围绕权力进行的斗争并不过火，随着掌握军队的宗室成为斗争的主角，战乱扩大至全国，国家体制也因之弱化，进而招致内迁非汉族群与流民集团的叛乱——永嘉之乱，最终导致西晋王朝自身的灭亡。西晋灭亡使中国全境陷入极大的混乱，这一事态意味着收拾汉帝国瓦解带来的混乱局面，重新实现中国统一的魏晋国家体制破产。八王之乱是国家体制根基自身的崩溃，其原因不在外部，而应从体制内部寻求。因此，追踪其复杂的原委，探究无法理解的表象之下八王之乱的本质，是研究魏晋国家体制乃至探明当时社会基础的重要线索。

那么，八王之乱的既有研究是从哪些方面展开的呢？一般将八王之乱的原因归结为西晋武帝采取的各种政策。特别是在天下一统之后，废除驻守州郡的军队，这一举措的结果是，西晋的主要军队只剩下京师洛阳的禁军和"封建"于各地，即出镇宗室诸王的军队。而禁军又多由宗室诸王统率，因此西晋的军事力量遂集中于宗室之手。于是，外戚和宗室诸王利用这些军事力量，互相之间围绕权力展开了斗争,此即八王之乱。① 由此引发出西晋"封建"制、兵制等相关制度的问题,八王之乱的研究也得以展开。② 这其中,洞察到八王之乱本身内在意义的,是冈崎文夫。

冈崎文夫认为,由于西晋王朝采取了优待宗室和贵族的政策,在奢侈之风中形成了以利欲为主导的家族群(宗室、贵族特别是外戚),八王之乱正是他们之间的斗争,八王之乱的根本原因——"利欲",就是指斗争的主体人群对欲望的追求。③ 谷川道雄、安田二郎二位继承了冈崎的观点,将"利欲"这一概念进一步历史性地展开论述。谷川道雄认为,"宗室诸王所拥有的军事力量没有支撑晋王朝的公权,而是朝着私权化的方向作用",宗室诸

---

① 参见宫川尚志:《黄巾の乱より永嘉の乱へ》,《六朝史研究 政治・社会篇》,日本学术振兴会,1956年,第34—41页(《八王の乱について》,西晋军备的缩小与诸王封建);滨口重国:《魏晋南朝の兵户制度の研究》,《山梨大学藝学部紀要》第2号,1957年。后收入其著《秦漢隋唐史の研究》,东京大学出版会,1966年,第376—379页(《東晋・南朝の兵戶制の史料》,刺史与兵权);大泽阳典:《西晋政治史の二・三問題——八王の乱の前史として》,《立命館文学》第371・372号合刊,1976年。

② 以下列举重要的相关论著并略述其内容。越智重明在《封王の制と八王の乱》(收入其著《魏晋南朝の政治と社会》,吉川弘文馆,1963年)中认为,宗室诸王统治封国与其作为四征将军的统治是一体的,据此,八王之乱的原因之一是"自律性的独立势力"的积攒。唐长孺《西晋分封与宗王出镇》(载中国社会科学院历史研究所魏晋南北朝隋唐史研究室编《魏晋隋唐史论集》第1辑,中国社会科学出版社,1981年。后收入其著《魏晋南北朝史论拾遗》,中华书局,1983年)立足于吕思勉"八王之乱,由于方任之重,而不由封建,明矣"(吕思勉:《两晋南北朝史》上册,开明书店,1948年,第31页)的见解,认为司马氏为巩固政权,命宗室诸王作为都督出镇重要的州从而导致八王之乱。与之对立,祝总斌在《"八王之乱"爆发原因试探》(《北京大学学报(哲学社会科学版)》1980年第6期)中认为,引发八王之乱的地方宗室诸王及都督的权力,受到了拥有完备"专制主义中央集权制",且形成了强力皇权的中央的掣肘,八王之乱的主要原因是中央朝廷中继承皇位的惠帝和辅佐他的大臣都是没有才望的人物,这就产生了对皇位和辅政之位的争夺。
【补注】景有泉、李春祥的《西晋"八王之乱"爆发原因研究述要》(《中国史研究动态》1997年第5期)将相关原因的观点分成了十三类。

③ 参见冈崎文夫:《魏晋南北朝通史》,弘文堂书房,1932年,第109页。以下所引冈崎观点均出自此书,如无必要,不再一一出注。——译者

王受到当时追求私利风潮的浸染,把原本应该维持国家机能的军事力量甚至国家机构私有化,结果引发了八王之乱。① 安田二郎认为,"由于古代'里'共同体的解体,作为个人而解放的人,有着对自我'利欲性'的肯定,并据此追求自我实现的倾向,魏晋时代出现了'浮竞'的风潮,而'浮竞'更加露骨、突出的社会现象的表现不正是八王之乱吗?"②总结二位对八王之乱的认识,有以下共通之处:第一,八王之乱的根本因素是当时人都怀有追求权力的私欲;第二,这种私欲与魏晋时代处处弥漫的奢侈风气同根;第三,这种风气是以汉帝国瓦解为标志的古代社会秩序价值体系崩塌所带来的社会倾向。因此,八王之乱是古代到中世时代转换期中秩序混乱在政治史上的反映。③

八王之乱的这些研究方向,是试图在这个时代基层社会的变动中寻求动乱发生的主要原因,视野十分广阔,而且非常合理。不过,只从这个视角来研究的话,未免过于一元化,似乎无法充分阐明动乱的特性。特别是这其中看不到贵族制与八王之乱之间的主体性关系。而贵族制是这个转换期中新形成的社会体制,与魏晋国家体制的形成密切相关,八王之乱则是这一魏晋国家体制的自我崩溃,二者之间不该找不到关联性。

本章试图带着上述问题意识,从八王之乱每场争斗的始末开始探讨,在此基础上寻求八王之乱的本质。

---

① 参见谷川道雄:《世界帝国の形成》,讲谈社,1977年,第100页。
② 安田二郎:《八王の乱をめぐって——人間学的考察の試み》,《名古屋大学東洋史研究報告》第4号,1976年,第68页。(后改名为《八王の乱と東晋の外戚》,收入安田二郎:《六朝政治史の研究》,京都大学学术出版会,2003年)
③ 这一认识也与宫川尚志(《黄巾の乱より永嘉の乱へ》)的着眼点有相通之处,宫川认为,黄巾之乱、三国角逐、八王之乱、永嘉之乱等战乱频仍的时代中,主要基调是在从古代到中世转换期的秩序混乱中幸存的人民被重新编入新秩序过程中,特别是流民集团作为军队,被军阀以及由此形成的国家吸收。

第一节　八王之乱的特性

　　八王之乱起自武帝司马炎病故、其嫡子惠帝司马衷即位的次年，即元康元年（291），以贾皇后诛杀外戚杨骏的政变为开端；终于光熙元年（306），东海王越取得对河间王颙内战的胜利，辅佐是年即位的怀帝，掌握实权。期间以外戚、宗室为中心持续爆发了多次政变和内战。① 整理八王之乱历次争斗的演进，制成表5-1"八王之乱争斗表"。环顾此表，很自然地会涌出一个朴素的问题：为什么直到灭亡的那一天，西晋这个统一国家都在不断发生争斗？这正是安田二郎的自问："为何如此执拗的斗争与兴亡会不断地重复发生？"② 这是关系到八王之乱"根本原因"的问题。本节将针对安田提出的问题，给出笔者个人的解答。具体方法是，选取八王之乱中的一次争斗，从对其特性的探讨开始入手。选取的对象是表5-1中的第5栏，赵王伦对齐王冏、成都王颖和河间王颙三人之间展开的内战，也就是被称作"三王起义"的争斗。笔者想首先从三王起义的经过谈起。

---

① 八王之乱的"八王"是指《晋书》卷五九列传中收录的汝南王亮、楚王玮、赵王伦、齐王冏、长沙王乂、成都王颖、河间王颙、东海王越等八名西晋宗室诸王。这一名称来自于已经散佚的卢綝所著《（晋）八王故事》。卢綝是八王之一成都王颖的谋臣卢志之侄，他本人亦在成都王颖帐下，还著有《四王遗事》。另外，《晋书》卷五九所附序论和论赞中，承认西晋王朝采用了"封建"制，将以上八王每个人都作为西晋王朝灭亡的元凶给予了抨击。
② 安田二郎：《八王の乱をめぐって——人間学的考察の試み》，后改名为《八王の乱と東晋の外戚》，收入安田二郎：《六朝政治史の研究》，第56页。

第五章　八王之乱的本质

表 5-1　八王之乱争斗表

序号	斗争开始的年月	当时的皇帝	被讨伐方的中心人物	其地位、官职	讨伐方的中心人物	其地位、官职	争斗的主要舞台（主战场）	备考
1	二九一年三月①	惠帝（洛阳）	杨骏	太傅	贾皇后 楚王玮	皇后 镇南将军→卫将军	洛阳城内（大傅府）	二九〇年四月，武帝崩，惠帝即位，杨骏辅政。
2	二九一年六月		汝南王亮 卫瓘	太宰 太保	梁王肜 赵王伦 齐王冏	大将军 车骑将军 翊军将军	洛阳城内（大宰、太保府）	二九一年三月，东安王繇谋废贾后失败。
3	三〇〇年四月		贾皇后	皇后	淮南王允 吴王晏	骠骑将军 后军将军	洛阳城内（宫中）	三〇〇年三月，废愍怀太子被杀。
4	三〇〇年八月			相国	齐王冏 成都王颖 河间王颙	镇东大将军 征北大将军 征西大将军	洛阳城内（相国府）	淮南王允举兵反被杀。
5	三〇一年三月至四月	（赵王伦）	赵王伦	皇帝			阳霍、颍阴黄桥、溴水	所谓"三王起义"。除三王外，其他宗室长沙王乂（时为常山王）、南中郎将新野王歆（新野公）等亦响应。

① 本表月份皆为阴历月份。——译者

续表

序号	斗争开始的年月	当时的皇帝	被讨伐方的中心人物	其他地位、官职	讨伐方的中心人物	其他地位、官职	争斗的主要舞台(主战场)	备考
6	三〇二年十二月	惠帝(邺)	齐王冏	大司马	河间王颙 成都王颖 长沙王乂	太尉 大将军 抚军大将军	洛阳城内(大司马府)	三〇一年六月,东莱王蕤、王舆谋废齐王冏,亦以败露未遂告终。
7	三〇三年八月至三〇四年一月		长沙王乂	骠骑将军	河间王颙 成都王颖 东海王越	太尉 大将军 司空	洛阳城内(宣阳、建春门等)	
8	三〇四年七月		成都王颖(邺)	皇太弟 丞相	惠帝 东海王越	皇帝 司空	汤阴	汤阴之战东海王越败北,惠帝迁邺。
9	三〇四年八月				王浚 新蔡王王腾	安北将军 宁北将军	邺	邺陷落后,成都王颖与惠帝迁洛阳,后又于十一月迁长安。

续表

序号	斗争开始的年月	当时的皇帝	被讨伐方的中心人物	其地位、官职	讨伐方的中心人物	其地位、官职	争斗的主要舞台（主战场）	备考
10	三〇五年七月至三〇六年六月（十二月）	惠帝（长安）	河间王颙（长安）	太宰	东海王越 范阳王虓	司空 安南将军	关中	三〇六年十一月，惠帝崩，怀帝即位。
11	三一一年三月	怀帝	东海王越（项县）	丞相	怀帝 苟晞	皇帝 征东大将军		三一一年三月，东海王越薨，同年六月，争斗结束；洛阳陷落，怀帝被劫持至平阳。

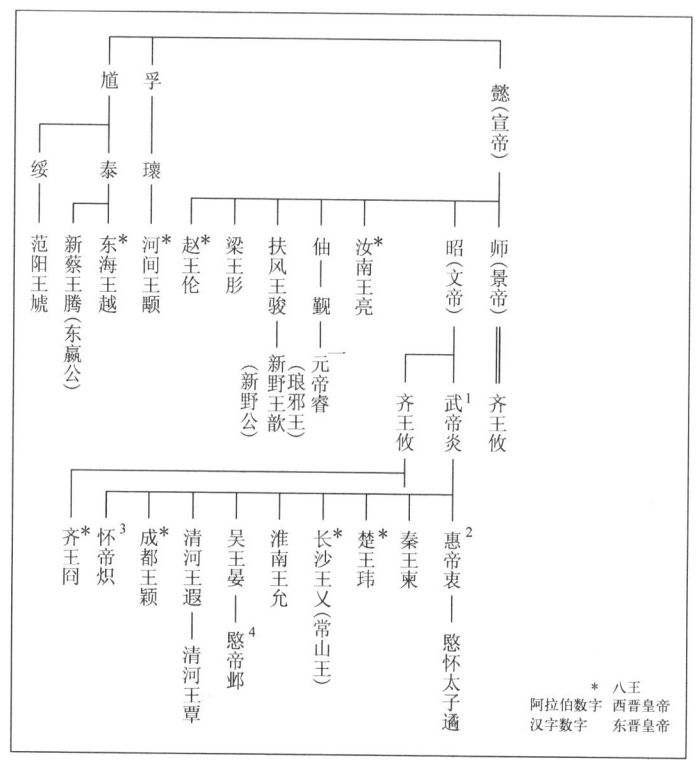

图 5-1 西晋帝室司马氏世系略图

三王起义时,朝中掌握实权的是赵王伦。顺带说一句,因为继承帝位的惠帝天生愚鲁,任何时候都需要政治上的辅佐(辅政),因此围绕掌握实权的辅政之位,外戚、宗室不断展开斗争,这就产生了八王之乱。原本赵王伦作为惠帝的辅政掌握政权,就是一场针对贾皇后集团的政变。因为政变之功,赵王伦被任命为相国、使持节、都督中外诸军事、侍中,掌握了文武实权,此后又获加九锡的恩典,随着自身权威的提高,永宁元年(301)正月,终于接受惠帝的禅让。① 赵王伦就此借禅让之名,行篡位之实,从而引

---

① 《晋书》卷四《惠帝纪》"永康元年(300)四月及永宁元年(301)正月"条、卷三一《后妃传上·惠贾皇后》、卷四〇《贾充传附贾谧传》、卷五九《赵王伦传》。

发了三王起义。①

同年三月,齐王冏作为镇东大将军(都督豫州诸军事)出镇许昌之时,谋划已久的他,趁机打出迎惠帝复位的大义旗号举兵,同时向全国的"征、镇、州、郡、县、国"传送了檄书,此即三王起义的开端。邺的成都王颖、长安的河间王颙等人举兵响应,以此三王为中心结成了讨伐赵王伦的"义军",各自向京师洛阳进军。② 针对三王方面的这次行动,赵王伦向各地派出了禁军。于是赵王伦对三王等宗室诸王们(赵王伦原本僭称皇帝)的内战拉开序幕。战况一开始对以禁军为主力的赵王伦有利,但是以溴水之战为转机,三王军取得优势,赵王伦私党中的一部分人见势不妙,遂在洛阳发动政变,诛杀赵王伦,迎被软禁的惠帝复位。三王起义以赵王伦的失败宣告终结,同年四月,为了处理战后事宜,三王入洛,论功行赏。六月,首倡三王起义的齐王冏成为新的辅政。③ 以上就是三王起义的大致经过。

那么三王起义是因何而起的呢?怎样才能从其要因出发绘制出斗争的关系表呢?首先,从宗室诸王们的斗争来看,三王起义是宗室诸王的权力争夺,其要因是宗室诸王各自怀有的权力欲。因为赵王伦固然如此,而齐王冏等三王后来掌握实权后,也

---

① 反赵王伦的运动并非始自三王起义,当系此前二年以失败告终的淮南王允的政变(表5-1第4栏),此外以未遂告终的还有拥立梁王肜打倒赵王伦的计划。这些以宗室为中心反赵王伦的运动,都发生在他篡夺帝位以前,似乎也与三王起义的主倡者齐王冏有关。

② 宗室中,三王以外新野王歆(时为新野公)和长沙王乂(时为常山王)等人也参与其中。此外,严格说来,河间王颙的动向与其他二王有所不同。当初,河间王颙诛杀了想要响应齐王冏的夏侯奭,逮捕了送来齐王冏檄书的使者,将其送给赵王伦,并一度向赵王伦派遣援军,而看到形势对二王有利时,才开始与赵王伦敌对。见《晋书》卷五九《河间王颙传》。

③ 三王起义的经过见《晋书·惠帝纪》"永宁元年三月、四月、六月"条。同书《赵王伦传》《齐王冏传》《成都王颖传》《河间王颙传》等。

重蹈赵王伦覆辙,变得权势熏天。从这一点来看,首倡三王起义的齐王冏等人,实际上也是为了满足自身的权力欲才举兵的。也就是说,赵王伦也好,三王也好,在怀有权力志向这一点上不分伯仲。接着把目光聚焦于赵王伦和齐王冏的个人关系上,来寻求三王起义的具体契机。早在讨伐贾氏的政变中,二人因利害关系一致曾勾结起来发动政变,但在刚刚达成所期望的目的后,齐王冏便不满利益分配,对赵王伦心生怨恨,二人因此反目,进而发展成斗争。① 经此分析可知,三王起义的要因是怀有权力志向的宗室诸王自身个人的利害。安田二郎认为,对权力有强烈欲望的首领和他身边志同道合的智囊、将士们组成了"八王"权力集团,他们"内部分裂,外部又形成新的敌对集团,于是结局唯有败亡一途"。② 安田对八王之乱性质的概括完全适用于三王起义,因此三王起义可以用"私"对"私"的图式来表示。

但是,这场内战却被称作"起义",由此看来,又体现出了另外一面,这与上文所说的宗室诸王因利益而斗争的特征不同。先说结论的话,三王起义的本质是旨在反对因自我权力欲而将国家私权化的赵王伦,以恢复公权国家为目标的大义举动。赵王伦将国家私权化的进程日益加快,终至篡夺帝位的危急时刻,卢志喊出"赵王无道,肆行篡逆,四海人神,莫不愤怒"的话,③由此可见,批

---

① 在讨伐贾氏的政变中,"赵王伦密与(齐王冏)相结,废贾后"(《晋书·齐王冏传》),两人协力扫除贾氏一派,但在论功行赏之际,齐王冏对自己游击将军的待遇心怀不满,"有恨色"(《齐王冏传》),二人的关系已生裂痕。而赵王伦也对"内怀不平"(《赵王伦传》)的齐王冏有意疏远,将其外任,远离洛阳,认为其此后"必有异图"(《赵王伦传》),始终保持警戒。二人之间的紧张关系终于发展成对抗。
② 安田二郎:《八王の乱をめぐって——人間学の考察の試み》,第61页。
③ 《晋书》卷四四《卢钦传附卢志传》云:"齐王冏起义,遣使告(成都王)颖。颖召(卢)志计事。志曰:'赵王无道,肆行篡逆,四海人神,莫不愤怒……'"另《晋书》卷三八《扶风王骏传附新野王歆传》:"齐王冏举义兵,移檄天下,(新野王)歆未知(转下页)

判赵王伦的舆论遍及全国,十分高涨。作为强力宗室诸王之一的齐王冏,"因众心怨望",在普遍批判赵王伦的舆论背景下举兵。① 结果潘尼、孙惠、王豹等驰赴齐王冏帐下的人士络绎不绝,② 各地响应齐王冏檄文而发动的起义更是风起云涌。③ 如此便形成一支以齐王冏为核心,"以义来"的士庶百姓为主体的"义军",他们同赵王伦手下私权化的禁军作战,最终取得了胜利。④

如此可见,在三王起义的暗流下,潜藏着与私权化相反,旨在

(接上页)所从。……参军孙洵(询)大言于众曰:'赵王凶逆,天下当共讨之……'";卷五七《赵诱传》:"值刺史郗隆被齐王冏檄,使起兵讨赵王伦。……会群吏计议,(赵)诱说隆曰:'赵王篡逆,海内所病……'"这三例都是当齐王冏的檄书到来,会同商议对策之际,主张支持齐王冏一方的言论。

① 《晋书·齐王冏传》:"冏因众心怨望,潜与离狐王盛、颍川王处穆谋起兵诛伦。"
② 《晋书》卷五五《潘岳传附潘尼传》:"(潘)尼闻齐王冏起义,乃赴许昌。冏引为参军,与谋时务,兼管书记";卷七一《孙惠传》:"永宁初,赴齐王冏义,讨王伦";卷八九《忠义·王豹传》:"豹重笺曰:……况豹虽陋,大州之纲纪,加明公起事险难之主簿也……"
③ 《晋书·河间王颙传》:"及赵王伦篡位,齐王冏谋讨之。前安西参军夏侯奭自称侍御史,在始平合众,得数千人,以应冏,遣信要颙";卷六四《淮南王允传》:"及伦诛,齐王冏上表理允曰:……泊兴义兵,淮南国人自相率领,众过万人,人怀忼忾,愍国统灭绝,发言流涕"。
④ 赵王伦一方以禁军为主力,与之相对,三王一方以宗室诸王所有的军队为核心,加上自发赴义参军的士庶百姓,毋宁说后者反而可能是三王一方的主体。比如《晋书·成都王颖传》:"留义募将士既久,咸怨旷思归。或有辄去者,乃题邺城门云:大事解散,蚕欲遽。请且归,赴时务。昔以义来,今以义去。若复有急,更相语。颖知不可留,因遣之。百姓乃安。"来赴三王起义的人士,在起义结束后,就此作为成都王颖的将士留于邺,其中一名士兵归乡之际的轶事被流传下来,这一记事也暗示了构成"义军"的基石究竟是什么。另外,《晋书》卷三九《王沈传附王浚传》:"及赵王伦篡位,三王起义兵。浚(时为宁朔将军、都督幽州诸军事)拥众挟两端,遏绝檄书,使其境内士庶不得赴义。成都王颖欲讨之而未暇也。"由此可知,地方长官未参加起义的地区里,也有想要投靠义军的举动,进而可以推测,士庶百姓共赴起义乃是全国的趋势。"而(张)泓、(司马)雅等连战虽胜,义军散而辄合,雅等不得前"(《晋书·赵王伦传》),义军与正规军展开的战斗让人不禁想起游击战,最终义军击破了以禁军为主力的赵王伦军。再如,收到齐王冏檄书之后,扬州刺史郗隆逡巡未赴起义,引发幕僚、将士的哗变,从而被杀,从这件事也可以看出,像这样与地方长官意见相反,通过幕僚响应起义的行动也往往而在。另可参见正文中本段第二个注释。

恢复公权的舆论,因此三王起义表面上看起来是"私"对"私"的斗争,实则能够体现出"公"对"私"的图式。

那么,三王起义中所见"公"对"私"的图式,在八王之乱其他争斗中有没有完全符合的呢?我们接下来就把表5-1中所列各个争斗的经过,除去第五项三王起义之后,按顺序予以确认①:

(1) 外戚杨骏"多树亲党,皆领禁兵"的举动,使得"公室怨望,天下愤然"的气氛弥漫,最终引发了以贾皇后为中心的政变,杨骏一派被杀。

(2) 作为"宗望"登上辅政之位的汝南王亮,因实施滥赏等弊政而"失众望",被接受贾皇后内旨的楚王玮以涉嫌"废立之谋"而诛杀。

(3) 贾皇后以冤罪废杀"民之望"愍怀太子,对此"众情愤怨",原属贾氏私党的赵王伦发动了讨伐贾皇后的政变,诛杀贾氏一派。

(4) 针对包藏"篡逆之志"的赵王伦,淮南王允与其母弟吴王晏谋划发动政变,结果失败,反遭杀害。"百姓"为淮南王允之死叹息。

(6) 针对齐王冏言行举止自拟皇帝且委任私党要职等"骄矜僭侈"的举动,"朝廷侧目,海内失望"。河间王颙乘机举兵,长沙王乂应其檄文,成为内应,诛杀齐王冏。

(7) 河间王颙与成都王颖,以长沙王乂论功行赏不公平及外戚羊玄之等"专权朝政,杀害忠良"为名目举兵,檄书称

---

① 关于八王之乱各争斗的经过,主要参考了《晋书·惠帝纪》和主要登场人物的列传,以及《资治通鉴·晋纪》等资料。每场斗争的出典,不再一一列出。另外,对八王之乱整体脉络的把握,袁枢《通鉴纪事本末》中"西晋之乱"条也十分便利,启发良多。

"四海云应"。战争持续良久,结局是河间王颙一方借内应东海王越之手,擒获并诛杀长沙王乂。

(8) 皇太弟成都王颖重用宦官,又诛杀陆机家族,"僭侈日甚",大失众望。东海王越等奉惠帝举兵,飞檄召集"四方之兵",应檄赴者"云集"。但是在向邺进军的途中,在荡阴与成都王颖军遭遇,吃了败仗。惠帝也被成都王颖挟持。

(9) 继东海王越之后举兵的王浚和新蔡王腾(时为东嬴公)的联合军攻陷邺城,成都王颖奉惠帝逃往洛阳。

(10) 河间王颙的部将张方,将惠帝挟持到长安的河间王颙处,对此行为,"天下怨愤"尽归河间王颙。东海王越倡义,移檄山东"征、镇、州、郡",企图迎惠帝回洛阳。在这场内战旋涡中,河间王颙和成都王颖被杀,惠帝也在回洛阳后不久驾崩。

(11) 东海王越杀害怀帝外戚王延和近臣缪播等人以振权威。东海王越的这些"不臣之迹"为四海所周知,征东大将军苟晞受怀帝密诏,举兵讨伐东海王越,因东海王越病死而未生争斗。①

综上可知,三王起义以外的争斗也基本上与三王起义属于同一类型,即掌握实权的外戚、宗室陷入私权化之中,对其不满的舆论逐渐发酵,而承担这些舆论的期待、或者利用这些期待、或者先于这些期待的其他外戚宗室举兵讨伐陷入私权化中的外戚宗室。

---

① 这一事件发生在永嘉之乱中,而且东海王越与苟晞未至斗争状态,故而本来不被列入八王之乱中。但是,当时居辅政之位的东海王越因显示权威而与怀帝之间发生对立,因而导致苟晞举兵,在这个过程中,可知其与八王之乱诸次争斗性质相同,而且东海王越本人也是八王之乱的密切关联者,因此这里有意将其作为八王之乱中的一次争斗。另一方面,永嘉之乱爆发,国家灭亡前夕内部却依旧争斗不息,由此甚至给人一种感觉,八王之乱就如同西晋王朝染上的顽疾一般。

也就是说,八王之乱中的争斗虽然存在政变或内战的形态差异,但不论其具体状况如何变化,它们都是有着"公"对"私"图式的同类型争斗,都可以视作"起义"。

再参考表5－1,对八王之乱进行整体回顾,贾皇后扳倒最初掌握实权的外戚杨骏取而代之,赵王伦扳倒贾皇后接着掌握实权,此后齐王冏又扳倒赵王伦取而代之掌握实权。如此八王之乱每场争斗都属同一类型,但它们还不是机械式的重复,掌握实权的外戚、宗室和与他们对立的舆论的反抗连成一个环,每场争斗环环相扣,将八王之乱串成一条锁链。而在眼花缭乱的权力争夺中,将这条锁链朝着一个方向推动的,正是离八王之乱的主角——外戚、宗室一步之遥的舆论。

综上可以总结出八王之乱的特性,第一,它是具有相同图式的争斗的重复;第二,同类型争斗环环相扣;第三,推动它的是舆论之力。此结论对本节一开始提出的为何争斗会重复发生这一问题,可算是从现象层面给予了解答。

接下来必须考虑的问题是,推动八王之乱的当时舆论究竟是什么?关于这个问题,将在下一节继续探讨。

第二节　关于舆论

(1) 对齐王冏的批判

推动八王之乱的舆论是什么呢?为了搞清这个问题,本节首先考察齐王冏将国家私权化及与之对立的舆论的反抗这一连环动作中舆论的具体表现,探讨对齐王冏批判的内容。

首先以齐王冏将国家私权化为中心,简单叙述齐王冏的成败之路。第一节已经提到,永宁元年(301)六月,齐王冏因首倡三王起义之功,就任大司马,作为惠帝的辅臣总揽朝政。① 接着,掌握实权的齐王冏,逐渐迈向私权化的深渊。《晋书》卷五九《齐王冏传》载其详细事迹云:

> 大筑第馆,北取五谷市,南开诸署,毁坏庐舍以百数,使大匠营制,与西宫等。凿千秋门墙以通西阁,后房施钟悬,前庭舞八佾,沉于酒色,不入朝见。坐拜百官,符敕三台,选举不均,惟宠亲昵。②

虽然这个记载不能不加考辨地全盘相信,但还是体现了齐王冏利用其"辅政"地位,一则行为举止自拟皇帝,二则重用个人私党,从中可见国家的私权化倾向。齐王冏如此"骄恣","是以朝廷侧目,海内失望",人心背离,结果太安元年(302)十二月,引发了长安的河间王颙、邺的成都王颖等的举兵,直接导致齐王冏在与内应长沙王乂的巷战后被诛杀。③

在齐王冏败亡之前,朝廷内外对他给予了各种各样的批判。整理这些批判,制成表5-2"对齐王冏的批判"。根据此表,进行批判的人物多出身名族,亦即士人,他们尝试对齐王冏本人进行

---

① 参见《晋书·惠帝纪》"永宁元年六月甲戌"条、同书《齐王冏传》、《资治通鉴》卷八四《晋纪》"永宁元年六月甲戌"条。
② 《晋书·齐王冏传》云:"冏于是辅政,居攸故宫,置掾属四十人。大筑第馆,北取五谷市,南开诸署,毁坏庐舍以百数,使大匠营制,与西宫等。凿千秋门墙以通西阁,后房施钟悬,前庭舞八佾,沉于酒色,不入朝见。坐拜百官,符敕三台,选举不均,惟宠亲昵。"另参《资治通鉴》卷八四《晋纪》"太安元年十二月"条、《北堂书钞》卷七〇《设官部·诸王》所引王隐《晋书·齐王冏传》、《世说新语·方正篇》注引虞预《晋书》。另外,这与《齐王冏传》后文所载河间王颙举兵之际上奏文中条列齐王冏的罪状也基本吻合。
③ 《晋书·惠帝纪》"太安元年十二月丁卯"条、同书《齐王冏传》《长沙王乂传》《河间王颙传》、卷六〇《李含传》。

劝谏。而站在齐王冏的角度来看,主要特征是大司马府的幕僚对身为府主的齐王冏尝试劝谏。① 考察府主与幕僚之间的关系可以发现,受府主辟召成为幕僚的士人,本就是府主为了维系人心而主动辟召的人物,即承担舆论期待的人物,反过来说,也就是引导舆论立场的人物,因此幕僚对府主的批判,正是舆论的具体代言。

表 5-2 对齐王冏的批判

	姓名	出身	时任官职	批判形式及齐王冏回应	内容
大司马府的僚属	孙惠	吴郡富阳县孙吴家族	前贼曹属(户曹掾、东曹属)	献谏言。齐王冏虽不纳,亦未加罪。	陈述齐王冏行"五难"与现在居"四不可",劝他委万机于二王(长沙王乂、成都王颖),归藩。
	曹摅	谯国谯县曹魏家族	记室督	答齐王冏下问。齐王冏不纳。	劝齐王冏善选朝臣,然后归藩。
	王豹	顺阳郡	主簿	致箴规笺。齐王冏因长沙王乂之劝,诛杀王豹。	劝齐王冏任命镇邺的成都王颖为北州伯,自己赴宛,为南州伯,南北二分,各辖其地,以辅佐惠帝。

---

① 在考虑八王之乱时外戚、宗室和士人的关系时,必须考虑的情况是,多数外戚、宗室拥有"开府辟召"的权力。开府即开公府或军府,本是丞相、相国等一品官附带的特权,但骠骑将军、卫将军等二品官也可凭借开府仪同三司的加官开府。凭借开府可保有一定的幕僚和军队,从而得以辟召有才能、声望的士人。因此八王之乱时外戚和强力宗室诸王无不开府(参见表 5-1),而他们取得功绩之后,也都热切希望开府(《晋书》卷三八《齐王攸传附东莱王蕤传》)。此外,就像被称作"百六掾"的琅邪王睿(后来的元帝)的镇东大将军府(丞相府)成为东晋政权的母胎那样,琅邪王睿逾越当时公府、军府的制度,拥有大量幕僚、军队,怀抱建立自己政权的志向(参见宫崎市定:《九品官人法の研究——科举前史》,东洋史研究会,1956 年,第 217—219 页)。

续表

	姓名	出身	时任官职	批判形式及齐王冏回应	内容
	江统	陈留郡圉县	参军	切谏。	（今不存）
朝臣	嵇绍	谯国铚县曹魏姻亲、嵇康之子	侍中（后为大司马府左司马）	上书谏。齐王冏谢嵇绍，然不从。	请求齐王冏中止"骄奢"举动，特别是不紧急的建造。并劝他从"谦损之理"。
	王戎	琅邪郡临沂县	司徒（尚书令）	关于河间王颙的上奏文答齐王冏下问。齐王冏谋臣葛旟反驳之。	指出齐王冏对三王起义论功行赏的失策。劝他勿对抗二王（河间王颙、成都王颖）的举兵，因"就第"让出大权。
处士	郑方	南阳郡		持露版极谏。齐王冏答曰"若无子，则不闻过"，然不从。	列出齐王冏的"五失"：齐王冏本人的奢侈、宗室内的问题、非汉族群入侵的对策、战后的抚恤、对义军的论功行赏。
其他宗室诸王的僚属	陆机	吴郡吴县	成都王颖大将军府参军？	作《豪士赋》讽刺。齐王冏不悟（？）	三王起义齐王冏并无功绩，只是单纯的乘"时势"而已。因此若齐王冏威权震动天子，势必人心离散，危机将至，败亡必矣。

续表

姓名	出身	时任官职	批判形式及齐王冏回应	内容
宗室诸王 河间王颙	河内郡温县宗室	太尉	向惠帝上奏文	虽然三王起义功绩最高者当属成都王颖，但齐王冏反而在洛阳与私党共同欺凌皇帝，屡行不轨。对此要举兵，移檄长沙王乂，废齐王冏使其"还第"。

接下来讨论对齐王冏批判的内容。对齐王冏的谏诤，在意图阻止齐王冏私权化倾向这一点上有共通之处，其中多数要求齐王冏从"辅政"的地位退让下来。比如孙惠的谏诤，提出将政治委任给惠帝之弟长沙王乂和成都王颖二人，齐王归藩齐国（"之国""就国"）；①曹摅也像孙惠一样，为中央体制的万全之固，劝齐王归藩；②王豹则提出齐王冏退居宛（南阳）为南州伯，镇邺的成都王颖为北州伯，二人共保惠帝的方案。③ 这些谏诤劝齐王冏退让的

---

① 《晋书·齐王冏传》云："前贼曹属孙惠复上谏曰……今明公建不世之义，而未为不世之让，天下惑之，思求所悟。长沙、成都、鲁、卫之密，国之亲亲，与明公计功受赏，尚不自先。今公宜放桓、文之勋，迈臧、札之风，鸟狗万物，不仁其化；崇亲推近，功遂身退，委万机于二王，命方岳于群后，燿义让之旗，鸣思归之銮，宅大齐之墟，振洙泗之风，垂拱青、徐之域，高枕营丘之藩……"
② 《晋书》卷九〇《良吏·曹摅传》云："……愿大王居高虑危，在盈思冲，精选百官，存公屏欲，举贤进善，务得其才。然后脂车秣马，高揖归藩，则上下同庆，摅等幸甚。"
③ 《晋书》卷八九《忠义·王豹传》云："今诚能尊用周法，以成都为北州伯，统河北之王侯，明公为南州伯，以摄南土之官长。各因本职，出居其方，树德于外，尽忠于内。岁终率所领而贡于朝，简良才，命贤俊，以为天子百官。……今若从豹此策，皆遣王侯之国，北与成都分河为伯。成都在邺，明公都宛。宽方千里，以圻内侯伯子男小大相率。结好要盟，同奖皇家；贡御之法，一如周典……"

理由是什么呢？虽然可以举出留在辅政的位置上极其危险①，以退让之举博得舆论赞赏②等诸多理由，但士人请求他退让的思想基础，其实是陆机《豪士赋》序中论证的那样③，齐王冏乘"时势"主倡三王起义而举兵，原本此功绩就不应归于齐王冏个人，他因三王起义之功，就任辅政之位，执掌权威本就不合理。因此借大义而举兵，亦当因大义而归藩。既有此认识，"辅政"之位事关国家存立，本就应该遵从"舆望"，这便是背后的舆论所在。因此，如果齐王冏自发退让，便会切断八王之乱的因果联系，这一点第一节已经论述过。不过，河间王颙为讨伐齐王冏，④在举兵之际给惠帝所上奏文中称，举兵乃"大义名分"，即使只是名目而已，也要让齐王冏"还第"，退辅政之位，亦即强制让他退让。要求齐王冏退让的舆论趋势，最终引发了对齐王冏的讨伐，推动了八王之乱

---

① 从王豹的笺文"豹伏思晋政渐缺，始自元康以来，宰相在位，未有一人获终，乃事势使然，未为辄有不善也"可知，从八王之乱开始的元康年间以来，争斗不休，就任辅政之位的人，无一人善终。
② 比如成都王颖在三王起义之后，主动归邺，并抚恤成为三王起义战场的地方，埋葬战死者，人心归附。见《晋书·成都王颖传》，同书《卢钦传附卢志传》。
③ 《文选》卷四六《序下》陆士衡《豪士赋序》："是故苟时启于天，理尽于民，庸夫可以济圣贤之功，斗筲可以定烈士之业。故曰：才不半古，而功已倍之，盖得之于时势（世）也。……夫以自我之量，而挟非常之勋，神器晖其顾盼（眄），万物随其俯仰，心玩居常之安，耳饱从谀之说。岂识乎功在身外，任出才表者哉。……身危由于势过，而不知去势以求安；祸积起于宠盛，而不知辞宠以招福。见百姓之谋己，则申宫警守，以崇不畜之威；惧万民之不服，则严刑峻网，以贾伤心之怨。然后威穷乎震主，而怨行乎上下，众心日陊，危机将发，而方偃仰瞪眄，谓足以夸世。笑古人之未工，忘己事之已拙；知囊勋之可矜，暗成败之有会。是以事穷运尽，必于颠仆；风起尘合，而祸至常酷也。圣人忌功名之过己，恶宠禄之逾量，盖为此也……"《晋书》卷五四《陆机传》所载《豪士赋序》与此文小异，不同之处用（）表示。另外，"豪士"指齐王冏，证据见《文选·豪士赋序》注引臧荣绪《晋书》中"机恶齐王冏矜功自伐，受爵不让。及齐亡作《豪士赋》"一句。
④ 《晋书·齐王冏传》："翊军校尉李含奔于长安，诈云受密诏，使河间王颙诛冏，因导以利谋。颙从之，上表曰：……今辄勒兵，精卒十万，与州征并协忠义，共会洛阳。骠骑将军长沙王乂，同奋忠诚，废冏还第。有不顺命，军法从事。"并请参见《晋书·河间王颙传》、同书卷六〇《李含传》。

177

的进程,也从逻辑上维系了八王之乱的因果联系。因此,在河间王颙的上奏文抵达洛阳前,齐王冏召集朝臣,商讨今后的对策时,王戎劝他自发"就第",因为河间王颙举兵是遵从大义名分,希望回避武力冲突。但与之相反,齐王冏的谋臣葛旟激烈反对王戎,认为"汉魏以来,王侯就第,宁有得保妻子者乎!议者可斩。"①形势业已危急,此时"就第"就意味着齐王冏之死。这种舆论本来可能阻止争斗,却转而抛弃齐王冏,走到推动争斗的地步,原因之一是舆论基础中第一义是作为"公"的国家存立,而作为"私"的齐王冏的存亡只是第二义。士人站在幕僚或者朝臣的立场批判齐王冏,他们的背景是舆论,而舆论最关心的事情是国家的存立,具体来说他们的焦点就是政权中枢是否符合舆论。

士人对齐王冏展开的批判行为,同样落在了八王之乱其他外戚、宗室身上。② 通过八王之乱,掌握实权、迈向私权化的外戚、宗室们,在刀兵相见之前,总会听到士人的批判声音,而这些士人的声音正是舆论意向的具体表现。

(2)齐王攸归藩事件

那么,批判齐王冏时的舆论和自觉承担舆论责任的士人们,只在八王之乱中出现过吗?下面就八王之乱以前,武帝盛世下发生

---

① 《晋书》卷四三《王戎传》:"既而河间王颙遣使就说成都王颖,将诛齐王冏。檄书至,冏谓戎曰:……戎曰:'公首举义众,匡定大业,开辟以来,未始有也。然论功报赏,不及有劳,朝野失望,人怀贰志。今二王带甲百万,其锋不可当,若以王就第,不失故爵。委权崇让,此求安之计也。'冏谋臣葛旟怒曰:'汉魏以来,王公就第,宁有得保妻子乎!议者可斩。'"并请参见《晋书·齐王冏传》。
② 例如傅祗、石崇、何攀、傅咸、孙楚等朝臣对杨骏的滥赏和专权的批判,傅咸对汝南王亮滥赏的批判,刘颂对赵王伦加九锡的批判,江统、蔡克、枣嵩等幕僚对成都王颖受宦官唆使杀害陆机一族的批判等。

的齐王攸(齐王冏之父)归藩相关事件,来对这个问题进行探讨。①

武帝唯一的同母弟齐王攸,曾是武帝晋王太子之位的争夺者,②此后经过魏晋革命、西晋统一全国,他再次被视为武帝皇太子司马衷(后来的惠帝)的敌人。在这种情况下,太康三年(282)十二月,诏敕令齐王攸归藩。③ 这是武帝出于对皇太子将来的担忧,因而听从幸臣冯紞、荀勖等人的主意,借行"封建"为名,让齐王攸像左迁一样远离京师,从而巩固皇太子的地位。④ 因此,内

---

① 关于该事件,可以参见冈崎文夫:《魏晋南北朝通史》,第100—102页;大泽阳典:《西晋政治史の二・三問題——八王の乱の前史として》,第10—18页;吕思勉:《两晋南北朝史》之《齐献王争立》一节,第35—42页;祝总斌《"八王之乱"爆发原因试探》,第8—11页。

② 武帝与齐王攸均为司马昭(后追谥文帝)与其正妻王元姬(文明王皇后)所生之子,齐王攸才望优于乃兄,从祖父司马懿(宣帝)到父亲司马昭都更倾向于以其为后嗣,因此将其过继给无子的伯父司马师(景帝)为后嗣。但是,由于贾充等人的努力,武帝继承父亲司马昭晋王之位,并在魏晋革命后即皇帝位,封司马攸为齐王,这一问题暂时告一段落。事具《晋书》卷三《武帝纪》、卷三八《齐王攸传》、卷三一《后妃上・文明王皇后传》、卷三五《裴秀传》、卷四〇《贾充传》、卷四三《山涛传》、卷九三《外戚传・羊琇》。

【补注】可参见安田二郎:《西晋初期政治史試論——齊王攸問題と賈充の伐吳反対を中心に》,《東洋大学東洋史論集》第6号,1995年(后改名为《西晋初期政治史試論》,收入其著《六朝政治史の研究》,京都大学学术出版会,2003年)。

③《晋书・武帝纪》"太康三年十二月甲申条"云:"以司空齐王攸为大司马、督青州诸军事……"同书《齐王攸传》:"帝既信勖言,又纳紞说,太康三年乃下诏曰:'古者九命作伯,或入毗朝政,或出御方岳。周之吕望,五侯九伯,实得征之。侍中、司空、齐王攸,明德清畅,忠允笃诚。以母弟之亲,受台辅之任,佐命立勋,效劳王室,宜登显位,以称具瞻。其以为大司马、都督青州诸军事,侍中如故,假节,将本营千人,亲骑帐下司马大车皆如旧,增鼓吹一部,官骑满二十人,置骑司马五人。余主者详案旧制施行……'明年,策攸曰:'於戏!惟命不于常,天既迁有魏之祚。我有晋既受顺天明命,光建群后,越造王国于东土,锡兹青社,用藩翼我邦家。茂哉无怠,以永保宗庙。'又诏下太常,议崇锡之物……"

④《晋书・齐王攸传》、同书卷三九《荀勖传》、《冯紞传》。另外,当时朝中存在以贾充、荀勖为中心的一派和以任恺、和峤为中心的一派的对立,也要考虑齐王攸可能是两派政争的牺牲。参见丹羽兑子:《魏晋时代の名族——荀氏の人々について》,载《中国中世史研究——六朝隋唐の社会と文化》,东海大学出版会,1970年,第190—191页。

外"远迩惊嗟，朝野失望"，反对声四起，①特别以朝廷为中心，想让齐王攸留京而向武帝进谏者络绎不绝。但武帝将此问题视作帝室内部"家事"，拒绝接受相关批评。② 可以说这件事导致了皇帝和舆论的对立，翌年（283）三月，问题的焦点齐王攸在归藩途中暴毙，此事遂告一段落。③ 此后，作为该事件的后遗症，舆论消沉，而与之相反，外戚杨氏的权势却越来越强，这种状况直接影响到武帝死后的八王之乱。④

若仔细回顾一下，针对武帝让齐王攸归藩这一举动，舆论的动向如何。在这件事之前，有过这样一段逸闻，卫瓘有次以醉态跪在武帝面前，以手抚御床而言"此坐可惜"。⑤ 而当武帝问张华

---

① 《晋书》卷五〇论赞："史臣曰：齐献王以明德茂亲，经邦论道，允厘庶绩，式叙彝伦。武帝纳奸谄之邪谋，怀始终之远虑，遂乃君兹青土，作牧东藩。远迩惊嗟，朝野失望。"
② 王济、甄德等人甚至动员自己的妻子——公主，试图阻止齐王攸归藩，针对这种行为，武帝大怒，对侍中王戎说："我兄弟至亲。今出齐王，自朕家计。而甄德、王济连遣妇人来生哭人邪。济等尚尔，况余者乎"（《世说新语·方正》注引傅畅《晋诸公赞》）。其逻辑是，齐王攸归藩问题乃是帝室内部、甚至兄弟之间的问题，即属于"家计"（"家事"《晋书》卷四三《王浑传附王济传》）问题，不是舆论应当介入的对象。而王浑、曹志等人则认为，帝室是"公"的存在，应该是舆论关心的问题，二者立场完全对立。另外，关于"家事"一词，可以参见宫崎市定：《大唐帝国》，《世界的历史》第7卷，河出书房，1968年，第347—348及第353页。
③ 《晋书·武帝纪》"太康四年三月癸丑"条："大司马齐王攸薨。"同书《齐王攸传》："攸知勖、纯构己，愤怨发疾，乞守先后陵，不许。帝遣御医诊视，诸医希旨，皆言无疾。疾转笃，犹催上道。攸自强入辞，素持容仪，疾虽困，尚自整厉，举止如常，帝益疑无疾。辞出信宿，欧血而薨，时年三十六。"
④ 《晋书》卷四〇《杨骏传附弟杨珧传》："珧初以退让称，晚乃合朋党，构出齐王攸。中护军羊琇与北军中候成粲谋欲因见珧而手刃之。珧知而辞疾不出，讽有司奏琇，转为太仆。自是举朝莫敢枝梧，而素论尽矣。"此后有"三杨"之称的外戚杨氏权势日振，宗室中"宗师"太尉汝南王亮辅佐武帝。武帝临终之际遗诏命汝南王亮与杨骏二人辅佐惠帝，但因杨骏之阴谋，辅政之任遂归于杨骏一人。此外武帝死前两年，赵王伦（邺）等宗室诸王已经作为惠帝的藩屏出镇要冲，与之一起出镇的还有新封的秦王柬（长安）、楚王玮（宛）、淮南王允（建业）等三子。这也为八王之乱埋下了伏笔。
⑤ 《世说新语·规箴》："晋武帝既不悟太子之愚，必有传后意，诸名臣亦多献直言。帝尝在陵云台上坐，卫瓘在侧，欲申其怀，因如醉跪帝前，以手抚床，曰：'此坐可惜'。帝虽悟，因笑曰：'公醉邪？'"注引孙盛《晋阳秋》、《晋书》卷三六《卫瓘传》略同。

"谁可托寄后事者"时,张华回答"明德至亲,莫如齐王攸",因此综合齐王外任,远离京师事件①来看,此时的舆论趋势正如冈崎文夫所言,"有因太子愚钝而欲废太子立司马攸的朝臣,也有即便不能如此至少也要让他辅佐太子从而掌握实权的一派,而相对温和的舆论毋宁说最为式微"②,齐王攸掌握实权乃是众望所归。因此,当意味着排挤齐王攸的归藩诏敕下达时,扶风王骏、李憙、王浑、羊琇、甄德等朝臣立刻纷纷切谏,或者试图让身为自己妻子的公主恳请武帝改变主意。③ 而当武帝就齐王攸归藩典礼相关的礼仪询问太常时,庾旉等七名博士联名不答此问,转而上奏批判齐王攸归藩的举措本身,而且长官太常卿郑默亦默许该行为,博士祭酒曹志不仅与七博士同道,而且还又上一奏。太常全员的立场都站在了批判一边。④ 舆论对武帝的批判,以此事为契机在朝

---

① 《晋书·武帝纪》太康三年正月甲午条云:"以尚书张华都督幽州诸军事。"卷三六《张华传》云:"会帝问华:'谁可托寄后事者?'对曰:'明德至亲,莫如齐王攸。'既非上意所在,微为忤旨,间言遂行。乃出华为持节、都督幽州诸军事、领护乌桓校尉、安北将军。"
关于皇太子的愚钝,乃是当时众所知周的事实(《晋书·惠帝纪》),除以上两例外,还有不少逸闻,如:武帝让和峤去东宫,确认皇太子的成长情况,和峤回来直言:"皇太子圣质如初。"(《世说新语·方正》,同注引干宝《晋纪》、孙盛《晋阳秋》、《晋书》卷四五《和峤传》)再如,夏侯和对贾充说:"卿二女婿(惠帝与齐王攸),亲疏等耳,立人当立德。"(《晋书》卷四〇《贾充传》)此外,武帝自己对皇太子可能无法保住帝位而感到担忧,只因期待皇太孙司马遹(后为愍怀太子)聪明,而未废皇太子(《晋书·武帝纪》)。
② 冈崎文夫:《魏晋南北朝通史》,第101页。
③ 《晋书》卷三八《扶风王骏传》、卷四一《李憙传》、卷四二《王浑传》、卷九三《外戚传·羊琇》,另参第二节(2)的第二段第五个注释。
④ 《晋书》卷四四《郑袤传附郑默传》、卷四五《刘毅传附刘暾传》、卷五〇《曹志传》、《庾纯传附庾旉传》、《秦秀传》、《三国志》卷一九《魏书·陈思王植传》注引《(曹)志别传》。另外,庾旉等博士的上奏激怒了武帝,他命尚书议论此越权行为,尚书朱整、褚䂮主张将他们七人并庾旉之父庾纯一起交付廷尉定罪;与之对立,尚书夏侯骏予以反驳,左仆射魏舒、右仆射下邳王晃也与夏侯骏持同样看法;而廷尉刘颂则上奏庾旉等人犯大不敬之罪,应当弃市。这场争论最终以庾旉等被除名而告终,详见《晋书》卷五〇《庾纯传附庾旉传》。

中井喷而出。

那么朝臣为何硬要谏诤至此呢？可以从上奏文的文脉中一探究竟。这里以王浑的上奏文为例。王浑字玄冲，出身贵族名门太原王氏，因平吴战功，时任尚书左仆射（加散骑常侍）。这篇文章收入《晋书》卷四二《王浑传》中①：

> 伏承圣诏，宪章古典，进齐王攸为上公，崇其礼仪，遣攸之国。昔周氏建国，大封诸姬，以藩帝室，永世作宪。至于公旦，武王之弟，左右王事，辅济大业，不使归藩。明至亲义著，不可远朝故也。是故周公得以圣德光弼幼主，忠诚著于《金縢》，光述文武仁圣之德。攸于大晋，姬旦之亲也。宜赞皇朝，与闻政事，实为陛下腹心不贰之臣。且攸为人，修洁义信，加以懿亲，志存忠贞。今陛下出攸之国，假以都督虚号，而无典戎幹方之实，去离天朝，不预王政。伤母弟至亲之体，亏友于款笃之义，惧非陛下追述先帝、文明太后待攸之宿意也。若以攸望重，于事宜出者，今以汝南王亮代攸。亮，宣皇帝子，文皇帝弟，伷、骏各处方任，有内外之资，论以后虑，亦不为轻。攸今之国，适足长异同之论，以损仁慈之美耳。而令天下窥陛下有不崇亲亲之情，臣窃为陛下不取也。若以妃后外亲，任以朝政，则有王氏倾汉之权，吕产专朝之祸。若以同姓至亲，则有吴楚七国逆乱之殃。历观古今，苟事轻重，所在无不为害也。不可事事曲设疑防，虑方来之患者也。唯当任正道而求忠良。若以智计猜物，虽亲见疑，至于疏远者亦何能自保乎！人怀危惧，非为安之理。此最有国有家者之深

---

① 并参《册府元龟》卷五四〇《谏诤部·直谏门》、《资治通鉴》卷八一《晋纪》"太康三年十二月"条。

忌也。愚以为太子太保缺,宜留攸居之,与太尉汝南王亮、卫将军杨珧共为保傅,幹理朝事。三人齐位,足相持正,进有辅纳广义之益,退无偏重相倾之势。令陛下有笃亲亲之恩,使攸蒙仁覆之惠。臣同国戚,义在尽言,心之所见,不能默已。私慕鲁女存国之志,敢陈愚见,触犯天威。欲陛下事每尽善,冀万分之助。臣而不言,谁当言者。

一言以蔽之,奏文的内容为留舆论之望齐王攸于京师,参与朝政。这与之前看到的当时舆论意向一致。那么,王浑这一主张的根据从何而来呢?皇帝的"至亲",又是有德望的国家第一臣子齐王攸,因受皇帝猜疑,远离政权中枢,此事甚至让与皇帝更加"疏远"的异姓、"忠良"的臣子陷入不安之中。因为这一血统与资质并存的、当然应该参与政治的第一流人物却遭遇外放,这象征着舆论中的人物评价与主持现政权之人的背离,这将会对全体士人造成深刻影响。其结果将是,舆论与现实政权背离,使信赖国家的人内心动摇,甚至造成皇帝最忌惮的国家存亡危机。王浑的议论正是看准了国家存立的根本所在,以此为出发点展开的。也就是说,武帝让齐王攸归藩,这一无视舆论的举措,将导致国家自身的灭亡,正因为此,王浑才敢于向武帝谏诤。①

因此,以王浑上奏为代表的朝臣谏诤,并非只停留在单纯批判齐王攸一人的去留问题。这件事的背景是当时的政治生态,他们批判的是,太康元年(280)全国统一后暴露出的公然卖官鬻爵、

---

① 此外,身为曹魏王室、时任博士祭酒的曹志,想到了在曹魏政权中受到压抑的父亲曹植,认为欲使王朝永存,权力不可独占,须常维系人心,与天下共议,因此天下之望的齐王攸在内,则国家安泰;出外,则王朝灭亡(《晋书》卷五〇《曹志传》)。

人情选举横行等国家私权化的现象,以及背后主导这种倾向的外戚杨骏和内臣荀勖、冯𬘬一派。反过来说,齐王攸忧愤而死事件,正象征着国家向私权化倾斜。①

以上本节前半段和后半段分别讨论了对八王之一的齐王冏的批判,和齐王攸归藩事件中对武帝的批判。两相比较,表面上看起来前者是让齐王冏退让,后者请齐王攸留京,舆论的请求看似是正反对立,但进一步考察就会发现,前者是宗室齐王冏将国家私权化,后者是武帝及外戚杨骏将国家私权化,两次事件中舆论都意识到国家存亡的危机,于是士人便力图谏诤,在这一点上,两者是共通的。因此,齐王归藩事件和八王之乱中的每次争斗中,都有着舆论对国家私权化的反对这一相同图式。由此可见,齐王攸归藩事件确是八王之乱中争斗的原型,从这个意义上来说,它可算是八王之乱的开端事件。而齐王攸归藩事件和八王之乱不同的一点是,这场对立并未通过武力而消解,并未造成争斗。②

上文探讨了伴随西晋王朝始终的舆论,其根源在于士人对公权国家安定与存续的期望,他们旨在建立一个符合当前舆论评价的、以"舆望"为中心的政权。西晋时期存在的这种舆论,源头可以追溯到东汉末年引发党锢之祸的清流运动,即针对外戚、宦官等浊流势力垄断朝廷的国家私权化倾向,以清流士人为主体,旨在恢复国家公权的属性而形成的全国性舆论。根据川胜义雄的研究,这种清流士人的舆论,亦即清议,其原理是本

---

① 《晋书·武帝纪》云:"平吴之后,天下乂安,遂怠于政术,耽于游宴,宠爱后党,亲贵当权,旧臣不得任用,彝章紊废,请谒行矣。"另参《晋书》卷四〇《杨骏传》、卷三一《后妃上·武悼杨皇后传附胡贵嫔传》、卷四五《刘毅传》。
② 齐王攸归藩事件也有导致政变的可能,参见第二节(2)的第二段第七个注释。

来国家的存在方式就应当以维持乡里共同体为目的,而且它还有着对应并印证天界秩序的普遍国家——儒教国家的理念。①东汉末年的这种舆论,其基础、主体、理念等方面,均与后来八王之乱中出现的舆论有共通之处,这种舆论在魏晋国家建立后的贵族制下也依然存续着。

最后,笔者想把这个时代中的舆论放到中国历史的整体脉络中去考察。中国内部始终包含着统一的趋势,其表现是,长期的统一时代一直延续,或者即便是分裂时代中也依然存在统一的机遇。因此,作为公权的国家,为了维持其统治基础——乡里社会共同体,更为了从根本上保障每个人的生存,必须实现统一,成为一个完整的国家,这是中国这个国家独有的存在方式。而具体到汉末魏晋时代,正是实现统一、建立完整国家的目标,使得这个时代中形成了以士人为主体的舆论,它们推动建立了魏晋国家体制并完成了再次统一中国的志向。

那么本来以维护统一和国家存续这一理念为基础的舆论,为何会推动八王之乱,从而导致西晋王朝的瓦解呢?这个问题将在下一节中讨论。

第三节 八王之乱与贵族制

本来想让国家存续的舆论为何会推动八王之乱呢?从八王

---

① 川胜义雄:《シナ中世貴族政治の成立について》,《史林》第33卷第4号,1950年;《漢末のレジスタンス運動》,《東洋史研究》第25卷第4号,1967年;《貴族制社会の成立》,《世界歷史》第5卷,岩波书店,1970年;以上三文均修订后收入其著《六朝貴族制社会の研究》,岩波书店,1982年。另请参见中村圭尔:《"郷里"の論理——六朝貴族社会のイデオロギー》,《東洋史研究》第41卷第1号,1982年。后修订收入中村圭尔:《六朝貴族制研究》,风间书房,1987年。

之乱每场争斗中寻找原因的话,针对将国家私权化的外戚、宗室,其他外戚、宗室利用舆论批判的"大义名分"举兵,之后又因新的国家私权化而导致争斗连绵不绝。因此开始提出的问题就归结到如下两个问题上:第一,为何外戚、宗室一定要私权化呢?第二,为何舆论要与外戚、宗室,特别是有军事实力的宗室诸王结盟,诉诸武力解决国家私权化的行为呢?本节先对前者外戚、宗室私权化的问题进行考察。

关于这个问题,安田二郎已经有过考察,他特别注意到以外戚、宗室为中心的权力集团的属性,认为这个集团是由"想得到封赏而集结起来的将士,怀有强烈权力和封爵愿望的智囊,自身权力欲极强的首领三者构成的"。① 外戚、宗室走向私权化的举动,并不是单纯由他们个人的私欲引起的,它反映的是以外戚或宗室诸王为中心而集结起来的智囊、将士等私党的权力志向。那么,私党的权力志向有何背景呢?这个问题,可以以赵王伦的第一心腹孙秀为对象进行考察。

孙秀字俊忠,在赵王伦篡夺帝位后,他成为中书监、侍中、骠骑将军、开府仪同三司,权势甚至一度超越赵王伦,因突然爆发的三王起义而与赵王伦一起被杀。② 赵王伦与其结交,始于两人在孙秀本贯琅邪郡(国)的相遇。孙秀初为琅邪郡"小史"("小吏"),是当时琅邪王司马伦的"近职小吏",发挥其"文才"代文盲司马伦制作文书,为司马伦效力,后伦改封赵国,孙秀也"徙户为赵人",

---

① 安田二郎:《八王の乱をめぐって——人間学的考察の試み》,第59页。
② 《晋书·赵王伦传》云:"(赵王伦)乃僭即帝位,大赦,改元建始。……孙秀为侍中、中书监、骠骑将军、仪同三司,张林等诸党皆登卿将,并列大封。……王舆反之……舆自往攻秀,秀闭中书南门。舆放兵登墙烧屋,秀及超、猗遽走出,左卫将军赵泉斩秀等以徇。"

累迁至赵国侍郎。① 深得赵王伦信任、成为其心腹的孙秀,此后也常在赵王伦身后,②在讨伐贾氏的政变和篡夺帝位等过程中,屡次出谋划策。③

孙秀就这样与赵王伦结成私人关系,为赵王伦掌握权力而努力,并借此追逐自身的权力。他以同赵王伦的私人关系为基础,终于在赵王伦之下掌握实权。在获得权力之后,孙秀与同姓贵族乐安孙氏"合族"④,并让儿子孙会"尚主"⑤、⑥使自身贵族化,从而超越了与赵王伦的私人关系,补强了自己的权力。

那么孙秀的生存方式中表现出的浓郁的权力志向,或者说上升志向是从何而来的呢?早在还是琅邪郡小吏的时候,孙秀向同郡的"乡议"求乡品,对此王衍开始并无允许之意,在从兄王戎的劝说下,最终给了孙秀乡品。⑦ 由此可以看出,孙秀出身寒门(寒

---

① 《晋书·赵王伦传》云:"伦素庸下,无智策,复受制于秀,秀之威权振于朝廷,天下皆事秀而无求于伦。秀起自琅邪小史,累官至赵国,以谄媚自达。既执机衡,遂恣其奸谋,多杀忠良,以逞私欲。……伦无学,不知书。秀亦以狡黠小才,贪淫昧利。……孙秀既立非常之事,伦敬重焉。"《世说新语·贤媛》注引傅畅《晋诸公赞》云:"孙秀,字俊忠,琅邪人。初赵王伦封琅邪,秀给为近职小吏,伦数使秀作书疏,文才称伦意。伦封赵,秀徙户为赵人,用为侍郎,信任之。"又,陈寅恪在《天师道与滨海地域之关系》(《中央研究院历史语言研究所集刊》第3本第4分册,1933年)中"赵王伦之废立"一节论及,滨海地域琅邪郡流行天师道(五斗米道),孙秀与赵王伦都已入教。如果这样的话,赵王伦与孙秀之间还有信仰这个强大的连接纽带。
② 例如,元康年间赵王伦出镇长安时孙秀也在帐下,因内徙异族的政策失误,引发齐万年的反叛。见《晋书》卷三六《张华传》、卷六〇《解系传》、《世说新语·仇隙》注引孙盛《晋阳秋》、《文选》卷二〇《献诗》潘岳《关中诗》注引傅畅《晋诸公赞》。
③ 《晋书·赵王伦传》。
④ 《晋书》卷六〇《孙旂传》云:"孙旂字伯旗,乐安人也。……名位与二解(解系、解结)相亚。……遂与孙秀合族。"参见同书《后妃上·惠羊皇后传》。
⑤ 《晋书·赵王伦传》云:"秀子会,年二十,为射声校尉,尚帝女河东公主。"
⑥ 《晋书》卷三四《杜预传附杜锡传》云:"赵王伦篡位,以为治书御史。孙秀求交于锡,而锡拒之,秀虽衔之,惮其名高,不敢害也。"可见孙秀想要加入贵族圈中,寻求与贵族的交往。
⑦ 《晋书》卷四三《王戎传》云:"初,孙秀为琅邪郡吏,求品于乡议。戎从弟衍将不许,戎劝品之。及秀得志,朝士有宿怨者皆被诛,而戎、衍获济焉。"

士)或者寒人阶层。此外,当时同郡太守潘芘之子潘岳经常差使小吏孙秀,不把他当人对待,屡屡鞭打脚踢。后来,孙秀"得志"任中书令时,面对潘岳"孙长官还记得昔日的交往吗"的问题时,回答道:"中心藏之,何日忘之!"(《诗经·小雅·湿桑》)①从这个回答可以看出,孙秀一直记得与潘岳的"宿怨",最终以潘岳涉嫌与石崇、欧阳建谋反而将其诛杀,一报宿怨。② 从这件事可以看出,因怨恨而屡屡杀害贵族的孙秀,从内心中对贵族怀有自卑感。这种对贵族的打击报复,应该就是寒门寒人阶层出身的孙秀怀有的"志",即权力志向。因此与赵王伦这样的宗室诸王结交,就是他实现目标的手段。

以上可知,像孙秀这样出身寒门或寒人阶层,凭借自己的才能,与宗室诸王结成私人关系,企图达到自身出世目的的私党,八王之乱时还有河间王颙的部将张方等人,③这种人在宗室诸王的

---

① 《世说新语·仇隙》:"孙秀既恨石崇不与绿珠,又憾潘岳昔遇之不以礼。后秀为中书令,岳省内见之,因唤曰:'孙令忆畴昔周旋不?'秀曰:'中心藏之,何日忘之!'岳于是始知必不免。后收石崇、欧阳坚石,同日收决。"同注引王隐《晋书》:"岳父文德,为琅邪太守,孙秀为小吏给使。岳数蹴踢秀,而不以人遇之也。"《晋书》卷五五《潘岳传》:"初,芘为琅邪内史,孙秀为小史给岳,而狡黠自喜。岳恶其为人,数挞辱之,秀常衔忿。"
② 其他如张华、裴颜、解系、解结兄弟、李重等名士都被孙秀因个人怨恨而诛杀。
③ 张方是河间王颙的部将,三王起义以来,屡率河间王颙军,进驻洛阳,又裹挟惠帝入长安,官至中领军、录尚书事、领京兆太守。因这次行动,招致东海王越对河间王颙的举兵讨伐,终被谋求和解的河间王颙杀害。张方与河间王颙的关系见《晋书》卷六〇《张方传》:"张方,河间人也。世贫贱,以材勇得幸于河间王颙,累迁兼振武将军。……初,方从山东来,甚微贱,长安富人郅辅厚相供给。"张方生于世代"贫贱"的家中,投效以本籍所在郡为封国的河间王颙帐下,因其"材勇",受河间王的恩幸,以此为契机出人头地,并始终保持军队背景,日渐军阀化,成长为河间王颙都难以制御的存在。另外,暗杀张方的另一个原因是,出身"贫贱"的张方掌握河间王颙的军队,而出身"冠族"的幕僚(参军)毕垣常受其侮蔑,二人同乡(河间国)又同主,毕垣遂构陷害之。

帐下十分多见。① 怀有权力志向的私党,与抱着同样想法的宗室诸王勾结,或者操纵无能的宗室诸王,进入权力中枢,这种现象在舆论看来就是国家的私权化。这些寒门寒人阶层出现的背景是,魏晋时期确立的贵族制中,诞生了贵族阶层,并逐渐固化,于是便有了被排挤出去的人,内部出现了寒门(寒士),外部则出现了寒人。② 这些寒门寒人阶层,在贵族体制的国家内,上升途径闭塞,为了实现自己的上升志向,就把与宗室诸王结交当作了突破口。这样的话,八王之乱历次争斗中,屡开战端,或者在争斗中决定胜败归属的寒门寒人阶层出身的禁军将校、士兵的动向,就与宗室诸王的私党有了相同的属性。③

怀着这种权力志向的外戚、宗室帐下的私党及禁军将校们期待的就是出世的契机,立功的机会,而最大的机会便是打着恢复公权这一大义名分的旗号发动的起义。因此,他们掌握着起义的主导权,不仅如此,为了让大义名分更加明确,他们还故意为增加讨伐对手的私权化倾向而出谋划策。舆论为了国家存立而发动起义,意图阻止国家的私权化,但在一个走向私权化的势力灭亡

---

① 宗室诸王的私党中,其他著名的有赵王伦帐下的张林,齐王冏帐下的葛旟,成都王颖帐下的孟玖,河间王颙帐下的李含等人。另外,追溯八王之乱以前的话,还可以举出宗室诸王与私党的关系,如吴王晏的郎中令陆云批评吴王晏信任吏卒等"小人",再如宗室诸王时常像手足一样任用"小人"为其疯狂敛财。见《晋书》卷五四《陆机传附陆云传》、卷三七《义阳王望传》《高阳王睦传》、卷三八《梁王肜传》等。
② 参见宫川尚志:《魏晋及び南朝の寒門・寒人》,《東亜人文学報》第3卷第2号,1943年(后增补收入宫川尚志:《六朝史研究 政治・社会篇》,日本学术振兴会,1956年);宫崎市定:《九品官人法の研究——科举前史》中《寒士の实態》一节;唐长孺:《南朝寒人的兴起》,收入其著《魏晋南北朝史论丛续编》,生活・读书・新知三联书店,1959年。
③ 参见何兹全:《魏晋的中军》,《中央研究院历史语言研究所集刊》第17本,1948年;宫川尚志:《魏晋及び南朝の寒門・寒人》,《東亜人文学報》第3卷第2号,1943年(后增补收入宫川尚志:《六朝史研究 政治・社会篇》,日本学术振兴会,1956年)。

的同时,另一个同样性质的势力又重新登场,起义不仅没能达成既定目标,反而成为动乱的舞台。这种起义不断重复就成了八王之乱,每发生一次以起义为形式的争斗,国家本身就离灭亡更近了一步。

最后,笔者想以舆论的历史演进为中心,重新梳理八王之乱的结构。东汉晚期,以乡里社会为基础,以清流士人为主体形成了全国性的舆论,并一直持续下去。他们原本的理念就是当代表公权的国家遭遇私有化的危险时,舆论便要出来制止,这一理念融进自觉的士人精神中,代代相传,受到愈发广泛的支持。然而也是在这种舆论下,为了从汉帝国崩溃带来的混乱中恢复秩序,参与新的国家体制的建立,现实中形成了贵族制,从而产生了贵族阶层。与此同时,被排挤出去的人形成了寒门寒人阶层。这些寒门寒人阶层通过与外戚、宗室结交,进入政权内部,这种情况带来了选举混乱等舆论看来使国家私权化的行为,从而遭到批判。从这个角度来看,八王之乱的本质是舆论历史演进的结果,表面上看八王之乱是外戚、宗室围绕权力发生的斗争,其深处却与舆论密切相关,这意味着当时的贵族制内部表现出理念与现实的矛盾。

小 结

表面上看,八王之乱从头到尾都是外戚和宗室的互相争斗,人们自然而然会认为它单纯因外戚和宗室自己的权力欲而产生。不过它并没有呈现出凌乱无序的样子,在外戚、宗室兴旺更替的过程中,可以发现一个方向性,把事件朝着这个方向推动的原动力就是当时的舆论。

第五章　八王之乱的本质

　　舆论以乡里社会为支撑基础，以自觉的士人为主体。当作为公权的国家遭遇私权化危机，特别是执政人物与舆论的人物评价发生乖离时，他们认识到这种国家存亡的危机，便对主导私权化的势力进行批判。追踪这种舆论的脉络，可以看到它们的原型是，八王之乱以前，晋武帝治世下发生的齐王攸归藩事件中，朝臣们对武帝的批判，其源流则可追溯到东汉末年清流运动中形成的舆论。这种舆论正是中国内部时常存在的，趋向统一的时代特征。

　　原本志在国家存续和中国统一的舆论，反而造成推动八王之乱的结果。究其原因，从八王之乱每场争斗——起义——中来看，其核心是外戚、宗室，他们占据起义的核心，让他们在争斗后走向私权化的是帐下私党，即由怀着权力志向的寒门寒人阶层组成的集团，他们的行动在舆论看来就是国家的私权化，对这种行动的批判又引发了新的起义。这些寒门寒人阶层，诞生于贵族制中，而贵族制是舆论参与建立魏晋国家体制时建立的，因此从这个方面来说，八王之乱是舆论历史演进的结果，体现了贵族制的理念与现实的矛盾。

　　综上所述，八王之乱的底部涌动着舆论的暗流，因此决定了这个时代社会面貌的贵族制与八王之乱紧密相关。

　　在阐明八王之乱的过程中，此前第三节曾提出两个问题，现在还剩下一个。即，所谓起义的每场争斗中，为何舆论解决问题的方式都是结交外戚、宗室，特别是有军事实力的宗室诸王，讨伐当前的私权化势力呢？这要归结为当时皇权的问题。当时皇权从某种意义上来说，是由皇帝和皇后（及其连带的外戚）、皇太子（皇太弟），甚至是"封建"的宗室诸王所共有的，因此八王之乱每场争斗的开端多是他们的废立之举，而且他们还在起义中作为核心出现。从结构上来看，在拥有军事力量的皇帝和拥有舆论背景的贵族建立的魏晋国家体制中，这种皇权的存在方式是什么呢？这个问题或许可以通过八王之乱后的永嘉之乱中皇权的存在方式进行考察。如果能够解决皇权的这个问题，那么不仅对八王之乱能有深入了解，还可以综合理解本章开头提到的魏晋国家体制及其社会基础。

下一章笔者将依旧以八王之乱为对象，尝试对此问题进行考察。

第六章　西晋时代宗室诸王的特质
——以八王之乱为线索

在上一章《八王之乱的本质》中，笔者考察了三世纪末到四世纪初发生的八王之乱的经过，指出一步步推进这场西晋内乱的内在原动力是舆论。以政变或者内战为形式的八王之乱中每场争斗，都是针对辅佐皇帝并利用这一地位将现政权私权化的宗室或外戚出身的宰相，宗室出身的其他诸王以此舆论为背景起兵，与辅政者呈对立之势。而当他们取得胜利，打倒对手并代之掌握实权后，同样走上私权化之路，从而招致舆论的反对，引发新一轮的争斗，其结果便是争斗连绵不绝地反复发生。在上一章这些结论的基础上，笔者不禁想追问，为何八王之乱始终伴随着宗室诸王之间的斗争呢？换句话说，为何宗室不得不成为八王之乱的主角呢？这是上一章留下的课题。因上一章结论而引出的新状况使笔者明确认识到，单纯考虑八王之乱本身很难对这个课题予以全面回答，须结合当时的国家体制乃至其基础——当时的社会构造及其变动，方能解答这个问题。

那么现在应该如何把握八王之乱与宗室之间的关联呢？从来分析八王之乱的原因时，都诉诸西晋王朝开国之君司马炎采用分封宗室的做法，而这一做法是对前朝曹魏抑制宗室政策的反动。从曹同的《六代论》、陆机的《五等诸侯论》以及刘颂、段灼等人的上奏中可以窥知,魏晋时代、特别是西晋时与封建相关的议论在当时士人中十分热烈,这些封建论都以三代到曹魏的历代王朝存续与灭亡为判断基准,来讨论封建制的是非,陈说封建制相比于郡县制的优越性,得出了应该实施分封同姓诸侯到各地作为藩屏的结论。西晋也确实大行分封宗室、优待宗室的政策,但是绝不能就此按照士人所论述的封建论主旨那样,将西晋分封宗室的政策与八王之乱直接联系起来。① 正如吕思勉、唐长孺、宫崎市定、越智重明等先学共通而又值得重视的认识那样,西晋实施宗室作为都督"出镇"地方的政策才是八王之乱的直接原因。② 需要注意的是,不是西晋宗室宗王的分封,而是就任都督一职,才使其开始掌握足以动摇国家体制的权力。这个情况可与同为宗

---

① 曹冏的《六代论》见《文选》卷五二《论》、《三国志》卷二〇《魏书·武文世王公传》注引《魏氏春秋》,陆机的《五等诸侯论》见《文选》卷五四《论·五等论》、《晋书》卷五四本传,刘颂及段灼的上奏见《晋书》卷四六、四八其各自本传。另外,晋武帝采用的方针沿用了荀勖上奏中的议论,见《晋书》卷二四《职官志·王》及卷三九《荀勖传》。参见本田济:《魏晋における封建論》,《人文研究》第 6 巻第 6 号,1955 年。
【补注】近年日本对该时代的"封建"关注度颇高,如川合安:《沈約の地方政治改革論——魏晋の封建論と関連して》,收入中国中世史研究会编《中国中世史研究 続編》,京都大学学术出版会,1995 年;渡辺义浩:《"封建"の復権——西晋における諸王の封建に向けて》,《早稲田大学大学院文化研究科紀要》第 50 巻第 4 号,2005 年(后去除副标题,收入其著《西晋"儒教国家"と貴族制》,汲古书院,2010 年);辻正博:《西晋における諸王の封建と出鎮》,载笠谷和比古编《公家と武家Ⅳ·官僚制と封建制の比較文明史の考察》,思文阁出版,2008 年等。
② 诸学者的见解,参见吕思勉:《两晋南北朝史》,开明书店,1948 年,上册第 29—34 页"封建之制";唐长孺:《西晋分封与宗王出镇》,中国社会科学院历史研究所魏晋南北朝隋唐史研究室编《魏晋隋唐史论集》第 1 辑,中国社会科学出版社,1981 年(后收入其著《魏晋南北朝史论拾遗》,中华书局,1983 年);宫崎市定:《九品官人法の研究——科挙前史》,东洋史研究会,1956 年,第 170—173 页;越智重明:《西晋の封王の制》,《東洋学報》第 42 卷第 1 号,1959 年;《封王の制と八王の乱》,收入其著《魏晋南朝の政治と社会》,吉川弘文馆,1963 年;《西晋の封王の制と八王の乱》,收入其著《魏晋南朝の貴族制》,研文出版,1982 年。另外,越智认为宗室诸王封国统治和作为都督的统治是一体化的,因而产生了宗室诸王的自律性、独立性的特点。见前章《八王之乱的本质》开头第一个和第二个注释。

室内乱的西汉初期吴楚七国之乱相比,吴楚七国之乱中宗室诸王的权力基础是诸侯王的分封,虽然同为宗室内乱但二者性质明显不同。① 那么与八王之乱密切相关的西晋宗室诸王出镇的藩屏体制,是单纯针对东汉和曹魏因压抑宗室导致灭亡而采用的反向对策吗? 那为何没有采取同为藩屏体制的西汉初期分封宗室为诸侯王的政策,而采取了宗室出镇这一西晋特有的政策呢? 正如唐长孺的自问:"值得注意的是,像西晋那样用宗室……的情况,既不见于秦汉,也不见于唐以后,但却在不同程度上通行于南北朝,甚至延续到唐初。前人议论,通常认为西晋重任宗室是鉴于曹魏禁锢诸王,'思改覆车',这当然是一个重要原因。但是经过'八王之乱'的教训,为什么刘宋、齐、梁和北魏却没有鉴晋的'覆车'而继续任用皇子和宗室入辅出镇呢? 北朝如果诿之部落遗风,那么南朝又怎样解释呢?"②应该从魏晋南北朝时代固有的情况来考虑其起因。重用宗室并非晋武帝单纯任性而为之举,不是偶然产生,而是涉及这个时代特质的重要问题,而解决这个问题的钥匙应该在于宗室以入辅、出镇的形式活跃这一历史事实。③

---

① 参见稻叶一郎:《吴楚七国の乱について》,《立命館文学》第 369・370 号合刊,1976 年。
② 唐长孺:《西晋分封与宗王出镇》,后收入其著《魏晋南北朝史论拾遗》,第 139—140 页。该文云:"值得注意的是,像西晋那样用宗室,如《晋书・八王传・序》所说的'或出拥旄节,莅岳牧之荣,入践台阶,居端揆之重'的情况,既不见于秦汉,也不见于唐以后,但却在不同程度上通行于南北朝,甚至延续到唐初。前人议论,通常认为西晋重任宗室是鉴于曹魏禁锢诸王,'思改覆车',这当然是一个重要原因。但是经过'八王之乱'的教训,为什么刘宋、齐、梁和北魏却没有鉴晋的'覆车'而继续任用皇子和宗室入辅出镇呢? 北朝如果诿之部落遗风,那么南朝又怎样解释呢?"另外,唐长孺在下面的论证中对这个问题进行了回答,当时的政权构造是门阀贵族联合统治,皇室是凌驾于门阀贵族之上的一族,因此这是为了获得他们家族(宗室)的权势,保持优越性地位的必要之举,这种情况几乎与门阀统治相始终恐非偶然。
③ 关于南朝宗室的叛乱可参见安田二郎:《"晋安王子勋的叛乱"について——南朝門閥貴族体制と豪族土豪》,《東洋史研究》第 25 卷第 4 号,1976 年(后改名为《晋安王劉子勛の反乱と豪族・土豪層》,收入其著《六朝政治史の研究》,京都大学学术出版会,2003 年)。

本章将带着对八王之乱的这些问题意识,将八王之乱中宗室出镇的情况作为焦点进行具体讨论,以期在此基础上解决当初的课题。①

第一节　宗室诸王的出镇——以成都王司马颖为例

本章开头中提出了这样的疑问:为何八王之乱中宗室会成为主角?作为解答这个问题的第一步,本节将不避繁复,首先对西晋宗室诸王的出镇进行考察。具体的做法是选取"八王"中的一人——成都王颖——作为代表,上一章提到,"三王起义"时他响应齐王冏的檄文而举兵,此后也成为八王之乱争斗的主角之一。成都王颖,字章度,是开国皇帝武帝司马炎第十六子,第二代皇帝惠帝司马衷的异母弟。这里汇总成都王颖的履历,并以其所任官职为中心进行考察②:

> 太康十年(289)十一月,以皇子始封成都王,时年十一③。后起家为越骑校尉(四品)、加散骑常侍(三品)。

---

① 参见第五章的表5-1"八王之乱争斗表"。
② 成都王颖的履历主要依据《晋书》卷四《惠帝纪》及卷五九《成都王颖传》作成。并参见其他与成都王颖关系密切的人物列传及《资治通鉴·晋纪》的相应条目。另外,成都王颖的妃子是因"名教中自有乐地"而有名的清谈名手乐广之女,见《世说新语·言语》、《晋书》卷四三《乐广传》。
③ 太康十年始封的其他武帝皇子还有长沙王乂、吴王晏等(食邑十万户),见《晋书》卷三《武帝纪》"太康十年十一月甲申"条及《成都王颖传》。另外,关于封国成都郡(国),《宋书》卷三八《州郡志·益州》云:"蜀郡太守,秦立。晋武帝太康中,改曰成都国,后复旧";《晋书》卷一五《地理志下·荆州》云:"时(太安二年、303)蜀乱,又割南郡之华容、州陵、监利三县,别立丰都,合四县置成都郡,为成都王颖国,居华容县。"据此可知,成都王颖的封国成都国初置于今四川省,后因永嘉之乱先驱——李特之乱,而移至湖北省。不管怎样,成都王颖本人都没有就封的迹象,可能是从洛阳或邺当地的内史那里接受三分之一的租税。另外,西晋常施行宗室诸王出镇地与封国紧密相近的政策,而成都王颖的情况并不符合。参见本章开头第二段第二个注释中列举的越智重明相关论文。

第六章 西晋时代宗室诸王的特质

元康九年(299)正月,任平北将军,出镇邺。二十一岁。

永宁元年(301)正月,进位征北大将军、开府仪同三司。三至四月,三王起义(上章表5-1第5栏),因溴水之战的胜利进入洛阳城。六月,论功行赏,虽进位大将军、都督中外诸军事、假节加黄钺、录尚书事,但返回邺。

太安元年(302)十二月,讨伐齐王冏(表5-1第6栏)。

太安二年(303)八至十二月,讨伐长沙王乂(表5-1第7栏)。

永兴元年(304)正月,任丞相,并于三月成为皇太弟。七月,荡阴之战(表5-1第8栏)。八月,邺陷落,逃往洛阳(表5-1第9栏)。十一月,往投长安的河间王颙,十二月被剥夺皇太弟之位。

永兴二年(305)九月,任领军大将军、都督河北诸军事,奔邺,为东海王越所阻。

光熙元年(306)九月,随着刘弘之死,卷入荆州的混乱中,从那里逃跑的途中被抓,十月为范阳王虓长史刘舆所杀。享年二十八岁。

以上履历中最值得注意的点是,成都王颖在八王之乱最激烈的元康九年(299)到永兴元年(304)的五年多里出镇邺(今河北省临漳县)。邺县曾是东汉末魏郡的郡治,同时还是冀州州治,堪为要冲之地,也是曾威震河北的冀州牧袁绍的根据地。此后击破袁绍的曹操也在此地建造了包括铜雀台等三台在内的都城,并布置重兵,受封魏公、魏王后,仍以邺周边一带作为封地,它也因此作为创业之地成为曹魏五都之一。西晋时仍与长安、许昌等一起受到重视,建国以来按惯例由司马氏家族成员出镇。事实上在成都王颖之前,曹魏时代就有琅邪王伷、济南王遂出镇,进入西晋以后高阳王珪、彭城王权、高密王泰、山涛、梁王肜、赵王伦、河间王颙又先后出镇此地，除山涛外其余均为宗室诸王。① 可以想象，出镇此要冲之地，应是成都王颖深度参与八王之乱的主要原因。顺带一提，成都王颖的前任、出镇此地的梁王肜、赵王伦、河间王颙等人也是八王之乱的主角。

那么像这样出镇要冲之地到底意味着什么呢？虽然原本出镇也是从中央到地方去，但它与因分封而就国不同，通常是带着官职、作为任务赶赴任地所在的军镇。那么出镇时具体带何种官职呢？这种官职有何权限呢？其在八王之乱中又是怎样成为宗室诸王举兵的资本呢？在这里简单探讨一下。检索魏晋时期正史列传中的出镇之例，比如假节、平南将军、都督淮北诸军事或使持节、镇西大将军、都督雍凉二州诸军事，②基本都由三个头衔构成：显示出镇方向的将军号、显示管辖地域的都督号和附带的持

---

① 邺是魏晋南北朝时代的代表性都市，为西晋之后的十六国时代中后赵、前燕和北朝时东魏、北齐的都城。关于邺的情况可参见左思《魏都赋》（收入《文选》卷六《赋·京都》）、郦道元《水经注》卷一〇《浊漳水》、陆翙《邺中记》等文献，相关沿革可参见宫川尚志《六朝时代の都市》(《六朝史研究 政治·社会篇》，日本学术振兴会，1956年)中"邺"的部分。万斯同与吴廷燮《晋方镇年表》（收入《二十五史补编》第三册）中列举了出镇邺的人名，据此可知曹魏景元二年(261)以来该职位为司马氏家族所独占，并且据《太平御览》卷二四一《职官部·北中郎将》所引《晋起居注》："武帝太(泰)始二年诏，邺城守事，宜速有人，又当得亲亲有文武器任者。高阳王珪，今来之国，虽当出为蕃辅，以才干事亦古之制也。其以珪为督邺城守事、北中郎将"；《晋书》卷三八《琅邪王伷传》："正始初，封南安亭侯。早有才望，起家为宁朔将军、监守邺城，有绥怀之称"，即便是司马氏家族中，也须与司马懿、昭、炎血缘亲近且有才望者才能担当此任。顺带一提，成都王颖是元康九年正月前任河间王颙转任平西将军镇长安后从洛阳出镇邺的。而成都王颖的后继者有豫章王炽(后为怀帝)、南阳王模、范阳王虓、丁绍、新蔡王腾、和郁等人。另外，山涛能够出镇应该是因为他与司马氏同郡且为姻亲，又是开国功臣，与邺关系紧密(《晋书》卷四三《山涛传》)。参见小尾孟夫：《晋代における将军号と都督》，《東洋史研究》第 37 卷第 3 号，1978年，第 100—102 页；唐长孺：《西晋分封与宗王出镇》。

② 来看晋武帝叔父扶风王骏的情况。只看将军号的话，扶风王骏先为平南将军，接着进位安东将军、安东大将军乃至镇西大将军，后进为征西大将军、骠骑将军。见《晋书》卷三八《扶风王骏传》。

节号。① 其各自也有等级差异，比如即便出镇同一地方，根据出镇人的官品不同等级也会有差，而同一个人即便就以本职出镇也有很多会在此后进位。② 以出镇邺为例，将军号在征北大将军以下，依次有镇北大将军（以上二品。或者不加"大"字，径称征北将军、镇北将军），安北将军、平北将军（以上三品），北中郎将（四品）。成都王颖是作为平北将军出镇的，继而先后进位为镇北大将军、征北大将军。③ 都督号是都督邺城守诸军事、监邺城守诸军事、督邺城守诸军事④，持节号也有使持节、持节、假节三个等

---

① 根据管辖地域还会兼领护乌丸校尉（幽州）、护羌校尉（凉州）、（护）西戎校尉（雍州）、（护）南蛮校尉（荆州）等诸校尉（四品）。这些诸校尉负责监视民政长官州刺史无法移管的居住在本州的非汉族群，可以说是拥有军营的军政长官（《宋书》卷四〇《百官志下》、《晋书》卷二四《职官志》、《通典》卷三四《职官·武散官·诸校尉》）。另外，关于州刺史，八王之乱以前也有领所出镇州的刺史的情况，但并非惯例，经过八王之乱、永嘉之乱，兼领州刺史逐渐制度化。见唐长孺：《魏晋州郡兵的设置和废罢》，收入其著《魏晋南北朝史论拾遗》，中华书局，1983年。
② 关于曹魏到西晋的出镇，除本章开头第二段第二个注释中所列的论著外，还可参见何兹全：《魏晋的中军》，《中央研究院历史语言研究所集刊》第17本，1948年；滨口重国：《魏晋南朝の兵戶制度の研究》，《山梨大学藝学部紀要》第2号，1957年；越智重明：《晋代の都督》，《東方学》第15辑，1957年；《魏晋时代の四征将军と都督》，《史渊》第117辑，1980年；宫川尚志：《黄巾の乱より永嘉の乱へ》，收入其著《六朝史研究 政治·社會篇》，日本学术振兴会，1956年；严耕望：《中国地方行政制度史》上篇（三）《魏晋南北朝地方行政制度·都督与刺史》，中央研究院历史语言研究所，1963年；小尾孟夫：《曹魏における"四征"将軍》，《広島大学教育学部紀要》第2部第26号，1978年；《晋代における将軍号と都督》；谷川道雄：《東アジア世界形成期の史の構造——册封体制を中心として》，唐代史研究会编《隋唐帝国と東アジア世界》，汲古书院，1979年；唐长孺：《魏晋州郡兵的设置和废罢》等论著。
③ 从征北大将军进位到带最高将军号的骠骑将军、车骑将军、卫将军（二品）的例子也很多（参见本章前言第四个注释），此外，进位到本就属于武官系统的大将军、大司马、太尉等三公（一品）或相当于三公的情况也有（成都王颖从征北大将军进位大将军，再到丞相）。另外，与平北将军同质的还有宁北将军。当是为了避免与冀州（邺）、幽州、并州同带某北将军号重复而设置的将军号。而带杂号将军号的例子也有一些。
④ 只有出镇邺时不称都督某州诸军事和州名，而称"邺城守"，应该是因为它是曹操以来驻屯重兵的特别之地。
【补注】参见山口正晃：《曹魏西晋时期的都督与将军》，《魏晋南北朝隋唐史资料》第20辑，2003年，第36—37页。

级①。将军本是一军的指挥官,有征伐时任命,任务结束后解任,系非常任武官。西汉以来产生了各式各样的将军号,其中表示远征方面的四征、四镇、四安、四平的各将军和四中郎将在东汉初期和汉末三国初两个动乱时期中逐渐形成,曹魏时期将之整合到九品官制的序列中,并作为带都督而统率禁军屯驻前线的常设官。②都督本是代天子征伐,统率诸军、监督将军的,也就是实质上负责指挥全军的,曹魏初期设都督某州诸军事,战时指挥下辖的州刺史、郡太守、县令等,进而逐渐拥有直接征募人民等权限。与此同时,中央逐步也设置了代天子掌握全部禁军的都督中外诸军事或大都督。③持节表示天子委以其权限,而附带都督时尤其表示刑罚处决治下人士的权限。④带有以上三种头衔出镇地方,基本上就成为一州或者数州内的最高军事长官。

那么为何会确立这种拥有将军号、都督和持节号的人出镇地方的体制,而且由宗室诸王担当此任呢?在此溯源其历史背景与之后的发展情况。最早的出镇体制确立于刚刚完成汉魏革命后

---

① 《宋书》卷三九《百官志上·持节都督》云:"晋世则都督诸军为上,监诸军次之,督诸军为下。使持节为上,持节次之,假节为下。使持节得杀二千石以下;持节杀无官位人,若军事得与使持同;假节唯军事得杀犯军令者。……假黄钺则专戮节将,非人臣常器矣。"其分析详见小尾孟夫:《曹魏における"四征"将军》《晋代における将军号と都督》。
【补注】参见山口正晃:《曹魏西晋时期的都督与将军》,第30—32页。
② 《通典》卷二八《职官·武官上·将军总叙》云:"四征兴于汉代,四安起于魏初,四镇通于柔远(领东西南并后汉末有之,镇北魏置),四平止于丧乱(魏置)。"参见《宋书》卷三九《百官志上·四征将军以下》、《通典》卷二九《职官·武官下·四征将军以下》。
③ 《宋书·百官志上·持节都督》云:"持节都督,无定员。前汉遣使,始有持节。光武建武初,征伐四方,始权时置督军御史,事竟罢。建安中,魏武帝为相,始遣大将军督军。二十一年,征孙权还,夏侯惇督二十六军是也。魏文帝黄初二年,始置都督诸州军事,或领刺史。三年,上军大将军曹真都督中外诸军事、假黄钺,则总统外内诸军矣。"参见平凡社《アジア歴史事典》之"假节"条目(宫崎市定执笔)。
④ 参见第一节第十一段第六个注释。

的黄初(220—226)初年,①当时曹魏最大的问题是与吴蜀两国的对峙,出镇体制是在对两国的军事攻防据点上发挥作用的。例如使持节、征东大将军、都督扬州诸军事和使持节、征南大将军、都督荆州诸军事分别出镇寿春和襄阳这两个对吴的前线基地,使持节、征西大将军、都督关中(雍凉二州)诸军事出镇长安这个对蜀的前线基地,均驻屯重兵。② 然而正因为此,出镇寿春的王凌、毌丘俭、诸葛诞等人先后竖起反旗③,而出镇长安的司马懿在连年应对蜀国的攻击中构筑起司马氏专权的基础④。出镇不但引发叛乱,而且成为培植自己势力的绝好机会,成为对朝廷极其危险的存在。司马氏熟知出镇体制这把双刃剑的危险性,因而在魏晋革命的准备阶段已经让值得信赖的同族或心腹出镇,这一举措在晋朝建立后依然延续,以宗室诸王为中心的出镇体制得以制度化。⑤ 太康元年(280),以灭吴重新完成统一中国的大业为契机,

---

① 小尾孟夫:《曹魏における"四征"将軍》,第113—114页;唐长孺:《西晋分封与宗王出镇》,后收入其著《魏晋南北朝史论拾遗》,第126—128页。
　【补注】参见山口正晃:《曹魏西晋时期的都督与将军》,第36页。
② 小尾孟夫:《曹魏における"四征"将軍》,第118—121页。
　【补注】参见山口正晃:《曹魏西晋时期的都督与将军》,第36—38页。
③ 嘉平三年(251),寿春王凌(时为太尉)拥立楚王彪的阴谋被发觉,被司马懿平定。正元二年(255),镇东将军、都督扬州诸军事毌丘俭与扬州刺史文钦共谋举兵,也败于司马师之军。甘露二年(257),征东大将军、都督扬州诸军事诸葛诞受吴援起兵反叛,亦为司马昭讨平。另外,咸熙元年(264),刚刚平蜀后,镇西将军、都督关中诸军事钟会在当地反叛,也很快被镇压。参见《三国志》卷二八《魏书》各列传。
　【补注】参见山口正晃:《曹魏西晋时期的都督与将军》,第37—38页。
④ 司马懿自太和五年(231)以大将军、都督雍凉二州诸军事出镇长安,至景初二年(238)留任凡七年(期间进位太尉),见《晋书》卷一《宣帝纪》。关于其间经纬还可参见冈崎文夫:《魏晋南北朝通史》,内编第一章第九节《魏室衰へ司馬氏興》,弘文堂书房,1932年(内编新版为平凡社东洋文库版,1989年)。
⑤ 参见唐长孺:《西晋分封与宗王出镇》,后收入其著《魏晋南北朝史论拾遗》,1983年,第129—133页。

州郡的军备事实上被撤废,①结果使得地方上都督军事的重要性进一步增大,其中驻屯重兵,按惯例由宗室中与皇帝最亲近的亲族出镇的邺、长安、许昌三座城市变得尤其重要,②没想到后来竟以京师洛阳为中心,在这三座城市之间爆发了八王之乱。

通过再次考察西晋时期国家与宗室诸王官职的联系可知,二者联系比西晋以前的任何朝代都要紧密,就实际情况而言,宗室诸王就任中央官职非常普遍。西晋的宗室诸王除就国之外的情况,基本都会担任某些官职。例如成都王颖的履历,首先是以(1)越骑校尉(加散骑常侍)这样的中央将军、将校官起家,接着以(2)平北将军(后从镇北大将军晋升至征北大将军)出镇地方,最终从(3)大将军到丞相,登上本该入辅的三公之位(而成都王颖并没有离开邺)。关于西晋时宗室诸王及其应当就任的官职之间的关系,根据宫崎市定的研究,宗室诸王在中正管辖之外,通常依据宗室选以散骑常侍(三品)或诸校尉(四品)等高品官起家,这是贵族难以企及的高品起家官(一般名门子弟从六品官起家),以后也在京师历任员外的散官,或成为掌握军队的将军或都督。③ 下面回顾一下西晋以前历代王朝的宗室。西汉建国初期,分封战国的旧六国后裔和汉的功臣们为异姓诸侯,不久便因反叛、谋反等嫌疑将诸侯王逐渐换成刘氏家族成员。然而王国的封土覆盖数郡,为统治这些封土,他们还从组织上保持着与中央政府相同的机构,

---

① 唐长孺:《魏晋州郡兵的设置与罢废》,收入其著《魏晋南北朝史论拾遗》,第144—149页。
② 梳理出镇这些城市的宗室诸王名单,据《晋书》卷五九《河间王颙传》"(元康)九年,(河间王颙)代梁王肜为平西将军,镇关中。石函之制,非亲亲不得都督关中,颙于诸王为疏,特以贤举"可知,根据收藏在宗庙里有"宗祐"之称的石函中的制书,司马懿曾出镇过的长安,只能任命宗室中与皇帝血缘特别近的人物出镇。
③ 宫崎市定:《九品官人法の研究》,东洋史研究会,1956年,第170—171页。

第六章　西晋时代宗室诸王的特质

由此甚至可以说,同姓诸侯是与皇帝对等的存在,并与皇帝及其下属的中央政府相对立,最终引发了吴楚七国之乱。皇帝以镇压此内乱为契机,削减、没收或分割原来王国的封土,同时削减王国的官制,此后又通过推恩令、酎金律、左官律、阿党律等压制宗室的政策,限制诸侯王的权力,使其无法与皇帝对抗,最终退化为只能享受食邑租税的存在。① 东汉承袭了西汉的制度,始封的皇子、皇弟须就国,死后由嫡子继承王位,但宗室诸王须由中央派遣的国相监视,禁止与人交通,并且不得任官,因此无法参与国政。② 曹魏在分封形式上也效仿周代的分封,但其内核却迥然有别,随着强制就国的施行,诸侯王的仕宦之路被堵死;藩国中的王官,特别是守备封国的军队十分贫弱;曹魏特有的中央派遣的防辅、监国谒者等对其进行严密监视,诸侯王被不断徙封。从这些举措可见,他们不可能发挥藩屏的作用,说他们像身处"囹圄"一样被囚禁到死也并不为过。③ 不过围绕宗室诸王的这些情况并

---

① 参考稻叶一郎:《呉楚七国の乱について》。
② 参见《后汉书》卷一四《宗室四王三侯列传》、同书卷四二《光武十王列传》、同书卷五〇《孝明八王列传》、同书卷五五《章帝八王列传》。
③ 《三国志》卷二〇《魏书·武文世王公传》云:"评曰:魏氏王公,既徒有国土之名,而无社稷之实,又禁防壅隔,同于囹圄;位号靡定,大小岁易;骨肉之恩乖,常棣之义废。为法之弊,一至于此乎!"裴松之注引袁准《袁子》云:"魏兴,承大乱之后,民人损减,不可则以古始。于是封建侯王,皆使寄地,空名而无其实。王国使有老兵百余人,以卫其国。虽有王侯之号,而乃侪为匹夫。县隔千里之外,无朝聘之仪,邻国无会同之制。诸侯游猎不得过三十里,又为设防辅、监国之官以伺察之。王侯皆思为布衣而不能得。既违宗国藩屏之义,又亏亲戚骨肉之恩。"参见越智重明:《魏晋南朝の政治と社会》第一篇第六章《封建制》。具体例子可举曹操之子、文帝丕之弟曹植:"植每欲求别见独谈,论及时政,幸冀试用,终不能得。既还,怅然绝望。时法制,待藩国既自峻迫,寮属皆贾竖下才,兵人给其残老,大数不过二百人。又植以前过,事事复减半,十一年中而三徙都,常汲汲无欢,遂发疾薨,时年四十一"(《三国志》卷一九《魏书·陈思王植传》),汉魏革命后曹植发挥自己才能、完成志向的仕宦之路断绝,到死的十三年间先后徙封临菑侯、安乡侯、鄄城侯(后为王)、雍丘王、浚仪王、雍丘王、东阿王、陈王,且在封国内不得与亲友兄弟交往,最终不得不在监国谒者等监视官的监视下汲汲而亡。参见吉川幸次郎:《三国志実録》,筑摩(转下页)

非曹魏的特例,只是如前所述西汉以来一贯针对宗室政策的强化,仍在其延长线上。与之相对,魏晋禅让革命前夜,司马昭实施五等爵,从形式上复活了周的爵制,①而在西晋建国时,又推行了大幅增加宗室诸王的食邑,增加军队数量,废除防辅、监国谒者等官,王官自选等缓和限制和赋予特权的优待宗室政策。② 但是本来统治宗室诸王分封之国的就是内史,内史事实上与郡太守没有差别,宗室诸王只是食封国租税的存在,而且还会被不断徙封,司马氏的政策与前代相比固然有所优待,但仍然失去了分封的本来意义,并未跳出西汉以来政策的框架。③ 西晋宗室诸王与此前历代王朝宗室最大的不同是,宗室诸王并不一定要就国,而可以担任中央的官僚,而且所任官职明显倾向于军事相关的职务。再回到成都王颖的情况,从(1)诸(将军)校尉到(2)都督(出镇)再晋升到(3)三公(入辅)的例子很多,八王之乱中活跃的宗室诸王都是如此,正如第五章表5-1中所示,(2)都督的宗室诸王举兵,讨伐(3)作为三公辅政的宗室诸王,而(1)诸(将军)校尉的宗室诸王也

(接上页)书房,1962年;伊藤正文:《曹植》,《中国詩人選集》第3卷,岩波书店,1958年。另外,关于防辅、监国谒者可参见《资治通鉴》卷六九《魏纪》"黄初三年四月戊申"条胡三省注;越智重明《魏晋南朝の政治と社会》,第147—148页。

① 参见越智重明:《魏晋南朝の政治と社会》第二篇《晋の政治と社会》第四章《五等爵制》;宫崎市定:《九品官人法の研究》,第14—15页及171页。
② 据《晋书》卷三《武帝纪》、卷二四《职官志》、卷三七《宗室传》、卷三八《宣五王文六王传》、卷五九《八王传》、卷六四《武十三王元四王传》、《通典》卷三一《职官·历代王侯封爵·晋》等文献总结。参见越智重明关于西晋分封的一系列论著,《西晋の封王の制》,《魏晋南朝の政治と社会》第二篇第四章《五等爵制》、第五章《封王の制と八王の乱》,《魏晋南朝の貴族制》第三章第七节《西晋の封王の制と八王の乱》,或大泽阳典:《西晋政治史の二·三問題》,《立命館文学》第371·372号合刊,1976年。
③ 成都王颖并无赴成都国的形迹,参见第一节第二段第一个注释。徙封的例子如"八王"中的汝南王亮曾为扶风王,楚王玮曾为始平王,赵王伦曾为琅邪王,河间王颙曾为太原王,而长沙王乂也一度被贬为常山王。只是正如越智重明指出的那样,随宗室诸王都督的配置而改变的情况较多。

在争斗爆发后分头参加双方阵营。①

那么这个特征到底意味着什么呢？从东汉末年的分裂状况经三国鼎立到西晋王朝的统一，在秩序逐渐恢复的过程中，推动统一的内在动力是魏晋国家体制，而军事层面的力量则是从东汉末年群雄之一曹操的军队中发展而来的禁军。川胜义雄分析认为，曹操作为军阀掌握的军团，是以曹操自身的武力集团为核心的，主要由(1)招募、征发而来的武力集团，(2)自发归顺的武力集团，(3)投降整编的武力集团，这三种集团构成，这个军团就是魏晋国家禁军的原型。② 魏晋国家的军队总称为"三十六军"，在解散原蜀、吴军队后，吸收了其中一部分而成为禁军，全部宿卫、驻扎在洛阳或邺等地的军营中。③ 正是这支禁军在军事层面上象征着魏晋国家的统一志向，并从实际上推动、维持了统一。而这支禁军在中央皆由诸将军、校尉分掌一营，当地方上有军事行动时，诸将军、校尉代理皇帝督率军队，即是原本都督之职，因此兼任都督出镇就是从中央到地方临时派遣的常驻化。西晋时担此重任的武官多是宗室诸王，这个任命制度也可以从禁军的形成过程中窥知一二，它显示出司马氏家族试图以血缘为纽带，把内部分离倾向不断的禁军统辖起来，宗室诸王的出镇体制即是其典型表现。

通过以上论述可知，西晋时期优待宗室的措施，唐长孺已指

---

① 参见第五章表5-1。
② 参见川胜义雄：《曹操軍団の構成について》，京都大学人文科学研究所《創立廿五周年記念論文集》，1954年(后改名为《曹操軍団の構成》，收入其著《六朝貴族制社会の研究》，岩波书店，1982年)。
③ 《晋书》卷六四《秦王柬传》云："武帝尝幸宣武场，以三十六军兵簿令柬料校之，柬一省便摘脱谬，帝异之，于诸子中尤见宠爱。"又，卷五九《楚王玮传》云："遂勒本军，复矫诏召三十六军，手令告诸军曰……"参见钱仪吉：《补晋兵志》(收入《二十五史补编》第三册)；何兹全：《魏晋的中军》。

出其私的一面,即司马氏家族为保持对其他贵族的优势地位,防止他人篡夺帝位;而与私的一面相比,宗室诸王掌握禁军所发挥的公的作用才是最根本的,即支撑国家体制,并维持秩序。① 西晋宗室诸王出镇地方意味着官僚掌握军事力量,这是国家体制从内部而非皮肉瓦解的罪魁祸首,也是悲剧之源。

第二节 宗室诸王与士人——陆机、陆云被杀事件

上一节已经提到,历代王朝对宗室诸王和士人交往、豢养宾客等行为都非常警惕。例如西汉吴楚七国之乱时,就有诸王网罗人才,旨在富国,并试图以此为基础对抗朝廷,②篡夺帝位进而动摇国家体制的情况。西晋也常有对"小人"与宗室诸王结交的弹劾,由此可知该行为也曾一度受到禁止。③ 不过,西晋宗室诸王凭借自身就任的官职,实际上可以在其官职的权限下招揽士人到自己帐下。特别重要的一点是,宗室诸王入辅出镇之际,通过开建公府或军府,辟召士人为幕僚,从而与之结成一种君臣关系。④ 这种西晋特有的制度本身,成为西晋宗室诸王拥有权力的要因之

---

① 西晋的出镇体制根据与当时皇帝的亲疏,结合贤这一要素,再不断考虑全局地调整转换,这与分封体制的性质有所不同,后者是受封的宗室诸王的子孙世袭封地,从这个意义上才能理解不断徙封的西晋封建。此时宗师的存在象征着宗室之"家"的整合,这种整合直接意味着对国家体制根基的保障。这是身为宗室的河内司马氏一族贵族性的一面,同时也是与其他时代的宗室最大的不同点。
② 《史记》卷一〇六《吴王濞列传》:"会孝惠、高后时,天下初定,郡国诸侯各务自拊循其民。吴有豫章郡铜山,濞则招致天下亡命者铸钱,煮海水为盐,以故无赋,国用富饶。……(晁错)说上曰:……乃益骄溢,即山铸钱,煮海水为盐,诱天下亡人,谋作乱。"《汉书》卷三五《吴王濞传》略同。
③ 参见第五章第三节第六段第二个注释,另参越智重明《魏晋南朝の貴族制》第一篇第六章第四节《封王と賓客》、第二篇第四章第七节《封建制と(上級)士人》等文。
④ 参见第五章第二节第一项的相关内容及其注释。

第六章 西晋时代宗室诸王的特质

一。关于这个问题的意义，在此想以八王之乱时成都王颖帐下发生的陆机、陆云被杀事件为素材稍作详细说明。首先简单回顾一下此事的梗概。

此事的开端是，太安二年（303）八月，为对抗拥立惠帝、在洛阳辅政的骠骑将军长沙王乂，出镇长安的太尉河间王颙联结出镇邺的大将军成都王颖，计划共讨长沙王乂，而后响应河间王颙举兵的成都王颖假授平原内史陆机为假节、前将军、前锋都督，陆机成为讨伐军总司令，督军二十余万向洛阳进发（第五章表5-1第7栏）。其后河间王颙、成都王颖的联合军与奉惠帝的长沙王乂军，从八月开始在洛阳城内外展开多次持续战斗，十月戊申的建春门之战中，成都王颖军大败。① 因为这次大败，成都王颖一方对陆机的不满激化，在邺的宦官孟玖向成都王进谗言，说陆机与长沙王乂串通，洛阳军中的王阐、郝昌、公师藩等部将也证明陆机有二心，盛怒之下的成都王颖不顾参军王彰的辩护，命在军中的冠军将军牵秀于军中诛杀陆机及其子陆蔚、陆夏，在邺的其弟陆云、陆耽及陆机的司马孙拯等人也被一并下狱。② 对于成都王颖的处置，大将军府的僚属江统、蔡克、枣嵩等人再三"上疏"，认为

---

① 关于这场内战，可参见《晋书》卷四《惠帝纪》"太安二年"条、卷四四《卢钦传附卢志传》、卷五四《陆机传》、卷五九《长沙王乂·成都王颖·河间王颙传》、卷六〇《张方传》、《资治通鉴》卷八五《晋纪》"太安二年""永兴元年"条。陆机为假节、前将军、前锋都督（据《成都王颖传》《资治通鉴》"太安二年"条），督北中郎将王粹、冠军将军牵秀、中护军石超等诸将。《陆云传》中陆机的官衔是后将军、河北大都督。另外，此战以次年正月，内应东海王越逮捕长沙王乂为终结（《资治通鉴》"永兴元年"条）。
② 主要依据《晋书》卷五四《陆机陆云传》。孟玖进谗言的直接动因是其弟小都督孟超从军战死，孟玖深信陆机杀害孟超，遂以孟超的书信为证据控诉陆机与长沙王乂有串通之意。另外，这其中不仅有孟玖对陆机、陆云兄弟的宿怨，还交织着成都王颖信任亡吴入晋的陆机兄弟，招致卢志为代表的旧士人的反感，内战之际陆机都督下的王粹等实力派部将的反抗等复杂关系。卢志因个人怨恨（参见《世说新语·方正》），成为排挤陆氏兄弟的急先锋，遂与孟玖一起行动。

陆机本人因战败之责而受诛或为当然之处置,但在陆机反叛的情报尚未确认之际,应当暂不株连其他陆氏家族成员。蔡克为首的数十僚属又流涕拜见成都王颖,请愿救陆云等人之命,蔡克甚至叩头至流血,成都王颖虽一时心动欲赦免陆云等,但犹豫之后,最终在卢志和孟玖的催促下还是诛杀了陆云等人。①

以上便是陆机兄弟被杀事件的概要,陆机兄弟被杀之后,此事的始作俑者宦官孟玖也陷入舆论的谴责中,丞相府从事中郎王澄告发孟玖的私奸,进言诛杀孟玖,结果成都王颖听从王澄之言,诛杀孟玖。② 成都王颖帐下孟玖的专横是当时社会中成都王颖私权化的表现和反映,这也进一步招致翌年东海王越的举兵,最终导致邺城在响应东海王越的王浚、新蔡王腾的攻击下陷落。③

陆机兄弟的悲剧背后,是成都王颖帐下存在的对立,而且围绕陆机交织着两种不同性质的对立。一种是军府内僚属之间的对立。故吴名门出身的陆机,在吴亡后出仕新的西晋朝廷,凭借其才能迅速取得成都王颖的信任,而河北出身原本就出仕西晋的卢志,他从担任邺令时便深得成都王颖信任,对陆机产生嫉妒,二者尖锐对立。④ 另一种则是宦官孟玖与士人代表陆机、陆云兄弟

---

① 《晋书·陆云传》:"机之败也,并收云。颖官属江统、蔡克、枣嵩等上疏曰……颖不纳。统等重请,颖迟回者三日。……蔡克入至颖前,叩头流血,曰:'云为孟玖所怨,远近莫不闻。今果见杀,罪无彰验,将令群心疑惑,窃为明公惜之。'僚属随克入者数十人,流涕固请,颖侧然有宥云色。孟玖扶颖入,催令杀云。"
② 《晋书》卷四三《王戎传附王澄传》:"少历显位,累迁成都王颖从事中郎。颖嬖竖孟玖潜杀陆机兄弟,天下切齿。澄发玖私奸,劝颖杀玖,颖乃诛之,士庶莫不称善。"
③ 参见第五章第一节对八王之乱经过的回顾,表5-1第8、第9栏。
④ 参见第二节第二段第二个注释。《晋书·陆机传》:"范阳卢志于众中问机曰:'陆逊、陆抗于君近远?'机曰:'如君于卢毓、卢廷。'志默然。……颖谓机曰:'若功成事定,当爵为郡公,位以台司,将军勉之矣!'机曰:'昔齐桓任夷吾以建九合之功,燕惠疑乐毅以失垂成之业,今日之事,在公不在机也。'颖左长史卢志心害机宠,言于颖曰:'陆机自比管、乐,拟君暗主,自古命将遣师,未有臣陵其君而可以济事者也。'颖默然。"另参《陆云传》。

第六章　西晋时代宗室诸王的特质

的对立。这点从很多事件中都可以看出,如孟玖向成都王颖请求任用其父为邯郸令时,大将军府右司马陆云反对,孟玖深以为恨;陆机统率下的成都王颖军中,孟玖之弟孟超故意违抗陆机的指令;孟玖坚信孟超战死是陆机的诡计等等。① 正是孟玖的这种对陆机、陆云兄弟的怨恨,使其炮制了陆机反叛的谗言,最终导致陆机、陆云兄弟被杀。得到成都王颖宠幸的宦官孟玖与其弟孟超和孟玖推举的成都王颖部将王阐、郝昌、公师藩等人形成了一个团体,孟玖利用成都王颖的宠幸,自己扶植亲党作威作福,对内批判府内的僚属士人,对外使成都王颖因"骄奢"陷入舆论的谴责中。② 从陆云对孟玖的批判开始,到江统、蔡克、枣嵩等对陆云的拥护以及王澄对孟玖的弹劾,这一以贯之的批判脉络表明,府内对成都王颖的批判主要来自于军府的僚属。在此来考察下这个团体由何种人物构成。首先参考《晋书》列传等资料梳理成都王颖帐下的僚属,制成表 6-1 "成都王颖军府僚属及其

---

① 《晋书》卷五四《陆云传》云:"会冏诛,转大将军右司马。颖晚节政衰,云屡以正言忤旨。孟玖欲用其父为邯郸令,左长史卢志等并阿意从之,而云固执不许,曰:'此县皆公府掾资,岂有黄门父邑之邪!'玖深忿怨。"参见《世说新语·尤悔》注引《(陆)机别传》。《晋书·陆机传》云:"初,宦人孟玖弟超并为颖所嬖宠。超领万人为小都督,未战,纵兵大掠。机录其主者。超将铁骑百余人,直入机麾下夺之,顾谓机曰:'貉奴能作督不!'机司马孙拯劝机杀之,机不能用。超宣言于众曰:'陆机将反。'又还与玖,言机持两端,军不速决。及战,超不受机节度,轻兵独进而没。玖疑机杀之,遂潜构机于颖,言其有异志。"
② 《晋书·陆机传》接上注引文云"……将军王阐、郝昌、公师藩等皆玖所用,与牵秀等共证之。颖大怒,使秀密收机。"公师藩是阳平郡出身的成都王颖帐下督(卷三七《宗室·南阳王模传》、卷一〇四《石勒载记上》)。另外,牵秀也"又谄事黄门孟玖,故见亲于颖"(卷六〇《牵秀传》),与孟玖熟识,并借此关系获得成都王颖信任。这个宦官、部将团体应该可以称得上是集团,如果大胆一点的话,可以说他们在本地出身方面与之后出现的士人团体迥然有别,成为一个与成都王颖结成私的关系的寒门寒人层,与成都王颖军府内的士人团体相对立,而孟玖为中心的集团的崛起,在舆论看来应该就是成都王颖私权化的反映。这种寒门寒人层的出现,在其他宗室诸王的公府、军府内也可以看到。参见第五章第三节的相关论述。

209

本贯"。为求方便,不区分征北大将军府、大将军府、丞相府各军府(严格说来,丞相府是公府)。另外,表中带*号的人物是基本可以确定为出镇邺的都督管辖范围冀州(及司州的一部分魏郡、阳平郡、广平郡、顿丘郡)以外的人士,即明确为本地以外出身的人物。

表6-1 成都王颖军府僚属及其本贯表

府官名	姓名(本贯)
长史	*卢志(范阳涿)、*郑球(荥阳开封)
司马	程牧(广平曲周?)、*和演(汝南西平?)、*陆云(吴郡吴县)、王混
从事中郎	*顾荣(吴郡吴县)、*王澄(琅邪临沂)、成夔
东曹掾	*蔡克(陈留考城)
掾	*应詹(汝南南顿)、*杜毗(蜀郡成都)、步熊(阳平发干)
记室督	江统(陈留圉县)
参军	*陆机(吴郡吴县)、邵续(魏郡安阳)、*孙惠(吴郡吴县)、王彰、崔旷、刘渊(新兴郡匈奴)、乔智明(鲜卑前部)
(官属)	*枣嵩(颍川长社)

宗室诸王作为府主而掌握权力的基础是军府,它由长史、司马以下的僚属构成,也即府官。原本从制度上应该与其长官四征将军(或三公)一样,是由中央任命的敕任官,因此八王之乱时的制度也是由府主宗室诸王上奏合适的人物,皇帝以此为基础发布正式任命,绝非府主自行辟召。① 正因为这个制度的存在,赵王伦才能为了监视牵制成都王颖等人,不断将自己的心腹送过去做

---

① 参见严耕望:《中国地方行政制度史》上篇(三)《魏晋南北朝地方行政制度·都督与刺史》,第121—124页。

参佐和郡太守。① 这种府主与僚属之间的关系，对军府统辖的郡县长官也完全适用。② 然而实际上府主却有裁度权，可以根据自己的需求自由任免官员，实质上等同于拥有辟召的权限。而且因为将军一职是中央官，所以辟召的人物出身并不像州刺史那样受其管辖范围的限制，可在全国范围内出仕中央朝廷的人中寻求。这样的话，宗室诸王便凭借开府掌握了军府的僚属与治下郡县长官的任免权。不过并不是说宗室诸王就可以完全恣意而为，仍有一些约束。这个约束就是士人的舆论，反过来说，只有舆论支持的人才能成为军府内的僚属。如此一来，府主与僚属的关系，从制度上来说是官职上的上下级关系，也就是公的关系；而实质上则因府主的任命结成一种君臣关系，即私的关系。这其中呈现出"公"即"私"、"私"即"公"的纷繁复杂的中世面相。而几乎无视舆论的"小人"的录用，则呈现出私权化的倾向，自然受到舆论的批判。反面的例子是，三王起义中成都王举兵时，改选军府的长史、司马，辟召掾属，当时的邺县县令卢志进言："然兵事至重，圣人所慎。宜旌贤任才，以收时望。"③从中可以看出舆论自身权变的手

---

① 《晋书》卷五九《赵王伦传》："时齐王冏、河间王颙、成都王颖并拥强兵，各据一方。秀知冏等必有异图，乃选亲党及伦故吏为三王参佐及郡守。"另外，"参佐"的用例，还有《三国志》卷二七《魏书·王基传》："基上疏固让，归功参佐，由是长史司马等七人皆侯"，《资治通鉴》卷九三《晋纪》"明帝太宁二年七月"条："纲纪，综理府事者也。参佐，诸僚属也"（胡三省注："有诏，王敦纲纪除名，参佐禁锢"）等，可见似有包含府内长史、司马、主簿等"纲纪"的广义和除去"纲纪"之外，仅指"僚属"的狭义两种含义。
② 《晋书·陆机传》："颖以机参大将军军事，表为平原内史。"《陆云传》："成都王颖表为清河内史。"成都王颖上表推荐军府的僚属任治下的郡太守、国内史、县令。参见第二节第四段第二个注释。
③ 《晋书》卷四四《卢钦传附卢志传》："齐王冏起义，遣使告颖。颖召志计事，志曰：'赵王无道，肆行篡逆，四海人神，莫不愤怒。今殿下总率三军，应期电发，子来之众，不召自至。扫夷凶逆，必有征无战。然兵事至重，圣人所慎。宜旌贤任才，以收时望。'颖深然之，改选上佐，高辟掾属，以志为谘议参军，仍补左长史，专掌文翰。"

211

段。正如第五章第二节所论述的,齐王冏大司马府中府主与僚属亦即府官之间的关系,"受府主辟召成为幕僚的士人,本就是府主主动为了维系人心而辟召的人物,即承担舆论期待的人物,反过来说,也就是引导舆论立场的人物,因此幕僚对府主的批判,正是舆论的具体代言",这里成都王颖与其僚属之间的关系也与此完全吻合。这样,身为府主的宗室诸王便通过辟召士人(即贵族)与舆论发生了具体的联系。

接下来对府主与府官的关系稍作探讨。据表6-1"成都王颖军府僚属及其本贯"可知成都王颖的情况,其府官本贯并不限于所辖地域,而是包含当时西晋统治的全域,其中尤以东汉末年以来有士人渊薮之称的中原汝南、颍川、陈留等郡的士人居多,此外还有琅邪王氏出身的王澄和吴郡陆氏出身的陆机等出身名族者。例如丞相府记室督江统因著《徙戎论》闻名,他本贯为陈留郡圉县,祖、父均以郡太守终,又嗣爵亢父男,在陈留郡与蔡克并称,被目为"嶷然稀言江应元",袭父爵并以山阴县县令起家,后历任京官、东宫官,齐王冏参军等职。① 丞相府从事中郎将顾荣此前曾历任赵王伦之子虔的大将军府长史、齐王冏的大司马府主簿、长沙王乂的骠骑将军府长史,其后又先后任东海王越的太傅府军咨祭酒、琅邪王睿的安东将军府军司马(军司)等职。② 顾荣不断在掌握实权的宗室诸王府中迁转,他的生存与府主宗室诸王的沉

---

① 《晋书》卷五六《江统传》,其子孙陈朝江总等人仍为贵族,连绵不绝。
② 《晋书》卷六八《顾荣传》。其他人如大将军府参军孙惠曾历任齐王冏的大司马府贼曹属、户曹掾、东曹属(卷五九《齐王冏传》,卷七一《孙惠传》)。不过,如果僚属是私权化的宗室诸王个人任命的,之后被问罪诛杀也无法避免,也常有因为解决莫须有的个人恩怨而被处死的情况。因此顾荣任齐王冏大司马府主簿时,"终日昏酣,不综府事",沉醉不理实务,结果被调出为中侍郎。贵族在府内时对府主的批判,或者不参与实务,虽有积极与消极的区别,但均是与府主宗室诸王划清界限,贵族的这种倾向还是比较多见的。

浮无关,凭借的是其自身"南土著姓"的舆论支持。这种与府主之间保持极高独立性的情况,从长远来看,对南北朝时代,特别是南朝皇帝与贵族之间关系产生深远影响,即贵族的存续与王朝更替并不相干。

宗室诸王与士人在军府(公府)内部表现为府主与府官的关系,例如琅邪王睿(后为东晋元帝)的镇东大将军府后来成为东晋政权的母胎,①有可能孕育成一个新政权的核心,因此对现存政权来说,可算是地方分离的大本营。

八王之乱中为何宗室诸王会成为主角,针对这个问题,笔者在这两节中以宗王出镇为中心,对西晋宗室诸王特有的存在方式进行了探讨。从中可以看出,宗室诸王借助官职掌握军队,又在军府中与士人结成君臣关系,并以此二者为基础,构建出一种独立的权力根基。这种优待宗室的政策是魏晋国家体制为了维持其统一而推行的举措。在出镇时,将皇帝的权限分给委任的宗室诸王,借此来防止地方上离心的倾向。那么,拥有强大权力的宗室诸王为何能够下定决心举兵呢?这些宗室诸王手下又为何能集结众多人才呢?关于这个问题,下一节再讨论。

第三节 宗室诸王的权威

为何八王之乱中出镇的宗室诸王最终会决意举兵呢?其根据应该到哪里寻找呢?以三王起义为例,齐王冏,或者响应他的成都王颖、河间王颙为何会被允许举兵讨伐赵王伦呢?从第五章

---

① 参见第五章第二节第一项第三段第一个注释。东晋政权内部可见的北来贵族与江南豪族的关系,基本与成都王颖军府中贵族阶层和寒人寒门阶层的关系如出一辙。

213

表5-1"八王之乱争斗表"下半部分看的话,可以一目了然地以永宁元年(301)的三王起义为界,将八王之乱的争斗分为两段,此前的政变剧始终以洛阳为舞台,而此后全国都卷入内战中。首先探讨前半段政变的情况,再以此为基础考察后半段举兵的情形。

关于政变,选取的讨论材料是元康元年(291)六月楚王玮杀害汝南王亮和卫瓘的政变(第五章表5-1的第2栏)。首先,以《晋书》卷五九《楚王玮传》为中心略述政变的概要。①

一天夜里,卫将军、领北军中候楚王玮收到了写在青纸上的密诏。这封密诏的内容是:"太宰(汝南王亮)、太保(卫瓘)欲为伊、霍之事,王宜宣诏,令淮南、长沙、成都王屯宫诸门,废二公。"②这封密诏由黄门赍发,同时楚王玮自领北军统御,以此惠帝手诏为依据发出伪诏。第一封伪诏是任命自己为都督中外诸军事,有此权限便可召集洛阳城内外的全部禁军(三十六军),对城内担任宿卫之任的军营进行部署,实施戒严体制,让城外屯驻的军营立即赶来控制汝南王亮所居的太宰府和卫瓘的太保府。第二封伪诏是命汝南王亮和卫瓘返还太宰、太保印绶和侍中的貂蝉,并退居封国,又派使者携带伪诏解任太宰府和太保府的僚属,并宣布两公府的僚属如遵从诏敕不反抗的话,则概不问罪。因为楚王玮这一连串的措施,汝南王亮与卫瓘没有也无法进行像样的抵抗便就缚被杀。

这场政变的整个过程中,诏敕屡出,这些诏敕对政变的成功

---

① 关于这场政变的梗概,除《楚王玮传》外,还可以参见《晋书》卷四《惠帝纪》元康元年六月条,卷三一《后妃上·惠贾皇后传》,卷三六《卫瓘传》,卷五九《汝南王亮传》、《资治通鉴》卷八二《晋纪》"元康元年六月"条。
② 《晋书·楚王玮传》:"而(贾)后不之察,使惠帝为诏曰:'太宰、太保欲为伊、霍之事,王宜宣诏,令淮南、长沙、成都王屯宫诸门,废二公。'夜使黄门赍以授玮。玮欲覆奏,黄门曰:'事恐漏泄,非密诏本意也。'玮乃止。"

发挥了重要作用,尤其是出自惠帝本人之手的罢免汝南王亮和卫瓘的密诏,是楚王玮发动政变的依据所在。这里的诏敕呈现出两个特征。首先第一点,政变开始的诏敕内容都命令政变的目标人物免官和引退,同样的诏敕在八王之乱前半段其他的政变中也能见到。例如诛杀杨骏的政变时(第五章表5-1第1栏)诏敕的内容是"废黜杨骏(太傅),以临晋侯就第"①,诛杀贾皇后的政变时(第五章表5-1第3栏)"废贾皇后为庶人"②。政变目标人物发挥权势的根据,即其地位多数情况下是官职,而剥夺官职、退居封国或者宅第,是政变的惯用手段,用第五章第二节的话就是降诏敕强迫"退让"。③ 接着为了执行此诏敕而派遣禁军,然后逮捕并杀害毫无防备的对手,循此步骤进行政变。第二个特征是,"矫诏",即诈称、假托诏敕,或者有诈称、假托诏敕的语句,在整个事件的记录中频繁出现。《晋书·楚王玮传》云:"遂勒本军,复矫诏召三十六军,手令告诸军曰""又矫诏使亮、瓘上太宰太保印绶,侍中貂蝉,之国""又矫诏敕亮、瓘官属曰",楚王玮依据惠帝手诏不断假托诏敕,发布自己的命令,被记录为"矫诏"。此外,甚至连惠帝的手诏本身在《晋书》卷四《惠帝纪》"元康元年六月"条中都是这样记载的:"贾后矫诏使楚王玮杀太宰汝南王亮、太保菑阳公卫瓘。"前者是楚王玮直接根据自己的意图私自制作的伪诏,后者是

---

① 《晋书》卷四〇《杨骏传》:"及(楚王)玮至,(孟)观、(李)肇乃启帝,夜作诏,中外戒严,遣使奉诏废骏,以(临晋)侯就第。"杨骏被剥夺太傅、大都督、侍中、录尚书事的官职。另外,临晋侯是咸宁二年(276)十二月因武帝皇后之父,即外戚而被封的(卷三《武帝纪》)。
② 《晋书·惠帝纪》"永康元年四月癸巳"条云:"梁王肜、赵王伦矫诏废贾皇后为庶人",参见同书《后妃上·贾皇后传》《赵王伦传》。
③ 另外,"就国""之国"或"就第"等处置,事实上就意味着死亡,参见第五章第二节第一项的相关论述。

依据贾皇后的意图,惠帝自己书写的诏敕。① 这种"矫诏"的表现在其他政变的记录中也频出,而没有用"矫诏"的场合,事实上也能看到假托诏敕的行为。诛杀杨骏的政变中(表5-1第1栏),贾皇后授意殿中中郎孟观、李肇深夜启奏惠帝,制作罢免杨骏的诏敕;②诛杀贾皇后的政变中(表5-1第3栏),赵王伦制作伪诏,据此逮捕并处死贾皇后及其家族。另外,逮捕贾皇后时,齐王冏与贾皇后之间发生了以下对话,被记载在《晋书》卷三一《后妃上·惠贾皇后传》里——贾皇后:"卿何为来!"齐王冏:"有诏收后。"贾皇后:"诏当从我出,何诏也?"③——从这段逸闻可以看出,因当时在位的皇帝是愚钝而缺乏判断能力的惠帝,"矫诏"的情况层出不穷。重要的是,不管是否经过惠帝之手,体现政变主谋者意图的"诏敕"都会出现。如上所述,以楚王玮政变为代表的八王之乱前半段的争斗中,政变的开端都是降"诏敕",然后据此发动政变。也就是说,表面上是根据皇帝惠帝的意思举兵的。而这些"诏敕"的实质是政变主谋者的意图,即"矫诏",其具体内容是剥夺对手的地位。

这种"诏敕"实质上反映的是图谋政变者的意志,"矫诏"作为发动政变的方法屡屡出现,于是针对这种"诏敕",特别是针对发动政变的一方,逐渐出现了一些对抗手段。其中最有意思的是"驺虞幡"的使用。仍以刚才的楚王玮政变(表5-1第2栏)为例来看。

---

① 《晋书·楚王玮传》:"帝遣谒者诏玮还营,执之于武贲署,遂下廷尉。诏以玮矫制害二公父子,又欲诛灭朝臣,谋图不轨,遂斩之,时年二十一。……玮临死,出其怀中青纸诏,流涕以示监刑尚书刘颂曰:'受诏而行,谓为社稷,今更为罪,托体先帝,受枉如此,幸见申列。'颂亦歔欷不能仰视。"
② 参见第三节第四段第一个注释。
③ 参见第三节第四段第二个注释。《晋书·后妃上·惠贾皇后传》:"赵王伦乃率兵入宫,使翊军校尉齐王冏入殿废后。……后惊曰:'卿何为来!'冏曰:'有诏收后。'后曰:'诏当从我出,何诏也?'"

深夜，楚王玮收到惠帝密诏，实为贾皇后的矫诏，楚王玮借此统率戒严的禁军发动政变，朝廷对此无计可施。次日天亮时，太子少傅张华献计："玮矫诏擅害二公，将士仓卒，谓是国家意，故从之耳。今可遣驺虞幡使外军解严，理必风靡。"惠帝听从此计，命殿中将军王宫持驺虞幡赶赴楚王玮处。王宫在军前挥动驺虞幡，大呼"楚王矫诏"，结果楚王玮麾下的禁军"众皆释仗而走，玮左右无复一人"，作鸟兽散，楚王玮草草就擒。①

这里出现的驺虞幡，《资治通鉴》胡三省注云："晋制，有白虎、驺虞幡。白虎威猛主杀，故以督战。驺虞仁兽，故以解兵。"②赵翼《廿二史札记》卷八"驺虞幡"条云："晋制最重驺虞幡，每至危险时，或用以传旨，或用以止兵，见之者辄慴伏而不敢动，亦一朝之令甲也……他朝未见有用之者。"③也就是说驺虞幡本是战争中标识旗的一种，作为皇帝意志在停止战斗时使用，它还是非常之际传达皇帝意志的手段。楚王玮的政变中，王宫持驺虞幡大呼"楚王矫诏"，驺虞幡发挥其本来的作用让禁军解严，同时表示政变是楚王玮矫诏而为，绝非惠帝的意志，楚王玮遂一转而成逆贼。由此可知，驺虞幡是皇帝的分身，在体现皇帝意志这一点上，有凌驾于诏

---

① 《晋书》卷三六《张华传》："内外兵扰，朝廷大恐，计无所出。华白帝以'玮矫诏擅害二公，将士仓卒，谓是国家意，故从之耳。今可遣驺虞幡使外军解严，理必风靡。'上从之，玮兵果败。"同书《楚王玮传》："会天明，帝用张华计，遣殿中将军王宫赍驺虞幡麾众曰：'楚王矫诏。'众皆释杖而走。玮左右无复一人，窘迫不知所为，惟一奴年十四，驾牛车将赴秦王柬。帝遣谒者诏玮还营，执之于武贲署，遂下廷尉。"
② 《资治通鉴》卷八二《晋纪》"元康元年六月"条云："张华白帝，遣殿中将军王宫赍驺虞幡出麾众曰：'楚王矫诏，勿听也！'"胡注云："晋制，有白虎、驺虞幡。白虎威猛主杀，故以督战。驺虞仁兽，故以解兵。"驺虞是传说中像虎和鹿的灵兽。参见《诗经·召南·驺虞》的毛传。关于白虎、驺虞两幡还可参见《太平御览》卷三四一《兵部·幡》。
③ 《廿二史札记》卷八"驺虞幡"条云："晋制最重驺虞幡，每至危险时，或用以传旨，或用以止兵，见之者辄慴伏而不敢动，亦一朝之令甲也……他朝未见有用之者。"另举出了西晋、东晋使用驺虞幡的例子。

救之上的权威。因此驺虞幡在楚王玮政变后的八王之乱中依然不时登场,如淮南王允的政变(表5-1第4栏)中,赵王伦在抵抗政敌的攻击时,用于斩杀淮南王允;①三王起义的收场阶段时,用于解除赵王伦掌握的禁军;②齐王冏对阵长沙王乂的巷战(表5-1第6栏)中③等。不过,随着驺虞幡在政变中频频使用,其本身的效用也变得愈发薄弱,在长沙王乂对阵河间王颙和成都王颖联合军的内战(表5-1第7栏)④和荡阴之战(表5-1第8栏)⑤中,终于发展到把驺虞幡所代表的皇帝——惠帝本人抬到阵前的地步。

如上所见,在八王之乱,特别是其前半段中,矫诏形式的诏敕频出,而为了与之对抗,驺虞幡登场,进而发展到奉皇帝本人参加内战,这样的现象到底意味着什么呢?下面这些例子暗示了问题的答案:虽然怀疑可能为矫诏但最终依然奉诏,没有选择对抗政变的杨骏和汝南王亮、卫瓘⑥;因驺虞幡的出现,部下禁军一瞬间

---

① 《晋书》卷六四《淮南王允传》:"(陈)徽兄淮时为中书令,遣麾驺虞以解斗。"
② 《晋书·赵王伦传》:"王舆屯云龙门,使伦为诏曰:'吾为孙秀等所误,以怒三王。今已诛秀,其迎太上复位,吾归老于农亩。'传诏以驺虞幡敕将士解兵。文武官皆奔走,莫敢有居者。"
③ 《晋书齐王冏传》:"冏令黄门令王湖悉盗驺虞幡,唱云:'长沙王矫诏。'又又称:'大司马谋反,助者诛五族。'是夕,城内大战,飞矢雨集。"
④ 《晋书》卷五四《陆机传》:"长沙王乂奉天子与机战于鹿苑,机军大败,赴七里涧而死者如积焉,水为之不流,将军贾棱皆死之。"卷六〇《张方传》:"又奉帝讨于城内,方军望见乘舆,于是小退,方止之不得,众遂大败,杀伤满于衢巷。"
⑤ 《晋书·成都王颖传》:"永兴初,左卫将军陈眕、殿中中郎逯苞、成辅及长沙故将上官巳等,奉大驾讨颖,驰檄四方,赴者云集。军次安阳,众十余万,邺中震惧。颖欲走,其掾步熊有道术,曰:'勿动!南军必败。'颖会其众问计,东安王繇乃曰:'天子亲征,宜罢甲,缟素出迎请罪。'司马王混、参军崔旷劝颖距战,颖从之。"参见同书《惠帝纪》"永兴元年七月"条。
⑥ 《晋书·汝南王亮传》:"帐下督李龙白外有变,请距之,亮不听。俄然楚兵登墙而呼,亮惊曰:'吾无二心,何至于是!若有诏书,其可见乎?'(公孙)宏等不许,促兵攻之。长史刘淮谓亮曰:'观此必是奸谋,府中俊乂如林,犹可尽力距战。'又弗听,遂为(李)肇所执。"卷三六《卫瓘传》:"夜使清河王遐收瓘。左右疑遐矫诏,咸谏曰:'礼律刑名,台辅大臣,未有此比,且请距之。须自表得报,就戮未晚也。'瓘不从,遂与子恒、岳、裔及孙等九人同被害"。参见卷四〇《杨骏传》。

瓦解的楚王玮①；部下军队远望皇帝亲征之姿便开始退却的河间王颙部将张方②。诏敕、驺虞幡以及皇帝本人的共通之处是无形存在的皇帝权威，在诸多状况下它都能发挥出极大的效果，因此无论是发动政变的一方，还是阻止政变的一方都要利用它。

接下来是之前的另一个问题，以内战为形式的八王之乱后半段中举兵的根据是什么呢？关于这个问题，在此以三王起义为例进行考察。三王起义的开端是，使持节、镇东大将军、都督豫州诸军事、出镇许昌的齐王冏，为了讨伐篡夺惠帝帝位并将其幽禁的赵王伦，举起"惠帝反正"的大义起兵，同时向全国的"征、镇、州、郡、县、国"发送檄书。于是各地开始响应齐王冏的行动，也有直接驰赴齐王冏帐下的人。在河北，响应齐王冏的使持节、征北大将军、都督邺城守诸军事成都王颖帐下的兖州刺史王彦、冀州刺史李毅等人集结起来，在封国的常山王乂（后为长沙王）也继之组成讨伐赵王伦的联合军，进击洛阳。③ 这其中值得注意的是，第一，出镇要冲，被期以"藩屏"的宗室诸王，特别是"亲亲"的宗室诸王处在举兵的核心位置；第二，这些宗室诸王是遵照反赵王伦的舆论趋势而举兵的。更具体的表现是，齐王冏飞檄全国各地，因大义而举兵，成都王颖在举兵之际改选幕僚，这都显示了其与舆论的一致性。④ 这种准备条件本身并没有诏敕，而举兵依然可以正当化，并且能够集结其他势力。归根结底，应该可以说宗室诸王与舆论二者相结合成了诏敕的替代品。而这种存在方式本身不也反过来暗示了诏敕等体现的皇帝权威的产生来源吗？回顾

---

① 参见第三节第六段第一个注释。
② 参见第三节第七段第六个注释。
③ 参见第五章第一节的相关论述。
④ 参见第二节第五段第四个注释。

东汉末年群雄割据的状态中,军阀曹操与自觉的舆论中心清流士人相结合形成曹操政权,吸收其他军阀势力,终于建立曹魏王朝,而后继承曹魏的西晋王朝最终再度统一中国。也就是说,魏晋国家体制的形式就是军队与舆论的结合,而皇帝就处在这两者的结合点上,①皇帝的权威是在这种背景下由两者共同支撑,并由此产生的。而在西晋王朝陷入不断私权化的国家体制危机之际,舆论为了反对这种私权化,恢复国家的公权机能,做出的一系列努力,就是八王之乱历次争斗下的内在暗流,这股暗流浮现在表面上的契机便是象征国家意志的诏敕、驺虞幡的登场。随着八王之乱扩大到内战层面,直接获得皇帝的诏敕已变得不可能。为了让自己的举兵正当化,与舆论同道的宗室诸王便走上了前台。②

小　结

综上所述,八王之乱中,西晋的宗室走上台前,特别是出镇地方的宗室诸王成为内乱的主角。关于西晋的宗室,与前朝不同的一点是能够任官参与政治,而他们就任的官职又多与军事相关,其中尤以作为都督出镇最为典型。这一出镇体制虽然自曹魏以来就是地方统治体制的根基,但进入西晋以后,主要的都督为宗室独占。地方蕴含着分离倾向,而皇帝将地方上以军事为核心的

---

① 参见川胜义雄:《曹操軍団の構成について》,第136—137页。
② 宗室诸王的典型代表成都王颖其人"形美而神昏,不知书,然器性敦厚"(《晋书·成都王颖传》),与身为皇帝的惠帝为人有相通之处。而且成都王颖在落魄后为出镇襄阳的刘弘所擒,却因刘弘的暴毙而被举为其后任者(《晋书》卷六六《刘弘传》)。在他被杀之后,原部将汲桑奉成都王颖之棺至军中。(《晋书·成都王颖传》:"其后汲桑害东嬴公腾,称为颖报仇,遂出颖棺,载之于军中,每事启灵,以行军令。桑败,弃棺于故井中。")

自主权大幅委托给宗室诸王,原本是期待利用皇帝与宗室诸王之间的血缘纽带,发挥中央与地方的纽带与"藩屏"作用。出镇的宗室诸王不仅掌握了所辖地区的军事权,还在地方开军府,两者相辅相成,成为宗室诸王手握强权的要因。因为宗室诸王从所辖地区辟召人才进入军府的同时,还可以作为中央官从全国任用士人,于是便有了与士人代表的舆论相结合的可能。西晋时代政权形成的两大要素,在出镇的宗室诸王的幕府中同时具备,于是诸王幕府也就成了很多政权的母胎。这些宗室诸王在八王之乱中被允许举兵,而前半段争斗中的王牌是诏敕(屡屡以"矫诏"的形式出现)、驺虞幡,乃至皇帝本人,从中可以看出,举兵的合法性来源是皇帝的意志,亦即皇帝所体现的国家意志。因此当争斗进入后半段,无法直接搬出皇帝时,地方举兵时的依据则由两点构成:作为"藩屏"出镇的宗室诸王与皇帝之间的血缘关系,尤其是与皇帝最近的"亲亲"的立场,和士人代表的舆论的支持。

　　上文的论述仍未能完美解释本章开头提出的问题:为何宗室一定就要成为八王之乱的主角呢?遗留的问题主要包括两点:一是关于宗室,单纯地用与皇帝的血缘关系来解释宗室,也许会抹杀他们的历史特性,无法体现魏晋南北朝时期宗室的特性;二是关于贵族制,虽然笔者否定了唐长孺的见解,但并没有明确提出一个新的观点。其实只有宗室与贵族相辅相成,才能使国家正常运转,但本章并没有探明二者的内在关联,这个问题只能留待将来解决。

　　除此之外,笔者在讨论西晋的宗室时,将焦点集中于出镇的宗室诸王上,对于其他的宗室,特别是入辅的宗室诸王和未任官便就国的宗室诸王则基本没有提及。魏晋南北朝的其他时代,特别是南朝的宗室也未能措意。那时宗室诸王的存在方式,与西晋

221

出镇的宗室诸王应该有着基本相同的属性,将来也须进一步确认。

此外,与魏晋南北朝时宗室活跃在政治前台不同,接下来的隋唐时代宗室逐步消失在视野之中。那么魏晋南北朝时国家的宗室给隋唐造成了怎样的影响呢?通过魏晋南北朝的摸索,隋唐时完成的律令体制,又与此有何关联呢?赋予官员强大的权限并派往地方的体制,在中国历史上屡见不鲜,例如唐代后期的藩镇体制也是这种都督出镇体制,也是国家出于同样意图创造的体制,但在形态上截然不同,这是不是反映了中国历史发展阶段的不同呢?这些重大历史课题将是笔者今后长期研究的对象。

第二部　社会史篇

第七章　关于贾谧"二十四友"的若干问题

贾谧的"二十四友"是西晋元康年间(291—299)的"文学集团"。本章要讨论的问题有三:一是在狭义八王之乱的开端,即赵王司马伦对贾皇后发动政变之际,贾谧被杀,而"谄事"贾谧的"二十四友",为何未被作为贾谧的私党而被连坐处置?与之相关,第二,政变后不久,阎缵上奏批判"二十四友"的议论,提议处理方案的问题。最后在上述两个问题的基础上,考察贾谧与"二十四友"之间关系的性质问题。

关于贾谧"二十四友"的先行研究不论中日,都是文学方面比史学方面更多。接下来笔者将介绍整体先行研究中体现的两大特征与近年来中国的成果。

第一个特征是,关注"二十四友"在魏晋南北朝时代文人集团或集会活动中的定位。例如森野繁夫指出,齐梁诗的特色是文学集团化,而"二十四友"则是文学集团化的先声之一,它也是文学的社交性与游戏性的滥觞。① 第二个特征是,指出集团内部存在对立。高桥和巳称之为"竞争性氛围"(兴膳宏则称之为"敌对性关系"),西晋修辞文学是以"座"(即沙龙式交友场域)为前提展开

---

① 参见森野繁夫:《六朝史の研究》,第一学习社,1976年。

的,这种"座"则带有贵族式的游戏性、竞争性氛围。①

接下来介绍近年来中国的成果。张国星指出《晋书》中关于"二十四友"的记载存在矛盾。他将其成员分为三种类型,论述主要成员为"贾谧为纂修晋史而罗致的文学之士","二十四友"并没有政治目的或文学创作主张,而是以"好名"为动机的一种"名士聚集"。② 徐公持认为,元康六年(296)为活动的高潮期,成员的条件分为"豪戚贵游子弟"与"文学之士"两种类型,而攀附贾谧的目的为追求政治上的"发达",抑或是参与贵游享乐。③ 张爱波指出,"松散性"与"复杂性"为集团内部关系的特征,而集团的定义是以权臣贾谧为中心,以贵戚为"首",以"具有文才声望的中层士族"为主体,通过"交游唱和等形式"实现个人的政治利益的"文人集团"。④ 以上三者的共同点是,对其成员的构成特点进行了更为详细的分析,尤其值得注意的是,他们都不仅仅将"二十四友"作为"文学集团",而是看作旨在获得名声的名士的集结⑤或是追求政治上的出世,以实现政治利益为目标的集团。⑥

笔者对于"二十四友"基本看法在拙著《晋武帝司马炎》中有如下阐述⑦:

---

① 参见高桥和巳:《潘岳論》,《中國文学報》第 7 册,1957 年;同氏:《陸機の伝記とその文学》上・下,《中國文学報》第 11・12 册,1959、1960 年;兴膳宏:《潘岳　陸機》,《中國詩文選》第 10 卷,筑摩书房,1973 年。
② 参见张国星:《关于〈晋书・贾谧传〉中的"二十四友"》,《文史》第 27 辑,1986 年。
③ 参见徐公持编著:《魏晋文学史》,人民文学出版社,1999 年。
④ 参见张爱波:《西晋士风与诗歌——以"二十四友"研究为中心》,齐鲁书社,2006 年。
⑤ 参见张国星:《关于〈晋书・贾谧传〉中的"二十四友"》。
⑥ 参见徐公持编著:《魏晋文学史》;张爱波:《西晋士风与诗歌——以"二十四友"研究为中心》。与之相对的是,张国星认为其并无政治目的。
⑦ 福原启郎:《西晋の武帝司馬炎》。又,本章的基本构想已经在《贾谧の"二十四友"の歴史的意義》(东北中国学会大会史学分科会口头报告,1990 年)中论述过,但尚未形成论文。

贾谧或郭槐外出时,石崇和潘岳总是"望尘而拜",由此明显可知,贾谧与"二十四友"是以卑躬屈膝的屈从形式建立的联系,这一点在当时贵族的舆论场上评价不佳。(A)

但其成员也包括如陆机、潘岳、左思这样不仅在当时,甚至在整个中国文学史上都留下划时代印记的杰出文人(B1);也有如刘舆、刘琨兄弟这样后来直面八王之乱、永嘉之乱等晋王朝危机,并尽力维护、再建晋王朝的官僚(B2)。可谓群贤云集,群星璀璨。(B)

这与负面评价之间的落差又该作何理解呢?"二十四友"中的人物基本都是"寒门",有着在官场上升和出世的欲望。《钱神论》《释时论》描绘的世界中,同为寒门者通过贿赂等方式谄媚权贵,试图打开出世之口。而"二十四友"与之相反,他们以自己的文学才华或实务才华为武器,博得贾谧这一当时首屈一指的权贵的赏识。而寒门、寒人通过各种方式寻找出世之口,并与宗室诸王结为一体,这也成为其后八王之乱的重要原因。

以上就是笔者的主要观点。更简洁明确地来说,笔者将他们看作是贵族制社会中寒门、寒人阶层在官场的上升志向(出世欲)的一环。模式化地来表现寒门、寒人阶层在官场的上升志向可如下:

〔权贵　　←〔贿赂〕　←寒门〕(《钱神论》《释时论》)

〔贾谧　　←〔文学才华、实务才华〕　←"二十四友"〕

〔宗室诸王　←〔军事才华等〕　←寒门、寒人〕(八王之乱)

从这个图式中可以看出,在A与B之间的矛盾中,二十四友用自己的才能作为武器来结交权贵,他们与当时社会上的"互市"风潮(《钱神论》《释时论》)和推动八王之乱的宗室诸王都有关联。今天看来,这些认识依然是基本准确的。

不过,"二十四友"的成员究竟是否可以看作是寒门,这一点是值得商榷的。其大部分成员为官僚,且其中十二人为四品以上①,或被认为是"中层士族"②。

笔者近年来就"二十四友"问题进行过几次口头报告③,此外还使用"贾谧'二十四友'人士的相关资料"制作了每个"二十四友"成员的资料。

本章将在近年来中国成果与笔者一系列研究的基础上,通过探讨和考察开头提出的若干问题,对拙著《晋武帝司马炎》中所示的模式性理解进行重新审视。

第一节 贾谧"二十四友"相关信息

本节以探讨贾谧与"二十四友"关系的性质为前提,对唐修《晋书》等史书所记载的、贾谧"二十四友"的相关资料进行整理(主要史料为章末附录"二十四友"相关史料的 a 至 i,以下用小写英文字母表示出处)。

"二十四友"这一称呼在当时已经存在。贾谧被杀一个多月之后阎缵的上奏文,即几乎同时代的史料中记载为"鲁公二十四

---

① 参见徐公持编著:《魏晋文学史》。
② 参见张爱波:《西晋士风与诗歌——以"二十四友"研究为中心》。
③ 《漢晉間の社会変動に関する考察——賈謐の二十四友の分析をいとぐちとして》,内藤湖南研究会,2006 年 4 月 15 日。《賈謐の二十四友の歴史的意義に関する一考察》,瀬戸内魏晋南北朝史研究会,和歌山市加太,2007 年 3 月 30 日。《魏晋時代の文学集団——「三曹七子」との対比による「二十四友」の再検討》,エルの会(即京都六朝史研究会,1990 年由谷川道雄先生创办,基本每月活动一次,每次一至两人报告,延续至今。——译者),2007 年 9 月 22 日。《魏晋时期文学集团的历史启示》,魏晋南北朝史国际学会讨论会,武汉大学,2007 年 10 月 19—21 日(收录于中国魏晋南北朝史学会、武汉大学中国三至九世纪研究所编:《魏晋南北朝史研究:回顾与探索》,湖北教育出版社,2009 年)。

友"(d)①。此外,"友"指的是请教"师友"的"友",显示出语义上的平等关系②。

活动时期主要在元康年间(291—299),活动时间下限为狭义的八王之乱爆发,"二十四友"的靠山贾谧和成员杜斌、石崇、欧阳建、潘岳被杀的永康元年(300)。相比之下,其活动时间的上限则众说纷纭,比如《资治通鉴》系于元康元年之条(i),而兴膳宏则比定为元康三年,但恐怕如张国星、张爱波所言,元康六年之后的可能性比较大。此外,活动的主要舞台在首都洛阳。

"二十四友"的靠山贾谧是"权过人主"的权贵,其权力的来源首先因为他是开国第一功臣(顾命大臣)贾充唯一有血缘关系的男性后代(其母为贾充之女),尽管原名韩谧,为异姓(生父为韩寿),因武帝之诏特许成为贾充后嗣,袭"鲁公"爵位,且深得贾皇后之宠,为首屈一指的外戚(当时杨太后及其一族已被排挤)。贾谧本人颇有文才,并招致同好之士的"二十四友"。

成员为石崇、欧阳建、潘岳、陆机、陆云、缪徵、杜斌、挚虞、诸葛铨、王粹、杜育、邹捷、左思、崔基、刘瑰、和郁、周恢、牵秀、陈眕、郭彰、许猛、刘讷、刘舆、刘琨此"二十四友"(c)③。可确认的是当时所有成员均为官僚,且大半为高级官僚④,所有人都比贾谧年长(a),而以石崇、欧阳建、潘岳、陆机、陆云、挚虞、左思、刘琨等人

---

① (d)的文字,现存史料中首见于刘宋何法盛《晋中兴书》佚文(a)。
② "二十四友"之类的用语有曹魏王太子曹丕的"四友"、孙吴皇太子孙登的"四友"、南齐竟陵太子萧子良的"八友"等。此外当时各王国、各公国的属官中,除辅导、教育各王、各公的"傅""保"之外还设有"友"(洪饴孙《三国职官表》)。
③ 张国星推定刘讷元康年间已死,将其从二十四友中除去,见《关于〈晋书·贾谧传〉中的"二十四友"》。
④ 参见徐公持编著《魏晋文学史》中,将其分为四类,分别为"贵戚""功臣及名门后裔""当时名士"与贾谧、石崇有特殊关系者"。此外,徐公持认为四品以上有十二人,张爱波认为高层士族与中层士族各自约占50%(《西晋士风与诗歌——以"二十四友"研究为中心》)。

为代表,多为驰名文坛之士。①

其文学相关的活动如下。与"三曹七子"游宴之场的诗作类似,贾谧的秘书省官邸内的"座"上有潘岳、陆机、左思等人讲习《汉书》,而与之相应的宴会场景则由潘岳、陆机等以四言诗描写。② 另一点可确认的是,石崇和欧阳建、潘岳和陆机、陆机和陆云、杜育和挚虞之间一直通过赠答诗互相交往。③

贾谧与"二十四友"都是官僚,两者之间在官职上的关系除著作郎潘岳、陆机和秘书郎左思外,史书上无从寻迹,因此两者的关系本就不以官职为媒介。这一点与"三曹七子"形成鲜明对比,因为曹操与"七子"是府主与属僚的关系。贾谧与"二十四友"更近于曹魏正始年间(240—249)曹爽与"正始之音"名士之间的关系。④ 虽说只是权贵与追随人士关系的形式之一,但值得注意的是,他们以"文才"为标准进行选拔,预先设定并限制人数,"号曰'二十四友',其余不得预焉"(c)。⑤

---

① 参见福原启郎:《賈謐の二十四友に所属する人士に関するデータ》,《京都外国語大学研究論叢》第70号,2008年。
② 潘岳吟曰:"治道在儒,弘儒由人。光矣鲁侯,文质彬彬。笔下摛藻,席上敷珍。前疑既辨,旧史惟新。将分尔史,既辨尔疑。延我僚友,讲此微辞。"("鲁侯"指的是鲁公贾谧,以美好词汇"光矣"形容之)陆机吟曰:"税驾金华,讲学秘馆。有集惟髦,芳风雅宴。"此外,元康六年石崇举办的金谷之会的赛诗作品中,有潘岳、杜育等人的诗存世(引自兴膳宏:《石崇と王羲之》,《書論》第3号,1973年)。
③ 潘岳(为贾谧代作)与陆机的应酬中,潘岳诗曰"南吴伊何,僭号称王",暗指孙吴政权的非正当性,而陆机诗曰"吴实龙飞,刘亦岳立",是对其的间接反驳,"二十四友"内部的敌对意识可见一斑。关于这种敌对意识,高桥和巳认为,作为竞争性氛围之座的"二十四友"内有优劣之争。见高桥和巳:《陸機の伝記とその文学》上、下;兴膳宏:《潘岳　陸機》;张爱波:《西晋士风与诗歌——以"二十四友"研究为中心》。
④ 参见福原启郎:《魏晋时期文学集团的历史启示》。
⑤ 考虑贾谧与"二十四友"的关系时值得玩味的是,史书记载中以贾谧为中心重新构成的同心圆状的图式。以"开阁延宾"的贾谧为圆心,面向贾谧可以画出(甲)"潘岳与石崇"("潘岳、石崇、欧阳建、陆机、陆云、缪徵、杜斌"),(乙)"二十四友",(丙)"贵游豪戚,及浮竞之徒",(丁)"京洛人士",(戊)"海内"(二十四友相关史料a、b、c)这样的同心圆。这究竟意味着什么呢?

另一方面，关于"二十四友"之间的关系，存在敌对意识①且四分五裂这一点可在之后成都王颖帐下的南人陆机、陆云与北人王粹、牵秀的对立中可见一斑。② 此外，贾谧与"二十四友"的关系也很脆弱（如陆机在对贾谧政变之际立功），可见贾谧的"二十四友"也是靠利益关系结合在一起的"同床异梦"的集团。

关于这种私下结交，史书中的描述和评价称其为"傅会"（c）、"谄事"（b、e）"翕习"（d）、"附托"（h），其衍生和具体的描述为"并以文才，降节事谧"（a）和"望尘而拜"（e）。贾谧与"二十四友"以及"二十四友"之间的结交，即其朋党之状被描述为"共相朋昵"（a）、"共相引重"（f），虽然这些评价可能有失偏颇，但确实都是否定性评价。那么，这种否定性评价由何而来呢？

第二节　赵王司马伦政变后的处置

本节要探讨的问题是，在赵王司马伦政变之际贾谧被诛杀后，为何"谄事"贾谧的"二十四友"却未被作为"私党"连坐处分。首先，用拙著《晋武帝司马炎》的内容对八王之乱争斗之一的赵王伦政变及其之后的一系列动向（表5-1"八王之乱争斗表"第3、4、5栏）进行整理概括：

> 永康元年（300）四月三日深夜，赵王伦发动政变。大义名分是废黜杀害皇太子的贾皇后，目标即贾皇后和贾谧。贾谧伏斩，贾皇后被褫夺皇后之位并幽闭。且贾氏一族、一党均被捕，张华等有朝望的重臣被杀。同月九日，毒杀幽闭于

---

① 本章开头中先行研究的特征。参见第一节第六段第二个注释。
② 参见福原启郎：《西晋の武帝司馬炎》。

金墉城的贾南风,并对这次政变进行论功行赏。赵王伦本人拜命相国、使持节、都督中外诸军事、侍中,开相国府。

五月九日,同年三月二十二日因贾皇后之命被杀的皇太子司马遹(愍怀太子)的次子司马臧被册立为皇太孙。贾南风死后,直接参与杀害愍怀太子的刘振等人亦被诛杀。

八月,淮南王允以打倒赵王伦为旗号举兵后失败。石崇为此连坐被处死。淮南王允的政变被反镇压后,赵王伦加九锡。

永康二年(301)正月九日,赵王伦篡夺帝位。惠帝被送至金墉城,被尊为太上皇,十七日,皇太孙司马臧被杀。

三月,出镇许昌的齐王冏举兵,邺的成都王颖、长安的河间王颙等响应,此即"三王起义"。其结果是四月九日赵王伦被杀,其私党被一并诛杀。

以上为赵王伦的政变及其后来的一系列动向。

赵王伦的政变中,赵王伦以"矫诏"(伪诏)命令尚书废除贾皇后之位并收捕贾谧,六日后,被废为"庶人"的贾皇后先暂时被幽闭于建始殿,随即被幽闭于金墉城。六日后,又因赵王伦的"矫诏"被杀。① 时钟往回拨,贾谧曾试图逃避"收捕",到达"西钟"后,欲求救于贾皇后未果,而被当场"斩"杀。② 正如《晋书·惠帝纪》中记载的

---

① 《晋书》卷四《惠帝纪》"永康元年四月癸巳"条云:"梁王肜、赵王伦矫诏废贾后为庶人。"同月"己亥"条云:"赵王伦矫诏害贾庶人于金墉城。"同卷三一《后妃传上·惠贾皇后》云:"赵王伦乃率兵入宫,使翊军校尉齐王冏入殿废后……至宫西,见谧尸,再举声而哭遽止。伦乃矫诏遣尚书刘弘持节赍金屑酒赐后死。"同卷四〇《贾充传附贾谧传》云:"及赵王伦废后……贾服金酒而死。"同卷五九《赵王伦传》云:"乃矫诏敕三部司马曰……今使车骑入废中宫……遂废贾后为庶人,幽之于建始殿。……明日……(赵王伦)遣尚书和郁持节送贾庶人于金墉。"参见第五章。
② 《晋书·惠帝纪》"永康元年四月癸巳条"云:"侍中贾谧及党与数十人皆伏诛。"同书《贾谧传》云:"以诏召谧于殿前,将戮之。走入西钟下,呼曰'阿后救我',乃就斩之。……及时,谧死于钟下。"《惠帝纪》用"诛",《贾谧传》则用"戮"来表述。

"伏诛",是被"诛"(诛杀)的。古胜隆一将"诛"这一行为概括为皇帝直接行使正义时的死刑。他认为"诛"虽非律令的法律用语,但相当于律令刑罚规定的"大逆不道"罪的死刑(因此伴随着"三族"即连坐亲族),而且是加上了行使皇帝权力(发"诏")这一侧面的行为。① 在这场政变中,出现了问杀害皇太子之罪的"诏",其本意为"诛"首谋者与附和者,实际上却因拿出"诏"的赵王伦及其心腹孙秀的意图而引发了冤狱。发"诏"的原本应该是当时的皇帝惠帝,但似乎惠帝无法自己发"诏",恰好当时前来收捕贾皇后的齐王冏说"有诏收后",贾皇后反驳道"诏当从我出,何诏也"。② 实际上由臣子代为发诏,这种肆意的、自私的"矫诏"行为屡见不鲜。③ 诛杀贾谧时,赵王伦所持之"诏"(尚书所制)与收捕、废贾皇后位的"诏"不同,将贾谧招至殿前,欲"戮"之。④

以下对政变中利用此"诏"而"诛"的连坐处分进行分类。

第一类是被归为贾谧"党与数十人"而被诛杀的集团⑤。具体来说,有后宫相关(多数为女性)的吴太妃(?)、赵粲(夫人、充华,武元杨皇后的母族)、贾午、董猛(宦官、寺人监,"亲信""参预")等,⑥以及贾皇后、贾谧及赵粲的亲族,特别是南阳韩氏的韩

---

① 参见古胜隆一:《魏晋時代の皇帝権力と死刑——西晋における誅殺を例として》,收入富谷至编《東アジアの死刑》,京都大学学术出版会,2008年。
② 《晋书·后妃传上·惠贾皇后》云:"赵王伦乃帅兵入宫,使翊君校尉齐王冏入殿废后。……后惊曰:'卿何为来?'冏曰:'有诏收后。'后曰:'诏当从我出,何诏也?'"
③ 八王之乱时频繁出现。《晋书·赵王伦传》仅这一次政变中就有三处记载。值得玩味的是,关于收捕贾谧等内容的诏,尚书台疑为"诈",尚书郎师景以露版上奏请"手诏",面对此举,赵王伦斩师景。上述《晋书·惠帝纪》中斩杀贾皇后的记载也是"矫诏"的一个例子。参见第二节第八段第一个注释。
④ 《晋书·贾谧传》。
⑤ 《晋书·惠帝纪》"永康元年四月癸巳条"云:"侍中贾谧及党与数十人皆伏诛"。
⑥ 《晋书》卷三一《后妃传上·武元杨皇后》《惠贾皇后》。《惠贾皇后传》云:"赵粲、贾午、韩寿、董猛等皆伏诛。"同书《贾谧传》云:"贾午考竟用大杖。"同书《赵王伦传》云:"收吴太妃、赵粲及韩寿妻贾午等,付暴室考竟。"

寿及其兄弟韩保(韩寿之兄)、韩预(豫)、韩鉴(均为韩寿之弟)、韩蔚(韩寿之少弟)和赵俊(赵粲叔父、中护军)。① 例如,贾午在被刑讯后处死。此外,直接参与杀害愍怀太子的治书侍御史刘振与黄门孙虑、太医令程据等应该也属此列。②

第二类是过去与赵王伦有私怨,且不齿参与这场政变的有朝望的重臣集团。他们被矫诏召至式乾殿前殿,后被引至殿前马道之南处斩杀。此亦为诛杀。具体来说有司空张华、尚书左仆射裴𬱟、御史中丞解结、给事黄门侍郎杜斌等。③

第三种是众多的"内外群官",即被免官("黜免")的集团。④不过史书中未见具体例子。

以上三种集团中,第一集团和第二集团在被"诛杀"这一点上是相通的,而从第二集团被杀的经过来看,很明显第二集团并非如第一集团那样是贾皇后或贾谧的私党。《晋书·惠帝纪》和《阎缵传》中被记载为"遇害",且"三王起义"中赵王伦被杀后,张华、解系、解结兄弟等的"诛杀"被视为冤狱,名誉得到恢复。⑤ 从这

---

① 《晋书·贾谧传》云:"韩寿少弟蔚有器望,及寿兄巩令保、弟散骑侍郎预、吴王友鉴、谧母贾午皆伏诛。"同书《赵王伦传》云:"明日……诛赵粲叔父中护军赵俊及散骑侍郎韩豫等。"
② 《晋书》卷五三《愍怀太子传》云:"……更幽于许昌宫之别坊,令治书御史刘振持节守之。……(贾后)乃使太医令程据合巴豆杏子丸。三月,矫诏使黄门孙虑赍至许昌以害太子。……虑以告刘振,振乃徙太子于小坊中,绝不与食……虑乃逼太子以药,太子不肯服,因如厕,虑以药杵椎杀之……。及贾庶人死,乃诛刘振、孙虑、程据等。"
③ 《晋书·惠帝纪》"永康元年四月癸巳条"云:"司空张华、尚书仆射裴𬱟皆遇害。"同书《赵王伦传》云:"(赵王伦)召中书监、侍中、黄门侍郎、八坐,皆夜入殿,执张华、裴𬱟、解结、杜斌等,于殿前杀之。"参见同书卷三五《裴秀传附裴𬱟传》、卷三六《张华传》、卷六〇《解系传附解结传》(已被免官的兄解系也与妻子同已被杀)与福原启郎:《賈謐の二十四友に所属する人士に関するデータ》的⑦杜斌条。
④ 《晋书·赵王伦传》云:"内外群官多所黜免。"
⑤ 参见上上条注释。《晋书》卷四八《阎缵传》的记载有所区别,"及张华被害、贾谧被诛",之后又记述说阎缵抚张华遗骸恸哭,却对着贾谧的尸体痛斥。参见古胜隆一:《魏晋時代の皇帝権力と死刑——西晋における誅殺を例として》。关于张华等人的恢复名誉也可参考该文。

第七章　关于贾谧"二十四友"的若干问题

一点来看,第二集团不如说更接近第三集团,其生死的分水岭坦率地说即是否为赵王伦的私怨对象。

那么"二十四友"的成员们何去何从呢？在史书上可确认的唯一被杀者是杜斌。杜斌,字世将,本贯京兆杜陵,杜预之从兄。因"才望"颇丰,升至给事黄门侍郎,"附托"潘岳和贾谧等人(给事黄门侍郎嵇绍与之相反,拒绝了贾谧之求)。① 杀害理由尚未判明,但杜斌既属于第二集团,理由大概与一起被召来而杀害的张华、裴頠一样。至少并不像第一集团那样是因为与贾皇后或贾谧的关系。这一点从此时"二十四友"其他成员尚未被杀可得印证。总而言之,"二十四友"尽管在私相结交这一点上共通,但与诛杀对象贾谧的私党("党与")还是区别开的。那么,既为"二十四友"成员,还是贾皇后亲族(贾皇后之母郭槐的从兄弟),且深受贾皇后信赖——即应该被认为是第一集团成员的郭彰又受到了怎样的处分呢？史书并未明确记载。②

永康元年八月,淮南王允对赵王伦发动政变,结果反遭讨伐,与"数千人"一起被诛杀,这其中包括可以说是"二十四友"领袖的成员石崇、欧阳建和潘岳三人。然而根据史书的解释,这并不是因为他们是淮南王允的私党,也不是因为他们参与了这场政变,而是因为他们各自都是赵王伦及其心腹孙秀的私怨对象。③

---

① 参见福原启郎:《賈謐の二十四友に所属する人士に関するデータ》。
② 郭彰有可能被处死,但《晋书》本传并未提及。张国星从其被记载谥号这一点推定郭彰在政变时已死。参见福原启郎:《賈謐の二十四友に所属する人士に関するデータ》的 20 郭彰条。
③ 孙秀原为郡小吏,怨恨不把自己当人的太守之子潘岳,也怨恨不肯将爱妾绿珠给自己的石崇。赵王伦作为镇西大将军出镇关中时,作为冯翊太守同在关中的欧阳建向其谏言,对此赵王伦与孙秀心怀怨恨(参见福原启郎:《賈謐の二十四友に所属する人士に関するデータ》的 1 石崇、2 欧阳建、3 潘岳条;福原启郎:《西晉の武帝司馬炎》)。

235

永康二年(301)四月对赵王举兵的"三王起义"时,诛杀对象是私党(孙秀、许超、士猗)和义阳王威(也包括惠帝的私怨)等"赵王伦之党与""凡与伦为逆豫谋大事者",免官对象为故吏及陆机等人。据《晋书·惠帝纪》"永宁元年四月辛酉"条"伦党",同书癸亥条"伦之党与",同书《赵王伦传》"凡与伦为逆豫谋大事者",名列其中的有张林、许超、士猗、孙弼、谢惔、殷浑、孙秀、张衡、闾和、孙髦、高越、伏胤、蔡璜、王舆(以功免诛)。①

综上可知,在赵王伦政变及其后一系列动向中丢掉性命的"二十四友"成员可确定为杜斌、石崇、欧阳建和潘岳四人,但无一人是因为私党而被诛杀。相反,陆机、陆云、杜育、邹捷等人还积极加入赵王伦。陆机当时在中书郎的任上,赵王伦被杀后,因为有参与为赵王伦篡夺帝位撰写九锡文和禅诏的嫌疑,与杜育、邹捷等被一同送至廷尉,但因爱其文才的成都王颖和吴王晏的辩护,罪减一等,进而被恩赦释放。②

整体而言,八王之乱就是政变、巷战、内战等持续的争斗(第五章、第六章)。以永平元年(291)三月贾皇后对外戚杨骏发动的政变③为开端,到永宁二年(302)十二月的河间王颙、长沙王乂等

---

① 见本书第五章第三节及福原启郎:《西晋の武帝司馬炎》,第 245—249 页。私党的典型就是赵王伦的心腹,拔擢为中书令、监,寒人出身的孙秀。拔擢契机为封至琅邪国的司马伦遇到当地出身的小吏孙秀。司马伦改封至赵国后,孙秀也将本贯移至赵国,具备文才的孙秀便代替文盲赵王伦处理文书,并不断为赵王伦出谋划策。又,此人可能信奉天师道。
② 《晋书》卷四七《傅玄传附傅祗传》。参见福原启郎:《賈謐の二十四友に所属する人士に関するデータ》的 4 陆机、5 陆云、11 杜育、12 邹捷条。
③ 永平元年(291)三月八日贾皇后对太傅杨骏发动政变时,当日"诛杀三百余人",都是东安王繇代贾皇后专断而行的(《晋书》卷三八《宣五王·琅邪王伷传附东安王繇传》)。此外,"诛赏"的"诛"的目标外威杨骏及其"亲党"(不是"亲"的"党",而是"亲"与"党")全部被诛杀三族,死者达"数千人"(《晋书》卷四〇《杨骏传》。另,同书卷三一《后妃列传上·武悼杨皇后》中,受贾皇后之意的负责官员在弹劾杨太后的上奏文中说杨骏"布树私党",杨太后"以奖凶党"),其中作为"亲"的杨骏(转下页)

对齐王冏的举兵等①,每次争斗中失败的外戚、宗室的私党都与其三族一并被杀。从政变中用"诏"而"诛"这点来看,恐怕赵王伦和孙秀的脑海中会有诸多可供效法的先例,其中理当包括贾皇后对杨骏发动的政变,或许还有曹魏正始十年(249)司马懿对曹爽

(接上页)之弟杨珧(卫将军)、杨济(太子太保)、杨邈、外甥张劭(中护军),其他还有李斌(河南尹)、段广(散骑常侍)等被杀(八日)(《晋书》卷四《惠帝纪》"元康元年三月辛卯"条。杨珧以藏于宗庙的"石函"为挡箭牌申诉自己的冤屈,但东安王繇毫不以为意,即命杀之,此事又见于同书《杨骏传附杨珧传》),作为"家属应诛"的杨太后之母庞氏(高都君)也"付廷尉行刑"(九日)(杨皇后本人被幽闭并饿死于金墉城。《晋书·惠帝纪》"元康元年三月壬辰"条、同书《后妃列传上·武悼杨皇后》)。裴楷则根据尚书左仆射荀恺上奏,因为是"婚亲"(《傅祗传》记为"亲",裴楷之子裴瓒为杨骏之婿,裴瓒为乱兵所杀)而被"付"与"廷尉",即将被处死之时,侍中傅祗申诉其无罪,因诏被赦,以"去官"告终(《晋书》卷三五《裴秀传附裴楷传》、同书卷四七《傅玄传附傅祗传》)。作为"党",蒋俊(中书令)、刘予(刘预。左将军)等人被杀。文淑(俶)(小名为鸯。东夷校尉)与专断的东安王繇有私怨,尽管"无罪",也被构为"谋逆",被诛杀三族(《三国志》卷二八《诸葛诞传附唐咨传》注引《晋诸公赞》、《晋书·东安王繇传》)。武茂(尚书)也因有私怨的荀恺的上奏文,以其是杨骏之"姨弟"被诬为"党"("逆党")而被杀(《三国志》卷二七《胡质传》注引《虞预晋书》、《晋书》卷四五《武陔传附武茂传》)。

关于杨骏太傅府的"官属",当时虽下达了逮捕令,傅祗引曹魏正始年间政变故事,论说不应罚"僚佐",因而他们被下诏赦免(《晋书·傅祗传》云:"时又收(杨)骏官属,祗复启曰:'昔鲁芝为曹爽司马,斩关出赴爽,宣帝义之,尚迁青州刺史。骏之僚佐不可加罚。'诏又赦之。")从个体看来,比如主簿朱振虽被"戮",同为主簿的潘岳(二十四友之一)却因楚王玮的卫将军府长史公孙宏(潘岳为河阳令时厚遇之而感其恩义)而获得转机,公孙宏对楚王玮说潘岳是"假吏",潘岳便被从诛杀对象除去,于是捡回一条命。之后同为故吏的太傅掾崔基("二十四友"之一)、太傅舍人阎缵(参见第三节)都因埋葬杨骏遗骸而受到"除名"处分。陆机("二十四友"之一)为祭酒,是否受处分尚不明确,明确的是他失去了官职(同书卷五四《陆机传》)。

另外,贾皇后对杨骏发动的政变的余波,同年六月诛杀楚王玮时,楚王玮一党的公孙宏、歧盛及其三族被诛杀。

① 据《晋书》相关人物的传记,永宁二年(302)十二月,河间王颙、长沙王乂对齐王冏举兵时,"诛"的对象为齐王冏及其"党属",包括葛旟、路季(秀)、卫毅、刘真、韩泰等"二千余人"被诛。其中的代表人物葛旟是齐王冏的大司马府从事中郎、长史,曾被封为牟平公;董艾则出身弘农郡,"三王起义"时作为龙骧将军响应齐王冏而举兵,是齐王冏的心腹,曾与长沙王乂作战,后被河间王颙以上奏之名弹劾。"幽"的对象为齐王冏之子(淮陵王超、乐安王冰、济阳王英)。"废"的对象齐王冏之弟(北海王寔)。此外,河间王颙的上表中还曾指责齐王冏"以树私党""僭立官属"。

发动的政变。①

在本章开头和第六章中，笔者都曾用同样的模式图来表示寒门、寒人阶层对于官场的上升志向。推进八王之乱的宗室诸王麾下的寒门、寒人阶层作为私党（"党与"）被杀，与之相反，"二十四友"却未被杀。由此可知，"二十四友"与政变中成为诛杀对象的私党并非同一集团。那么，对于"二十四友"是否完全没有给予处分呢？为了解决这个问题，下一节将探讨对"二十四友"批判的议论。

第三节　阎缵的批判性议论

同时代已经存在对"二十四友"的批判。载于史书的是张辅的弹劾与阎缵的上奏。

张辅的弹劾（f）云："贾谧、潘岳、石崇等，共相引重。"严格来说并未写明"二十四友"，被指名的是靠山贾谧和"二十四友"的主要成员潘岳、石崇。不过，很可能是以"潘岳、石崇等"代指"二十四友"。其批判点在于"共相引重"，即相互推荐，形成整体"声势"这一点②。这个批判点在思考"二十四友"作为一个集团的性质时可供参考。这次弹劾无疑应该发生在元康年间。

关于阎缵的上奏（d）的相关部分如下：

---

① 参见伊藤敏雄：《正始の政変をめぐって——曹爽政権の人的構成を中心に》，收入《中国史における乱の構図》，雄山閣出版，1986年；葭森健介：《魏晋革命前夜の政界——曹爽政権と州大中正設置問題》，《史学雑誌》第95编第1号，1986年；福原启郎：《西晋の武帝司馬炎》；等等。贾皇后对杨骏发动政变时，傅祇引此政变故事。参见第二节第十七段第一个注释。
② 《史记》卷一〇七《魏其武安侯列传》云："及魏其失势，亦欲倚灌夫引绳批根生平慕之后弃之者。灌夫亦倚魏其而通列侯宗室为名高。两人相为引重，其游如父子然。"关于"相为引重"，《集解》云："张晏曰，相荐达为声势。"

238

> ……世俗浅薄，士无廉节，贾谧小儿，恃宠恣睢，而浅中弱植之徒，更相翕习，故世号鲁公二十四友。……潘岳、缪徵等皆谧父党，共相沉浮，人士羞之，闻其晏然，莫不为怪。今诏书暴扬其罪，并皆遣出，百姓咸云清当，臣独谓非。但岳、徵二十四人，宜皆齐黜，以肃风教。

从"皇太孙立，缵复上书"的说明可推测出，上奏的时间应为永康元年（300）五月九日皇太孙司马臧册立后不久。贾谧于四月三日被杀，故该上奏中显示的"二十四友"信息具有同时代史料的性质，这也是证明"二十四友"的称呼在同时代已经存在的证据之一。①

该上奏末尾的建议部分中，对于"二十四友"的处分，虽然一般舆论（"百姓"）认为应"遣出"（"调职"），但阎缵本身主张更重的处分"黜"（免官）。不过，阎缵的主张对"二十四友"的处分是否产生了实际影响，史书中并无记载，甚至是否有处分都不得而知。

尽管如此，该建议中还是有两点值得注意。第一，尽管存在轻重，但舆论（特别是阎缵所认为的舆论）与阎缵本人都认为应当处分；第二，如果具体地看处分轻重的问题，舆论与阎缵二者的处分内容其实都比较轻，只是有细微的轻重差异。阎缵提议多数"内外群官"都该被免官（"黜免"），相比之下，舆论则提出更轻的处分——调出，他们都没有提到诛杀。

魏晋时代的刑事处分"除名"和"免官"仅以官员为对象。比如元康六年（296）潘岳所著《闲居赋》（《文选·赋·志》）的序云"自弱冠，涉乎知命之年，八徙官，而一进阶，再免，一除名，一不拜职，迁

---

① 张爱波：《西晋士风与诗歌——以"二十四友"研究为中心》。

者三而已矣",简述了他的为官履历。① 其中出现了"免"(免官)与"除名"。"除名"指的是从名籍中除去,是剥夺官员身份使之成为庶民的刑罚,魏晋时才出现这个词,《晋律》中相当于徒三岁刑。② 潘岳被除名是随贾皇后对杨骏发动政变而来的刑事处分。③ 相比之下,"免官"指的是罢免,《晋律》中相当于徒二年刑,是比"除名"轻一级的刑事处分。④《闲居赋》序中的"再免"即二度罢免。

---

① 《晋书》卷五五《潘岳传》云:"杨骏辅政,高选吏佐,引岳为太傅主簿。骏诛,除名。初,谯人公孙宏少孤贫,客田于河阳,善鼓琴,颇属文。岳之为河阳令,爱其才艺,待之甚厚。至是,宏为楚王玮长史,专杀生之政。时骏纲纪皆当从坐,同署主簿朱振已就戮。岳其夕取急在外,宏之言玮,谓之假吏,故得免。……乃作闲居赋曰……今天子谅暗之际,领太傅主簿。府主(周一良《魏晋南北朝史札记》中的"潘岳传"仅有'府'字条,中华书局,1985年)诛,除名为民。……自弱冠涉乎知命之年,八徙官而一进阶,再免,一除名,一不拜职,迁者三而已矣。"
② 《唐律疏议·名例律二一》的唐律条文中云:"诸除名者,官爵悉除。"滋贺秀三注曰:"所谓除名,即剥夺所有官爵,贬为庶人身份……为刑事处分。……基本丧失作为官僚的特权。"同书《名例律二三》的唐律条文云:"诸除名这比徒三年,免官者比徒二年,免所居住官者比徒一年。"(滋贺秀三译注《唐律疏議訳注》一,载律令研究会编《訳注日本律令》五,东京堂出版社,1979年)中村圭尔推定"除名"为"除吏名为民"之略。他认为在魏晋南北朝时期,作为政治身份的官和民,与作为社会身份的士和庶并立,此时如果被除名,虽然在政治上被贬成了"民"的身份,但在社会上仍然保留"士"的身份。(中村圭尔:《六朝贵族制研究》,风间书房,1987年)。另可参见沈家本:《历代刑法考》,收入《沈寄簃先生遗书》甲编,1909年;越智重明:《六朝の免官、削爵、除名》,《東洋学報》第74卷第3、4号合刊,1993年(后收入越智重明:《中国古代の政治と社会》,中国书店,2000年)。
③ 《闲居赋》序曰:"府主诛,除名为民。"《晋书·潘岳传》云:"杨骏辅政,高选吏佐,引岳为太傅主簿。骏诛,除名。"看来身为杨骏的"吏佐"本身就是除名理由。参见第二节第十七段第一个注释、第三节第七段第一个注释。
④ 中村圭尔将免官分为三种:第一种为单纯的免官,第二种为伴随剥夺爵位的免官,第三种为伴随禁锢措施的免官(中村圭尔:《六朝贵族制研究》)。但还有一种并非刑事处分的免官——"病免"(因病情而免官)(大庭脩:《秦汉法律史的研究》,创文社,1982年)。"禁锢"("禁固")意味禁止任官,在任者则为"免官、禁锢"(在罢免的基础上再行禁锢),汉代较多,是一种特别多见于赃罪的刑事处分(参见镰田重雄:《秦漢政治制度の研究》,日本学术振兴会,1962年)。东汉末年的党锢之争中,诽谤朝廷的"党人"被处以"禁锢终身"(《后汉书》卷六七《党锢列传》序),"党人"中的陈寔被"禁固二十年"(《文选·碑文上》所收的蔡邕《陈太丘碑文》)。"禁锢"也可能波及子孙和族人。但《唐律疏议·名例律》中不见词条。而根据《唐律疏议·名例律二十》等文献,存在较"免官"轻一级的刑事处分"免所居官"(仅剥夺一 (转下页)

一次是他做廷尉评时,原因是"公事"(诉讼事件);另一次是因为母亲生病而去博士之官。①

"除名"和"免官"都是刑事处分,相比之下,"遣出"大约为调出(或左迁)之意,为行政处分。不论何者均为轻于"免官"的处分。与《闲居赋》序中的为官履历强行对应的话,应该就相当于三次"迁"。

以上就是从阎缵上奏中得知的,关于对"二十四友"处分的一般舆论和阎缵本人的想法。舆论追求的是一种行政处分,而不是刑事处分。相比之下,阎缵建议的是相当于徒二年刑的刑事处分。那么实际是否处分了呢?比照"二十四友"每个人的履历②依旧无法明确,可能并未处分。此后,淮南王允举兵,无暇顾及此事,于是也就不了了之。此外,虽然具体情况不甚清楚,陆机似乎在对贾谧发动的政变中立下了功劳。

但是,要求处分贾谧"二十四友"的想法确实存在。这类似于现在无法在法律上问罪的情况下则要在道德上问责的情况。这一点和史书对于贾谧与"二十四友"关系的否定性评价(第一节末尾)是相通的。"二十四友"之所以不但未被诛杀,反而只是受到非常轻微的处分,是因为他们和贾谧的社会身份均为"士"(相对于"庶"),政治身份均为"官"(相对于"民")。③ 基于这两种身份,他们既不是被诛杀对象的私党,也不是被除名对象的门生故吏,

---

(接上页)官,比徒一年)的规定,适用于对父母或祖先的非礼行为(滋贺秀三:《唐律疏議訳注》一)。另可参见沈家本:《历代刑法考》;越智重明:《六朝の免官、削爵、除名》。
① 参见福原启郎:《賈謐の二十四友に所属する人士に関するデータ》的③潘岳条。
② 参见福原启郎:《賈謐の二十四友に所属する人士に関するデータ》。
③ 参见徐公持编著:《魏晋文学史》;张爱波:《西晋士风与诗歌——以"二十四友"研究为中心》;福原启郎:《賈謐の二十四友に所属する人士に関するデータ》。

而只是与贾谧有着"友"的平等关系。

小　结

本章通过对赵王伦政变的处分(第二节)和"二十四友"的批判议论,特别是阎缵的上奏(第三节),具体探讨了贾谧与"二十四友"的关系,尤其是其关系的性质。通过探讨可知,他们并没有作为党与被诛杀(第二节)。然而,尽管没有直接载于史书,但可间接得知他们受到了一定制裁。即,根据阎缵的议论,他提议的处分方案是免官,而当时的一般认识是,他们应该受到轻一级的调职处分。

因此,在本章开头,笔者关于"二十四友"是贵族制社会中寒门、寒人阶层对官场的晋升志向中的一环的认识需要修正。

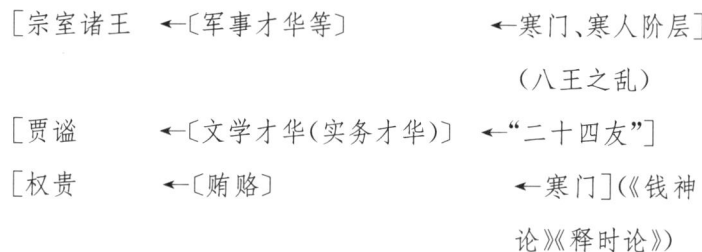

"八王之乱"相关模式图中的寒门、寒人阶层是诛杀的对象。而贾谧与"二十四友"模式图中虽然"二十四友"身为左迁对象,且受到制裁这一点是共通的,但其处分轻重差异甚大。史书对于"二十四友"的否定性描述和评价(第一节)中,特别是张辅的弹劾批判点是相互推荐、形成整体"声势"(第三节),由此可见,贾谧与"二十四友"的关系与当时社会的"互市"风潮更加接近。也就是说,获得"名声"这一点是共通的。这一点在本章开头已经为张国

星所指出，与徐公持和张爱波所指出的政治上追求出世和实现利益也是间接相关的。

获得"名声"的背景是东汉后期到西晋后期开展的人物评价。东汉后期，名士社会形成，川胜义雄将其命名为"乡论环节的多层构造"（乡里的第一次乡论、郡的第二次乡论、中央的第三次乡论）。① 而这种构造在汉魏革命时作为九品中正制被制度化。魏晋时期，第三次乡论脱离了这个构造，结果以第三次乡论所在的首都洛阳为中心，兴起了浮华风潮，"二十四友"也作为其中一环出现。② 也就是说，作为其中一环的清议向清谈转化，"热势"（王沈《释时论》）的混浊选举出现。③ 这种选举的混浊以权贵与其追随人士为主体，是一种本末倒置的、旨在获取名声和官职的现象。对此宫崎市定认为，上层阶级（贵族社会的社交界）以清谈和奢侈为手段，而下层阶级以贿赂为手段。④ 另外在笔者看来，此时以石崇和王恺斗富（其实为争散财）为代表的奢侈行为，就是在竞争获取"豪"（豪气、豪胆）的名声。⑤ 此外，与"二十四友"一样，元康年间出现的"放达越礼"之徒（"八达"）也是希望获取名声。所谓"热势"，描述的是第三次乡论场中大小各色人物评价错综复杂的状态，例如石崇在身为斗富主角的同时，又是金谷之会的领袖，还是"二十四友"的成员之一，并与"八达"有所交际。概而言之，"二十四友"就是九品中正制度下内在催生的名士社会（"贵族社会"），是体现依附权贵与人物评价交错的"热势"的集团之一。

---

① 参见川胜义雄:《六朝贵族制社会の研究》,岩波书店,1982年。
② 因此,史书记载中可以重新构成以贾谧为中心的同心圆状模式。参见第一节第七段第二个注释。
③ 参见本书第十章。
④ 参见宫崎市定:《九品官人法の研究——科举前史》,东洋史研究会,1956年。
⑤ 参见本书第八章。

"二十四友"所在的西晋都城洛阳同时还弥漫着吝啬与奢侈之风,前面提到的"二十四友"之一的石崇正是奢侈风潮的主角,在下一章中,笔者将对这两种风潮进行考察。

附录 "二十四友"相关史料

(a) 鲁公贾谧,参管朝政,京洛人士,无不倾心,渤海石崇之徒,年皆长谧,并以文才降节事谧,共相朋呢,号曰"二十四友"。(《太平御览》卷四〇七《人事部·交友二》引刘宋何法盛《晋中兴书》)

(b) 与潘岳谄事贾谧,谧与之亲善,号曰"二十四友"。广城君每出,崇降车路左,望尘而拜,其卑佞如此。(《晋书》卷三三《石苞传附石崇传》)

(c) 谧字长深(渊)。母贾午,充少女也。父韩寿,字德真,南阳堵阳人,魏司徒暨曾孙。……谧好学,有才思。既为充嗣,继佐命之后,又贾后专恣,谧权过人主……开阁延宾,海内辐凑,贵游豪戚,及浮竞之徒,莫不尽礼事之。或著文章称美谧,以方贾谊。渤海石崇、欧阳建、荥阳潘岳、吴国陆机、陆云、兰陵缪(世)徵、京兆杜斌、挚虞、琅邪诸葛诠(铨)、弘农王粹、襄城杜育、南阳邹捷、齐国左思、清河崔基、沛国刘瑰、汝南和郁、周恢、安平索(牵)秀、颍川陈眕、太原郭彰、高阳许猛、彭城刘讷、中山刘舆、刘琨,皆傅会于谧,号曰"二十四友",其余不得预焉。(《晋书》卷四〇《贾充传附贾谧传》)

(d) 皇太孙立,缵复上疏曰……缵又陈:"……世俗浅薄,士无廉节,贾谧小儿,恃宠恣睢,而浅中弱植之徒,更相禽习,故世号鲁公二十四友。又谧前见臣表理太子,曰:'阎儿作此为健,然观其意,欲与诸司马家同。'皆为臣寒心。伏见诏书,称明满奋、乐广。侍郎贾胤,与谧亲理,而亦疏远,往免父丧之后,停家五年,虽为小屈,有识贵之。潘岳、缪徵(征)等皆谧父党,共相浮沉,人士羞之,闻其晏然,莫不为怪。今诏书暴扬其罪,并皆遣出,百姓咸云清当,臣独谓非。但岳、徵二十四人,宜皆齐黜,以肃风教。"(《晋书》卷四八《阎缵传》)

(e) 岳性轻躁,趋世利,与石崇等诣事贾谧,每候其出,与崇辄望尘而拜。构愍怀之文,岳之辞也。谧二十四友,岳为其首,谧《晋书》限断,亦岳之辞也。(《晋书》卷五五《潘岳传》)

(f) 转御史中丞。……又贾谧、潘岳、石崇等,共相引重……辅并纠劾之。(《晋书》卷六〇《张辅传》)

(g) 年二十六,为司隶从事。时征虏将军石崇,河南金谷涧中有别庐,冠绝时辈,引致宾客,日以赋诗。琨预其间,文咏颇为当时所许。秘书监贾谧,参管朝政,京师人士无不倾心。石崇、欧阳建、陆机、陆云之徒,并以文才,降节事谧,琨兄弟亦在其间,号曰"二十四友"。(《晋书》卷六二《刘琨传》。与a《太平御览》所引《晋中兴书》重复部分较多)

(h) 元康初,为给事黄门侍郎。时侍中贾谧以外戚之宠,年少居位,潘岳、杜斌等皆附托焉。谧求交于绍,绍距而不答。及谧诛,绍时在省,以不阿比凶族,封弋阳子,迁散骑常侍,领国子博士。(《晋书》卷八九《忠义·嵇绍传》)

(i) 于是贾谧、郭彰权势愈盛,宾客盈门。谧虽骄奢而好学,喜延士大夫。郭彰、石崇、陆机、机弟云、和郁及荥阳潘岳、清河崔基、勃(渤)海欧阳建、兰陵缪徵、京兆杜斌、挚虞、琅邪诸葛诠、弘农王粹、襄城杜育、南阳邹捷、齐国左思、沛国刘瑰、(汝南)周恢、安平牵秀、颍川陈眕、高阳许猛、彭城刘讷、中山刘舆、舆弟琨,皆附于谧,号曰"二十四友"。郁,峤之弟也。崇与岳尤谄事谧,每候谧及广城君郭槐出,皆降车路左,望尘而拜。(《资治通鉴》卷八二《晋纪》"惠帝上元康元年"条)

第八章 关于西晋贵族社会风气的若干考察
——从《世说新语》中《俭啬》《汰侈》的研究出发

《世说新语》是南朝宋刘义庆编撰的志人小说集，现行版中将一千一百三十则小说按类别分为三十六篇，多为魏晋时期带有人物评论的贵族社会言行录。① 其中《俭啬》和《汰侈》，从标题就能看出，它记录了吝啬与奢侈这两种相反的作风。之所以选取这两篇，是因为收录其中的故事尤为清楚地反映了西晋时期贵族社会的潮流。冈崎文夫曾以《世说新语》的《俭啬》《汰侈》和鲁褒的《钱神论》为素材，②指出了西晋当时的拜金主义潮流。"西晋朝廷中奢侈之风盛行，淫虐之风也随之兴起，同时出现了与奢侈之风互为表里的吝啬之风，金钱的力量在这一时期非常巨大。"③之后，谷川道雄基于冈崎的观点，论述了在杨氏、贾氏等外戚势力把持

---

① 《世说新语》的研究，参见井波律子《世说新语》(《鑑賞中国の古典》第14卷，角川书店，1988年）中的参考文献。宇都宫清吉以整个《世说新语》为素材，考察了其时代背景下的诸人群。参见宇都宫清吉：《世说新語の時代》，《東方学報》（京都）第10册第2分，1939年（后修订收入宇都宫清吉：《漢代社会经济史研究》，弘文堂，1955年）。
② 关于《钱神论》，参见本书第九章。
③ 参见冈崎文夫：《魏晋南北朝通史·内篇》，弘文堂书房，1932年，95—97页（新版为平凡社东洋文库版，1989年，第98—100页）。

的朝政中,"被卷入追求私利的浊流"的贵族官僚身上"存在着对财物高度关心的共同精神倾向"。① 在这里,有两点值得注意:第一,吝啬与奢侈超出了个人的界限,成为涵盖整个贵族社会的潮流,两者在西晋时期同时盛行。而且,它们都以"对财物高度关心"的共同精神倾向为基础,是互为表里的一个整体。谷川道雄强调了存在其表面相对性下的一致性。第二,谷川道雄洞察了该潮流与当时的政治世界之间存在密切的因果关系。所以,对于这两个篇目的故事中描写的吝啬与奢侈,与其说它们是一种不带有历史性的个人癖好,不如说是这个时代特有的社会风潮。由此可以想见,理解该时代社会的关键便藏于其中。对于以上问题,笔者想尽己所能重读一遍《世说新语》的《俭啬》和《汰侈》,就每则故事整理出问题点,展开考察。

第一节 关于《俭啬》

笔者先将《俭啬》中九则故事的原文与译文逐一列出,原文以尊经阁所藏的宋本(金泽本)为底本,译文②参考了川胜义雄等翻译的《世说新语》全译本及其他各种译本③,以及余嘉锡《世说新

---

① 参见谷川道雄:《世界帝国的形成》,讲谈社,1977年,第99—100页。
② 该译文原本为日文现代文,现转写为中文白话文。——译者
③ 参考的日译本(包括全译、选译)如下:(1)大村梅雄译:《世说新語》,《歷代随筆集》,《中国古典文学全集》第32卷,平凡社,1995年(中无《赏誉》《品藻》《排调》《轻诋》等篇);(2)川胜义雄、福永光司、村上嘉实、吉川忠夫译:《世说新語》,《中国古小说集》,《世界文学大系》第71卷,筑摩书房,1971年;(3)森三树三郎译:《世说新語》,《中国古典文学大系》第9卷《世说新語・顏氏家訓》,1969年;(4)目加田诚:《世说新語》上・中・下,《新訳漢文大系》第76、77、78卷,明治书院,1975—1978年(是包含刘孝标注的全译本);(5)竹田晃译:《世说新語》上・下,《中国の古典》第21、22卷,学习研究社,1983、1984年;(6)吉川忠夫译:《魏晋清谈集》,讲谈社,1986年(选译,且其中加入了其他文献中的故事);(7)井波律子:《世说新語》, (转下页)

语笺疏》等的相关注释①。

(1) 和峤性至俭,家有好李,王武子求之,与不过数十。王武子因其上直,率少年能食之者,持斧诣园,饱共啖毕,伐之,送一车枝与和公,问曰:"何如君李?"和既得,唯笑而已。

译文: 和峤的性格极为吝啬。家里的李树结的李子十分美味,王武子(王济,和峤妻子的弟弟)想要李子,和峤只给了他几十个。王武子便趁着和峤当值[因此外出]之际,带了几个年轻又能吃的人,拿着斧头闯进和峤的果园,一起吃了个够。吃完后将李树砍倒,把树枝装了满满一车送给了和公(和峤),并问他:"这些和您的李子相比怎么样?"收到树枝的和峤只好苦笑。②

(2) 王戎俭吝,其从子婚,与一单衣,后更责之。

译文: 王戎为人吝啬,他侄子结婚时只送了件单衣作为贺礼,而且之后还向他索要相应的金额。③

(3) 司徒王戎既贵且富,区宅、僮牧、膏田、水碓之属,洛下无比。契疏鞅掌,每与夫人烛下散筹算计。

译文: 司徒(最高官职,三公之一)王戎地位高且有钱,

(接上页)《鑑賞中国の古典》第14卷,角川书店,1988年(选译,内容约为原书的五分之一。井波律子还著有《中国人の機智——〈世説新語〉を中心として》,中公新书,1983年。新版为讲谈社,2009年);(8)八木泽元译,《世説新語》,明德出版社,1970年(选译,无《俭啬》《汰侈》)。

① 本文注释利用了以下四种成果:(1)余嘉锡:《世说新语笺疏》,中华书局,1983年;(2)徐震堮:《世说新语校笺》,中华书局,1984年;(3)杨勇:《世说新语校笺》,大众书局,1969年(新版为正文书局,1988年);(4)王叔岷:《世说新语补正》,台北艺文印书馆,1975年。
② 刘孝标注所引《语林》中作"峤诸弟往园中食李,而皆计核责钱,故峤妇弟王济伐之也"。
③ 尽管这里把"责之"翻译为"责钱"。但如果把"责之"理解为"责单衣"的话,则意为把单衣本身要回去。

[拥有的]宅邸、男仆、牛倌、良田、[制面粉的]水车,其数量洛阳城内没有人能与他比肩。借据堆积如山,经常与妻子在灯下清点筹码。

(4) 王戎有好李,常卖之。恐人得其种,恒钻其核。

译文: 王戎家的李树结的李子十分美味,并一直以此卖钱。因为害怕种子落入他人之手,所以[在卖时]一定会用锥子在果核上开洞。

(5) 王戎女适裴頠,贷钱数万。女归,戎色不悦。女遽还钱,乃释然。

译文: 王戎的女儿出嫁裴頠时,王戎借给她几万钱。后来女儿回家时,王戎面露不悦。女儿急忙将借的钱还给了他,他才终于高兴起来。

(6) 卫江州在寻阳,有知旧人投之,都不料理,唯饷王不留行一斤。此人得饷,便命驾。李弘范闻之曰:"家舅刻薄,乃复趋使卉木。"

译文: 卫江州(卫展,当时任江州刺史)被派到寻阳(今江西省九江市)时,老友前来投奔,但他冷漠对待,就给了他一斤(约 300 克)"王不留行"(麦兰菜,一种中药)。① 此人接过礼物后,卫江州立刻准备车马。李弘范(李充)②听到这件事后,说:"舅舅生性刻薄,就连草木也得顺着他的意思来。"

(7) 王丞相俭节,帐下甘果,盈溢不散。涉春烂败,都督

---

① 《本草纲目》卷一六《草部·隰草类·下》"王不留行"条记载:"[李]时珍曰,此物,性走而不住,虽有王命,不能留其行,故名。"另可参见目加田诚:《世説新語》上·中·下,《新訳漢文大系》第 76、77、78 卷,明治书院,1975—1978 年。如果把"王"和"往"作同音来理解,则还可解释为"可去,我不阻拦你"。

② 刘孝标注引"《中兴书》曰,李轨,字弘范,江夏人,仕至尚书郎。按轨,刘氏之甥,此应弘度,非弘范也"。参见目加田诚:《世説新語》。

白之,公令舍去,曰:"慎不可令大郎知。"

译文:王丞相(王导)是个节俭的人,[丞相府的]办公地内有一大堆美味的水果,他却不分给别人。到了春天,水果都烂了,都督①向公(王导)请示,王导命他将水果丢弃,并说:"一定不能让大儿子(王悦)知道。"

(8) 苏峻之乱,庾太尉南奔见陶公。陶公雅相赏重。陶性俭吝。及食,啖薤,庾因留白。陶问:"用此何为?"庾云:"故可种。"于是大叹庾非唯风流,兼有治实。

译文:苏峻之乱(327—329)时,庾太尉(庾亮,太尉是三公之一)向南逃亡,投奔陶公(陶侃)。陶侃向来欣赏庾亮。陶侃是个节俭的人,吃饭时,有韭菜,庾亮留下韭菜白色的部分不吃,陶[侃]问他:"您想用这个来做什么?"庾[亮]回答:"这可以用来种韭菜。"陶侃因此叹服庾亮不仅有风度,还有务实的执政能力。

(9) 郗公大聚敛,有钱数千万。嘉宾意甚不同,常朝旦问讯。郗家法:子弟不坐。因倚语移时,遂及财货事。郗公曰:"汝正当欲得吾钱耳!"乃开库一日,令任意用。郗公始正谓损数百万许。嘉宾遂一日乞与亲友,周旋略尽。郗公闻之,惊怪不能已已。

译文:郗公②(郗愔)大肆敛财,积攒了数千万钱,嘉宾(郗超,郗愔之子)内心对此非常不满。某日,郗超早晨去问候父亲,郗家规定小辈不落座,因此他站着说了好久的话,终

---

① 帐下都督,丞相府的官职,类似管家。
② "郗公"指的是郗超的祖父郗鉴还是父亲郗愔并不清楚,但从故事的氛围来推测,是郗愔的可能性较高。此处参照了吉川忠夫的观点。参见吉川忠夫译:《魏晋清谈集》。

于说到了财产的事。郗公说:"说白了,你就是想要我的钱吧。"于是郗愔打开仓库一天,让他随便用,起初心想也就损失数百万钱罢了。而郗嘉宾在一天之内将钱分给亲戚朋友,瞬间就几乎用尽。郗公听说后震惊不已,愣了好一会儿。

以上(1)至(9)九则有关俭约、吝啬的故事,从人物评价方面分为正面评价的故事与负面评价的故事。在(8)中,庾亮不吃韭菜白色部分的行为让陶侃佩服。而除此之外都是负面评价的故事。(1)至(7)以及(9)是负面评价的故事这点,能够从各自的内容中判断出来。但更为直接的表现,是将主人公吝啬性格的评语——(1)中和峤的"至俭"、(2)中王戎的"俭吝"①、(7)中王导的"俭节"②放在故事开头;或将批判主人公吝啬行为的言行——如(6)中李充评论卫展云"家舅刻薄,乃复驱使卉木",(7)中王导担心王悦的谏言,(1)中王济对和峤的粗暴行为,(9)中郗超对郗愔的散财放在故事最末,由此亦可明了其负面评价。在第(1)、(9)则中,由于是通过具体行为来批判吝啬,所以故事的重心放在了描写王济、郗超的过激行为上。

那么,这些负面评价,具体是针对哪些行为的?在《俭啬》中,王戎的故事占据了四则,可以说是代表性人物,故笔者想就此人物探讨这一问题。有关王戎的第(2)至(5)这四则故事,多数于《晋书》卷四三《王戎传》中再次收录,书中评价其为"性好兴利"。③ 接着,《晋书》对王戎"性好兴利"这一评价的内容进行了

---

① 《俭啬》第(2)条刘孝标注所引王隐《晋书》中的评价云:"戎性至俭。"
② "至俭""俭吝""俭节"之间有微妙的差别,特别是"俭节",有俭约之意,本身不是一种负面评价。
③ 在第(3)则的刘孝标注中,引用王隐《晋书》云:"好治生。"《初学记》卷一一《职官部·上·吏部尚书》中所载王隐《晋书》作"好营生"。

第八章　关于西晋贵族社会风气的若干考察

详细说明,如"广收八万园田、水碓,周徧天下。积实聚钱,不知纪极。每自执牙筹,昼夜算计,恒若不足"。与第(3)则故事类似的评价还有"而又俭啬,不自奉养,天下人谓之膏肓之疾"。《晋书》又将故事(2)、(4)、(5)以(5)、(2)、(4)的顺序排列,作为其"俭啬"的事例,最后用"以此获讥于世"加以总结。① 可见,正史《晋书》的编者细致地将王戎的故事按不同特征分为两类:(A)关于"性好兴利"的第(3)则及与之异曲同工的故事;(B)关于"俭啬"的第(2)、(4)、(5)三则故事。

整理(A)类,即评价王戎为"好兴利"的故事可知,王戎聚敛货币、物产等等,依靠出租谋利。利用这些手段所积蓄的财富如潮水般无穷无尽地涌入,夫妻二人共同经营,最终使得田地水车遍及全国,"家僮"有数百人之多。② 顺带一提,和峤被讽刺为有"钱癖"③。

与之相对,在(B)类故事中,第(2)则是王戎给结婚的侄子仅赠送一件单衣,而且事后要钱;(4)是王戎拒绝将自己果园中的优

---

① 查阅与《晋书》卷四三《王戎传》中此部分对应的各类佚文,可知"性好兴利……昼夜算计"出自王隐《晋书》(见《世说新语》中《俭啬》第(3)则的刘孝标注,《初学记》卷一一《职官部·上·太尉·司徒·司空·吏部尚书》);"恒若不足"出自徐广《晋纪》(见《初学记》卷一八《人部·中·富》);"而又俭啬……天下人谓之膏肓之疾"出自王隐《晋书》(见《初学记》卷一一《职官部·上·太尉·司徒·司空》、《艺文类聚》卷四七《职官部·司徒》);"女适裴頠……恒钻其核"出自《世说新语》中的《俭啬》第(5)、(2)、(4)则;"以此获讥于世"出自徐广《晋纪》(见《初学记》卷一八《人部·中·富》)。《晋书》的编纂者有可能是利用了这些先行存在的书籍,重构了有关王戎各啬的记述。
② 《初学记》卷八〇《人部·中·富》中引徐广《晋纪》云王戎拥有的资产在洛阳无人可比。简而言之,这是一种通过聚敛来过度积累财富的行为,不能归入限制支出的这种严格意义上的吝啬范畴中。《俭啬》中也能见到其他类似行为,如第(9)则郗愔"大聚敛,有钱数千万",以及第(1)则正文中未出现,在刘孝标注所引《晋诸公赞》中提到和峤"治家富拟王公"。
③ 参见《晋书》卷三四《杜预传》。

质李子无偿分给别人,而是作为商品出售,并用锥子在李子核上开洞,防止它们发芽;(5)是女儿出嫁时向王戎借了钱,直到还钱,他才笑逐颜开。以上这三则故事的共同点,是王戎尽可能地不让自己的家产——如单衣、李子、金钱有减少的倾向。只不过第(2)则是用单衣换钱,第(4)则是用李子换钱,形式不同而已。把财产的损失控制在最小限度内,就是名副其实的"吝啬"。同样的行为,在第(1)则中只给了几十个"好李"的和峤,第(6)则中仅用一斤中药就打发老友而不予救济的卫展,第(7)则中将"甘果"藏在衙门仓库而不分发的王导等人身上都能见到。

这些收录于《俭啬》、带有负面评价的故事所描写的吝啬行为中,(A)过度蓄财与(B)防止家财散失——即狭义的吝啬有很大差别。而相关的批判,主要集中在(B)行为上。① 不过,(A)、(B)两者与《俭啬》中的故事一样,实际紧密相连,难以明显区分②。虽然故事的叙述会在两者间选择一个重点,但事实上,存在着从(A)到(B)——即从积聚财产到防止财产散失的联动。

如以上分析所见,为何(A)、(B)两类吝啬行为,尤其(B)类狭义的吝啬行为会遭到非议?对此问题,笔者想基于谷川道雄先生的《关于六朝时期名门望族的统治》一文,尤其是其中第二章"名门望族统治中赈恤的意义"来展开考察。③ 谷川先生此文的主旨,笔者概括如下:六朝时期的名门望族,即地方社会领袖,以与

---

① 第(6)则中李充对卫展的批判,第(8)则中王悦对王导谏言的可能,第(1)则中王济对和峤的行为等,都属于对(B)行为的直接批判。第(9)则中郗超的行为乍一看是对郗愔的(A)行为——"大聚敛,有钱数千万"的批判,但它包含了"散财"这一意图,故毋宁说是对(B)行为的批判。

② 比如将第(7)则中的"盈溢不散"分开来看,"盈溢"为(A),而"不散"为(B),两者是关联的。

③ 参见谷川道雄:《六朝時代の名望家支配について》,《龍谷大学論集》第436号,1990年。

第八章 关于西晋贵族社会风气的若干考察

自然相协调为目标,出于调节天人间关系的使命感,产生了关于止足的教诲与赈恤、救济的行为,并以此作为家族发展方向中的一环。比如颜之推《颜氏家训·止足》云:"常以二十口家,奴婢盛多,不可出二十人,良田十顷,堂室才蔽风雨,车马仅代杖等,蓄财数万,以拟吉凶急速,不啻此者,以义散之,不至此者,勿非道求之。"家产当设有一定的限度,剩余者则赈恤他人,不足之时也禁止用不符合道义的手段来敛财。谷川道雄文中所引颜之推的教诲,是六朝时期名门望族的共识。颜之推命令族人实践的行为,与《俭啬》中舆论所批判的吝啬行为完全相反。更具体地说,尽管不能简单将两者加以比较,但《颜氏家训》中规定家族若有二十人,奴婢也至多二十人,良田十顷,财产数万钱,并禁止财产不足时采取违背道义的方式敛财。这种遵从"止足"的立场,与前文分析的(A)类行为——如王戎"家僮"数百人,"膏田"遍布全国,靠放债谋利敛财,不知节制;和峤有"钱癖",财产匹敌王侯;郗愔大肆敛财,库中藏钱数千万等,可以说是完全相反的。同时,《颜氏家训》中命令族人在自家消费以外,若有剩余,则要"以义散之"。而王戎却如第(2)则中所见,即便是近亲婚礼的贺礼,也不愿付出哪怕一点钱。① 或如第(4)则中所见,王戎将自家果园的李子作为商品出售,第(5)则中所见,在金钱问题上,对亲生女儿与对别人并无二致。王戎的这些"吝啬"行为与前文所分析的(B)第(1)则中和峤吝啬李子、第(6)则中卫展不救济投奔而来的老友、第(7)则中王导把好果子放烂也不分给别人这类不愿赈恤、救济的吝啬行为,都与《颜氏家训》完全相反。在这里,值得注意的是,在

---

① 这与《颜氏家训》所云"以拟吉凶急速",即平日积蓄财富是为了准备冠、婚、丧、祭时的支出,形成了鲜明对照。

255

第(1)、(9)则故事中,都用强硬的手段对吝啬行为加以批判。具体来说,第(1)则中王济纠集了一帮大胃的年轻人闯入和峤的果园,吃了个痛快,第(9)则中郗超几乎将郗愔库中的钱财向近亲和朋友分发一空,都算达到了赈恤、救济的效果。从中可知,吝啬位于赈恤、救济行为的对立面上。并且,和峤之所以对王济的行为只是苦笑,当是因为和峤自己也清楚吝啬不是好事。而郗愔对郗超的散财并未大怒,或许也是因为郗愔自己也有所愧疚。为了说明赈恤的具体形式,谷川道雄引用了崔寔《四民月令》的三月条:

……振赡匮乏,务先九族,自亲者始……

在几乎所有的儒家教诲中,都提倡"修身,齐家,治国,平天下"(《礼记·大学》),分阶段展现德行。与之相应,现实中的赈恤也是阶段性行为,首先从近亲开始,有余力则给予宾客、乡党。对此,《俭啬》第(2)、(5)则记载王戎对从子、女儿的吝啬行为,刘孝标注所引《晋诸公赞》所载和峤向食李"诸弟"要钱之事,都是围绕吝啬之人与其近亲之间发生的故事。之所以如此,是想让读者知道,这些人对近亲都不赈恤,对宾客、乡党自然就更无从谈起了。① 因此,《晋书·王戎传》中"天下人谓为膏肓之疾"②,"论者以为台辅之望不重"③的批判者,都是"天下人""论者"这样不特定的人物,用的是模糊的舆论。与之相对,《俭啬》的几则故事中,批判者都是特定人物,如第(1)则的妻弟王济、第(6)则的外甥李充、第(7)则的长子王悦、第(9)则的儿子郗超这类近亲。此前提到,赈恤在习惯上是从关系最近的近亲开始。而这一现象,正与

---

① 第(6)则中卫展与来投奔他的老友,即宾客,就是此种关系。
② 第(2)则刘孝标注所引王隐《晋书》。
③ 第(3)则刘孝标注所引《晋诸公赞》。

之对应。

　　名门望族与乡党之间的关系,正如隋朝李士谦的故事中所见,李士谦把在凶年贷款给乡民的借据付之一炬,将他们的债务一笔勾销。① 名门望族平时放贷给乡党,凶年时则取消债务,甚至予以援助。关于这种借贷行为,在(3)则王戎的故事中也出现了"契疏鞅掌"的表现。乍一看,两人的放贷行为并无二致,但李士谦说到底是以救济为第一要义,而王戎则主要是为了谋利。进而言之,两者根本区别在于是为了他人的"公",还是为了自己的"私"。《俭啬》中唯一例外、获得正面评价的故事,是第(8)则。故事中,陶侃对庾亮不吃韭白的行为感到佩服,因为从庾亮复种韭菜这一微小的行为中,可以看出其政治姿态——即"俭约"、物尽其用的务实态度,这令他深有同感。陶侃自己,也是类似的心思细腻之人。《世说新语》的《政事》中提及,陶侃勤快地收集木屑,至正月典礼时将之撒在庭院泥泞处防滑②。俭约、物尽其用的态度,贯彻于陶侃的政治理念中,是为了公家而尽心尽力,而绝非自私的"吝啬"。陶侃这种为"公"而不为"私"的立场,正与《俭啬》的其他故事形成了对照。③

　　以上便是对《俭啬》中故事的分析,除了第(8)则之外,其余八则一系列的吝啬故事,在叙事结构上为(A)过度聚敛→(B)狭义上的吝啬。这些吝啬行为受到舆论批判的根本原因,是它们均站在了"私"的立场上,违背了贵族们本当站在"公"的立场上的应有

---

① 参见谷川道雄:《六朝时代の名望家支配について》。
② 《世说新语》的《政事》云:"陶公性检厉,勤于事,作荆州时,敕船官悉录锯木屑,不限多少,咸不解其意,后正会,值积雪始晴,听事前除,雪后犹湿,于是悉用木屑覆之,都无所妨……"
③ 不过,节俭的陶侃"性俭吝"(第8则),又是寒门出身。虽然他擅长实务,有能力,但还是受到包括庾亮在内诸多贵族的嘲笑。

姿态。

第二节 关于《汰侈》

接下来列出《汰侈》中十二则故事的原文与译文,并以此为素材展开探讨。①

(10) 石崇每要客燕集,常令美人行酒,客饮酒不尽者,使黄门交斩美人。王丞相与大将军尝共诣崇。丞相素不能饮,辄自勉强,至于沈醉。每至大将军,固不饮,以观其变,已斩三人,颜色如故,尚不肯饮。丞相让之,大将军曰:"自杀伊家人,何预卿事。"

译文:石崇设宴请客时,常常让"美人"(女招待)给客人斟酒,客人要是没喝完,就让黄门(管理"美人"的宦官)把"美人"一个接一个杀死。王丞相(王导)某日与大将军(王敦)一道去石崇处做客。丞相本来就不善饮酒,被灌得大醉。而每到应该大将军喝时,他都断然拒绝,并观察情况。已有三人被斩,他仍泰然自若,不肯饮酒。丞相责备他,大将军说:"石崇在杀他家的人,与你无关。"②

(11) 石崇厕,常有十余婢侍列,皆丽服藻饰,置甲煎粉、沉香之属,无不毕备。又与新衣箸(著)令出,客多羞不能如厕。王大将军往,脱故衣,箸(著)新衣,神色傲然。群婢相谓曰:"此客必能作贼。"

---

① 为使数字序号指代清晰,《汰侈》故事的编号接续《俭啬》之后,从(10)开始。
② 刘孝标注引《王丞相德音记》所载的故事是王恺让妓女吹笛,妓女稍有遗忘,王恺便让黄门杀了她,而在场的王敦见此面不改色。

译文：石崇府邸中的厕所里，时常有十几个侍女列队侍候，每人都穿着漂亮的衣服，戴着精致的首饰，厕所里放着甲煎粉（一种香料）、沉香汁（一种香水）等，十分周到。此外还为进去的客人换身新衣服再出来，客人们大多羞愧难当，不敢如厕。王大将军（王敦）去［厕所］时，将原本的衣服丢弃，穿上新衣，而且神色傲然。侍女们间便传言："这位客人将来有一天必会谋反。"

（12）武帝尝降王武子家，武子供馔，并用琉璃器。婢子百余人，皆绫罗绮袿，以手擎饮食。蒸独肥美，异于常味。帝怪而问之。答曰："以人乳饮独。"帝甚不平，食未毕，便去。王、石所未知作。

译文：武帝（西晋初代皇帝司马炎）某天驾临王武子（王济）的家，王武子设宴款待，用的都是琉璃（青玉）碗碟，一百几十个侍女都穿着绫罗绸缎的裙衫，［不用桌几］而用手托着酒菜。蒸猪肉浓郁美味，不同于一般的菜肴。武帝觉得不可思议，便向［王济］询问，王济答云："这是用人乳喂养的猪。"武帝听后心情不佳，没吃完就走了。这道菜的做法，连王恺和石崇都不知道。

（13）王君夫以粘糒澳釜，石季伦用蜡烛作炊。君夫作紫丝巾步障碧绫裹四十里，石崇作锦步障五十里，以敌之。石以椒为泥，王以赤石脂泥壁。

译文：王君夫（王恺）用麦芽糖和干饭作为燃料给锅生火，石季伦（石崇）用蜡烛煮饭。君夫以青色绸缎为里料，做了四十里（17公里以上）的紫色帐幕，石崇用锦缎做了五十里的帐幕与之相抗。石［崇］将山椒涂在墙上，王［恺］将赤石脂（岩石风化后形成的红色树脂状物质）涂在墙上。

(14) 石崇为客作豆粥,咄嗟便办。恒冬天得韭萍齑。又牛形状气力,不胜王恺牛,而与恺出游,极晚发,争入洛城,崇牛数十步后,迅若飞禽,恺牛绝走不能及。每以此三事挞腕。乃密货崇帐下都督及御车人,问所以。都督曰:"豆至难煮,唯豫作熟末,客至,作白粥以投之。韭萍齑是捣韭根,杂以麦苗尔。"复问驭人牛所以驶。驭人云:"牛本不迟,由将车人不及制之尔,急时听偏辕,则驶矣。"恺悉从之,遂争长。石崇后闻,皆杀告者。

译文:石崇为客人做豆粥,一瞬间就做好了。不论是多冷的冬天,都能做出韭菜和萍的拌菜。[石崇的]牛无论是身材还是力气,都不如王恺的牛,然而当石崇与王恺去郊外出游时,[石崇出发回城]比王恺迟,二人却争着先进入洛阳城,石崇的牛落后了数十步,却突然如飞翔的鸟儿般迅速领先,王恺的牛怎么都追不上。王恺心里总想着这三件事,便悄悄收买了石崇的帐下都督(管家)和车夫,问他们其中缘由。都督说:"虽然豆子非常难煮,但事先煮好磨成粉的话,客人一来只要煮个粥,将其倒进去就好了。至于韭菜和浮萍的拌菜,只需将韭菜的根在石臼中捣烂,与麦芽混合即可。"问车夫为何能让牛加速飞奔,车夫说:"牛本来跑得就不慢,只是在没追上对方时故意让它减速。需要加速时拿下一侧的车辕,牛便会飞奔起来。"王恺也效仿这些做法,终于赢了石崇。石崇后来知道是那两个人泄露了消息,便杀了他们。

(15) 王君夫有牛名"八百里駮",常莹其蹄角。王武子语君夫:"我射不如卿,今指赌卿牛,以千万对之。"君夫既恃手快,且谓骏物无有杀理,便相然可,令武子先射。武子一起便破的,却据胡床,叱左右:"速探牛心来!"须臾,炙至,一脔便去。

译文:王君夫(王恺)有头叫作"八百里驳"①的牛,王恺经常将它的蹄子和角打磨得很光亮。王武子(王济)对君夫说:"虽然我射箭不如你,但今天特别想赌你的牛,[我]出一千万钱与你决胜负。"君夫对自己的射术很有信心,而且觉得对方不会杀这么好的牛,便当场答应,让武子先射。武子一箭射穿靶心,回来后一坐下便叫人将牛的心挖了过来。[牛心]烤好后,他吃了一片便走了。

(16)王君夫尝责一人无服余袒,因直内箸(著)曲阁重闱里,不听人将出。遂饥经日,迷不知何处去。后因缘相为,垂死乃得出。

译文:王君夫(王恺)有次惩罚一个不穿上衣下服的人,因王恺要去宫中值班,故将他关入复杂曲折的院落深处,禁止别人带他出来。[此人]在里面饿了几天,不知该怎么出来。后来终于靠认识的人,在濒死时逃了出来。

(17)石崇与王恺争豪,并穷绮丽,以饰舆服。武帝,恺之舅也,每助恺。尝以一珊瑚树,高二尺许,赐恺。枝柯扶疏,世罕其比。恺以示崇,崇视讫,以铁如意击之,应手而碎。恺既惋惜,又以为疾己之宝,声色甚厉。崇曰:"不足恨,今还卿。"乃命左右悉取珊瑚树,有三尺四尺,条干绝世,光彩溢目者,六七枚,如恺许比甚众。恺惘然自失。

译文:石崇与王恺攀比奢侈,在车辆和服饰上极尽华美。

---

① 意为可以跑八百里的驳,驳为形似马的猛兽。

武帝(司马炎)是王恺的外甥①,经常帮助王恺。有次武帝赐给王恺一座二尺高(约 48 厘米)的珊瑚树,树枝繁茂,世间少有。王恺向石崇炫耀,石崇看后用铁如意打向它,珊瑚树应声而碎。王恺心里惋惜,同时觉得对方此举是出于嫉妒自己的宝贝,声色顿变。石崇说:"这没什么可惜的,我这就还给你。"便让手下把自己的珊瑚树都取了过来,有三尺的,有四尺的,枝干的样子都是世间少有,光彩夺目,共六七座,与王恺的珊瑚树不相上下者则甚多。王恺见后,茫然若失。

(18)王武子被责,移第北邙下。于时人多地贵,济好马射,买地作埒,编钱帀地竟埒,时人号曰"金沟"。

译文:王武子(王济)因为被问责,而将宅邸移至北邙山(洛阳以北的高地,以墓地闻名)下。当时北邙山下居民众多,地价昂贵。王济喜好骑射,便将土地买下围起来,用成串的铜钱当作马场的栅栏,当时人称"金沟"(钱沟)。

(19)石崇每与王敦入学戏,见颜、原象,而叹曰:"若与同升孔堂,去人何必有间。"王曰:"不知余人云何,子贡去卿差近。"石正色云:"士当令身名俱泰,何至以瓮牖语人。"

译文:石崇经常与王敦一起去太学玩,看到颜回与原宪(均为孔子高徒)的画像,叹息道:"若能够与之一起步入孔子之堂(外厅),又怎么会不及他们?"王敦说:"我不知道其他人怎么样,子贡(端木赐,孔子高徒,富豪)和你当无差别。"石崇正色道:"士大夫必须提高自己的身价和名声,这样就不至于

---

① 这里将"舅"替换解释为"甥"。武帝司马炎是王恺姐姐之子,即王恺外甥,王恺是晋武帝之舅。另可参见杨勇:《世说新语校笺》。

以破瓮为窗,与人说话了。"①

(20) 彭城王有快牛,至爱惜之。王太尉与射,赌得之。彭城王曰:"君欲自乘则不论,若欲啖者,当以二十肥者代之,既不废啖,又存所爱。"王遂杀啖。

译文:彭城王(司马权)有头脚程很快的牛,非常爱惜。王太尉(王衍)[和彭城王]比射箭时赢得了这头牛。彭城王说:"你要是想自己乘坐,我没有意见,但你要是想宰了它吃,我愿意用二十头肥牛来换。这样既能让你吃到牛,也能救下我的爱牛。"但王衍最后还是把牛宰杀吃了。

(21) 王右军少时在周侯末坐,割牛心啖之。于此改观。

译文:王右军(王羲之)年轻时出席周侯(周颛)[的宴会],坐在末席,却切了牛心来吃。这一行为,让大家[对王羲之]的看法一变。

以上(10)至(21)十二则,为《汰侈》中的故事。其中描写了奢侈的最典型者——石崇、王恺一系列的奢侈竞赛,第(13)、(14)、(17)则就是三个例子。在第(13)则中,双方用煮饭的燃料、幔幕、壁土竞争。第(17)则中用珊瑚树竞争。第(14)则中王恺偷窃到石崇家快速制作豆粥的方法等三个秘诀,得以与石崇一较高下。此外,还可以从第(10)则中的宴会,第(11)则中石崇厕所内的情景,第(17)则刘孝标注引《续文章志》所载"崇资产累巨万金,宅室舆马,僭拟王者。庖膳必穷水陆之珍,后房百数,皆曳纨绣,珥金翠。而丝竹之艺,尽一世之选,筑榭开沼,殚极人巧"的记述看到石崇奢侈的实态。与石崇、王恺相关联的是王济,第(12)则中,王

---

① 《庄子·杂篇·让王》载:"原宪居鲁,环堵之室,茨以生草,蓬户不完,桑以为枢,而瓮牖二室,褐以为塞,上漏下湿,匡坐而弦歌。"将之作为原宪贫穷的事例。

济用豪华的菜肴招待驾临的武帝,其中最穷奢极欲的是以人乳喂养的猪所制作的蒸猪肉,被评价为"王、石所未知作",就连极尽奢侈的王恺、石崇也不知制作方法。另外,在第(15)则,王济出一千万钱,通过射箭,赌王恺名为"八百里䮭"的牛。在第(18)则,王济特意在高价地段修了一大片马场,还用串起的铜钱将马场围住。这些也表明王济与石崇、王恺互相攀比,与他们一样奢侈。

石崇等人的比富是典型的奢侈行为,笔者想将其与《俭啬》中的吝啬行为进行比较,考察其性质。在上一节中,将吝啬行为分为(A)过度敛财与(B)狭义的吝啬。首先与(A)进行比较。《汰侈》的代表人物是石崇,"[石]崇资产累巨万金,宅室舆马,僭拟王者",他的资产、宅邸、车马"堪比君王"。而《俭啬》的和峤同样"治家富拟王公"①。为了表现他们家财数额之巨大,都用了比拟"王者""王公"这样的修辞。关于石崇巨额家财的具体规模,《晋书》卷三三《石苞传附石崇传》中记载了石崇被处刑时查抄家产的数值为:

> 水碓三十余区,苍头八百余人,他珍宝、货贿、田宅称是。

石崇家产的内容、规模等,似乎与《俭啬》的代表人物王戎不相上下。石崇之所以拥有如此大的家业,可从《石崇传》"在荆州,劫远使商客,致富不赀"的记载中得到答案。荆州是四通八达之地,作为荆州刺史,石崇不惜杀人②来威胁"远使商客",抢夺他们的财物,从而获得巨额财富。关于王恺、王济的家财,虽然《汰侈》的正文及刘孝标注所引文献都未直接提及,但王恺是西晋武帝之舅,在第(17)则中,武帝平日时常赏赐王恺珊瑚树等物,出手毫不吝

---

① 第(1)则刘孝标注所引《晋诸公赞》。
② 第(10)则的刘注所引王隐《晋书》作"石崇为荆州刺史,劫夺杀人,以致巨富"。

啬;王济则为常山公主的丈夫①,在第(12)则中,武帝时常行幸王济宅邸。由此可知,此二人不仅与石崇同为贵族,并且还是与西晋帝室司马氏有关联的"贵戚"②,与武帝关系亲密。通过赏赐,"贵戚"有各种机会获得由内外四方向都城洛阳进贡的贡品。同时,"贵戚"利用权势收取礼物、贿赂,经营产业、放贷,从而获得巨额家财。③ 石崇等人的敛财行为,尤其是石崇在荆州刺史任上的所作所为,完全违背了上一节所及《颜氏家训·止足》中"勿非道求之"的训诫。这些奢侈行为的代表人物与(A)的吝啬行为性质完全相同,即过度敛财,并将家财作为穷奢极欲的资本。

而如果将奢侈与(B)狭义的吝啬相比较的话,这些行为又该如何定位呢?不用举例,也能从石崇等人奢侈的姿态中,想象出他们是如何花钱如流水的。若举《晋书》中所载的奢侈事例,如"食日万钱,犹曰无下箸处"④,则可见在饮食上挥金如土,便是当时奢侈的代名词。与(B)防止家财散失相反,奢侈行为属于(C),即散财行为。就此点而言,在《俭啬》第(1)则中对吝啬的和峤采取过激行为的王济,又成为《汰侈》第(12)则中故事的主角,具有其象征意义。那么,与(B)狭义的吝啬相对照的(C)奢侈、散财行为,与上一节所云(B)行为的反面——赈恤、救济行为,又是怎样的一种关系?两者行为皆是"散",在消耗家财这一点上相同,但在"散"的目的上,两者相去甚远。换言之,赈恤、救济是为了帮助宗族、宾客、乡党,而奢侈的散财是为了满足私欲,即浪费行为。

---

① 参见《晋书》卷四二《王浑传附王济传》。
② 参见第(17)则刘孝标注所引《续文章志》内容。
③ 参见本书第九章。《晋书》卷四《惠帝纪》载:"高平王沈作《释时论》,南阳鲁褒作《钱神论》,庐江杜嵩(崧)作《任子春秋》,皆疾时之作也。"除《钱神论》以外,还有其它一些批判此时代风潮的作品。
④ 《晋书》卷三三《何曾传》。

前者是为了他人,是一种外向行为;而后者只为自己,是一种内向行为。表面上,(C)散财行为与(B)狭义的吝啬行为完全相反,但在只顾及一己私欲这一点上,两者却是一致的。因此,(C)行为——例如何曾就因奢侈被刘毅等人弹劾①——受到了舆论的批判。

以上比较了《俭啬》的吝啬行为与《汰侈》的奢侈行为。总结起来,两者首先都有(A)敛财行为。而后,如何对待由(A)形成的家财,吝啬者则有(B)狭义的吝啬行为,奢侈者则有(C)散财行为。如用箭头表示其关系的话,吝啬是(A)→(B),奢侈是(A)→(C)。且(B)狭义的吝啬与(C)散财行为虽然表面上相反,但如果从赈恤、救济的"公"的角度来看,两者行为都同为"私",因而都受到了舆论的批判。

关于《汰侈》,还有一个问题需要加以考虑。该篇收录的故事中,有大量与上文讨论的比富行为毫无关系,甚至不以奢侈作为故事主体,其用意何在？比如第(10)则,虽然确实描写了石崇奢侈的宴会场景,但主题是石崇下令斩杀"美人",为人残忍,以及客人王敦冷静面对这一残忍行为,为人刚毅。王敦还在第(11)则中,于石崇家豪华的厕所内当着一排侍女的面悠然地换衣服,第(10)、(11)则的主题都是体现王敦的豪迈。② 盛大的宴会、豪华的厕所,虽说是故事的舞台,但奢侈却并非主题。第(21)则王羲之在宴会上作为晚辈,却首先吃了最上等的牛肉,也是类似的故事。此外,第(15)、(20)则都是依靠打赌将别人所珍爱的牛赢到

---

① 《晋书》卷三三《何曾传》,"刘毅等数劾奏[何]曾侈汰无度,帝以其重臣,一无所问。都官从事刘享尝奏曾华侈……"
② 王敦在第(10)、(11)则之外,还在第(19)、(20)则中作为配角登场,是《汰侈》的代表人物之一。

手之后,再随意地杀掉的故事。① 宰杀高价的牛,制成烤肉却只吃一块,也是种奢侈的表现。这两则故事的主题都是通过将对方所珍爱的牛毫不吝惜地杀掉,以此来胜过对方。第(16)则说的是王恺将一个人关进迷宫般的豪宅中,直到他快死了才放出来,把奢侈的王恺冷酷的一面作为主题。王恺这一冷酷行为,与第(10)则中石崇命令斩杀"美人"的行为有相通之处。这应当就是冈崎文夫所云"淫虐之风"的例子。② 而第(19)则说的是石崇被讽刺为富豪时极力反驳之事。在《汰侈》中,有不少故事都与篇名"汰侈"所展现的奢侈、铺张在性质上有所不同。

那么,第(10)、(11)、(15)、(16)、(19)、(20)、(21)则故事与第(12)、(13)、(14)、(17)、(18)则这些以奢侈为主题的故事所具有共同点,也就是整个《汰侈》的共同主题,究竟是什么呢？在这两类故事中,都出现的人物是石崇③和王恺④。由此可以推测出,这两类故事的主人公在性格上有相通处。考虑主人公的性格时,应注意到第(17)则石崇与王恺围绕珊瑚树展开的比富行为中,开头云"石崇与王恺争豪"。比富行为被称作"争豪"。在此情况下,"豪"既是物质上的豪奢,同时也有精神上的豪气、豪胆之意。在参与比富的石崇、王恺、王济等人身上,用"性好侠"⑤、"性至

---

① 《汰侈》第(14)、(21)则都以牛为话题,牛在此篇多次登场,或许是因为牛——尤其是优秀的牛,在当时是高价资产的象征。
【补注】《晋书》卷二五《舆服志》载:"古之贵者不乘牛车……自灵献以来,天子至士,遂以为常乘,至尊出朝堂举哀乘之。"后汉开始流行乘牛车。钱大昕在《廿二史考异》卷二〇《晋书·四·舆服志》中多次引用六朝时乘牛车之例。不过他认为牛车的使用在更早之前就已开始。此点承蒙早濑贵代指出。
② 参见冈崎文夫:《魏晋南北朝通史·内篇》。
③ 第(13)、(14)、(17)则与第(10)、(11)、(19)则。
④ 第(13)、(14)、(17)则与第(15)、(19)则。
⑤ 指石崇。参见第(14)则刘孝标注所引《晋诸公赞》。

豪"①、"性豪侈"②来表现他们的性格特征。其中有"豪"或与"豪"相同意思的"侠"。并且"争豪"③、"争长"④、"竞相夸炫"⑤、"竞相高以侈靡"⑥等倾尽钱财一较高下的行为,是种反映在奢侈品上的豪气,而输给了对方的豪气,就会感到"愧羡"⑦。因此,奢侈的竞争,实际上是豪气的竞争。这些故事不管是否与奢侈有关,它们都表现了主人公豪放的性格。由此可知,在第(10)、(11)则中,即使看到"美人"被斩杀,或在众目睽睽之下更衣,都泰然处之的王敦;第(21)则中,不顾长辈,自己先吃牛心的王羲之;第(15)、(20)则中,将别人珍爱的牛毫不留情的宰杀,以此胜过对方的王济、王衍,这些人都具有豪放的性格。此外,将人关起来令其差点饿死的王恺,其残酷也是豪气的一种表现。在对于豪气的评价中,既有第(21)则中王羲之的豪放之举让世人刮目相看,获得正面评价,⑧也有第(11)则中在厕所中泰然自若的王敦被侍女们传言其日后一定会谋反,这种蕴含危险的负面评价。

《汰侈》的篇名,本就包含了与"吝啬"不完全对应的奢侈之意。而"汰侈"与包含奢侈、自大、傲慢等意义的豪气具有相通性,也是其本意所在。与豪气相关的故事,构成了《汰侈》。而在《世说新语》的其他篇目中,也有与豪放相关的故事⑨,尤其正如《豪

---

① 指王恺。参见第(13)则刘孝标注所引《晋诸公赞》。
② 指王济。参见《晋书》卷四二《王浑传附王济传》。
③ 第(17)则。
④ 第(14)则。
⑤ 第(14)则刘孝标注所引《晋诸公赞》。
⑥ 第(17)则刘孝标注所引《续文章志》。
⑦ 第(17)则刘孝标注所引《续文章志》。
⑧ 第(21)则中刘孝标注云:"俗以牛心为贵,故羲之先啖之。"
⑨ 吉川忠夫译《魏晋清谈集》第二部第八章《豪气》从《世说新语》的《豪爽》《雅量》《俭啬》《任诞》各篇中选取了六则与豪气有关的故事。其中,从《俭啬》中选出的是第(9)则,即郗超散财的故事。

爽》的篇名所展示的那样,其中也收录有与豪气相关的故事。那么,同与豪气相关的《汰侈》和《豪爽》,又具有何种联系?《豪爽》由十三则故事构成,其中五则是与王敦有关的轶事。而王敦在《汰侈》中也有出场。可见他是西晋后半期至东晋初期这一时代性格豪放人物的代表。在王敦之外,桓温、桓玄等桓氏一族的故事占了大部分。东晋时期,桓温、桓玄与王敦一样觊觎政权,举兵造反。这些故事记载了他们豪放的性格。《豪爽》与《汰侈》的不同之处,在于《汰侈》除了第(21)则的王羲之以外,都以西晋时期为舞台,尤其是奢侈之风的相关故事。而《豪爽》则由活跃于东晋时期的人物故事所组成,其中也包括了从西晋活跃至东晋的王敦。此外,总体而言,《汰侈》包含着残酷的倾向,阴暗的故事较多,而《豪爽》则多为正面、积极的故事。从这些不同点可以看出,《世说新语》的编者将豪气的相关故事分成了两类。至此,本节的后半部分,对《汰侈》中与奢侈无关的故事,以及这些故事与整个《汰侈》共通的主题——豪放的性格展开了讨论。

第三节　西晋贵族社会的风气

《俭啬》中吝啬的典型——和峤、王戎,《汰侈》中攀比豪奢的石崇、王恺、王济,他们吝啬、奢侈的故事里有多少真实的成分,这个问题暂且不谈。在他们生活的西晋时期(265—316),热衷于聚敛、吝啬、奢侈的贵族们,尽管没有出现在《俭啬》《汰侈》中,但在《晋书》等史书中却随处可见。例如,宗室中义阳王司马望"性吝啬而聚敛,身亡之后,金帛盈溢,以此获讥"[1],是个十足的吝啬

---

[1]《晋书》卷三七《宗室传·义阳王望》。

鬼;竟陵王司马楙"[汝南王]亮遣[竟陵王]楙就国。楙遂殖财货,奢僭踰制"①,是个崇尚聚敛与奢侈的人物。可见宗室中也不乏以聚敛、吝啬、奢侈出名的人。② 此外,"贵戚"中除了以奢侈著称的王恺、王济,羊琇也是奢侈界的名人。晋武帝司马炎的伯父司马师之妻名羊徽瑜③,羊琇是其从弟,与武帝较为亲密。④ 史载:"[石崇]与贵戚羊琇、王恺之徒,竞相高以侈靡,而崇为居最之首,琇等每愧羡,以为不及也。"⑤可见羊琇也是石崇、王恺等人奢侈竞赛中的一员。贵族中以奢侈著称的,有开国功臣之一的何曾,其子何遵、何劭兄弟,以及何遵之子何绥等陈国何氏一族。尤其是何曾,"性奢豪","食日万钱,犹曰无下箸处",其"侈汰无度"遭到刘毅等人的弹劾。⑥ 何劭也是"一日之供,以钱二万为限"⑦。而且,与石崇、王恺比富一样,任恺、王濬也与何劭在食膳上攀比,属于奢侈人物⑧。综上所言,尽管不见于《俭啬》《汰侈》,但以吝啬和奢侈而闻名者,在西晋王朝大有人在。《宋书》卷三一《五行志·二》云:

---

① 《晋书》卷三七《宗室传·竟陵王楙》。
② 义阳王司马望之孙棘阳王司马奇,也有"奇亦好蓄聚,不知纪极,遣三部使交、广商货……"的记载。参见《晋书》卷三七《宗室传·义阳王望》。
③ 景献羊皇后。列传见于《晋书》卷三一《后妃传·上》。
④ 参见《晋书》卷九三《外戚传·羊琇》。
⑤ 第(17)则刘孝标注所引《续文章志》。
⑥ 《晋书》卷三三《何曾传》载:"然性奢豪,务在华侈,帷帐车服,穷极绮丽,厨膳滋味,过于王者。每燕见,不食太官所设,帝辄命取其食。蒸饼上不坼作十字不食。食日万钱,犹曰无下箸处。"其后是刘毅等人弹劾的记载。
⑦ 《晋书》卷三三《何曾传附何劭传》载:"而[何劭]骄奢简贵,亦有父风。衣裘服玩,新故巨积。食必尽四方珍异,一日之供,以钱二万为限。时论以为太官御膳,无以加之。"《晋书》卷三三《何曾传附何遵传》载:"[何遵]性亦奢忕,役使御府工匠作禁物,又斸行器,为司隶刘毅所奏,免官。……[何绥]自以继室名贵,奢侈过度……"此外,何遵之子、何绥之弟何羡"既骄且吝",以吝啬闻名,亦见同书同传。
⑧ 参见《晋书》卷四五《任恺传》、卷四二《王濬传》;《太平御览》卷四九三《人事部·奢》。

> 晋兴,何曾薄太官御膳,自取私食,子劭又过之,而王恺
> 又过劭。王恺、羊琇之畴,盛致声色,穷珍极丽。至元康中,
> 夸恣成俗,转相高尚,石崇之侈,遂兼王、何,俪人主矣。①

西晋时期,以何曾为开端,奢侈之风大为兴盛。此种风气的带头人,便是何曾、何劭、王恺、羊琇、石崇等贵族。并且奢侈程度不断升级,何曾之上是何劭,何劭之上是王恺、羊琇,王恺、羊琇之上是石崇。而推进奢侈程度不断加深的,正是奢侈比富的行为。这一点,从《汰侈》第(17)则刘孝标注所引《续文章志》在对石崇的奢侈生活描写之后所云"[石崇]与贵戚羊琇、王恺之徒,竞相高以侈靡,而崇为居最之首,琇等每愧羡,以为不及也"便可知晓。因此,《汰侈》第(13)、(14)、(17)则中石崇与王恺的奢侈比富,便体现了当时奢侈风气的特征。奢侈比富这一行为本身,则展现出在西晋王朝崩溃前夜,奢侈风潮发展到何种程度。就此意义而言,此事件可以说是西晋奢侈风气的象征。②而西晋时期的吝啬风潮,虽然有和峤、王戎等代表人物,但与奢侈之风相比,影响甚微,给人一种陪衬奢侈风气的印象。从《俭啬》的登场人物来看,毋宁说它是东晋前半期的风潮③。无论怎样,根据第一、二节分析的结果,关于西晋时期的奢侈之风及与之相伴的吝啬之风都以无休止的

---

① 《晋书》卷二八《五行志·中》也有几乎相同的记载。
② 宫崎市定在《中国に於ける奢侈の変遷——羨不足論》(《史学雑誌》第51编第1号,1940年)第三章"中世の奢侈"中引用了第(12)则王济的故事与第(13)则石崇、王恺比富故事的一部分,作为中世时期奢侈的例子。文章中还提及羊琇让奴隶抱着酒缸,用体温酿造美酒的故事(典出《太平御览》卷四九三《人事部·奢》所引臧荣绪《晋书》)。
③ 《俭啬》的后半部分中大量出现的是卫展、王导、庾亮、陶侃、郗愔这些东晋初期的建国功臣,翻译《世説新語》(《鑑賞中国の古典》第14卷,角川书店)的井波律子推测,这是因为这些人物经历了西晋末的剧烈动荡,苦难的记忆使之染上惜财的癖好,合情合理。又或者这些人物是在年轻时受到了西晋时期吝啬之风的影响。又,井波律子将第(9)则中的"郗公"解释为郗鉴,参见第(9)则注。

271

聚敛为前提。如果将聚敛得来的钱财投入饮食、奢侈品的消费，即为奢侈；如果尽量防止钱财流出——例如即便是参加婚礼也不肯花钱，即为吝啬。虽然在以上方面，奢侈与吝啬相反，但聚敛、奢侈、吝啬这一系列的行为，都与坚持止足，将多余的财物用以赈恤、救济的贵族应有姿态相违背，成了舆论批判的对象。就此点而言，奢侈、吝啬都是出于私欲的同质性行为。本章开头提及的冈崎文夫与谷川道雄的理解——即当时奢侈、吝啬风气为表里一体的关系，是正确的。

西晋时期，包括宗室、外戚在内的贵族阶层中，顽固且奢侈，或顽固且吝啬的人物不在少数。这些奢侈、吝啬的事例，并非一个人一个人的简单集合，而正如冈崎文夫所指出的那样，是弥漫在整个阶层的现象。那么，如此风潮为何在西晋时期兴起？这是接下来必须思考的问题。换言之，该时期的奢侈、吝啬风潮，是否并非个人性格层面的奢侈、吝啬，而具有一种历史社会性？当时贵族社会中与此现象紧密联系的，是鲁褒在《钱神论》中所讽刺的当时整个社会中的金钱万能之风。反言之，贵族阶层中奢侈、吝啬之风，属于拜金主义风潮的一部分。太康元年（280），孙吴平定，再次迎来了天下一统的太平世道。孙吴物质的流入，使经济领域繁荣起来。同时，由于最大的政治问题得以解决，以晋武帝为首的政界也开始呈现松弛状态。这些因素共同构成了拜金主义风潮的背景。① 谷川道雄曾经指出，出于私欲，西晋朝廷内部的权力斗争反复上演。这些权力斗争与奢侈、吝啬之风的关系，

---

① 葭森健介在1990年1月的中国中世史研究会例会上报告的《"清""浊"の構造——西晋貴族貴族の経済観念》中，将西晋末期天下统一后，在货币经济发展中逐利的贵族定义为"浊"，并把货币经济的发展想定为奢侈之风的前提。参见葭森健介：《"清"の時代——もう一つの〈三国志〉》，《歴史と地理》第411号，1989年。

值得注意。围绕权力展开的暗斗,自泰始元年(265)建国之初起就已存在。尤其是太康元年(280)的天下统一后,由于最大的政治问题得以解决,权力斗争变得更加明显,变本加厉,最后属于外戚的杨氏与贾氏共揽大权,由此引起了以宗室为中心的八王之乱,最终导致了西晋王朝的崩溃。① 在此种状况下,只顾着奢侈或吝啬的贵族与同样出于私欲的权力斗争之间,存在何种关联?在权力斗争中,贾充与任恺的对抗最为有名。② 最终任恺失败,被免官的他"纵酒耽乐,极滋味以自奉养"③。任恺在政治失败后将心思放在酒、娱乐和佳肴上,沉湎于个人的奢侈当中,这点值得思考,令人有所启发。在任恺的同党中,就有以吝啬出名的和峤。④ 此外,同样以吝啬出名的王戎,又作为"竹林七贤"之一而为人称道,这两种评价可谓相去甚远。对此差别,《晋阳秋》与戴逵的评论⑤解释为王戎为了避世以韬光养晦,故意让别人对自己有吝啬的评价。三国时期的曹魏末年,阮籍借酒以韬光养晦,得以保全自己。因此,王戎的吝啬也可如此解释。西晋元康年间以后,王戎与大权在握的贾氏、郭氏交好,对于愍怀太子废嫡事件,也未提出任何谏奏。至少从这些方面来看,王戎选择了委曲求全随波逐流,以消极的态度对待政治,而把心思放在了聚敛、吝啬上。⑥

---

① 参见本书第五、六章。
② 参见《晋书》卷四〇《贾充传》、卷四五《任恺传》。
③ 《晋书》卷四五《任恺传》。
④ 参见《晋书》卷四五《任恺传》。此外,王濬在平吴战役中立功,但因为与王济之父王浑的反目而被迫隐居。据《晋书》卷四二《王濬传》,他同样也"玉食锦服,纵奢侈以自逸",沉溺于奢侈之中。这些人物奢侈、吝啬的相关评价,有可能来自政敌的有意传播。
⑤ 均见于第(3)则刘孝标注中。
⑥ 参见《晋书》卷四三《王戎传》,同时可参考本章第一节。宇都宫清吉将王戎表面上矛盾的行为视为理性,将意志视为其人格的核心,认为"王戎不在意世人评价,意图树立超越人生、生活的合理之物",认为其并不矛盾,并给予肯定的评价。参见:宇都宫清吉:《世説新語の時代》。

石崇是贾谧"二十四友"之一,对贾氏、郭氏百般谄媚,其中就有"望尘而拜"的故事。① 与此同时,石崇在洛阳郊外金谷的别墅里奢侈无度。② 虽然王戎与石崇一个吝啬一个奢侈,但在元康年间,他们对当时掌握大权的贾氏、郭氏态度是一样的。以奢侈著称的"贵戚"王恺、羊琇、王济等,由于是"贵戚",故与武帝私交甚好。虽然与皇帝的私交可以作为一种武器,但正如羊琇和王济因齐王攸归藩事件时的谏奏惹怒武帝那样,他们自身权势的有无,全看皇帝的意愿。因此,其权势包含着随时一无所有的危险性,十分脆弱。并且,在以杨氏、贾氏为中心的权力斗争中,这些"贵戚"处于边缘位置。③ 以上任恺、和峤、王戎、石崇、王恺、羊琇、王济等等当时以奢侈闻名的人士,他们在政界的权力斗争中或败北,或旁观,或从属,或被排挤,都并非权力的主体。在"家"这个与政界价值观不同的领域,他们一心聚敛、奢侈、吝啬。而这样做的理由,正包含在《汰侈》第(9)则石崇对王敦说的话中:"士当令身名俱泰。"对于聚敛、奢侈的行为,他们自我辩护云:为了扩大家财,必须大肆聚敛;为了抬高名声,必须靠散财获得豪气的风评。乡里豪族在扩大自身势力的同时,会出于"轻财好施"的任侠精神展开赈恤与救济,以获得名望。而西晋的官僚贵族则在都城洛阳中不断有聚敛、奢侈、吝啬的行为,招致人们的怨恨。这一状况的产生,是他们离开本籍地而住进都城,因而逐渐背离乡里作风所产生的结果。朝廷是这些官僚贵族们赖以生存的地方,而这些人物却在政治上遭遇排挤。聚敛、奢侈、吝啬的行为,便是他们渴求

---

① 《晋书》卷三三《石苞传附石崇传》载:"[石崇]与潘岳谄事贾谧。谧与之亲善,号曰'二十四友'。广城君每出,崇降车路左,望尘而拜,其卑佞如此。"——译者
② 参见《晋书》卷三三《石苞传附石崇传》。
③ 参见《晋书》卷四二《王浑传附王济传》、卷九三《外戚传·羊琇》《王恂传附王恺传》。

自立与安定的畸形表现。为了更高的风评,他们互相竞争,导致这类行为无休止地升级。

本章第二节,通过对《汰侈》的分析,指出奢侈的竞争实际上是豪气的竞争。而在本节的末尾,想捎带讨论一下,这些事实描绘了西晋时代贵族社会怎样的一种世相。首先,乡里豪族出于任侠精神进行赈恤,从而在当地获得名望,并且在战乱之时守卫乡里,展现出与任侠精神一致的豪气性格。然而,西晋贵族却热衷于将任侠精神、豪气性格以奢侈竞争这种歪曲的形式表现出来,说明当时的贵族社会仍处于较为粗俗的初级阶段。第二,西晋贵族们将豪气这种隐性、内在、精神上的品质,以奢侈竞争这种显性、外在、物质上的形式表现出来。而东晋时期以后的贵族社会,则产生了艺术、学问、宗教等内在、精神上的贵族文化。由此可以看出,西晋时期的贵族社会尚处于暴发户式的幼稚阶段。以上两点都表明,西晋的贵族社会还处在贵族社会的早期阶段。

以上通过讨论西晋时期奢侈、吝啬之风所具有的意义,可知当时贵族社会中内在的、必须克服的问题已喷涌而出。体现奢侈、吝啬风潮的诸多事实,也从一个方面佐证了西晋时期处于贵族社会发展的过渡阶段。

小　结

本章通过分析《世说新语》的《俭啬》与《汰侈》,对西晋时期贵族社会的吝啬、奢侈之风展开了考察,其中显示出两大特征:

一、《俭啬》的故事中的吝啬行为,多为"借助于聚敛的过度蓄财→狭义的吝啬"这一结构。《汰侈》的故事中的奢侈行为,多为"借助于聚敛的过度蓄财→散财"这一结构。两种行为的前半部分,都是"借助于聚敛的过度蓄财"这一"私"的行为。作为后半部分的"狭义的吝啬"和"散财",虽然表面上完全相反,但从"公"的角度看,都属同一层面的"私"的行为。因此,这两类行为都是由两重"私"(私欲,利己)的行为组成。就此点而言,也论证了冈崎文夫与谷川道雄所言吝啬、奢侈都基于"对财物高度关心"的精神倾向、互为表里的正确性。而且,这些行为违背了坚持止足,将余财赈恤、救济的贵族应有之姿态,因此也都成为舆论批判的对象。

二、《汰侈》中存在与奢侈无关的故事,而整个《汰侈》共同的主题是豪气。在"散"这一点上,贵族的赈恤行为与奢侈竞争(实际为散财竞争)中的散财行为是一样的。不过,赈恤是为了他人,散财是为了自己,在这一点上两者相反。散财并非单纯为了自我满足,而是为了获得"豪"(豪气、豪胆)的名声所展开的竞争。本来,乡里豪族出于"轻财好施"的任侠精神进行赈恤,通过"散"得到了"豪"的评价(名声)。然而,都城洛阳中的官僚贵族们则本末倒置,为了得到"豪"的评价,以奢侈竞争的方式进行"散"。由此亦可从一个侧面,看出自后汉时期的第一次乡论至西晋时期的第三次乡论中的连续性与变化内容。① 另外,西晋时期的贵族社会正处于暴发户式的幼稚期、过渡期,奢侈竞争的行为就是其典型表现。

---

① 第一次乡论、第三次乡论的概念,来自于川胜义雄对于汉末魏晋乡里清议的研究。在川胜义雄的研究中,乡论具有多层构造:县、乡层面的清议,为第一次乡论;郡、国层面的清议,为第二次乡论;中央层面的清议,是第三次乡论。这里作者直接采用了川胜义雄所提出的概念。参见川胜义雄:《魏・西晋の貴族層と郷論》,中国中世史研究会编《中国中世史研究》(东海大学出版会,1970年)所收《貴族制社会と孫呉政権下の江南》的前半部分(后修订收入川胜义雄:《六朝貴族制社会の研究》,岩波书店,1982年)。——译者

第八章 关于西晋贵族社会风气的若干考察

至于西晋贵族社会中与吝啬、奢侈之风相关联的其他现象,例如《钱神论》所描绘的拜金主义风潮,《释时论》所描绘的选举混浊之态,将分别在接下来的第九章与第十章中展开考察。

(本文以 1990 年 5 月的"L 的会"上谷川道雄等会员们的讨论为基础,重新思考后撰写而成。)①

---

① "L 的会"为谷川道雄先生所创办的学术交流平台,又称"六朝史研究会",地点位于京都,一般一个月举行一次学术讨论,时间为下午半天,包括 1—2 场报告与评议。——译者

第九章　《钱神论》的世界

西晋(265—316)隐士鲁褒所撰写的《钱神论》是一部批判西晋王朝,尤其是第二代皇帝惠帝司马衷在位的元康年间(291—299)社会上弥漫的拜金主义风潮的著作。谈及《钱神论》的记载最早出现在东晋,即干宝(?—371)所著《晋纪》的总论①:

> 览傅玄、刘毅之言,而得百官之邪;核傅咸之奏、《钱神》之论,而睹宠赂之彰。②

《钱神论》可以与傅咸的上奏一起证明西晋时期政界的混浊,尤其是贿赂的横行。③ 此外,唐初编纂的正史《晋书》卷四《惠帝纪》的末尾有这么一段概括惠帝时期的话:

> 及居大位,政出群下,纲纪大坏,货赂公行,势位之家,以

---

① 收录于《文选》卷四九《史论上》以及《晋书》卷五《怀帝纪·愍帝纪》的论赞中。
② 此段文字典出《左传》桓公二年臧哀伯(臧孙连)对鲁桓公的谏言"国家之败,由官邪也。官之失德,宠赂章也"。
③ 东晋时期成书的记述西晋的史书中,除了干宝的《晋纪》外,王隐的《晋书》中也提到《钱神论》。"惠帝时有钱神论……"(或出自《惠帝纪》,见《初学记》卷二七《宝器部·钱》),"惠(原文即作"惠")褒,字元道,南阳人也,好学多闻,以贫素自立,元康之后,纲纪大坏,褒伤时之贪鄙,乃隐姓名,著钱神论以刺之,褒不仕,莫知所终"(《逸民·鲁褒传》,见《太平御览》卷五〇二《逸民部二·逸民二》。两条均可参见汤球:《九家旧晋书及晋诸公别传辑本》)。不过,前者的引文中未给出《铸(原文即作"铸")神论》的作者,可能是想将其与鲁褒的《钱神论》区别开。对此,笔者在第三节的"无名氏"中进行了讨论。

第九章 《钱神论》的世界

贵陵物,忠贤路绝,谗邪得志,更相荐举,天下谓之互市焉。高平王沈作《释时论》,南阳鲁褒作《钱神论》,庐江杜嵩作《任子春秋》,皆疾时之作也。

作为表达对当时"互市"风潮的忧愤的著作,鲁褒的《钱神论》与王沈的《释时论》、杜嵩的《任子春秋》一道被列举了出来。① 而且,它还作为导致西晋王朝灭亡的贵族阶层的腐败,即拜金主义风潮的同时代的史料,以及佐证当时的经济正处于中国经济史上的商品(货币)经济阶段的史料,在现在的研究中被经常引用。②

尽管《钱神论》被如此反复提及至今,但除了牟发松的论文之外③,几乎没有正面研究这篇文章的专门论著。牟发松研究的主题,是考察《钱神论》出现的背景,尤其是与当时的经济发展阶段的关联性。对此,笔者将在第四节中对其进行详细讨论。

本章将循着以下顺序展开分析:(1)作者鲁褒相关问题;(2)《钱神论》译文;(3)《钱神论》以外的《钱神论》相关问题;(4)《钱神论》的内容。

第一节 鲁 褒

本节将对鲁褒进行探究,重点回答他是站在何种立场上写下

---

① 王沈《释时论》与杜嵩《任子春秋》的内容请参照第十章。
② 作为通史、概要的有冈崎文夫:《魏晋南北朝通史》,弘文堂书房,1932年,第99—100页(内编新版为平凡社东洋文库版,1989年,第97页);谷川道雄:《世界帝国の形成》,讲谈社,1977年,第99页;王仲荦:《魏晋南北朝史》上册,上海人民出版社,1989年,第214页。
③ 牟发松:《鲁褒〈钱神论〉的产生与当时的商品货币经济——谨以求正于胡寄窗先生》,《江淮论坛》1985年第5期。
  以下所引牟发松观点均出自该文,如无特别说明,不再一一注出。——译者

《钱神论》,以批判当时拜金主义风潮这一问题。关于鲁褒基本且完整的史料,仅有王隐《晋书·逸民传》对鲁褒的记述①,以及几乎完全照搬正史《晋书》卷九四《隐逸传》中的《鲁褒传》。以下是正史《晋书·鲁褒传》中除去摘录的《钱神论》后的内容:②

> 鲁褒,字元道,南阳人也。好学多闻,以贫素自立。元康之后,纲纪大坏,褒伤时之贪鄙,乃隐姓名,而著《钱神论》以刺之。其略曰……。盖疾时者共传其文。褒不仕,莫知其所终。

原文中"元康之后……盖疾时者共传其文"即《鲁褒传》的大半部分,都是《钱神论》的写作动机、大致内容及发表后的反响等关于《钱神论》本身的记载,由此可以看出,为鲁褒立传最重要的理由就是他写了《钱神论》。而对于鲁褒本人,仅在《钱神论》内容的前后,也就是《鲁褒传》的开头和结尾处略微提到而已。从中只能知晓鲁褒的字和本贯,虽是知识分子却很贫穷,所以不得不为了生活而工作,以及他不以当官为志,在民间终其一生这些极其模糊的信息。将这些信息放在鲁褒所生活的西晋贵族社会中考虑的话,可以如此推测:第一,从有学问却贫穷这点可以推测,鲁褒在阶层上属于寒门或寒人阶层;第二,从没有步入仕途这点可以推测,鲁褒因此成了一位隐士,被收录进了《隐逸传》。因此,在这两方面上鲁褒都被贵族社会排挤,沦为社会的边缘人物。这一立场或许就成了他创作《钱神论》,批判以贵族社会为中心形成的拜金

---

① 该佚文载《太平御览》卷五〇二《逸民部·逸民二》。
② 参见本章第三个注释。王隐《晋书》的佚文中没有"盖疾时者共传其文"一句,还少了"莫知其所终"的"其"字。

第九章 《钱神论》的世界

主义风潮的基本立足点。①

研究鲁褒时还有一个必须探讨的史料,那就是《元和姓纂》卷六《十姥》鲁条的记载:

> 扶风郿县鲁芝,官至荆州刺史。又晋光禄大夫鲁褒。

之所以必须探讨,是因为它和《晋书·鲁褒传》的记载有两点出入。一是鲁褒的本贯,二是他是否当官。关于第一点,《晋书》记载鲁褒是"南阳人也",即南阳郡人,而《元和姓纂》中则说是扶风郡郿县(今陕西省眉县)人。《元和姓纂》中提到的扶风鲁氏是整个魏晋南北朝时期的名家之一,比如扶风鲁氏中最有名的人物鲁芝,在曹魏担任过大将军(曹爽)司马、荆州刺史,并以嘉平元年(249)司马懿政变中打破城门时,冲到城外投奔曹爽的忠义故事而为人所知。进入西晋后,他被特别提拔为光禄大夫,泰始九年(273)卒,享年八十四岁。② 以鲁芝为首,扶风鲁氏的人物在史书中多有出现,③而南阳鲁氏在《元和姓纂》中未被收录,史书中也未曾出现鲁褒以外的人物。如此对比扶风鲁氏与南阳鲁氏的话,

---

① 鲁褒的视角与同时代其他批判者,甚至东汉末期隐士们的视角有共通之处。参见序言中《晋书·惠帝纪》的记载;增渊龙夫:《後漢党錮事件の史評について》,《一橋論叢》第 44 卷第 6 号,1960 年(后收入其著《新版 中国古代の社会と国家》,岩波书店,1996 年);川胜义雄:《漢末のレジスタンス運動》,《東洋史研究》第 25 卷第 4 号,1967 年(后修订收入其著《六朝貴族制社会の研究》,岩波书店,1982 年)。第十章中将予以详细讨论。
② 参见《晋书》卷九〇《良吏·鲁芝传》。
③ 东汉时期有扶风平陵人鲁恭、鲁丕兄弟和鲁恭的孙子鲁旭(《三国志》中作"馗")。身为太仆的鲁旭(馗)跟随献帝到达长安,并与王允谋划刺杀董卓,董卓死后,他为李傕所杀(《后汉书》卷二五《鲁恭传》、《三国志》卷六《魏书·董卓传》裴注所引张璠《汉纪》)。南朝时期有东晋末东徙与刘裕一战的鲁宗之,其子鲁轨,其孙鲁爽都活跃于宋朝(《宋书》卷七四、《南史》卷四〇《鲁爽传》等),刘宋或南齐的鲁康祚(《南史》卷七三《孝义传上》),陈朝的鲁悉达、鲁广达兄弟(《陈书》卷一三、《南史》卷六七《鲁悉达传》、《陈书》卷三一、《南史》卷六七《鲁广达传》)。南朝时的扶风鲁氏是较晚渡江的北来贵族,大多为活跃的武将。

扶风鲁氏显然是更加庞大而有势力的宗族，但鲁褒到底是哪一宗族出身还是难以确定。关于第二点，笔者将考察在《晋书·鲁褒传》与《元和姓纂》这两个互相矛盾的史料中应当采信哪一方。《晋书·鲁褒传》中称"褒不仕"，而《元和姓纂》中说"又晋光禄大夫鲁褒"，在他的名字前加上了官职。鲁褒若是如《元和姓纂》记载的那样，是名门扶风鲁氏的一员，又在西晋王朝为官且官至光禄大夫（三品）的话，他便身处都城洛阳的官场之中，正因如此，他才能将眼前贵族社会的腐败，也就是拜金主义风潮，在《钱神论》中栩栩如生地描绘出来。而且因为鲁褒这么有名，他写《钱神论》的时候才隐去姓名，这点也更说得通。但是，《元和姓纂》中的"又晋光禄大夫鲁褒"不是一个完整的句子，在它之前是对鲁芝的描述"鲁芝，官至荆州刺史"，而据《晋书》本传记载，鲁芝在西晋时期官至光禄大夫，从这点上看，"晋光禄大夫"很有可能说的是前面的鲁芝。如此一来，虽然"鲁褒"二字出现在了文句中，但只要没有鲁褒属于扶风鲁氏的确凿证据，其是衍字的可能性较大。吴士鉴、刘承干的《晋书斠注》中也认为"元和姓纂六曰，晋光禄大夫鲁褒。案，传云不仕，而林氏作光禄大夫，恐误"，推测在鲁褒是否出仕这点上二书的矛盾，是因为《元和姓纂》中出现了错误。以上分析了《晋书·鲁褒传》与《元和姓纂》之间对鲁褒记述的矛盾，由于《元和姓纂》记述的可信度存在问题，在此姑且遵从《晋书·鲁褒传》中鲁褒出身南阳郡且未曾出仕的记载。不过，因为缺乏有关鲁褒本人的信息，而且史料间存在矛盾，很难组成一个具体的人物形象，所以也不排除《钱神论》的作者"鲁褒"只是个假托的架空人物这种极端情况。

第二节 《钱神论》译文

　　作为分析鲁褒《钱神论》的基础工作，笔者将根据拙稿《鲁褒〈钱神论〉译注》①给出它的原文与翻译。另外，《钱神论》的主要文本有两个出处，一个是《艺文类聚》卷六六《产业部·下》，另一个是《晋书》卷九四《隐逸·鲁褒传》。两者都是节选，前者八百二十三字，后者四百一十五字，相同的部分一百六十一字。下面笔者将现存两种《钱神论》的原文和译文全部列出。② 另外，有关《钱神论》文本的问题，请移步第三节的相关探讨。

　　(一)《艺文类聚》中收录的《钱神论》：

　　　　有司空公子，富贵不齿，盛服而游京邑，驻驾平市里。顾见綦毋先生，班白而徒行。

　　　　公子曰："嘻！子年已长矣，徒行空手，将何之乎？"

　　　　先生曰："欲之贵人。"

　　　　公子曰："学《诗》乎？"

　　　　曰："学矣。"

　　　　"学《礼》乎？"

　　　　曰："学矣。"

　　　　"学《易》乎？"

　　　　曰："学矣。"

　　　　公子曰："《诗》不云乎：'币帛筐筐，以将其厚意，然后忠臣嘉宾，得尽其心。'《礼》不云乎：'男贽玉帛禽鸟，女贽榛栗

---

① 福原启郎：《鲁褒〈钱神論〉訳注》，《京都外国語大学研究論叢》第57号，2001年。
② 该译文原本为日文现代文，现转写为中文白话文。——译者

枣脩。'《易》不云乎:'随时之义,大矣哉!'吾视子所以,观子所由,岂随世哉?虽曰已学,吾必谓之未也。"

先生曰:"吾将以清谈为筐筥,以机神为币帛。所谓'礼云礼云,玉帛云乎哉'者已。"

公子拊髀大笑曰:"固哉子之云也。既不知古,又不知今。当今之急,何用清谈。时易世变,古今异俗。富者荣贵,贫者贱辱。而子尚质,而子守实,无异于遗剑刻船,胶柱调瑟。贫不离于身名,誉不出乎家室,固其宜也。

昔神农氏没,黄帝、尧、舜,教民农桑,以币帛为本。上智先觉,变通之,乃掘铜山,俯视仰观,铸而为钱。故使内方象地,外员象天。大矣哉!钱之为体,有乾有坤。其积如山,其流如川。动静有时,行藏有节。市井便易,不患耗折。难朽象寿,不匮象道。故能长久,为世神宝。

亲爱如兄,字曰孔方。失之则贫弱,得之则富强。无翼而飞,无足而走。解严毅之颜,开难发之口。钱多者处前,钱少者居后。《诗》云:哿矣富人,哀此茕独!岂是之谓乎?

钱之为言泉也!百姓日用,其源不匮。无远不往,无深不至。京邑衣冠,疲劳讲肆;厌闻清谈,对之睡寐;见我家兄,莫不惊视。钱之所祐,吉无不利。何必读书,然后富贵。由是论之,可谓神物。无位而尊,无势而热。排朱门,入紫闼;钱之所在,危可使安,死可使活;钱之所去,贵可使贱,生可使杀。是故忿诤辩讼,非钱不胜;孤弱幽滞,非钱不拔;怨仇嫌恨,非钱不解;令闻笑谈,非钱不发。

谚曰:'钱无耳,可暗使。岂虚也哉?'又曰:'有钱可使鬼。而况于人乎?'

子夏云:'死生有命,富贵在天。'吾以死生无命,富贵在钱。何以明之？钱能转祸为福，因败为成，危者得安，死者得生。性命长短，相禄贵贱，皆在乎钱，天何与焉？天有所短，钱有所长。四时行焉，百物生焉，钱不如天；达穷开塞，赈贫济乏，天不如钱。若臧武仲之智，卞庄子之勇，冉求之艺，文之以礼乐，可以为成人矣。今之成人者，何必然？唯孔方而已！

夫钱，穷者能使通达，富者能使温暖，贫者能使勇悍。故曰：'君无财，则士不来；君无赏，则士不往。'

谚曰：'官无中人，不如归田。'虽有中人，而无家兄，何异无足而欲行，无翼而欲翔？使才如颜子，容如子张。空手掉臂，何所希望？不如早归，广修农商。舟车上下，役使孔方。凡百君子，同尘和光。上交下结，名誉益彰。"

译文：

司空公子（司空家的子弟）十分有钱，没人能与他比肩，有天他盛装在都城里游玩，在闹市区停好车后环视周围，看到了头发花白的綦毋先生在徒步行走。

公子："哎呀！您年纪这么大了，还（不乘车）空着手走路，是想去哪里啊？"

先生："要去拜访一位高贵的人家。"

公子："您学过《诗》吗？"

先生："学过。"

公子："学过《礼》吗？"

先生："学过。"

公子："学过《易》吗？"

先生："学过。"

公子："《诗》中不是说'要将礼物装满竹篮，以此显示自己的深情厚谊,然后忠臣嘉宾才会为你尽心尽力'吗?《礼》中不是说'给男性要送玉帛禽鸟,给女性要送榛栗枣脩'吗?《易》中不是说'识时务是伟大的'吗?我看您的行为与经历,并不符合当下的潮流。您说学过这些,但在我看来您一定没学到家。"

先生:"我将清谈作为竹篮,将机神作为礼物,所以说'讲礼讲礼,讲的不是礼物'。"

公子拍着膝盖大笑起来:"您说的话真是冥顽不灵,既不知道古时的道理,又不知道现今的风潮,现在这世道清谈有什么用。时过境迁,古今的风俗完全不同,现在有钱人名声地位高,穷人身份低贱还要受到侮辱。而您却抱着人的品质不放,这无异于刻舟求剑、胶柱调瑟。正因如此,贫穷才不会离你而去,美名也不会传出家门。

从前,神农氏亡故,黄帝与尧、舜教会人们耕种与养蚕,将财物作为生存之本。圣人与先学合理变通,开采铜山,效法天地,铸造铜钱。所以把钱里面做成方形代表地,外面做成圆形代表天,这是多么伟大的事啊!钱中有乾有坤,它积攒起来像山,流通起来像河,动静都有相应的时机。钱在市场上使用方便,不用担心磨损或折断,它不易腐朽这点象征着寿,没有穷尽这点象征着道。因此钱才能长久地留存,被作为现世的神宝受到崇拜。

另外,钱就像自己的兄长般亲密,它字孔方。没了钱便贫弱,有了钱便富强,它没有翅膀却能飞,没有脚却能走,它能让威严的面孔展露笑颜,能让守口如瓶的人开口。钱多的人排在前面,钱少的人落在后面。《诗》中'富人值得称道,孤家寡人让人可怜'说的不就是这个吗?

钱之所以被称为'泉',是因为人们每天用它却不会枯竭,多远它都能去,多深它都能到。都城里的贵族们上课上累了,清谈听腻了,打瞌睡的时候,见到我的兄长(钱),没有一个不睁大眼睛盯着的。钱所保佑的事,都能顺利解决,何必还要先读书再富贵。这些例子都表明,钱是种神物(不可思议之物)。它没有地位却被人尊崇,没有权势却被人依靠,它能推开朱门,进入王城。有了钱,可以转危为安,可以起死回生;没了钱,尊贵之人也会被鄙视,活人也会被屠杀。所以,纷争和诉讼没有钱赢不了,身处弱势停滞不前没有钱逃不掉,有仇有怨没有钱解不开,美名与佳话没有钱说不出。

谚语说'钱无耳,可暗使',确实如此。还说'有钱能使鬼推磨',那就更别说人了。

子夏说:'死生有命,富贵在天。'我认为'死生无命,富贵在钱'。要说如何证明它,钱能把祸变成福,把失败变成成功,让身处危险的人变得安全,让死者重获新生。生命的长短,容貌的好坏,俸禄的高低,都与钱息息相关,和天有什么关系?天有天的短处,钱有钱的长处。在四季变换,万物生长上,钱不如天。在打开困局,拯救贫乏上,天不如钱。过去要成为完美的人,需要具备臧武仲的智慧、卞庄子的勇气、冉求的多才多艺,并按照礼乐的要求精益求精。而现在要成为完美的人,不必费那些功夫,只要有钱就行了!

钱可以让不如意的人称心,让有钱的人锦上添花,让贫穷的人勇敢。所以说'君主没有财力,士兵就不会应募,君主没有赏赐,士兵就不会前进'。

谚语说:'在官场中没有熟人,不如回家种田。'但就算有熟人,没有我的兄长(钱),就如同没有脚却想走,没有翅膀却想飞。就算才能堪比颜子(颜渊),容貌堪比子张(颛孙师),却两手空空无所顾忌,还有什么希望可言?还不如赶紧回家多多种田,扩大生意,坐车船往来,好好使用'孔方'。无论是什么样的君子,都要迎合世间的潮流,适当隐藏锋芒,与上下往来,名声就能渐渐显露。"

(二)《晋书·鲁褒传》中收录的《钱神论》:

钱之为体,有乾坤之象,内则其方,外则其圆。其积如山,其流如川。动静有时,行藏有节,市井便易,不患耗折。难折象寿,不匮象道,故能长久,为世神宝。

亲之如兄,字曰孔方,失之则贫弱,得之则富昌。无翼而飞,无足而走,解严毅之颜,开难发之口。钱多者处前,钱少者居后。处前者为君长,在后者为臣仆。君长者丰衍而有余,臣仆者穷竭而不足。《诗》云:"哿矣富人,哀此茕独。"

钱之为言泉也,无远不往,无幽不至。京邑衣冠,疲劳讲肆,厌闻清谈,对之睡寐,见我家兄,莫不惊视。钱之所祐,吉无不利,何必读书,然后富贵!昔吕公欣悦于空版,汉祖克之于嬴二,文君解布裳而被锦绣,相如乘高盖而解犊鼻,官尊名显,皆钱所致。空版至虚,而况有实;嬴二虽少,以致亲密。由此论之,谓为神物。

无德而尊,无势而热,排金门而入紫闼。危可使安,死可使活,贵可使贱,生可使杀。是故忿争非钱不胜,幽滞非钱不拔,怨仇非钱不解,令问非钱不发。

洛中朱衣,当途之士,爱我家兄,皆无已已。执我之手,抱我终始,不计优劣,不论年纪,宾客辐辏,门常如市。谚曰:"钱无耳,可使鬼。"

第九章 《钱神论》的世界

凡今之人,惟钱而已。

故曰,军无财,士不来;军无赏,士不往。仕无中人,不如归田。虽有中人,而无家兄,不异无翼而欲飞,无足而欲行。

译文:

钱中有乾有坤,它积攒起来像山,流通起来像河,动静都有相应的时机。钱在市场上使用方便,不用担心磨损或折断,它不易腐朽这点象征着寿,没有穷尽这点象征着道。因此钱才能长久地留存,被作为现世的神宝受到崇拜。

另外,钱就像自己的兄长般亲密,它字孔方。没了钱便贫弱,有了钱便富强,它没有翅膀却能飞,没有脚却能走,它能让威严的面孔展露笑颜,能让守口如瓶的人开口。钱多的人排在前面,钱少的人落在后面。前面的人是大人老爷,后面的人是家臣仆人,大人老爷宽裕有余,家臣仆人贫穷拮据。《诗》中说:"富人值得称道,孤家寡人让人可怜。"

钱之所以被称为"泉",是因为人们每天用它却不会枯竭,多远它都能去,多深它都能到。都城里的贵族们上课上累了,清谈听腻了,打瞌睡的时候,见到我的兄长(钱),没有一个不睁大眼睛盯着的。钱所保佑的事,都能顺利解决,何必还要先读书再富贵!过去吕公(前汉吕后之父)为一个虚名感到高兴,汉高祖(刘邦)因为萧何饯别时比其他官吏多送了二百钱而记住了他,卓文君(司马相如之妻)脱下粗麻衣穿上锦绣,相如乘上高篷车脱下短裤衩,出人头地名声赫赫都要靠钱。光是虚名没有意义,所以还得有利可图。二百钱虽然不多,却为刘邦与萧何之间带来了更亲密的关系。这些例子都表明,钱是种神物(不可思议之物)。

钱没有德行却被人尊崇,没有权势却被人依靠,它能推开金门,进入王城。钱可以转危为安,可以起死回生,可以鄙视尊贵之人,亦可以屠杀活人。所以,纷争和诉讼没有钱赢不了,身处弱势停滞不前没有钱逃不掉,仇怨没有钱解不开,美言没有钱说不出。

　　洛阳的朱衣(高贵之人)以及因时得势的人们,对我兄长的喜爱都没有止境。他们不论优劣,不论年龄,都握着我的手,自始至终抱着我。每天都有宾客蜂拥而至,我家门庭若市。谚语说:"钱无耳,可使鬼。"

　　凡是活在这个时代的人,有钱就行了。

　　所以说"军队没有财力,士兵就不会应募,军队没有赏赐,士兵就不会前进"。当官要是没有熟人,不如回家种田,但就算有熟人,没有我的兄长(钱),就如同没有脚却想走,没有翅膀却想飞。

第三节　几种《钱神论》

　　第一节中引用的《晋书·鲁褒传》的一大半是关于《钱神论》的记载,鲁褒与《钱神论》的紧密关系不言而喻。在惠帝元康年间后纲纪松弛的情况下,鲁褒忧虑时世的"贪鄙",便匿名创作了《钱神论》以讽刺时世。虽然鲁褒《钱神论》的全文已不存在,但《艺文类聚》卷六六《产业部·下·钱》,以及《晋书》卷九四《隐逸·鲁褒传》中收录了其较长的一部分原文。① 此外,《初学记》卷二七《宝

---

① 《册府元龟》卷九三八《总录部·怨刺》中再次收录了《晋书·鲁褒传》中的原文。《钱神论》的原文参照严可均:《全上古三代秦汉三国六朝文》中的《全晋文》卷一一三,鲁褒《钱神论》。

器部·钱》,以及《太平御览》卷八三六《资产部·钱·下》中还有其佚文。笔者将这两部类书中出现的各种《钱神论》佚文,列举如下,为了方便,将其标为(A)至(F)。

《初学记》卷二七《宝器部·钱》:

(A) 綦毋氏《钱神论》曰:"黄金为父……孔方效地。"

(B) 王隐《晋书》曰:"惠帝时有《钱神论》曰,钱之为体……其流如川。"

(C) 晋鲁褒《钱神论》:"钱之为体……钱少者居其后云云。"

《太平御览》卷八三六《资产部·钱·下》:

(D) 晋鲁褒《钱神论》曰:"大哉矣,钱之为体……钱少者居后。"

(E) 綦毋氏论钱曰:"黄铜中方……未之喻也。"

(F) 成公绥《钱神论》曰:"路中纷纷……岂虚也哉?"

以上两部类书中各有三条《钱神论》的佚文,(A)至(F)这六条佚文中,除了鲁褒的《钱神论》,还有冠以其他作者之名的《钱神论》,按作者整理的话,鲁褒有(C)、(D),成公绥有(F),綦毋氏有(A)、(E),不明的有(B)。也就是说,鲁褒的《钱神论》之外还有几种《钱神论》,鲁褒的《钱神论》有可能是诸多《钱神论》中的一种。牟发松将其中作者不明的(B)称为无名氏的《钱神论》。以下将对成公绥、綦毋氏以及无名氏的各种《钱神论》与鲁褒《钱神论》之间的关联进行重点分析。

(1) 成公绥

《太平御览》引用的(F)"成公绥钱神论曰"之后的佚文如下:

> 路中纷纷,行人悠悠,载驰载驱,惟钱是求。朱衣素带,当涂之士,爱我家兄,皆无能已。执我之手,托分终始①,不计优劣,不论能否。宾客辐凑,门常如市。谚曰:"钱无耳,何可暗使?"②岂虚也哉?

值得注意的是,佚文中的"朱衣素带……岂虚也哉?"与现存的鲁褒《钱神论》,即《晋书·鲁褒传》中《钱神论》的一段虽然字句有所区别,但基本是相同的。③ 应该如何理解这一点呢?

表9-1 成公、鲁两种《钱神论》异文比对表

成公绥	鲁褒《晋书》	《艺文类聚》
路中纷纷		
行人悠悠		
载驰载驱		
唯钱是求		
朱衣素带	洛中朱衣	
当涂之士	当途之士	
爱我家兄	爱我家兄	
皆无能已	皆无已已	
执我之手	执我之手	
托分终始	抱我终始	
不计优劣	不计优劣	
不论能否	不论年纪	

---

① "托文终始"在《全晋文》中作"说分终始",在鲁褒《钱神论》中作"抱我终始"。
② "何可暗使"在鲁褒《钱神论》中作"可暗使",没有表示反语的"何",意思与其相反,整体上更加通顺。
③ 成公绥《钱神论》的佚文与鲁褒《钱神论》《晋书·鲁褒传》和《艺文类聚·产业部·钱》)中该部分的异同见表9-1"成公、鲁两种《钱神论》异文比对表"。

续表

成公绥	鲁褒《晋书》	《艺文类聚》
宾客辐凑	宾客辐辏	
门常如市	门常如市	
谚曰	谚曰	谚曰
钱无耳	钱无耳	钱无耳
何可暗使		可暗使
岂虚也哉		岂虚也哉
		又曰
	可使鬼	有钱可使鬼
		而况于人乎

为了探究这个问题，需要先了解被视为作者的成公绥。《晋书》卷九二《文苑传》中收录了他的传记，据此可知，他字子安，东郡白马县（今河南省滑县）人。他的文才得到了张华的认可，被举荐为太常博士，此后历任秘书郎、秘书丞、中书郎等需要文才的职位，曹魏末至西晋初年身处官场，还参与了泰始四年（268）完成的泰始律令的编纂。他以《天地赋》《啸赋》等赋为中心，创作了大量诗文，留下了十余卷文集。① 泰始九年（273），四十三岁卒。不过，《晋书·成公绥传》中并未提到《钱神论》，而《晋书·鲁褒传》中却出现了《钱神论》原文的节选。因此，成公绥是否真的写了《钱神论》这点尚存疑问。或许就如有人假托张华之名写了《博物志》一样，后人假托成公绥写了《钱神论》，抑或是像《晋书·鲁褒传》中所说，鲁褒匿名创作了《钱神论》，创作时假借了成公绥的名字。《全上古三代秦汉三国六朝文》的《全晋文》卷五九"成公绥"

---

① 《隋书》卷三五《经籍志·集》云："晋著作郎成公绥集九卷，残缺。梁十卷。"

的段落中采用了《太平御览》收录的佚文(F),据此可知,严可均认为《钱神论》确实出自成公绥之手。假设鲁褒的《钱神论》以外确实存在成公绥的《钱神论》,鲁褒的《钱神论》创作于惠帝元康年间(291—299)以后,而成公绥的《钱神论》至迟创作于他去世的泰始九年(273)以前的曹魏末至西晋初年,早于鲁褒的《钱神论》。如果在此基础上考虑之前提到的两者间相同的部分,鲁褒的《钱神论》便是以成公绥《钱神论》为核心的扩充。更重要的是,正如《晋书·鲁褒传》所说"元康之后,纲纪大坏,褒伤时之贪鄙",《钱神论》中描写与批判的对象——拜金主义风潮,是从惠帝元康年间开始的,而且其至少在武帝的泰始年间就已存在。太康元年(280)平定孙吴,天下统一,带来了政治的弛缓,永熙元年(290)愚鲁的惠帝即位后纲纪大坏,这些造成了惠帝元康年间的风潮愈演愈烈。因此,不能将拜金主义风潮的出现仅仅归因于武帝统一天下后的政治弛缓与经济繁荣,而必须探究其更深层的原因。

　　　曹魏末、西晋初　　　西晋元康年间
　　|成公绥的《钱神论》| ⇨ |鲁褒的《钱神论》|

(2) 綦毋氏

《初学记》引用的佚文(A)"綦毋氏钱神论曰"之后的佚文如下:

> 黄金为父,白银为母,铅为长男,锡为适妇。天性刚坚,须火终始,体圆应乾,孔方效地。

> **译文**:把黄金当作父亲,把白银当作母亲,把铅当作大儿子,把锡当作大儿媳。它们生来坚硬,常常需要火来熔化。圆形对应乾(天),方孔效仿地。

《太平御览》引用的佚文(E)"綦毋氏论钱曰"之后的佚文如下:

黄铜中方,叩头对曰:"仆自西方庚辛,分土诸国,处处皆有。长沙越嶲,仆之所守。黄金为父,白银为母。铅为长男,锡为少妇。伊我初生,周末时也。景王尹世,大铸兹也。贪人见我,如病得医。饥飨太牢,未之喻也。"

译文:黄铜"中方"(拟人,字中方。中间为方形,也就是铜钱圆形方孔的方孔之意)①,叩了个头说:"我从西边庚辛的方向②来,各国都封我土地③,所有土地上都有我的足迹。甚至长沙郡(今湖南省长沙市)和越嶲郡(今四川省西昌县)(这些边境地带),我都在那当太守。我把黄金当作父亲,把白银当作母亲,把铅当作大儿子,把锡当作刚娶的妻子。我最早生于周王朝末期,景王(周的第二十四代王姬贵,前544至前520年在位)在位时,大规模铸钱。④ 贪婪的人看见我时(渴望)的样子,就算是病人找到医生,饥饿的人被给予太牢(的食物)也无法比拟。"

佚文(A)、(E)之间有重复的部分,即"黄金为父,白银为母,铅为长男,锡为适妇(少妇)"。但是,《初学记》引用的(A)中"体圆应乾,孔方效地",与鲁褒《钱神论》中"……,故使内方象地,外员象天。[大矣哉,]钱之为体,有乾有坤,[内则其方,外则其圆]"

---

① 鲁褒《钱神论》中"亲爱如兄,字曰孔方","今之成人者,何必然,唯孔方而已",将钱亲切地称为"孔方","中方""孔方"都是铜钱正中方孔的意思,所以"中方"指的应该也是钱。
② 《史记》卷二七《天官书》中记载"庚辛,华山以西",庚辛在五行思想中属金德,方向为西。
③ 《尚书·武成》中记载"分土惟三",孔安国的注是"列地封国,公侯方百里,伯七十里,子男五十里,为三品"。
④ 参见《国语·周语下》景王二十一年条:"最(原文即'最')王二十一年,将铸大钱……卒铸大钱。"《汉书》卷二四下《食货志下》:"……卒铸大钱,文曰,宝货,肉好,皆有周郭。"

虽然意思相通,却未重复。严可均在《全上古三代秦汉三国六朝文》"全晋文"卷一一三鲁褒《钱神论》末尾的注中写道:"……后幅当有綦毋先生诘责钱神一段,故御览有黄铜中方叩头对一段也。"严可均推测其是现存鲁褒《钱神论》中散失的"綦毋先生"的发言("诘责"),并将《初学记》《太平御览》中綦毋氏《钱神论》的佚文(A)、(E)结合起来作为鲁褒《钱神论》的一部分收录于其末尾。对此,牟发松认为綦毋氏是实际存在的人物,綦毋氏的《钱神论》是早于鲁褒《钱神论》的一系列《钱神论》之一。① 如上所述,关于綦毋氏及其《钱神论》的存在与否,严可均予以否定,而牟发松认为两者是存在的。笔者基本同意严可均的注,并将在第四节详细论述。现存的鲁褒《钱神论》中,有"司空公子"与"綦毋先生"这两个人物出场,文章的导入部分是由他们的对话构成的,之后只有司空公子的议论,也就是本论。原本司空公子的议论后应当存在綦毋先生的反驳,反驳的形式与司空公子的议论相对,而内容与其同质,但是这部分散佚了,其中留存下来的一部分应该就是綦毋氏的《钱神论》。这部分佚文与现存鲁褒《钱神论》没有重复之处,那它与成公绥的《钱神论》佚文观点相反就是理所当然的了。② 从

---

① 牟发松认为,因为鲁褒《钱神论》的出场人物中有"綦毋先生"这个人,所以存在早于鲁褒《钱神论》的綦毋氏《钱神论》,鲁褒以其为依据,将綦毋先生写在了自己的《钱神论》中。
② 进一步大胆想象的话,綦毋先生反驳的内容与司空公子的议论本质上是相同的,司空公子的议论换个角度看就是对拜金主义风潮的嘲讽,非常充分地起到了批判的效果,加上其精彩的描写与修辞,使它得以脍炙人口、流传后世。而綦毋先生反驳的部分,内容和它大同小异,显得重复,所以才散佚了。不过,虽然綦毋氏《钱神论》的佚文与司空公子议论的部分一样,都将钱进行了拟人化,但綦毋氏《钱神论》是让钱("黄铜中方")自己说话(具体说就是"叩头对曰",回答天子、神等身份高贵者的提问)。从这点上看,虽然司空公子的议论也将钱比喻为神和兄长,但它始终是从钱的外部进行说明的,与其相反。或者可以说,司空公子的议论是从钱的外部进行说明,綦毋先生的反驳是让钱自己说明,即从内部进行说明,如此组成了一个完整的说明体系。

细节上看,(E)中说的不是《钱神论》而是"论钱",是关于钱的议论,而且"綦毋氏"只有姓,与鲁褒《钱神论》中的"綦毋先生"相一致,这两点都可以作为佐证。不过,綦毋氏《钱神论》写的是钱("黄铜中方")的自述,结果上虽然是对拜金主义风潮的批判,但内容本身并非严可均所说的直接"诘责"。

原本鲁褒《钱神论》结构的复原

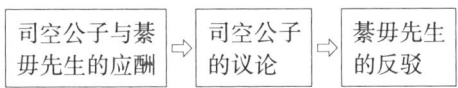

司空公子与綦毋先生的应酬 ⇨ 司空公子的议论 ⇨ 綦毋先生的反驳

(3) 无名氏

牟发松将《初学记》引用的(B)王隐《晋书》中"惠帝时有《钱神论》"一条视为早于鲁褒《钱神论》的一系列《钱神论》之一,由于作者不明,所以称其为无名氏的《钱神论》。的确,《初学记》中另外记载了(C)"晋鲁褒《钱神论》",可见(B)的《钱神论》与鲁褒的《钱神论》是不同的《钱神论》。但是,从(B)的原文开头部分"王隐《晋书》曰,惠帝时有《钱神论》……"可知,该文是王隐《晋书》的佚文,内容是有关惠帝时期的记载,行文中出现了《钱神论》的名字。本章序言中也引用了与其主旨相同的《晋书·惠帝纪》,其中"南阳鲁褒作钱神论"明确给出了作者的名字。而且,(B)的引文"钱之为体,有乾坤之象,其积如山,其流如川"就是现存的鲁褒《钱神论》,严格地说,《晋书·鲁褒传》与《初学记》中的(C)、《太平御览》中的(D)这一系列《钱神论》的佚文是基本一致的。因此佚文(B)应该就是鲁褒《钱神论》的一部分,它出自鲁褒以外无名氏之手的可能性较低。另外,省略作者名的情况还出现在序言引用的干宝《晋纪》总论中,只说是"钱神之论"(反倒是这个"钱神之论"有可能是鲁褒《钱神论》以外的《钱神论》，或一系列《钱神论》的总称）。

第四节 《钱神论》的分析

笔者想在本节中围绕鲁褒《钱神论》本身，就第二节中的原文及其日译版进行分析，并参考福井佳夫的《六朝的游戏文学》第七章《鲁褒〈钱神论〉》。① 而熊礼汇《先唐散文艺术论》下册，将鲁褒《钱神论》归类为西晋"儒家论体散文"的"对问体散文"，并指出其具有"谐谑成分越来越重"的特征，是该类文体的典型之作。②

现存鲁褒《钱神论》的出场人物有在京城中游玩的年轻高官子弟"司空公子"与学识渊博的乡下老人"綦毋先生"这两个虚构人物。关于他们的称呼，司空公子的"司空"可理解为"司掌天空"，綦毋先生的"綦毋"可理解为"探究虚无"（后文详述）。这二人各自的性格设定是有样板的，汉魏晋南北朝时流行出处论，其文学体裁"七"体和"设论"中，就有这种作为主人的隐居老人和作为客人劝老人出仕的贵公子的主客模式。从这点上可知，《钱神论》的文学体裁是有韵的，因此它广义上属于赋。此外，二人关于拜访贵人时应携带何物这个问题的对话，也属于出处论（参见第十章第三节）。

鲁褒《钱神论》由"司空公子"和"綦毋先生"的对话、司空公子的议论这两部分构成。而就如第三节所分析的，其后还可能存在綦毋先生的反驳，原文本来是由二人的对话、司空公子的议论、綦

---

① 参见福井佳夫：《六朝の遊戯文学》第七章《魯褒〈錢神論〉》，汲古书院，2007年。
② 参见熊礼汇：《先唐散文艺术论》下册，学苑出版社，1999年。

毋先生的反驳这三部分构成。①

前半部分（二人的对话）的主题是"币帛"，即赠人的礼物，他们就拜访贵人时应携带何物这一问题，各自引经据典阐明主张。二人意见的对立点具体来说就是，司空公子认为应当将"币帛"装入"筐篚"作为礼物，綦毋先生则认为在与对方的"清谈"中表现"机神"即可。司空公子进一步说清谈已经过时，当今流行送礼，予以反驳。

接下来的后半部分是司空公子的议论，主题是"钱"，即代表货币的"铜钱"。首先从钱的由来与它的形体说起，然后使用对句、脚韵、拟人等修辞说明钱本来所具有的功能与便利性，再说到钱在当时所具有的万能性，其结果是钱被称为"神宝""神物"，并被与"天"进行比较。如此一步步议论，最终得出结论：在这个金钱万能的时代，想要立身处世，尤其是当官，赠送"币帛"或直接给予金钱是必不可少的手段。

现存鲁褒《钱神论》的内容，是对当时拜金主义的嘲讽，但它批判的不仅是拜金主义，就如"筐篚"中的"币帛"与"清谈"中的"机神"间的对立所表现的那样，应当注意到其最终的主题是当时的选官制度。这点与第十章中讨论的《释时论》是共通的。

《钱神论》这篇文章最大的特点，同时也是它脍炙人口的重要原因，便是修辞的使用。"孔方""御足"这些钱的别称都来源于《钱神论》，也是一种间接的证明。接下来笔者想就修辞的实际应用，依次分析对句、拟人、用典等手法。②

关于对句的种类之多，福井佳夫在《鲁褒〈钱神论〉论》中介绍

---

① 参见熊礼汇《先唐散文艺术论》下册，其中提到"从问答体的结构形式看，篇末当有'先生'表态之词"。
② 详情参见福原启郎：《鲁褒〈錢神論〉訳注》。

得较为详细,在此只举一例。"亲爱如兄,字曰孔方。失之则贫弱,得之则富强,无翼而飞,无足而走,解严毅之颜,开难发之口。钱多者处前,钱少者居后"(下平声七阳的"方""强"与上声二十五有的"走""口""后"押韵,"强""走""口""后"为对句后句的末字①)。

比喻也被大量使用,尤其是比喻中的拟人法。"亲爱如兄,字曰孔方。……无翼而飞,无足而走"(钱的别称"孔方""御足"的起源);"京邑衣冠,疲劳讲肆,厌闻清谈,对之睡寐,见我家兄,莫不惊视";"虽有中人,而无家兄,何异无足而欲行,无翼而欲翔";"可谓神物。无位而尊,无势而热,排朱门,入紫闼"。其特点是,既将钱比喻为亲密的"家兄",又将它比喻为可以实现一切的"神物",巧妙地表现了钱(货币)两方面的属性。顺带一提,第三节介绍的"綦毋氏《钱神论》"中,比如《太平御览》收录的佚文(E)"黄铜中方,叩头对曰,仆自西方庚辛,分土诸国,处处皆有,长沙越巂,仆之所守。黄金为父,白银为母,铅为长男,锡为少妇。伊我初生,周末时也,景王尹氏,大铸兹也。贪人见我,如病得医,饥飨太牢,未之喻也",其中拟人表达也很丰富,这点与现行的《钱神论》一致,思考两者关系时可以作为参考,这也可以佐证"綦毋氏《钱神论》"本是现行《钱神论》的后续内容这一观点。

以经书为首的各色书籍,以及当时的谚语都被作为典故加以引用,如"钱无耳,可暗使""有钱可使鬼"②"官无中人,不如归田"等。其中以《论语》为据的引用效果明显。首先,司空公子与綦毋先生的对话:"公子曰:'嘻,子年已长矣。徒行空手,将何之乎?'

---

① 参见福原启郎:《鲁褒〈钱神論〉訳注》中的"押韻"部分。
② 即今俗语"有钱能使鬼推磨"。

先生曰:'欲之贵人。'公子曰:'学《诗》乎?'曰:'学矣。''学《礼》乎?'曰:'学矣。''学《易》乎?'曰:'学矣。'公子曰:'《诗》不云乎,币帛筐篚,以将其厚意,然后忠臣嘉宾,得尽其心。《礼》不云乎,男贽玉帛禽鸟,女贽榛栗枣脩。《易》不云乎,随时之义,大矣哉。吾视子所以,观子所由,岂随世哉。虽曰已学,吾必谓之未也。'"是以《季氏篇》中孔子问他的儿子孔鲤(伯鱼)是否学习了《诗》与《礼》的故事为样本写成的("陈亢问于伯鱼曰:'子亦有异闻乎?'对曰:'未也。'尝独立,鲤趋而过庭,曰:'学诗乎?'对曰:'未也。'曰:'不学诗,无以言也。'鲤退而学诗。他日又独立,鲤趋而过庭,曰:'学礼乎?'对曰:'未也。''不学礼,无以立也。'鲤退而学礼。闻斯二者")。《论语》中是年长的孔子询问儿子鲤,而《钱神论》中则是年轻的司空公子询问年长的綦毋先生。不是简单地套用典故,而是加以改编使之诙谐。而且,从綦毋先生所学的《诗》《礼》《易》中分别引用了"币帛筐篚,以将其厚意,然后忠臣嘉宾,得尽其心","男贽玉帛禽鸟,女贽榛栗枣脩","随时之义,大矣哉",①

---

① 《毛诗·小雅·鹿鸣》的序中引用了"鹿鸣,燕群臣嘉宾也。既饮食之,又实币帛筐篚,以将其厚意,然后忠臣嘉宾,得尽其心矣"。"币帛"本来指供奉神明的币帛、献给天子的绸缎以及赠予宾客的容器,后指代一般礼品。"筐篚"是筐子、竹制的篮子、箱子,"筐""篚"按形状、有无盖子可以细分为很多种。"将"为劝诱之意,与奖同意。"厚意"是热情诚恳的心情。"忠臣"是真心实意的臣子,忠诚、忠义之臣。"嘉宾"是尊贵的宾客。"尽心"是全身心投入,竭尽心力。

《左传》庄公二十四年记载:"秋,哀姜至。公使宗妇觌用币,非礼也。御孙曰,男贽,大者玉帛,小者禽鸟,以章物也。女贽,不过榛栗枣脩,以告虔也。今男女同贽,是无别也。男女之别,国之大节也。……"说的是在贽这件事上男女的区别。参考《国语·鲁语上》,未见于现存的三礼。"贽"就是礼物,给初次见面的君主或老师的赠礼。"玉帛"是玉与丝绸。《左传》哀公七年记载"禹合诸侯于塗山,执玉帛者万国",杜注为"诸侯执玉,附庸执鸟",是会盟或朝聘时的礼物。"禽鸟"即鸟。"榛栗枣脩"即榛子、栗子、枣子、肉干,分别是虔、慄、早、修的同音,象征四种妇德(《左传》疏)。"礼记·曲礼下"记载"妇人之贽,椇榛脯脩枣栗"。

文中引用了《易》随卦象传"随,刚来而下柔。动而说随。大亨贞无咎。而天下随时,随时之义,大矣哉"的后半部分。不过,根据《经典释文》卷二的《周易 (转下页)

同时"吾视子所以,观子所由"改自《论语·为政》中孔子的话。金谷治将"所以"解释为"行为","所由"解释为"经历"。① 宫崎市定将"所以"解释为"去处","所由"解释为"由来"。② 最后以"虽曰已学,吾必谓之未也"为结论,这也是作者有意识地使用了孔鲤第二次回答孔子提问时的"未也"。

綦毋先生对此的反驳"所谓礼云礼云,玉帛云乎哉者已",引自《论语·阳货》中"子曰,礼云礼云,玉帛云乎哉,乐云乐云,钟鼓云乎哉",强调了礼乐的精神比形式重要。

接下来司空公子在歌颂拜金主义的议论中说"子夏云,死生有命,富贵在天,吾以死生无命,富贵在钱"。其引自《论语·颜渊》"司马牛忧曰,人皆有兄弟,我独亡。子夏曰,商闻之矣,死生有命,富贵在天,君子敬而无失,与人恭而有礼,四海之内,皆为兄弟也,君子何患无兄弟也",在此基础上将"有"换成了意思相反的"无",将"天"换成了同韵的"钱"。

同样是司空公子议论中的"若臧武仲之冉智,卞庄子之勇,冉求之艺,文之以成人矣。今之成人者,何必然,唯孔方而已",直接引用了《宪问》"子路问成人。子曰,若臧武仲之知,公绰之不欲,卞庄子之勇,冉求之艺,文之以礼乐,亦可以为成人矣。曰,今之成人者,何必然。见利思义,见危授命,久要不忘平生之言,亦可以为成人矣",将"见利思义,见危授命,久要不忘平生之言"换成了"唯孔方而已",一锤定音地表明观点。不过,其中"以礼乐"缺失的可能性较高。臧武仲、公绰、卞庄子、冉求都是鲁国人,冉求

(接上页)音义》,王肃本中"随时之义"为"随之时义",朱子使用的也是此版本。"随时"意为顺应时世,迎合世俗,随机应变。
① 参见金谷治译注:《論語(新版)》,岩波文库,1999年。
② 参见宫崎市定:《論語の新研究》译解篇,岩波书店,1974年。

第九章 《钱神论》的世界

字子有,是孔子的弟子。

修辞中不能遗漏的还有"倒反"中的"反语"。① 整个《钱神论》,尤其是司空公子对钱的赞美,对拜金主义的歌颂是一种夸张,虽然没有明说,但通过这种夸大对其进行了批判。

西晋当时的拜金主义风潮是《钱神论》的社会背景,这一风潮中包括了"吝啬之风"与"奢侈之风",《世说新语》的《俭啬》与《汰侈》收录了相关故事。本文第八章对这两篇进行了分析,当时奢侈的代表人物石崇为自己的聚敛与奢侈作出了辩护"士当令身名俱泰"。"身"即财产、资产,"名"即名声、名誉。他认为必须让"身"与"名"都蓬勃发展。② 使"身"得到发展的途径,便是财物的聚敛。像王戎那样贯彻"吝啬之风"的贵族自不必说,石崇那样崇尚"奢侈之风"的贵族也同样如此。而使"名"得到发展的途径,则是获得名声。宫崎市定在《九品官人法研究》中指出,为了获得名声,上层贵族中有像竹林七贤的王戎那样靠清谈的,也有像以奢侈闻名的石崇那样靠奢侈竞争的,下层贵族则靠贿赂巴结上层贵族。下层贵族,即寒门,依靠在乡里或赴任地的聚敛扩充资产,并以其为资本贿赂以贵戚为中心的贵族上层,从而制造交际的机会,在个人评价时得到美言,再以此为踏板获得更高的乡品与官职,猎官活动一步步扩大。③ 通过以上的考察可以知道,《世说新语》的《俭啬》《汰侈》两篇与《钱神论》都是以西晋时期贵族社会的拜金主义风潮为主题的,往

---

① 参见陈望道:《修辞学发凡》,大江书铺,1932年(新版为上海教育出版社,1997年)。另参福井佳夫:《六朝の遊戯文学》。
② 石崇或许是以名实论为根据。《钱神论》中也出现了"身名"这个词。
③ 参见宫崎市定:《九品官人法の研究——科挙前史》,东洋史研究会。后收入《宫崎市定全集》第6卷,岩波书店,1992年,第174—182页。

细里看的话，前者记述的对象主要是贵族上层的风潮，后者则是贵族下层的风潮。

《钱神论》的主题是与选官紧密相关的拜金主义风潮，其中通过被称为"互市"的公然贿赂以达到请托目的的行为横行于世，对此，除了出现《钱神论》这样的警世文之外，其他的批判行为也自然存在。首先要举出的，是这一时期任司隶校尉的傅玄、刘毅、傅咸等人的揭发与弹劾。他们的成果是"京师肃然""贵游慑伏"，拜金主义风潮一时间得到了抑制，但这终究只是取决于司隶校尉个人意志的行为，治标不治本。更加治本的手段，是铲除滋生猎官活动的土壤——当时的选官制度九品中正制，因此陆续有人提出废除这一制度。从曹魏的夏侯玄开始，到西晋的刘毅、卫瓘、李重、段灼、潘岳，都上奏批判九品中正制。值得注意的是，夏侯玄的上奏中提到九品中正制施行以来，过去靠乡论和清谈，现在靠请托，都阻碍了公正的选官程序。不仅是当时依靠贿赂的请托，他连过去的乡论与清谈也一并批判了，这点刚好和《钱神论》中司空公子重视"币帛"，綦毋先生重视"清谈"相一致，他们二人的主张都是被鲁褒批判和讽刺的。也就是说，《钱神论》与这一系列批判九品中正制的上奏是表里呼应的。虽然鲁褒在《钱神论》中首要批判的是拜金主义，但他并非从綦毋先生的视角批判作为拜金主义代言人的司空公子，而是同时与固执于清谈的綦毋先生也保持了一定的距离，以讽刺的形式对其进行了一种批判。顺带一提，鲁褒是《晋书·隐逸传》中的隐士，如果将《钱神论》中两个出场人物的名字，司空公子的"司空"理解为"司掌天空"，綦毋先生的"綦毋"理解为"探究虚无"的话，可以说鲁褒深受老庄思想的影响。鲁褒创作《钱神论》的视角，基本继承了川胜义雄在《汉末的抵抗运动》中提到的隐士的浊流与清流。①

小　结

本章的考察明确了以下几点：

第一，鲁褒是出身寒门的隐士，这使他在双重意义上被处于当时风靡的拜金主义风潮中心的贵族社会疏远。同时，也只有身处贵族社会边缘的他，才具有创作《钱神论》的基本视角。（第一节）

第二，从几种不同的《钱神论》佚文可知：（1）至少存在成公绥与鲁褒两个版本的《钱神论》，成公绥的《钱神论》成书于西晋初年，鲁褒的《钱神论》以其为基础加以扩充，成书于惠帝时期。因此，不能将《钱神论》批判的拜金主义风潮出现的原因仅仅归于武帝统一天下后的政治弛缓与经济繁荣，而应探求其更深层次的原因。（2）现存鲁褒《钱神论》中司空公子与綦毋先生的对话、司空公子的议论后，本来可能存在綦毋先生（綦毋氏）反驳的部分。（第三节）

第三，现存鲁褒《钱神论》中大量使用对句、以拟人为中心的比喻、以引用《论语》为中心的用典、反语等修辞，借"司空公子""綦毋先生"两个虚构人物之口进行论述。前半部分关于出仕展开对话，对立点出现在拜访贵人时应携带何物这一问题上，綦毋先生主张机智（清谈），司空公子主张赠礼（贿赂）。后半部分是司空公子关于作为赠礼的"钱"（货币）的议论，结论是在这个金钱万能（拜金主义）的时代，钱财的贿赂是必不可少的。（第四节）

---

① 参见川胜义雄：《漢末のレジスタンス運動》。——译者

第四,现存鲁褒《钱神论》的主题拜金主义,与《世说新语》的《俭啬》《汰侈》两篇是共通的。从其采用出处论的形式这点也可以看出,它对应了西晋当时贵族社会在选官上,上层靠清谈与奢侈竞争,下层靠贿赂的实际状态。[①] 綦毋先生靠清谈,司空公子靠贿赂,《世说新语·汰侈》则代表了奢侈竞争(第八章)。此外,一系列关于九品中正制的议论批判了选官制度的混浊局面,那便是王沈的《释时论》。(第四节)

下一章将以《释时论》为中心展开讨论,并详细论述《钱神论》与《释时论》的关系等问题。

[①] 参见宫崎市定:《九品官人法の研究——科举前史》。

第十章 《释时论》的世界

《释时论》作为一部警世之书,描绘了西晋王朝第二代皇帝、号为"昏昧"的晋惠帝的统治时代。唐修《晋书》卷四《惠帝纪》中言及此文,原文则收于同书卷九二《文苑传·王沈》中。在《晋书·惠帝纪》中,惠帝驾崩之后,接续着对晋惠帝及其统治时代的总评,其中一节说道:"高平王沈作《释时论》、南阳鲁褒作《钱神论》、庐江杜嵩作《任子春秋》,皆疾时之作也。"①作为一部以选举混浊为中心来批判世事的著作,《释时论》与《钱神论》《任子春秋》并列,为唐修《晋书》的编纂者所举出。②

---

① 《资治通鉴》将此条节略、改写后系于卷八三《晋纪》"惠帝元康九年(299)"条。
② 据《晋书》,惠帝统治时期的"疾时之作",除了《释时论》,还有鲁褒《钱神论》、杜嵩(崧)《任子春秋》、蔡洪《孤奋论》等。其中《任子春秋》与《孤奋论》已不存。关于《钱神论》,参见本书第九章;福原启郎:《〈钱神論〉の世界》,收入《唐代史研究》第5号《一九九一年夏期シンポジウム報告要旨》,1992年;福井佳夫:《魯褒〈錢神論〉》,收入《西晋の遊戯文学(上)》,《中京大学文学部紀要》第39卷第3号(后收入《六朝の遊戯文学》第七章,汲古书院,2007年)。关于《任子春秋》,《晋书》卷九一《儒林传·杜夷》载:"兄崧,字行高,亦有志节。惠帝时,俗多浮伪,著任子春秋以刺之。"郑樵:《通志》卷十《晋纪·惠帝》中《任子春秋》作"《壬子春秋》"。顾炎武《日知录》卷二〇"古人不以甲子名岁"条云,此"壬子"为元康二年(292)。另参见周济:《晋略》。此外,王鸣盛《十七史商榷》卷五一《晋书·九》"杜崧"条云崧,《惠帝纪》作嵩。任子当作杜子",认为书名当作《杜子春秋》。秦荣光《补晋书艺文志》(收入《二十五史补编》第三册)卷三《子部·杂家类》"《任子春秋》一卷,杜嵩撰"条赞同《壬子春秋》说,认为"正与疾时之意合",并全面否定《任子春秋》说,认为"望文生义,绝无证据者也"。与之相对,周一良《魏晋南北朝史札记·〈晋书〉札记》(中华书局,1985年)"任子春秋与皮里阳秋"条否定《壬子春秋》说,认为《杜子春秋》说或有(转下页)

关于《释时论》，学界尚未有专论，但若干部著作、论考有所涉及。根据研究特征的差异，涉及《释时论》的成果可分为两类，即文学类与历史类。

文学类的成果，其重点是讨论《释时论》在中国文学体裁谱系中的位置，例如钱锺书在《管锥编》中论云："按即《答客难》《宾戏》《解嘲》之属，而变嬉笑为怒骂。"①所谓"《答客难》《宾戏》《解嘲》之属"，换言之，就是所谓的"设论"体裁。关于"设论"，谷口洋、佐竹保子有一系列的论考，这两位学者的研究主旨，将在本章第三

（接上页）可能。关于《孤愤论》，《晋书》卷九二《文苑传·王沈》载："元康初，松滋令吴郡蔡洪字叔开，有才名，作《孤愤论》，与《释时》意同，读之者莫不叹息焉。"

① 钱锺书：《管锥编》第三册《全上古三代秦汉三国六朝文》第133则（中华书局，1979年）："王沈《释时论》。按即《答客难》《宾戏》《解嘲》之属，而变嬉笑为怒骂，殆亦随时消息也。讥诃世俗处，可与干宝《晋纪总论》、刘峻《广绝交论》、卢思道《劳生论》映发。'德无厚而自贵，位未高而自尊，眼眶向而远视，鼻䘏䘏而刺天'，刻倨傲之态，与李康《运命论》刻画便佞之态，妙笔堪偶。"熊礼汇：《先唐散文艺术论》（学苑出版社，1999年）将西晋散文分类为"玄理论文""儒家论体散文""书、笺之作""章表""诗、赋序"。其中"儒家论体散文"又细分为"对问体杂文"与"直陈体论文"，《释时论》与皇甫谧《释劝论》、夏侯湛《抵疑》、张敏《头责子羽文》、束晳《玄居释》、鲁褒《钱神论》同属于"对问体杂文"（"杂文"语出刘勰《文心雕龙·杂文篇》，"对问体"的论文，则多为"讥诃世俗，抒愤言志之作"）。熊礼汇将西晋杂文与以宋玉《对楚王问》以始、基于汉代儒家思想的杂文加以比较，指出了五点新倾向：玄学的影响、"逞才扬德"手法的不断巧妙化、"讥诃世俗"的火气不断扩大、行文形式逐渐赋体化、戏谑成分的不断加重。作者认为，《释时论》是受到玄学的强烈影响、"讥诃世俗"的火气不断扩大这两种倾向的典型。西晋以前的杂文，是兼用儒、道思想而作的"抒愤之词"。西晋杂文，则通过古今对比以鞭挞现实。尤其是《释时论》毫无保留、源源不断地展开嘲笑谩骂，充分揭露士族垄断仕途、压制寒素之士等等的"恶迹"与"丑态"，对于走后门求官者的细致描写，如同绘画一般。读其文字，便可感受到作者语言中无法抑制的愤怒（主要参照《先唐散文艺术论》第八编第一章第三节《西晋儒家论体散文的艺术特点》中论述"对问体杂文的艺术特点"的部分）。此外，福井佳夫：《六朝の遊戯文学》第八章《諷刺ふう遊戯文学の輩出》，二《立身不遇と諷刺》（汲古书院，2007年），该文从游戏文学的观点展开分析，认为《释时论》与《钱神论》都是西晋时代的"讽刺游戏文学"（相对于"嘲笑游戏文学"与"社交游戏文学"），对门第高下决定前途的不公平现象的愤懑之情，是它们所展开的主题。但与《钱神论》比较起来，《释时论》显得直率有余，批判世俗的音调高昂；另一方面，作为"讽刺游戏文学"，其幽默感的"糖衣"则稍显不足。

节加以介绍。①

历史类的成果,将《释时论》作为时人论述西晋王朝不良社会风气的证言。例如,冈崎文夫评价云:"《释时论》的基本思想,是详述西晋时代权贵豪门的跋扈之状。"②宫崎市定则在论述西晋都城洛阳中猎官活动的文脉内云"故王沈撰写《释时论》讽刺这类行为",对此文有所触及。③ 此外,谷霁光在论述西晋门阀主义风潮时,引用了《释时论》中"公门有公、卿门有卿"的前后文字,并据此加以总结概括。④ 如果更为细致地观察上述三位学者提及的《释时论》文字,他们的关注点存在些许不同,分别为"权贵豪强跋扈"与"猎官运动"的样态,以及"门阀主义"风潮。

笔者曾在《晋武帝司马炎》一书中的"《释时论》"一节作出如

---

① 参见谷口洋:《"客難"をめぐって——"設論"の文学ジャンルとしての成熟と変質》,《中国文学報》第 43 册,1991 年;《揚雄の"解嘲"をめぐって》,《中国文学報》第 45 册,1992 年;佐竹保子:《"設論"ジャンルの展開と衰退——漢代から東晋までの人生観管見》,内藤幹治編:《中国的人生観·世界観》,东方书店,1994 年;《皇甫謐の"釈勸論"について》,神户大学文学部中国文学研究会:《未名》第 12 号,1994 年;《西晋の出処論》,《日本中国学会会報》第 47 集,1995 年;《郭璞"客傲"訳注及びその位置付け》,《東北大学中国語学文学論集》第 8 号,2003 年。谷口洋的研究对象是汉代的"设论",而佐竹保子主要研究近代的"设论"。
② 参见冈崎文夫:《魏晋南北朝通史》外编《魏晋の文明》中《魏西晋政術の転移(其三)》,弘文堂书房,1932 年,第 486—489 页。此外,冈崎文夫还引用了"今则不然。上圣下明……官无大小,问是谁力"一段,评价以为"充满了讽刺与嘲笑",并指出"公门有公,卿门有卿"与刘毅卜奏所言"上品无寒门,下品无势族"相类似。此外,在《魏西晋政術の転移(其二)》的末尾(第 486 页),冈崎文夫也以"晋代取士乱杂"为例,引用"空嚣者以泓噂为雅量"及以下文字。
③ 宫崎市定:《九品官人法の研究——科举前史》第二编《本論》第二章《魏晋の九品官人法》第十三节《九品官人法の貴族化》(东洋史研究会,1956 年。后收入《宫崎市定全集》第 6 卷,岩波书店,1992 年,第 155 页)也引用了"京邑翼翼,群士千亿。……疏宾徙倚于门侧"一段。
④ 参见谷霁光:《六朝门阀——门阀势力之形成与消长》,《武汉大学文史哲季刊》第 5 卷第 4 期,1936 年。后收入《谷霁光史学文集》第 4 卷《杂著》,江西人民出版社、江西教育出版社,1996 年;吕思勉:《两晋南北朝史》(开明书店,1948 年)对此亦有言及。

下论述①："门阀主义"的风潮与猎官活动的猖獗,乍一看相互矛盾,《释时论》则阐明了两者之间的关联。刘毅《九品八损之议》中亦有一节议论云,对中正的贿赂行为,导致了"上品无寒门,下品无势族"的状况。这与《释时论》所阐释的两者间因果关系相同。造就此矛盾的关键人群,并非确立于东晋时期、为南朝所继承的"门第二品"的门阀贵族,而是刘毅所谓的"势族"。正如唐长孺所指出的那样,"势族"与"世族"并非完全同义。在魏晋时期两三代人朝臣辈出的,才是"势族",即权门势家。② 毋宁说,东晋以后的门阀贵族克服了魏晋时期火热的、未成熟的、掺杂着浊流的贵族制的缺点,对其加以沉静后而登场。上述历史学者的不同着力点——尤其是"门阀主义"的风潮与猎官活动的猖獗——之间的矛盾,是笔者最为关心的方面。而如果将"门阀主义"风潮的实质理解为"权贵跋扈",那么它与猎官活动猖獗的矛盾也就不复存在了。此外,笔者曾于2000年发表《王沈〈释时论〉译注》一文③,对此文进行了译注。

在本章,笔者将参考《释时论》译注,并参照文学方面的相关成果,先以(1)作者王沈、(2)《释时论》的结构与内容、(3)作为仕隐论的《释时论》④、(4)作为时世论的《释时论》的顺序展开讨论,其后在此基础上阐明《释时论》所呈现的世界。并通过上述工作,验证笔者在《晋武帝司马炎》一书中对"门阀主义"风潮与猎官活动之间矛盾关系的解答,同时考察《释时论》的世界所展现的魏晋

---

① 福原启郎:《西晋の武帝司馬炎》,白帝社,1995年,第218—221页。
② 此观点出自唐长孺:《士族的形成与升降》,收入唐长孺:《魏晋南北朝史论拾遗》,中华书局,1983年。——译者
③ 福原启郎:《王沈〈釈時論〉訳注》,《京都外国語大学研究論叢》第55号,2000年。
④ 仕隐论,即讨论应当出仕还是应当隐居的议论。——译者

社会特征。

第一节 作者王沈

在对《释时论》展开分析之前，首先讨论一下作者王沈其人。其相关信息，见于《晋书·文苑传》所载王沈本人的小传①：

> 王沈，字彦伯，高平人也。少有俊才，出于寒素，不能随俗沉浮，为时豪所抑。仕[高平]郡文学掾(教师)，郁郁不得志，乃作《释时论》，其辞曰……是时王政陵迟，官才失实，君子多退而穷处，[王沈亦]遂终于里闾。

对《释时论》的引用占据了《王沈传》的大半篇幅，关于其本人情况则交代不多。本传云王沈为"高平人"，这一略写究竟仅仅是指其本贯为郡国这一级别的高平国，还是下至县这一级别的高平国高平县，并不清楚。但无论怎样，高平国的范围位于济水、泗水流域，属兖州，大致相当于今山东省西南部。该国为西晋初年新设的公国，前身为山阳郡。② 此地在春秋时代，原属宋国，秦统一后属砀郡。西汉初年，彭越被封于此，为梁国。汉景帝时，梁国被分为济东国③、山阳国。山阳国后改名山阳郡，西晋初又改为高平

---

① 此外，《晋书》卷三九亦有同名同姓的《王沈传》。此王沈出身名门太原王氏，为佐命勋臣之一，死于泰始二年(266)。《隋书·经籍志》中著录有王沈所撰《魏书》(史部，正史)与《晋王沈集》(集部，别集)。王沈之子王浚在永嘉之乱时成为河北之地的军阀。参见守屋美都雄：《六朝門閥の一研究——太原王氏系譜考》，日本出版协同，1961年。
② 参见《汉书》卷二八《地理志·上》，《续汉书·郡国志·三》，《晋书》卷一四《地理志·上·兖州》，《读史方舆纪要》卷二《历代州域形势·二·两汉、三国·兖州刺史部·山阳郡》，卷三《历代州域形势·三·晋、十六国·兖州·高平国》，卷三二《山东·兖州府·金乡县·昌邑城》。
③ 后改为东平国，东汉以后从中析出任城郡。

311

国。《晋书》中云"晋初分山阳郡置",记载有误。《读史方舆纪要》卷三云"晋改为高平国"、卷三二云"晋泰始初,更为高平国",所说不误。此地名的改称,当与西晋建国创设五等开国爵时陈骞封高平[开国]郡公相关联。之所以不称山阳郡公,当是因为汉魏禅代后,汉献帝降封为山阳公。山阳公的"山阳",指的是河内郡山阳县。①

东汉末年,山阳郡是清流派人士辈出的渊薮之地,如在"八友"之列的张俭、刘表与檀敷,撰《潜夫论》的仲长统等等。② 山阳郡首屈一指的名族,为本贯山阳郡高平县的山阳王氏。在东汉后半,有担任三公、身为清谈派的王龚、王畅父子。尤其是"八俊之一"的王畅,是被称为"天下俊秀王叔茂"的名士。之后,王畅之孙为当时诗人代表、"建安七子"的领袖王粲。王粲的从孙,是代表"正始之音"的年轻思想家、为《孝经》《周易》撰写全新注释的王弼。东汉末至曹魏时期,山阳王氏人才辈出。然而,王粲于建安二十二年(217)病故,时年四十一岁。王粲的两个儿子因建安二十四年(219)的魏讽谋反案而连坐被处死,家系断绝。之后,司马懿发动高平陵之变,"正始之音"的代表何晏等人于曹魏嘉平元年(249)处死,年仅二十四岁的王弼也于当年病死。此后,或是由于山阳王氏人才缺乏,在正史中已经不见该家族成员,似可推测此家族已日渐凋落。③

---

① 参见矢野主税编著:《改订魏晋百官世系表》,长崎大学史学会,1971年;谭其骧主编:《中国历史地图集》第3册《三国·西晋时期》,地图出版社,1991年;李晓杰:《东汉政区地理》,山东教育出版社,1999年。
② 另一方面,身为浊流派的宦官侯览也出自山阳郡。顺带一提,西晋末年的流民帅之一、东晋开国元勋郗鉴也出自山阳郡。
③ 参见《后汉书》卷五六《王龚传》、同卷附《王畅传》、卷五七《党锢传》,《三国志》卷二一《魏书·王粲传》、卷二八《魏书·钟会传》及裴注。另可参见矢野主税编著:《改订魏晋百官世系表》。

第十章 《释时论》的世界

在此期间唯一值得注目的，是王弼之兄王宏在西晋任尚书，于太康五年（284）去世。而此王宏与王沈相同，在史书中也被记载为"高平人"。① 这么说来，王沈也是没落的山阳王氏家族成员之一。不过王沈传记中并没有记载他与王畅以下主流房支的关系，就此点来看，他很可能出身于主流房支以外的偏房、疏族。若的确如此，则可以想象，由于出身没落名族的旁系，王沈对于"时世""时豪"等世相的感受，当体悟得更为深刻。

以上关于王沈的境遇，将在第三节专门提及。

第二节 《释时论》的结构与内容

本节对《释时论》的构成与内容进行讨论。在讨论之前，首先录入《晋书》卷九二《文苑传·王沈》所引《释时论》的原文②与笔者在《王沈〈释时论〉译注》③一文基础上进行若干修正的译文④。此外，为方便起见，依从《晋书》点校本（中华书局，1974年），将原文分为三段，每段开头以大写罗马数字标示（Ⅰ至Ⅲ）。之后笔者再根据内容、韵脚，将大段进一步细分小段落，每段文字开头以小写字母标示。

---

① 参见《晋书》卷九〇《良吏传·王宏》。矢野主税编著的《改訂魏晋百官世系表》将王沈归入王氏（高平人），可为参考。
② 在严可均辑《全上古三代秦汉三国六朝文》中，《释时论》收录于《全晋文》卷八九。在《太平御览》中，亦可见《释时论》中的一段。《太平御览》卷八七一《火部·炭》："王况《释时论》曰：'融融者皆趋热之士，得铲冶之门者唯挟炭伩子。'"王况的"况"当为"沈"的俗字"沉"之误写。如与《晋书》所载《释时论》相同部分比较，则"趍"（"趋"的俗字）为"趣"，"得"为"其得"，"铲"做"炉"，"唯"作"惟"，但大意无差别。
③ 福原启郎：《王沈〈釈時論〉訳注》。
④ 关于《释时论》的原文及校勘、押韵、训读、注释，参见福原启郎：《王沈〈釈時論〉訳注》。
该译文原本为日文现代文，现转写为中文白话文。——译者

原文：

Ⅰ(a)东野丈人观时以居，隐耕污脲之墟。有冰氏之子者，出自沍寒之谷，过而问涂。(b)丈人曰："子奚自？"曰："自涸阴之乡。""奚适？"曰："欲适煌煌之堂。"丈人曰："入煌煌之堂者，必有赫赫之光。今，子困于寒，而欲求诸热，无得热之方。"(c)冰子瞿然曰："胡为其然也？"丈人曰："融融者皆趣热之士，其得炉冶之门者，惟挟炭之子。苟非斯人，不如其已。"冰子曰："吾闻，宗庙之器，不要华林之木，四门之宾，何必冠盖之族。前贤有解韦索，而佩朱绂，舍徒担而乘丹毂。由此言之，何恤而无禄。惟先生告我涂之速也。"

Ⅱ(d)丈人曰："呜呼！子闻得之若是，不知时之在彼。吾将释子。(e)夫道有安危，时有险易，才有所应，行有所适。(f)英奇奋于从横之世，贤智显于霸王之初，当厄难则骋权谲以良图，值制作则展儒道以畅挹，是则衮龙出于缊褐，卿相起于匹夫，故有朝贱而夕贵，先卷而后舒。当斯时也，岂计门资之高卑，论势位之轻重乎。(g)今则不然。上圣下明，时隆道宁，群后逸豫，宴安守平。百辟君子，奕世相生，公门有公，卿门有卿。指秃腐骨，不简蛍伫。多士丰于贵族，爵命不出闺庭。四门穆穆，绮襦是盈，仍叔之子，皆为老成。贱有常辱，贵有常荣，肉食继踵于华屋，疏饭袭迹于耨耕。(h)谈名位者以谀媚附势，举高誉者因资而随形。至乃空嚣者以泓噌为雅量，琐慧者以浅利为鎗鎗，腼胎者以无检为弘旷，偻垢者以守意为坚贞，嘲哮者以麤发为高亮，韫蠢者以色厚为笃诚，痷萎者以博纳为通济，眠眠者以难入为凝清，拉答者有沉重之誉，嗛闪者得清剿之声，呛哼怯畏于谦让，阚茸勇敢于饕诤。斯

314

皆寒素之死病，荣达之嘉名。(i)凡兹流也，视其用心，察其所安，责人必急，于己恒宽。德无厚而自贵，位未高而自尊，眼罔向而远视，鼻𪖙鼽而刺天。忌恶君子，悦媚小人，敖蔑道素，慑吁权门。心以利倾，智以势惛，姻党相扇，毁誉交纷。当局迷于所受，听采惑于所闻。(j)京邑翼翼，群士千亿，奔集势门，求官买职，童仆窥其车乘，阍寺相其服饰，亲客阴参于靖室，疏宾徙倚于门侧。时因接见，矜历容色，心怀内荏，外诈刚直，谭道义谓之俗生，论政刑以为鄙极。高会曲宴，惟言迁除消息，官无大小，问是谁力。(k)今以子孤寒，怀真抱素，志陵云霄，偶景独步，直顺常道，关津难渡，欲骋韩卢，时无狡兔，众涂圮塞，投足何错。”

Ⅲ(l)于是冰子释然乃悟曰：“富贵人之所欲，贫贱人之所恶。仆少长于孔颜之门，久处于清寒之路，不谓热势自共遮锢。敬承明诲，服我初素，弹琴咏典，以保年祚。伯成、延陵，高节可慕。(m)丹毂灭族，吕、霍哀吟，朝荣夕灭，旦飞暮沈。聃、周道师，巢、由德林。丰屋蔀家，《易》著明箴。人薄位尊，积罚难任，三郤尸晋，宋华咎深。投扃正幅，实获我心。”

译文：

Ⅰ(a)“东野丈人”(住在东野的老翁)一边观察世事，一边隐居，躬耕于“污腴之墟”(低湿贫瘠的村里)。有名为“冰氏之子”的年轻人，来自“冱寒之谷”(严寒的山谷)。他路过[丈人的居所]，向他问“涂”(官途的比喻)。(b)丈人问：“何处而来？”“来自‘涸阴之乡’(寒冷的乡村)。①”“去何处？”“想

①《春秋左氏传·昭公四年》有“固阴冱寒”之语。

去煌煌的殿堂。"丈人云:"想入煌煌殿堂之人,必有赫赫光辉。你目前受困于寒冷,而追求炽热,怕是无法求得炽热。"(c)冰子瞠目而问道:"那么怎样做才好?"丈人云:"融融而明亮者都是追求炽热(权势)之人,能够钻入铁匠铺门的人,都携有炭薪。如果自己不是这种人,不如一开始就放弃此途。"冰子曰:"我听说,宗庙中的祭器,未必需要由华美森林的木材制作,'四门之宾'①,也未必需要出自高门、高官的家族。前贤之中,有人身着布衣,解开无装饰的皮带,佩上[系官印]的红色丝带,不再自己担行李步行,而乘上涂着朱漆的马车。由此事例而言,又为何会有陷于忧愁的不幸之事呢?还请先生指教怎样迅速上'涂'。"

Ⅱ(d)丈人曰:"呜呼!你听说的的确是那么回事,但并不知道时世所在[已然偏离]。让我来和你说说。(e)道有安全与危险,时世有乱世、治世,才智与德行皆有合适的对应之处。(f)英杰奋起于合纵连横之世,贤者出现于霸者、王者创业之时,在局势危难时,他们发挥权谋以筹划良策,在需要创设制度时,他们发扬儒学以吐露所思所想,由是天子从布衣百姓中出现,大臣从平民匹夫中崛起,故而早晨卑贱者傍晚便成贵人,曾经卷曲者亦于此后舒展。在此世道,哪里还计较门第高低,权势、官位的轻重也不成为问题。(g)然而,现在这个世道却不一样了。皇上圣德,臣下聪明,时世隆昌,人心安宁,公卿游乐,既安乐且太平。诸侯、君子们世代传承,公门有公,卿门有卿②。指着秃腐骨,也无法区分蚩伫。③ 多

---

① 待于都城四面城门、接待诸侯的人员。《尚书·舜典》云:"宾于四门,四门穆穆。"
② 指三公之家则继续任三公,九卿之家则继续任九卿。
③ 大意为依据已成为枯骨的先祖,也无法区分凡庸之辈。

数显官出自高贵的门第,官位、爵位[为各个家族所占据],不流出给外人。满是四门穆穆、拥有美德的诸侯①,满是身着绫绢的贵戚子弟,如仍叔之子那样的年轻人②,一个个都是[如伊尹那样的]老臣。卑贱者总是屈辱,高贵者总是光荣,食物豪奢者在壮丽的屋宇中比肩接踵,粗茶淡饭者在刈草耕田的茅舍中比肩接踵。(h)谈论名声、地位者谄媚地依附权势,有高名者凭着官历趋炎附势。以致于胡乱嘈杂之人以嗓门大为度量大,小聪明者以浅薄的智慧为鸣钟般的清晰之声,放纵者以不检点为气度大,短小而丑陋者以固执为坚定贞洁,粗暴吼叫者以粗野为高尚聪明,愚蠢者以迟钝为诚实,直率者以任意接受为宽容,对人凶狠者以严厉评价为清澄,散漫者有沉着稳重之誉,懦弱者有积极整肃的名声,愚笨胆怯者畏惧于谦让,心术不正者勇于因贪欲而争吵。这些都是令清贫之士致死之病,也是荣达之士获得赞誉之点。(i)如果观察这类人的用心、信念,则他们责备他人必然刻薄,对自身则总是宽大。即便道德并非仁厚,但却自以为高贵;即便地位不高,但却自以为受人尊敬。向远眺望而眼无焦点,鼻子傲慢得如刺一般朝向天空。忌惮君子,媚于小人,对于德行之家傲慢地侮辱,对于权门势家则恐惧伏地。心随利欲而动,智慧为权势所眩惑。与姻亲朋友互相追捧,其风评毁誉纷扰。当局(中正)的信息受到干扰,调查员(清定、访问)被自己闻知的消息迷惑。(j)都城翼翼③,士人众多,在权势之家的门前奔走聚集,求买官职。[权门之家的]仆人窥视车

---

① 典出《尚书·舜典》
② 典出《春秋左氏传·桓公五年》。
③ 典出张衡《东京赋》。

内，看门人打量客人的服装、饰品，见到重要的客人就悄悄引入靖室①，对待一般客人则斜倚在门旁。[若运气好]有幸得到接见，则表现出庄严的容貌姿态，心中胆怯得打鼓，而外在则表现出刚直，鄙视谈论道义、刑罚等话题。在或盛大或精致的宴会中，他们言谈的话题离不开官职升迁，无论大小官员的变动，都去询问是依靠了谁的力量。(k)你现在不过是个毫无背景的寒门子弟，有纯真朴素之心，志向高远凌云，独自上路，虽然一直向前走在正道上，但却难以通过关卡、渡口。即便想要驱使韩卢那样的迅犬，世间也没有狡兔，世上多数的'涂'（官途）已经阻塞，踏出脚步又能落于何处呢？"

Ⅲ(l)于是冰子幡然醒悟，曰："'富贵为人之所欲，贫贱为人之所恶。'②我自幼成长于孔孟（儒学）之门下，一直置身于清寒之道中，做梦也没曾想会受到热势（权势之家与其追随之辈）的遮蔽阻碍。谨承您聪明的教诲，我将不忘初心，弹琴诵书，以保全我的寿命。伯成③与延陵④的高尚节操值得钦慕。(m)[乘坐]丹漆涂车[的权势之家]被族灭，吕氏、霍氏⑤哀吟，白日富贵而傍晚灭亡，白日飞升而傍晚坠落。李聃、庄周为道教的祖师，巢文、许由⑥是高德之丛林。'丰屋蔀家'⑦，是《易》所载的高明箴言⑧。如果人品卑劣而官位崇

---

① 又云清室，主人的书斋。
② 典出《论语·里仁篇》。
③ 伯成子高，大禹时辞退隐居的诸侯。
④ 春秋时吴国的王子季札。
⑤ 均为西汉时权势熏天的外戚家族。
⑥ 均为拒绝尧禅位的隐士。
⑦ 房顶很大，围有遮阳之物。大意是说若德不配位，则智慧日减。
⑧ 《易·丰卦·上六》。

高,则罪罚累积,难以提防。三郤曝尸于晋国①,宋华罪责深重②。我应当锁上家门,端正幅巾③,回归我的本心。"

以上为笔者对《释时论》的翻译。接下来利用此译文,对《释时论》的结构与内容进行探讨。若将重点置于隐逸老者"东野丈人"与寒门出身的青年"冰氏之子"这两位假想人物的对话上,由此考虑《释时论》的结构,则正如点校本《晋书》所分的三大段那样,由Ⅰ丈人与冰氏之子的问答、Ⅱ丈人的解释、Ⅲ冰氏之子表明决心三部分构成。以下,就按照计划,对具体内容加以介绍。

Ⅰ部分,是围绕着官途——即被比喻为道路的"涂"展开的问答。(a)冰氏之子路过一边观察世事一边隐居的东阳丈人处,向他问"涂"。以两者对话的契机,作为说明的楔子、开端,这种设定的样板在《论语·微子》中就已经可以看到。当时,孔子带领弟子巡游诸国,寻求仕官,命子路向隐者长沮、桀溺询问渡口。④(b)在确认了寻"涂"冰子的故乡、目的地后,东野丈人断言,冰子由严寒之地(寒门)前往煌煌之堂(朝廷)的志向无法实现。(c)以"瞿然"而惊的冰子询问理由为契机,双方围绕着获得高位、高官,致富贵的必要条件展开争论与问答。东野丈人主张必须或是要有"光""热""炭",或是顺从权势。与之针锋相对,冰氏之子则是相信贤能与才干。两种议论各有主张。

---

① 春秋时晋国的郤锜、郤犨、郤至三位卿大夫,见《春秋左氏传·成公十七年》。
② 春秋时宋国国卿华元。
③ 隐士所戴头巾。
④ 《论语·微子》:"长沮、桀溺耦而耕,孔子过之,使子路问津焉。……"同样在《论语·微子》中,有"子路从而后,遇丈人以杖荷……""逸民……谓虞仲、夷逸,隐居放言……",其中亦可见"丈人""隐居"之语。由此来看,王沈执笔之际,在言及隐逸时大概脑海中总会想起《论语·微子》。

Ⅱ部分,借东野丈人之口"释时",即阐释时世。① 正如从"释时"这一标题中所见,由此开始,进入到文章的本论部分。丈人提示冰氏之子,两者议论的争议点源自对时世的不同认识,丈人以当今时世为依据,冰氏之子则以过往时世为依据。(d)作为前置部分,告诉冰氏之子下面将对时世进行解释。(e)借助于古今对比,以发语词"夫"为引导,进行常规的一般议论。丈人巧妙地指出,随着时代的流转,"道"与"时"相互对立,而作为选官标准的"才""行"也具有相对性,由此导入接下来的古今对比。(f)叙述古代,换言之,是以冰氏之子的主张为前提展开论述。在过往的"纵横之世""霸王之初",即战国、楚汉等乱世、王朝创立的时代,属于"英奇""贤智"发挥作用的实力主义时代。正如冰氏之子所主张的那样,"朝贱而夕贵",出身卑微者一夜之间身居高位的情况并非罕见。

但是,"今则不然",现在的时代不同了。通过这句话,中止了古代相关的陈述,从(g)以下至(j),论述了当今的世道,即时世。(g)解释了"门阀主义"的风靡。丈人展开话题,指出随着天下太平,"公门有公,卿门有卿",三公之家三公辈出,九卿之家九卿辈出。这个时代,是门第与血缘发挥作用的门阀本位时代。"贱有常辱,贵有常荣",贵贱身份已经固化了。(h)讲述了"门阀主义"的结果,即对人物的评价偏离实际,例如由于门阀化,"谈名位者以谄媚附势,举高誉者因资而随形",谈论名声、地位等话题者通过谄媚依附于权势之家,有高名者凭借官历趋炎附势。因此,"空器者以泓噌为雅量",胡乱嘈杂之人的大嗓门,反而被解读为度量

---

① 在东野丈人讲解的开头(d)有"呜呼!子闻得之若是,不知时之在彼。吾将释子",这应当是文章题为"释时"的由来。

大而受到赞誉,乃至于"荣达之嘉名"。丈人列举了一系列例子,说明只要是荣达之士,哪怕为人凡庸,也会被给予保证仕官的固定评价。(i)与(j),以戏剧、辛辣的笔触生动描写了为猎"品"活动、猎"官"活动奔走的小人们的状态。首先,(i)"凡兹流也"以下,将小人们视为一般人群,窥视他们的心理活动,结果是招致"毁誉交纷",令选拔官员者"迷惑"。接着,(j)引用张衡《东京赋》中的"京邑翼翼",之后描写了权门势家的仆人如何接待这些聚集府上的小人们,以及其中若干幸运者的言行举止与宴会的样态。

接着,作为概括,(k)断言"寒素"——即门第寒微,并且坚决不会像小人、俗人那样活动的冰氏之子完全没有踏入官界的余地。以此句为标志,丈人对时世的解释也终于由此结束。

Ⅲ部分,叙述了冰氏之子听闻Ⅱ部分东野丈人的解释,"释然"醒悟,放弃通过做官达到富贵的道路,而决心转为隐居、自得的生活方式。在前半部分(l)中,接续丈人解释的最后(k)部分的韵脚,由此进一步阐明想法,也与之前内容密切呼应,直接回应了丈人在(k)中的观点,表示赞同。而后半部分(m),则增加了"朝荣夕灭"的要素,以西汉时代外戚没落为例,向拒绝天子禅让的隐士致以敬意。最后冰氏之子表明决心,要过悠然自得的生活,至此文章结束。

就以上梗概,首先应当确认的是,《释时论》就"涂"(官途)——究竟是出仕为官好?还是作为处士在野好?——这一问题展开论述,是一种仕隐论。同时它以东野丈人所主张的"处"为论据,进行"释时",即以解释时世来展开时世论,形成了双层的环状构造。在作为仕隐论的Ⅰ部分与Ⅲ部分之间,Ⅱ部分——更严谨地说,是Ⅱ部分的(g)至(j)中插入了时世论。本文在形式上为仕隐论,其中又包含了时世论的内容。

接下来,以《释时论》作为仕隐论的形式为关注点,考察其特征。

第三节 作为仕隐论的《释时论》

在中国文学史上,《释时论》具有怎样的位置？下面主要依据谷口洋、佐竹保子关于设论与出处论的一系列论考,对此问题加以讨论。①

《释时论》的文体是具有韵脚的散文,属于广义上的赋。从内容来看,它是主宾之间围绕着隐居、出仕的是非优劣,以问答的形式展开议论的一种仕隐论。这种文学体裁,能够分为主人最初决心出仕的"七"与以选择隐居为结论的"设论"。"七"即以西汉枚乘的《七发》为开端,东汉、魏晋、南朝类似体裁的不断续作;"设论"则是以西汉东方朔的《答客难》为开端,至东晋类似体裁的不断续作。在《释时论》中,东野丈人是主,冰氏之子是宾,冰氏之子通过东野丈人的讲解而开悟,放弃出仕,决心过悠然自得的生活。由此来看,《释时论》属于设论谱系的文学作品。② 也正如钱锺书在其文章开头所论,以《释时论》也是代表设论体裁的东方朔《答客难》、班固《[答]宾戏》、扬雄《解嘲》之"属",依照时局的变化,变"嬉笑"为"怒骂"。③

---

① 参见本章开头及第三段第二个注释。谷口洋指出,"设论"的源流是战国诸子的游说之术与民间故事,而文章主体则包含有赋的要素与"贤人失志"的独白文学。佐竹保子指出,"设论"的特征如下:在结构上有主客对峙的设定与两者问答、主人公人生观的展示、文字押韵、具有技巧性与游戏性、名称显示出"设论"之意等等。
② 参见《文选》卷三四、三五《七》、卷四五《设论》;《文心雕龙·杂文》;费振刚、胡双宝、宗明华辑校:《全汉赋》,北京大学出版社,1993年。
  这里《七》是指以西汉枚乘的《七发》为开端,东汉、魏晋、南朝类似体裁的不断续作。——译者
③ 参见本章开头第三段第一个注。

接下来,以对于仕、隐的态度变化为主轴,就《释时论》在设论体裁谱系中的位置展开讨论。表10-1对相关信息进行了整理。关于或仕或隐,其出发点为《论语·泰伯》中的"天下有道则见,无道则隐"、《论语·卫灵公》中的"君子哉蘧伯玉,邦有道则仕,邦无道则卷而怀之"的记载,这些人物判断天下有道则出仕,判断天下无道则隐居。而在汉代的设论,具体如《答客难》《解嘲》《答宾戏》、蔡邕的《释诲》等等仕隐论中,观点却完全相反。它们对比古今,认为身在古代的乱世应当出仕,而身处太平的现今则应当居家不仕。不过,晋代皇甫谧的《释劝论》、郭璞的《客傲》等作品,则出现了无论出仕也好、隐居也好,都完全相同的仕、隐同归论。这种思想成为当时主流思想的前沿,在论理上围绕仕、隐是非的"设论"也由此迎来终结。此外,东晋曹摅所撰《对儒》作为设论体裁的余晖,认为乱世当隐居,治世当出仕,观点又再次逆转。

表10-1 "设论"中仕隐论的变化表

《论语》		汉代设论、《释时论》		晋代设论		东晋《对儒》	
无道	隐、卷	古、乱	出	古、乱		古、乱	出
有道	见、仕	今、治	隐	今、治	出、隐	今、治	隐
				仕、隐同归论			

从以上"设论"谱系中仕隐论的是非变迁来看,《释时论》的内容,特别是在东野丈人的讲解中,将战国、楚汉乱世与天下统一的西晋王朝作古今对比,认为且不论崇尚才能的古代乱世,至少在太平之世的今天,出身寒门的冰氏之子不应该出仕。由此亦可清晰看出,虽然同为一个时代的设论,但《释时论》的思想与转变为仕、隐同归论的《释劝论》《客傲》不同,毋宁说是此前汉代设论的思想。也就是说,《释时论》基本沿袭了出仕于古代乱世,隐居于

太平今世的思想。①

汉代的设论体裁作品，尤其是东汉末蔡邕的《释诲》与《释时论》存在许多共通点。由此推测，《释时论》在汉代设论，尤其是《释诲》的影响下撰成的可能性很大。第一个要举出的共通点，是这类体裁始终批判权门势家以及追随权势的士人。② 第二个共通点，在其他设论作品中，登场的主客二人中的主人，很多时候就是作者本身，宾客则仅仅作为问答的对象，没有具体称呼。③ 相对而言，《释时论》的主人为"东野丈人"，客人为"冰氏之子"；《释诲》的主人为"华颠胡老"，客人为"务世公子"。主客双方都是虚拟的人物。此点，毋宁说更有赋的色彩，与"七"这种另一类型的仕隐论存在共通性。第三个共通点，是双方文中都可见"胡为其然也""吾将释子"（《释时论》）、"吾将释汝"（《释诲》）等同一种或类似措辞使用于相同的结构位置。

---

① 在古今转换之际，王沈使用了与《答客难》相同的"今则不然"这一措辞，以作为设论开头的修饰。"今则不然"这一措辞频频出现于汉代文章中，在东方朔的《非有先生论》(《文选》卷五一《论》)中亦可见。如进一步追溯，则战国时代的《孟子·梁惠王下》已可见类似的"今也不然"。而在汉代的《设论》中，也已有将游说之士活跃的战国时代作为古之乱世的意识。如《答客难》云"苏秦张仪之时"，《解嘲》云"上世（战国）"，《宾戏》云"苏张范蔡之时"。
② 《释诲》收于《后汉书》卷六〇《蔡邕传》。据蔡邕本传，此文撰写于东汉桓帝(146—167)宦官"五侯"跋扈的时代。《释诲》的概要如下：在"圣上宽明，辅弼贤知"的"方今"，"务世公子"积极希望出仕。对此，"华颠胡老"首先叙述了伏羲以来"昔"时的君臣变化，至战国时代，原有的君臣关系瓦解，智者、辩者、武夫、战士活跃，而"圣者"则隐没。"今""大汉"继陶唐之后迎来太平之世，君臣也穆穆相和。而"世臣、门子、裘御之族"安然不动，便可获得爵位，"粲乎煌煌，莫非华荣""贪夫殉财，夸者死权""卑俯外戚之门，乞助乎近贵之誉"，最终连坐、灭族。在往昔，先贤依靠发挥自身的能力而活跃，我既然无法成为这类人，故抱璞而优游。公子听闻胡老此语，羞惭而退，胡老则开心地一边弹琴，一边歌唱。参见谷口洋：《後漢における"設論"の變質と解體》，《中国文学报》第49册，1994年。
③ 东方朔《答客难》中分别为"东方先生"与"客"，扬雄《解嘲》中为"扬子"与"客"，班固《宾戏》中为"主人"与"宾"，崔骃《答旨》中为"已"与"或"，张衡《应闲》中为"余"与"问余者"。

第十章 《释时论》的世界

若对以上内容试加总结,则《释时论》在文学史上的位置,首先是有韵脚的散文,属于广义上的赋。其中汲取了倾向隐居的仕隐论这类设论体裁。如果关注到古今与仕隐的关系,则《释时论》并非西晋时代的设论风格,而是受到了汉代的设论,尤其是东汉末蔡邕《释诲》的强烈影响。那么,王沈为何要选择设论,尤其是汉代设论的体裁加以创作? 如果考虑到本章第一节所讨论的王沈个人的境遇,这种现象正表现出王沈对于"仕"(出仕)的强烈意愿。《释时论》与《释诲》的相似,也正是因为上文列举的第一个共通点(详见下节)。

作为仕隐论的《释时论》,如果试述出其展现的特征,可以列举《释时论》《释诲》和同为西晋时代讽刺之作的《钱神论》三书,展现其中作为判断仕隐、清浊标准的登场人物与作者的立场。笔者在整理相关信息的基础上制表 10-2 如下:

表 10-2 登场人物之清浊、仕隐的位置与批判方向表

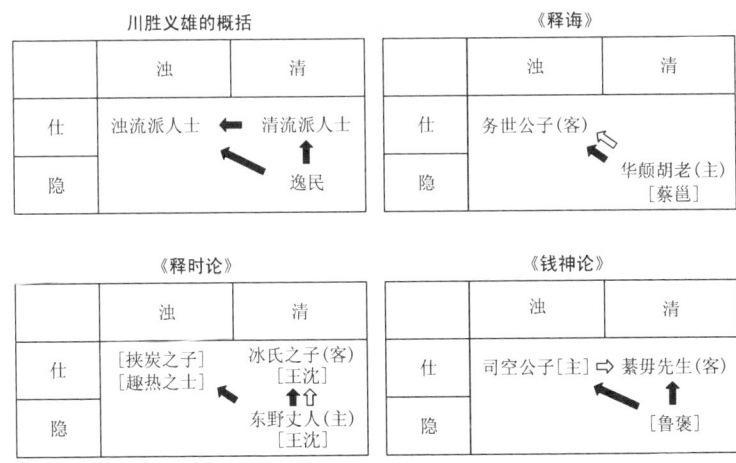

以上简表,首先参考川胜义雄对东汉末清流、浊流势力、逸民

三者关系的总结,对其加以呈现。① 在三书中,主人、宾客对仕、隐的是非展开议论。如果对他们各自的仕、隐状态与清、浊加以关注,则川胜义雄所谓的逸民(隐士、清流)不仅批判浊流派人士(仕、浊流),也批判清流派人士(隐、清流)。而《释诲》的设定与川胜义雄的概括类似,身为逸民的"华颠胡老"(隐、清流)对身为浊流派人士的"务世公子"(仕、浊流)进行反驳,相对而言,《释时论》的设定则是身为逸民的"东野丈人"(隐、清流)对身为清流派的"冰氏之子"(仕、清流)加以教诲。而在《钱神论》中,身为浊流派的"司空公子"(仕、浊流)驳斥身为清流派的"綦毋先生"(隐、清流)。不过,从文中戏剧、讽刺的表现形式可知,作者鲁褒作为隐逸之士(隐、清流)不仅仅对司空公子展开批判,对綦毋先生也同时加以批判。② 以上三篇批判当时选举浑浊的作品,无论是以直接还是间接的手法,其主要或者说撰者的主要方向,若以川胜义雄的概括来表达,应当都属于逸民(隐、清流)对浊流派(仕、浊流)

---

① 本表主要依据了川胜义雄:《六朝贵族制社会の研究》第Ⅰ部《贵族制社会の形成》所收诸论考,岩波书店,1982年。尤其是《漢末のレジスタンス運動》一文(原载《東洋史研究》第25卷第4号。后修订收入川胜义雄:《六朝贵族制社会の研究》,岩波书店,1982年)。
②《钱神论》相关考论参见本章开头第一段第二个注释。其梗概如下:"司空公子"与"綦毋先生"谈话时,议论起访问贵人时应该携带怎样的"币帛"(礼物)这一话题。"綦毋先生"认为,应带上清谈场上需要的"神机"(机智)。与之相对,公子主张在当今时代应携带容于"筐筐"的币帛,也就是金钱。接着,公子滔滔不绝地说起金钱的万能性,其中饱含诙谐幽默。如"无翼而飞,无足而走。解严毅之颜,开难发之口""京邑衣冠,疲劳讲肄,厌闻清谈,对之睡寐,见我家兄,莫不惊视"。接着,公子将《论语·颜渊》中的"生死有命,富贵在天"转作"生死无命,富贵在钱"的讽刺之语,将金钱的伟大与天相比较,认为当今时代的完美者,仅有"孔方"一人而已。一方面,"孔方"被崇拜为"神宝""神物",另一方面,"孔方"又被亲为"我家兄"。最后公子得出结论,作为在此金钱万能、拜金主义世道中的处世之术,尤其在官场中,贿赂是必不可少的。

的批判。① 不过,在《释时论》讨论仕、隐的主客设定中,尽管批判者为"东野丈人",但被批判者——如果一定要举出的话——则是在Ⅰ东野丈人的议论中登场的"挟炭之子""趣热之士"。这种设定与《释诲》《钱神论》中的"务世公子""司空公子"是不同的。② 而"东野丈人"的直接批判对象——冰氏之子,则属于在川胜义雄的概括中作为次要批判对象的清流派。那么,王沈在撰写《释时论》时,并不像自己所关注的《释诲》那样,设定一个"务世公子"登场,以此作为直接批判对象的代表;而是采用了间接的批判手法,通过教导,令希望出仕、身在清流的"冰氏之子"改变心意。其原因究竟何在?

可以想象,《释时论》这一设定的原因,与作者王沈自身的立场密切关联。进一步探究,第一节所论述的王沈其人,尤其是他出身"寒素"这一点,值得关注。之所以这么说,是因为《释时论》中作为宾客一方登场的"冰氏之子"来自于"冱寒之谷""涸阴之乡",东野丈人在发言的末尾(Ⅱ部分 k 段),用"怀真抱素""寒素"的修辞来形容冰氏之子。正如"寒素"一词所见,"冰氏之子"正是作者王沈的自况。③ [仕、清流]的冰氏之子,也确为作者王沈,尤

---

① 蔡邕后出仕,应司空董卓的召辟任至左中郎将。但他在撰写《释诲》时仍是处士身份。参见本节第五段第一个注释。
② 作者的意思是说,《释诲》《钱神论》将作为浊流派的"务世公子""司空公子"设定为客,加以批判。而《释时论》中所批判的浊流派"挟炭之子""趣热之士"并不具有客的身份,只是被"东野丈人"顺带提及,作为客的"冰氏之子"是清流派。因此《释时论》与《释诲》《钱神论》的设定不同。——译者
③ Ⅱ(h)的末尾也有"寒素之死病,荣达之嘉名"之语,此"寒素"为"荣达"的对语。关于寒素,《晋书》卷三《武帝纪》载:"(太康九年正月壬申)诏曰:'令内外群官举清能,拔寒素。'"同书卷四六《李重传》载:"时燕国中正刘沈举霍原为寒素……司徒左长史荀组以为:'寒素者,当谓门寒身素,无世祚之资。'"葛洪:《抱朴子·外篇·选举》载:"故时人语曰:'举秀才,不知书,举孝廉,父别居,寒素清白,浊如泥,高第良将,怯如鸡。'""寒素"亦是西晋新制科中的科目之一。参见宫崎市定:《九品官人法の研究——科举前史》,第125页。

其是其前半生的投影。可以说,冰氏之子代表了王沈的前半生,丈人则代表了他的后半生。王沈在此选择了一种自问自答的形式,通过对自己前半生的批判,来省悟自己的后半生。不过,从其"郁郁不得志"的执笔动机这点来看,也很难说是单纯的省悟。而从《释时论》东野丈人的讲述中列举评语的执拗感(h)、描写小人们活动状态的辛辣感(i、j),也可见王沈至少是"观时以居",不断地观察着时世(a),而并非完全超凡脱俗的纯粹逸民。就此点而言,冰氏之子表明悠然自得的决心,是对《答客难》中古代隐士做派的效仿,承袭了《达旨》《应闲》《释诲》基于自然之理的"自得"思想,但这并非王沈的本心。

无论怎样,从作者王沈本人的生涯来看,借助于倾向隐逸的仕、隐论这一设论形式,以放弃出仕、决心过悠然自得的生活而结尾的《释时论》,毋宁说是一种"贤人不得志"的文学。如果将王沈撰写《释时论》时的境况与蔡邕《释诲》、鲁褒《钱神论》相比较,三者的共通之处,在于作者的身份都是隐士、处士或者无缘中央官界的地方基层官吏。由此视角出发,他们以当时的选举为中心,对社会展开批判。不过,由于时代、境遇的不同,三者在立场上也存在微妙的差异。较之蔡邕主动拒绝中央征召而闲居,鲁褒完全放弃出仕而一直隐居,王沈心有飞黄腾达之念却无法实现,对世俗尚有依恋。由此,这三篇文章对世俗的冷热不同。相对于直率批判的《释诲》、完全洒脱的《钱神论》,《释时论》作者王沈所采用的表现形式,则是将心中的两种对立思想加以人格化,展开议论,并在其中论及时世。

另可注意的是,撰成于西晋时代的《释时论》《钱神论》,都将宾客"冰氏之子""綦毋先生"设定在[仕、清流]的位置上,并受到作者王沈、鲁褒的批判。① 关于这一点,将在第五节加以讨论。

在《释时论》的仕、隐论形式中,存在着时世论的内容——即东野丈人的讲解,也是作者王沈对于自己在当时所受到的不正当排挤的认识。这些内容,将在下一章进行考察。

第四节　作为时世论的《释时论》

时世论的内容,位于东野丈人讲述的Ⅱ部分。严密说来,是从接续"今则不然"的"上圣下明"之语开始,至"今以子孤寒",再次与冰氏之子讨论仕、隐是非问题的(g)至(j)部分。这一部分"释时"的内容,还能够根据不同韵脚加以区分②:通押下平声八"庚"韵与下平声九"青"韵的(g)、(h),即"上圣下明,时隆道宁……斯皆寒素之死病,荣达之嘉名"为一段;通押上平声十一"真"韵、上平声十二"文"韵、上平声十三"元"韵、下平声一"先"韵的(i),即"凡兹流也……当局迷于所受,听采惑于所闻"为一段;押入声十三"职"韵的(j),即"京邑翼翼,群士千亿……官无大小,问是谁力"为一段。若以内容的变化来分段,则可分为(g)"门阀主义"的风靡,(h)列举品题的评语,(i)、(j)奔走于猎官活动的俗人们的状态。

就《释时论》的文本而言,时世论内三方面内容的相互关系展开如下:(g)天下太平,造成了"门阀社会"下的世袭。→(h)为了获得地位、名声,不得不追随权门势家,获得不符实际的评价。→(i)有此类追求的士人在(j)中奔走于猎官活动。能够看出,(h)

---

① 《释诲》中作为宾客的"务世公子"为[仕、浊流]。
② 参见安澜著,暴拯群校改:《汉魏六朝韵谱》,河南人民出版社,1989年;福原启郎:《王沈〈釈時論〉訳注》中《押韻》一节。

与(i)、(j)具有因果关系。而(g)与(h)之间尽管韵脚相通,但文脉是割裂的。与此相关联的疑问,正如本章开头所提及的那样,"门阀主义"与猎官活动或可相容,但也可能相互对立。如果是彻底的"门阀化",则猎官运动就毫无余地了。就(g)的表面文本而言,显然是在谈论"门阀主义"。根据上一节的结论——《释时论》很可能模仿了《释诲》,则(g)与(i)、(j)可能就承袭了《释诲》中"抱膺从容,爵位自从,摄须理髯,余官委贵"的"世臣、门子、蛰御之族"与"卑俯乎外戚之门,乞助乎近贵之誉"的"贪者""夸客"之间的对立关系。① 此外,毋庸赘言,在现实中的西晋元康年间,猎官活动猖獗,其中的确存在"门资"这类的"门阀主义"要素。总之,无论怎样,在选举框架下的仕、隐论,与上述两个问题相互关联。

　　解决《释时论》这一矛盾的钥匙,是刘毅于西晋太康年间(280—289)上奏、通过讨论九品中正制来批判选举的《九品八损议》。② 在第一损的后半部分,有"或以货赂自通,或以计协登进,附托者必达,守道者困悴。无报于身,必见割夺。有私于己,必得其欲。是以上品无寒门,下品无势族"之语。这份上书,将猎官活动理解为引发"门阀主义"的诱因,《释时论》的文脉则相反,将"门阀主义"理解为引发猎官活动的诱因。双方对"门阀主义"与猎官活动因果关系的理解完全相反,不过都一致认为两者联系紧密。就此点而言,《释时论》中议论的因果关系并非孤立。

---

① 参见本节第五段第一个注释。
② 收于《晋书》卷三五《刘毅传》以及《群书治要》卷三〇《晋书·下·传·刘毅》。但上述两部文献对《九品八损议》皆是节选,文字出入很多。宫崎市定在《九品官人法研究——科举前史》的"对九品官人法的批判"一节中对《九品八损议》的要点进行了全面介绍。参见宫崎市定:《九品官人法の研究——科举前史》,第141—147页。

第十章 《释时论》的世界

那么,对于"门阀主义"与猎官活动两者对立的疑问,应该如何看待呢？实际上,唐长孺先生在《士族的形成与升降》一文中已给出了解答。① 根据其观点,"上品无寒门,下品无势族"的"势族"并非"世族"或者说门阀贵族②,而是保持"魏晋蝉联的政治地位"的权门势家。换言之,魏晋"势族"与东晋南朝典型的门第二品、门阀贵族存在明显区别。魏晋"势族"是在曹魏、西晋两王朝高官辈出,且有魏晋禅让时创设的五等[开国]爵、至少连续三代的权门、权贵。在《释时论》中,对这一人群用"势""形"(h)、"权门"(i)、"势门"(j)、"热势"(l)加以表现。不过,在论述"门阀主义"的(g)中,这些词汇并没有出现。东野丈人的发言,前半部分(g)描写了 A"势族",即权贵及其子弟；后半部分(i)、(j)则描写了 B 追随权贵的小人、利己主义者。选举的私物化,形成了"热"的浊流。《释时论》中构成此浊流的两大要素,正与刘寔《崇让论》中所云"同才之人先用者,非势家之子,则必为有势者之所念也"③一致,即 A"势家之子"与 B"有势者之所念"。如(k)中丈人所断言的那样,A、B 两类人独占官界、排挤他人的状况,使得 C"孤寒",即出身寒门,以及 D"怀真抱素",即诚实、淳朴,拒绝随波逐流的"冰氏之子"在仕途上收到双重意义的排挤,全无前进之途。冰氏之子与 A、B 两类人在出身、性格设定上的完全相反,也或可视为将(g)中的门阀解读为权贵的一个合理旁证。如果沿着文脉进一步阐释,《释时

---

① 参见唐长孺:《士族的形成与升降》,收入唐长孺:《魏晋南北朝史论拾遗》,中华书局,1983年。
② 《文献通考》卷二八《选举考·举士》载:"如刘毅所谓上品无寒门、下品无世族",写为"世族"。顺带一提,在现代汉语中,"势族""世族"与中国六朝史研究领域常用的"士族"在发音、声调上完全一致。
③ 参见《晋书》卷四一《刘寔传》。

331

论》中提及的出仕关键要素，一是个人才能为主还是门第（门阀）为主的古今时代对比，二是私物化了的选举中，权贵与家族子弟及追随者的私有关系结合。而这两个要素，正是前者中的门第（门阀）与后者中的权贵及其子弟相互重叠所形成的结果。

如上文所示，《释时论》揭示的是因私物化而浑浊的选举。这一世相，与《释诲》中华颠胡老所谈论的汉末时世是同质的。可以说，自东汉末至西晋，浊流的谱系一脉相承，成了导致东汉、西晋王朝灭亡的因素。那么，两个时代的状况，究竟是完全重复，还是存在一些差异？这一问题的答案，见于（h），即在（g）门阀主义与（i）、（j）猎官活动之间的这段文字。这段文字先云"谈名位者以谄媚附势，举高誉者因资而随形"，即希望获得高位、名望者或成为 B 以"谄媚附势"，或依靠 A 的"资"（门资、世资、官资等）以依附"势""形"（权势）。而后以"至乃"导入"空嚣者以泓噌为雅量"及以下不断变化形式的往复论述，最后以"斯皆寒素之死病，荣达之嘉名"加以总括。从这段节奏紊乱、让人感到突兀乃至于执拗的往复论述中，能够满满感受到王沈难以抑制的思绪。在这段文字前半部分，"［甲］者以［乙］为［丙］"的句式反复出现了八次。以开头第一句为例，在此句式中可替换的熟语［甲］、［乙］与［丙］中，［甲］为"空嚣"（胡乱嘈杂）、［乙］为"泓噌"（嗓门大），两者词意相近，都表现了凡庸小人各种恶劣、负面的形象。相对的，［丙］是［甲］、［乙］的反义词，是表现善良、正面形象评价的评语。而就与［甲］、［乙］表面类似、刻意反复替换可联想评语这一点而言，同为西晋时代的裴頠《崇有论》中有"是以立言藉于虚无，谓之玄妙，处官不清所司，谓之雅远，奉身散其廉操，谓之旷达"一段。文中放诞行为与正面评价之间的关系，与上引《释时论》中"［甲］者以

[乙]为[丙]"的句式具有共通性。① 而在"[甲]者以[乙]为[丙]"这一基本句型之后，则出现了"[甲]者有（得）[丙]之誉（声）"这种对句。例如"拉答者有沉重之誉"，[甲]为"拉答"（散漫不严肃），[丙]为"沉重"（沉着稳重）。如与此前讨论的"[甲]者以[乙]为[丙]"的句式相比较，则[甲]是负面印象，[丙]是正面评价这一点是共通的。但[甲]与[丙]是否是正反义词的关系，这两种句式有所不同。而在此段最后，是仅模仿[甲]的对句。以上三种句型中[甲]、[乙]、[丙]相关特征、评语的总结，参见表 10－3。又，在[丙]的评语中，"雅量""弘旷""高亮""笃诚""通济"作为对人物的评语，见于《晋书》列传。这些词或许来自这些人物的"状"中用语。② 此外，"雅量"是《世说新语》中的篇名。"弘旷"则见于《世说新语·赏誉》中阮浑相关的故事——"阮籍之子浑，器量为弘

---

① 参见《晋书》卷三五《裴秀传附裴頠传》。关于《崇有论》的内容，参见堀池信夫：《漢魏思想史研究》，明治书院，1988年。同样的措辞亦见葛洪《抱朴子·外篇》卷三三《汉过》："于是傲兀不检、丸转萍流者，谓之弘伟大量。苛碎峭崄、怀鳌挟毒者，谓之公方正直。冈崎文夫认为，葛洪此语并非批判汉末的恶俗，而是呈现西晋时代的世相。参见冈崎文夫：《魏晋南北朝通史》，第 485—486 页。
② 参见森野繁夫：《六朝評語集（晋書）》，中国中世文学研究会，1982年。"雅量"的相关评价，有裴秀"雅量弘博，思心通远"（《晋书》卷三五《裴秀传》所载晋武帝诏书）、贾充"雅量弘高，达见明远"（《晋书》卷四〇《贾充传》所载晋武帝诏书）、崔赞"以雅量见称"（《晋书》卷四五《崔洪传》）、郭奕"山涛称其高简有雅量"（《晋书》卷四五《郭奕传》）等。"弘旷"的相关评价，有张华"气识弘旷"（《晋书》卷三六《张华传》）。"高亮"的相关评价，有何曾"明明高亮，执心弘毅"（《晋书》卷三三《何曾传》所载晋武帝诏书）、"高亮严肃"（《晋书》卷五〇《秦秀传》所载秦秀议何曾谥）、李憙"执节高亮，在公正色"（《晋书》卷三四《羊祜传》所载羊祜上表）、李胤"忠允高亮，有匪躬之节"（《晋书》卷四四《李胤传》所载晋武帝诏书）等。"笃诚"的相关评价，有齐王司马攸"明德清畅，忠允笃诚"（《晋书》卷三八《司马攸传》所载晋武帝诏书）、荀颉"明允笃诚，思心通远"（《晋书》卷三九《荀颉传》所载晋武帝诏书）、淮南王司马允"忠孝笃诚，忧国忘身"（《晋书》卷六四《司马允传》载齐王司马冏上表）等。"通济"的相关评价，有郭讷"风度简旷，器识朗拔，通济敏悟，才足干事"（《晋书》卷六四《贺循传》所载陆机推荐之语）。关于"状"，参见矢野主税：《状の研究》，《史学雜誌》第 76 编第 2 号，1967年。

旷"。[丙]中的评语为当时人在实际中所用。

表 10－3 "虚誉"的实与名对照表

[甲]	眠眠 璞慧	痷婪 空器	韫蠢	嘲哮	偻垢	膴胎	嗛闪 拉答	阘茸 呛哼
[乙]	难入 浅利	博纳 泓噌	色厚	巎发	守意	无检		
[丙]	凝清 鎗鎗	通济 雅量	笃诚	高亮	坚贞	弘旷	清剿 沉重	

[丙]中的评语,在前述对句中表现为"誉""声",即名誉。[丙]与[甲]、[乙]在特征上类似也好,相反也罢,总之[丙]之"名"与[甲]、[乙]之"实"是乖离的。这种与实际乖离的名誉、名声,在当时的议论中多与带有"虚"字的用语、措辞关联。例如刘毅《九品八损议》中的"获虚以成誉"(第一损)、"党誉虚妄"(第五损)、"虚饰名誉""隆虚名"(第六损)、"徒结白论,以为虚誉"(第七损)、刘寔《崇让论》中的"浮声虚论"、张载《榷论》中的"结朋党、聚虚誉以驱俗"。① 《释时论》中的[丙],也是与"虚"相结合的"誉""声",即"虚誉""虚声"。② 如果以"虚誉"为中心,对《释时论》中的时世

---

① 关于刘寔的《崇让论》,参见《晋书》卷四一《刘寔传》。张载《榷论》收于《晋书》卷五五《张载传》。
② 如果寻求"虚誉""虚名"及类似词语的渊源,则在战国诸子关于名实概念的相关议论中就已经出现,之后秦汉时代的论著中亦可见。"虚声"之例,如《韩非子·六反》载:"布衣循私利而誉之,世主听虚声而礼之,礼之所在,利必加焉。"《后汉书》卷六一《黄琼传》载:"是故俗论皆言,处士纯盗虚声。""虚誉"之例,如《管子·明法解》载:"故群臣以虚誉进其党。"《汉书》卷五八《公孙弘传》载:"与内富厚而外为诡服,以钓虚誉者殊科。"《后汉书》卷二《明帝纪》载:"自今若过称虚誉,尚书皆宜抑而不省。""虚名"之例,如《史记》卷七六《平原君传》载:"且虞卿操其两权,事成,操右券以责;事不成,以虚名德君,君必勿听也。"徐幹《中论·亡国》载:"[王]莽之为人也,徒张设虚名以夸海内。"《后汉书》卷八三《逸民传·周党》载:"而敢私窃虚名,今上求高者,皆大不敬。"此外,"虚称"的例子,如《颜氏家训·名实篇》载:"窃名者,厚貌深奸,干浮华之虚称,非所以得名也。"另可参见应劭《风俗通[义]·过誉篇》、 (转下页)

论加以总结,则大致如下:获得"虚誉"的条件是"热势"。A与权势相连的子弟或是B追随权势之人,正是此时世论的基本构成。A、B分别代表了(g)"门阀主义"风靡与(i)、(j)进行猎官活动人士的生态。(h)列举的"虚誉"则分成前后两部分,对他们分别加以描绘。总之,文中断定(h)中的"虚誉"是A、B人群的"荣达"与"嘉名",对C、D人群而言,则是"寒素"之"死病"。

《释时论》中所列举的"虚誉",接续于同在(h)的"谈名位者以谄媚附势,举高誉者因资而随形"一句之后,与(i)、(j)中奔走于猎官活动的人群状态相关联,即与B追随权势的人群具有更直接的联系。这显示出王沈最想要批判的,正是"虚誉"与B人群的结合。

在虚拟登场人物——"东野丈人"与"冰氏之子"讨论的仕、隐论中,"丈人"以时世论的形式所描绘的时世,即选举浑浊的实态。那么,这一时世论,是否为作者王沈所目睹的西晋王朝,尤其是西晋元康年间的现实状态? 如果借用钱锺书所云"怒骂"这一形容,则无法排除作者王沈主观感情用事的可能。因此,有必要检验王沈的主观意向是否遮蔽了客观现实,其表达是否偏颇。的确,(g)中的古今对照有过度对立之嫌,而(i)、(j)为了达到讽刺效果的戏剧性描写也给人以夸张之感。不过,《释时论》至少是同时代的证言,并且它站在仕途被阻塞的受害者立场上,作为批判当时社会风潮的议论,在《晋书·惠帝纪》中与《钱神论》并举。王沈的传记,也可以说就是为了收录《释时论》而列于《晋书·文苑传》的。由这些方面推测,《释时论》发表当时就受到

(接上页)葛洪:《抱朴子·外篇·名实》、颜之推:《颜氏家训·名实篇》等。

好评，为人们所感同身受。尤其是洞悉世事的寒门、寒人层，将《释时论》视为自己的代言而加以接纳。① 就此来看，《释时论》所论述的时世，应当正是同时代现实的写照。接下来，想以作为时世论核心的"虚誉"为主轴，以西晋元康年间为中心，考察魏晋时代选举浑浊的实态。

第五节 《释时论》的世界——选举的浑浊

如上一节所论，《释时论》中最为强调的是"虚誉"。也就是说，在王沈的认识中，"虚誉"是选举浑浊的根源所在。这显示出两点：一、当时的选举基于名声、名誉，即人物评价；二、此人物评价在走向"虚誉化"。那么，在魏晋时代，怎样获得包括"虚誉"在内的名声、名誉？宫崎市定在其著作《九品官人法研究》中，阐明了当时选举中获得"虚誉"的具体样态——上层阶级通过清谈与奢侈，下层阶级则借助于贿赂。② 以下，就以西晋元康年间的情况为中心，结合笔者本人的观点展开论述。首先，在元康年间的清谈界，"竹林七贤"之一的王戎始终健在，保持着对吏部人事任命的影响力。正如"三语掾"这一故事所见③，王戎根据"虚名"来拔擢人才。在魏晋更迭之际，"竹林七贤"是清谈界的领袖。而清谈的开端，则要追溯到曹魏正始年间的"正始之音"。例如其中代

---

① 与《释时论》并称的蔡洪《孤奋论》有"读之者，莫不叹息焉"的反响。可以想见，当时社会对于《释时论》当有相同反响。参见本章开头第一段第二个注释。
② 参见宫崎市定：《九品官人法の研究——科挙前史》，第152—155页。
③ 《晋书·阮瞻传》载："阮瞻见司徒王戎，戎问曰：'圣人贵名教，老庄明自然，其旨同异？'瞻曰：'将无同。'戎咨嗟良久，即命辟之。时人谓之'三语掾'。"即此故事。——译者

表人物之一的夏侯玄被傅嘏评为"能合虚誉"①。"正始之音""竹林七贤"诸人,都屡屡被贴上"浮华"的标签,受到非议。其中原因,或许当从他们脱离乡里社会这一点来寻求。清谈的根基在于清议,而清议正生成于乡里社会。接着,在奢侈领域,其典型为晋武帝时期石崇与王恺的奢侈竞争。以笔者的个人观点,这种竞争是为了追求"豪"的评价。在乡里社会中,原本是通过赈济、施财来获得此评价。在洛阳城的舞台上,奢侈竞争所代表的散财行为被给予正面评价,实际属于一种本末倒置的低俗化、"虚誉"化。②最后,在贿赂这一方面,上溯到西晋太康年间,刘毅在回答晋武帝的询问时,引出东汉桓帝、灵帝卖官之事,以"私门"之语来猛烈批判事实上的卖官行为。③ 而在平定孙吴之前,还曾发生过西晋一朝最重大的贿赂案——鬲县县令袁毅向中央官僚展开多方面的贿赂攻势,以此寻求"虚誉"。如上所见,贿赂之风贯穿于西晋一朝,而在以批判拜金主义为主题的《钱神论》中,更可以窥见贿赂压倒清谈的状况。④ 在当时,不仅风行于下层人群,更风行于整个官界的活动,并非清谈这一"走后门"的手段,而是露骨、直接的贿赂攻势。这一状况,正如本章开头所引《晋书·惠帝纪》所言,

---

① 典出《世说新语·识鉴》:"何晏、邓飏、夏侯玄并求傅嘏交,而嘏终不许。诸人乃因荀粲说合之,谓嘏曰:'夏侯太初一时之杰士,虚心于子,而卿意怀不可,交合则好成,不合则致隙。二贤若穆,则国之休,此蔺相如所以下廉颇也。'傅曰:'夏侯太初,志大心劳,能合虚誉,诚所谓利口覆国之人。何晏、邓飏有为而躁,博而寡要,外好利而内无关籥,贵同恶异,多言而妒前。多言多衅,妒前无亲。以吾观之:此三贤者,皆败德之人耳! 远之犹恐罹祸,况可亲之邪?'后皆如其言。"——译者
② 参见本书第八章。
③ 典出《晋书·刘毅传》:"帝尝南郊,礼毕,喟然问毅曰:'卿以朕方汉何帝也?'对曰:'可方桓、灵。'帝曰:'吾虽德不及古人,犹克己为政。又平吴会,混一天下。方之桓、灵,其已甚乎!'对曰:'桓、灵卖官,钱入官库;陛下卖官,钱入私门。以此言之,殆不如也。'"——译者
④ 参见本章第三节第八段第二个注释。

在元康年间,贿赂请托公然横行,贿赂与"虚誉"的交换,被比喻为与外国间的"互市"交易。这一样态反映在《释时论》中,就是"冰氏之子"被排挤出当时的选举。如第三节末尾所述,《释时论》《钱神论》均批判设论中担任宾客角色的[仕、清流]。该设定所设想的状况,是清议被清谈逐渐压制,甚至连清谈也被贿赂行为逐渐压制。而这正是上述现实在文章中的投影。

毋庸赘言,"虚誉"出现的契机,是曹魏政权建立前夜九品中正制的创设。由此开始,在作为官吏任命制度核心的广义选举领域,作为人物评价结论的评语,成了选举的根基所在。如前所述,这些评语是写于"状"中的。然而,这些评语却背离了制度。早在曹魏时代,刘劭就以人物评价为前提,撰写了与辨别人才相关的《人物志》。而正如"才"(才干)、"性"(德行)关系相关讨论中所见①,对人物进行评价本就相当困难。因此,对人物进行评价,从一开始就存在混入恣意、爱憎等情感的空间。其结果,随着人物评价与乡里产生断裂,也就出现了"名""实"乖离的"虚誉"。由此,也就出现了以"虚誉"为目标或是元康年间的贾谧"二十四友"这类追随权贵的现象。②

《释时论》所批判的三世纪后半西晋元康年间的选举浑浊,与

---

① 关于《人物志》,参见冈村繁:《人物志の流伝について——支那中古人物论の本質解明への一試論》,广岛哲学会:《哲学》第 3 辑,1952 年;多田狷介:《〈人物志〉訳稿》(上)、(下),日本女子大学史学研究会:《史艸》第 20、21 号,1979、1980 年。关于"才""性",《世说新语·文学篇》载:"钟会撰四本论始毕……"刘孝标注引《魏志》云:"[钟]会论才性同异,传于世。四本者,言才性同、才性异、才性合、才性离也。尚书傅嘏论同,中书令李丰论异,侍郎钟会论合,屯骑校尉王广论离。文多不载。"另参照陈寅恪:《书世说新语文学类钟会撰四本论始毕后》,《中山大学学报》1956 年第 3 期。后收入陈寅恪:《金明馆丛稿初编》,上海古籍出版社,1980 年。
② 郭璞《客傲》为仕、隐同归论,但也用隐逸之口否定"有名",其背景应是西晋社会中的"虚誉"风潮。参见佐竹保子:《郭璞〈客傲〉訳注及びその位置付け》。关于贾谧的"二十四友",参见本书第七章。

蔡邕《释诲》所批判的二世纪后半东汉桓灵时期权贵及其私党将选举私物化的行为具有共通性。但稍有不同的是,《释时论》所强调的"虚誉"不见于《释诲》之中。虽然"虚誉"本身在桓灵时期也存在,但较之元康年间与九品中正制相结合,特别是与"状"相结合的"虚誉",其重要程度显然不同。对于桓灵时期将选举私物化的"浊流"势力,清流运动对其展开批判。作为其武器的清议,正是孕育九品中正制的母胎。但尽管如此,在元康年间,清议竟反而成为选举再度私物化的手段,化作"虚誉"。身处元康年间浑浊选举之中的王沈,对此感同身受。若想象其心境,则其中不仅仅是对选举的愤懑,还存在着因选举私物化而出现的浑浊与"虚誉"。《释时论》的结构,应当就是王沈这一双重心境的反映。

由以上论述,可见西晋元康年间以"虚誉"为中心的选举混浊的实态。但毫无疑问,在当时不与"浊流"同流合污、对选举的浑浊进行批判、相当于"清流"的势力也俨然存在。以揭露不正、弹劾为任的历任司隶校尉,如傅玄、刘毅、傅咸等等,就是其代表。不过,与八王之乱(参见第五章)、东汉党锢之祸相同,"清""浊"势力的相互争斗,恰恰导致了王朝自身的弱化,最终走向灭亡。而另一方面,选举浑浊这一政治课题,在西晋以后又是如何展开的?随着"炽热"浊流的沉静化,清、浊分离,其结果便是门阀化。东晋南朝的门第二品、门阀贵族由此出现、存续。而在此后的历史发展中,王沈所希望的、为门阀主义所阻碍的贤才主义,主要在北朝得以展开,最终造就了科举制的产生,与近世社会的开端不断联系在一起。

小 结

　　本章在对西晋元康年间王沈所撰《释时论》展开分析的基础上,考察了当时选举的浑浊状况。以下进行简要总结。《释时论》的外在形态为仕、隐论,其中包含有时世论的内容。它与文学史上的"设论"系统相关联,特别是受到了《释诲》一文的极大影响。时世论的内容,可分为议论"门阀主义"的风靡、列举"虚誉"、描写奔走于猎官活动的小人生态三个部分。由此时世论,可见以权势①、权贵为中心,其子弟([挟炭之子])与其追随者([趣势之士])这两类人群排他性地独占了名誉、名声,乃至于产生"虚誉"。而如"冰氏之子"那样身处对立位置的"寒素"则在选举中受到双重意义上的排挤。而与"虚誉"相关联的,是那些在追随权势上更为直接的人士。以当时的选举浑浊为焦点,权势与其追随者通过贿赂交换"虚誉"的行为,被比喻为"互市",而这也正是《释时论》《钱神论》的主旨所在。

　　《释时论》及其姊妹篇《钱神论》,属于在野人士的批判。与之相对,在当时的朝堂上,则存在着以刘毅《九品八损议》为代表的、对九品中正制所展开的批判。在将来的研究中,笔者希望通过对《九品八损议》展开分析,进一步揭示西晋的社会风潮,尤其是选举浑浊的实态。

---

① 代替一般理解的门阀。

第十一章　西晋墓志的意义

第一节　墓志起源的相关讨论

中国将死者信息刻在石头上的墓志十分流行。同为记录死者情况的刻石,坟墓茔域内地上的墓前、墓道(参道)等树立的是各种墓碑、神道碑,而墓志是指地下墓室内棺前或羡道(甬道)内放置的刻石。而且同是墓室内的刻文,墓志还不同于不直接记录死者相关信息的买地券、镇墓文等。① 墓志定型后被叫作墓志铭②,其完

---

① 关于买地券和镇墓文参见池田温:《中国历代墓券略考》,《東洋文化研究所紀要》第88号,1981年;吴天颖:《汉代买地券考》,《考古学报》1982年第1期;富谷至:《黄泉の国の土地売買——漢魏六朝買地券考》,《大阪大学教養部研究集録(人文·社会科学)》第36辑,1987年。
② 北魏的墓志中很多或志盖的题字或志文的题目上有"墓志铭"或之类的词("墓志之铭""墓志铭并序""志铭"等),或两者均有,例如司马昞墓志,志盖的题字作"墓志铭",志文的题目为"魏故持节左将军平州刺史宜阳子司马使君墓志铭"。赵万里《汉魏南北朝墓志集释》(文物出版社,1956年)卷二至卷六收录的288合北魏墓志中,有168合题为"墓志铭"。墓志铭本来就是散文的志(序)和韵文的铭结合之意,自然应该是墓志中书写格式完整的才被特别称作墓志铭。另外,现存最早题作"墓志铭"的墓志是葬于南朝宋大明八年(464)的刘怀民墓志,参见刘凤君:《南北朝石刻墓志形制探源》,《中原文物》1988年第2期。

成于北魏孝文帝迁都洛阳时,即五世纪末期①。不过这种墓志的起源,更严谨地说是北魏定型的墓志铭的直接起源可以追溯到什么时代的何种刻石,迄今仍无定论。墓志的起源无法确定的主要原因之一是墓志的定义暧昧不清。例如仅从书写格式的方面来看,借用罗宗真的话,墓志的定义就有以下两种说法:(甲)"仅仅记载死者姓名、籍贯、年龄、身份和生卒年月以及埋葬时间地点,或者更简略一些",即包括墓砖在内也被视作墓志;(乙)包括"生平事略"和"颂词铭文"等内容丰富的刻石,即只有和墓志铭书写格式相近的才能是墓志。由此便产生了什么是墓志的问题,论者各执一词。② 篇幅所限,这里暂不讨论墓志的定义,仅就迄今为止墓志起源的相关讨论进行整理。

清末以前,北魏之前的墓志原石或拓本几乎没有,不得不只靠文献史料来讨论墓志的起源,那时主要有两种立场。一种是从文献史料中寻找关于墓志起源的记录,另一种是注重文献史料中残存的,即传承下来的墓志志文。前者以《文选》卷五九《墓志》李善注所引王俭的议论"石志不出礼典,起宋元嘉颜延之为王琳(王

---

① 刘凤君《南北朝石刻墓志形制探源》一文认为,东汉魏晋时期是墓志"产生和探索的时期",南北朝时期是"发展和定型时期",南北朝时期被视为东汉魏晋到隋唐之间的"过渡时期"。而中田勇次郎《中国の墓誌》(收入其编《中国墓誌精華》,中央公论社,1975年)中也认为,到隋唐时期,志面上会写出撰者和书者,名实于是俱成,由此可见,北魏墓志尚存在过渡性。但从书写格式、形体等方面来看,基本可以将北魏视作墓志定型的完成时期。
② 罗宗真:《略论江苏地区出土六朝墓志》,《南京博物院集刊》第2集,1980年。该书第47页云:"早年墓志,仅仅记载死者姓名、籍贯、年龄、身份和生卒年月以及埋葬时间地点,或者更简略一些,后来才陆续有生平事略和颂词铭文。因此可以认为,如果基本上具备了前者的条件,即应称为墓志。"罗宗真认为(甲)也可以视作墓志,后文所述墓志起源的两种系列中的(A)也被视作墓志就与这种观点有关。

球)石志"为依据,认为墓志起源于南朝宋元嘉年间(424—453)①,持此论者如赵翼《陔余丛考》卷三二《墓志铭》②。而后者注意到《艺文类聚》等文献史料中残存的墓志文章,尤其是其中最古老的志文,《西京杂记》卷三中的杜邺(杜子夏)和《博物志》卷七醇儒王史威长的墓志③,并以此为根据将墓志的起源追溯到西汉。代表者是黄本骥在《古志石华》自序中"墓志实滥觞于两汉,浸淫于六朝,而波靡于唐宋,不自刘宋始也"的论调,否定了南朝宋起源说。④ 由此可见,两者都以文献史料为基础,但因重视的

---

① 《文选》卷五九《墓志》李善注云:"吴均《齐春秋》,王俭曰:'石志不出礼典,起宋元嘉颜延之为王琳石志。'"相同内容的记载还见于《南齐书》卷一○《礼志下》王俭议论后有司上奏的内容:"有司奏:'大明故事,太子妃玄宫中有石志。参议墓铭不出礼典。近宋元嘉中,颜延作王球石志。素族无碑策,故以纪德。自尔以来,王公以下,咸共遵用。'"《文选》李善注中的"王琳",《南齐书·礼志》作"王球",据《宋书》卷五八《王球传》"唯与琅邪颜延之相善"的记载,王琳当是王球之误。《艺文类聚》所收傅亮(卒年为元嘉三年[426])的"墓铭"(卷五○),建平王刘宏(卒年为大明二年[458])的"墓志"(卷四八)等也是墓志刘宋起源说的旁证,参见中田勇次郎编《中国墓志精华·南北朝墓志》中的南朝部分。
② 赵翼在《陔余丛考》卷三二《墓志铭》条中介绍了墓志铭起源相关的议论,又详列了文献史料中残存的古来类似墓志的刻石,得出了"由此数事以观,则墓铭之来已久,而王俭谓始自宋元嘉中颜延之,此又何说? 窃意古来铭墓但书姓名官位,间或铭数语于其上,而譔文叙事胪生平,则起于颜延之耳"的结论,承认了有满足(甲)条件的墓志,称其为"墓铭";又认为只有(乙)才是完全的墓志铭,从南朝宋元嘉年间开始出现。
③ 据《西京杂记》(四部丛刊本)卷三:"杜子夏葬长安北四里,临终作文曰:'魏郡杜邺,立志忠款,犬马未陈,奄先草露,骨肉归于后土,气魂无所不之(典出《礼记·檀弓下》),何必故丘,然后即化,封于长安北部,此焉宴息。'及死,命刊石,埋于墓侧。墓前种松柏树五株,至今茂盛。"杜邺(杜子夏)本人作文。杜邺,见《汉书》卷八五本传。《博物志》卷七《异闻》(张华撰,范宁校证:《博物志校证》,中华书局,1980年):"汉西都时,南宫寝殿内有醇儒王史威长死,葬铭曰:'明明哲士,知存知亡,崇陇原亹,非宁非康,不封不树,作灵乘光,厥铭何依,王史威长。'"二者均属西汉时代,收入魏晋南北朝时期成书的小说中。参见小南一郎:《中国の神话と物语り——古小説史の展開》(岩波书店,1984年)第二章《〈西京雑記〉の伝承者》。
④ 《古志石华》(收入黄本骥辑《三长物斋丛书》[道光中湘阴蒋氏刊本],新文丰出版公司编辑部编《石刻史料新编》第二辑第二册)卷一举墓志之例,首先是汉的《王威长》《杜邺》,接着是晋的《无名氏》(元康二年,292)和《王献之保母李氏》《刘(转下页)

史料和根据不同,对墓志起源的时代,遂分成南朝宋和汉代两种意见。①

不过清末以来,特别是民国建立以后,坟墓发掘成风,墓室中不断发现墓志,由此转变为基于出土墓志实物资料来讨论墓志的起源。② 其结果是,关于墓志起源的可能性,逐渐形成两种系列的观点。一种是(A)系列,基本是从东汉时代出现的墓室内镌刻的墓主相关记录,如"墓记""封记""画像石题字""石椁题字""墓砖"等都属于墓志,包括进入三国时代出现的"神座"。另一种是(B)系列,东汉时代流行墓碑、墓阙(神道阙),但因东汉末年到魏晋时期曾数次禁止立碑,西晋时遂出现墓室内的小型碑形墓志,也被称作"墓志碑"。西晋墓志出现的契机——立碑之禁,是禁止厚葬的一环。据《宋书》卷一五《礼志·二》,汉献帝建安十年(205)和晋武帝咸宁四年(278)两次发布禁令,另据王俊《表德论》"祗畏王典,不得为铭,乃撰录行事,就刊于墓之阴云尔"(曹魏甘露二年257),表明当时墓志是作为墓碑的替代而出现的。③ 较之

(接上页)韬。顺便一提,《古志石华》三十卷的解题被收入中田勇次郎编《中国墓志精华》的《墓志主要文献解题》中,据此及道光八年(1828)的自序可知,道光二十七年(1847)该书增补版刊行。汉代墓志仅存在于文献史料中,相比之下,晋代墓志的相关资料明清以前就有出土,其中《无名氏》原石不明,《王献之保母李氏》极有可能系伪刻,《刘韬》原拓现存(表11-2)。

① 另外,北宋高承《事物纪原》卷九《墓志》引用卫灵公故事、比干墓志的发现、西汉夏侯婴的逸闻,认为"则墓之有志,其来远矣"。这是比(甲)立场更广义的解释,指一切地下墓室相关的刻石。参见中田勇次郎编《中国墓志精华》中的《墓志的渊源》。

② 由此,终于有叶昌炽基于新出土墓志的相关认识来展开研究,在其著作《语石》中,他认为曹魏以前无墓志,至晋才出现墓志,且仅刻姓名、年月、爵里等,而有铭词的完全墓志南北朝才开始出现(卷四《墓志》)。就结果而言,他与赵翼的认识是相同的。关于西晋墓志的出土时期,参见表11-4。

③《宋书》卷一五《礼志二》:"汉以后,天下送死奢靡,多作石室石兽碑铭等物。建安十年,魏武帝以天下雕弊,下令不得厚葬,又禁立碑。魏高贵乡公甘露二年,大将军参军太原王伦卒,伦兄俊作《表德论》,以述伦遗美,云'祗畏王典,不得为铭,乃撰录行事,就刊于墓之阴云尔'。此则碑禁尚严也,此后复弛替。晋武帝咸宁四 (转下页)

上文提到的基于文献史料研究墓志起源中的南朝宋说，(A)、(B)两种系列都将墓志的起源追溯得更早，而这两派应该都是后世墓志的直接起源。日本关于墓志的起源有三篇代表性论文，分别是水野清一的《关于墓志》、中田勇次郎的《中国的墓志》与日比野丈夫的《关于墓志的起源》。①

首先，水野清一认为(A)、(B)两种系列都是墓志。不过东汉时代流行的是地上的墓碑、墓阙，相比之下墓室内的墓志并不盛行。禁止立碑，使得(B)系列的小型碑形墓志和更矮小的板状墓志，与(A)系列的墓志一起流行。(A)、(B)两种系列都是墓志的立场，与罗宗真《略论江苏地区出土六朝墓志》、刘凤君《南北朝石刻墓志形制探源》的主张，以及赵万里《汉魏南北朝墓志集释》、王壮弘、马成名《六朝墓志检要》中墓志收录的标准相同。

其次，中田勇次郎认为(A)系列"近似墓志"，而(B)系列的西晋墓志，其志文是由志(序)和铭构成的墓志铭文体，即注意到墓志志文的形成，故将其视为实质性的墓志起源。这与马子云《碑帖鉴定浅说》的立场吻合。

最后，日比野丈夫认为，只有(A)系列中的画像石的说明文（"题字"）才是墓志的直接起源，(A)系列中的"墓记""封记"应该

（接上页）年，又诏曰：'此石兽碑表，既私褒美，兴长虚伪，伤财害人，莫大于此；一禁断之。其犯者虽会赦令，皆当毁坏。'"又《太平御览》卷五八九《文部·碑》："晋令曰：'诸葬者，皆不得立祠堂、石碑、石表、石兽。'"《晋令》或即泰始四年(268)完成的泰始律令的部分，参见魏鸣：《魏晋薄葬考论》，《南京大学学报（哲学社会科学版）》1986 年第 4 期。

① 水野清一：《墓誌について》，载《书道全集》第 6 卷《中国·南北朝Ⅱ》，平凡社，1958 年；中田勇次郎：《中国の墓誌》，载《中国墓誌精華》，中央公論社，1975 年；日比野丈夫：《墓誌の起源について》，载《江上波夫教授古稀記念論集〈民族·文化篇〉》，山川出版社，1977 年。

独立出来。而(B)系列中的小型碑在东汉就已存在①,并不是西晋才开始出现的,而且虽然其在东汉末年到魏晋很流行,但之后被废弃不用,所以并非墓志的直接起源。

以上便是根据出土资料讨论墓志起源的论文,简单整理他们的观点,水野清一属(A)、(B)两系列,中田勇次郎属(B)系列,日比野丈夫属(A)系列。每种说法恐怕都有合理性。关于这个问题,我将从下一节开始,以(B)系列,即西晋出现的小型碑形墓志("墓志碑")为焦点进行考察。(B)系列只是因立碑之禁而偶然产生,仅仅是东汉的墓碑与北魏的墓志之间的简单过渡而已吗?是否如日比野丈夫所言,与北魏墓志并无直接联系呢?换句话说,西晋小型碑形墓志的出现,没有更积极的要因,在历史上没有发挥出积极作用吗?笔者为了解答这些疑问,首先对西晋墓志进行整理分析,探索其中的共同特征,讨论其揭示的意义,并在此基础上得出笔者自己对西晋墓志的意义,乃至中国墓志的起源及其意义的认识。

第二节　西晋墓志的特征

(1) 三国、西晋的墓志

本节首先整理西晋的每方墓志,在此基础上分析其特

---

① 如《孔君墓碣》永寿元年(155)、《孔谦碣》永兴二年(154)等。关于《孔君墓碣》,叶昌炽《语石》卷四《墓志》云:"惟曲阜孔君碑出于墓中,额止'孔君墓碣'四字,其即如后世之墓志欤?然叙事文颇简质,与他汉碑无异,盖志石不过二三尺,横亦如之,圹中为地甚隘所容止此,故其为文不过略述生平梗概。"不过是否真为墓室中出土,尚有疑问。此外,日比野丈夫认为《孔谦碣》是高52厘米,宽23厘米的小型墓志,推测在墓室中放置的位置也比较随意。参见王昶《金石萃编》卷九汉《孔谦碣》《孔君墓碣》。

征,考察对象不限定于西晋时代(265—316),作为一个完整的时代周期,且考虑到上一节提到的禁止立碑的连贯性,遂将范围扩大到三国到西晋时代(220—316),而且不只限定于(B)系列的墓志,暂将(A)、(B)两系列,即广义的墓志全部纳入考察中,从而反过来凸显(B)系列,即西晋小型碑形墓志的特征。

笔者将"三国、西晋的墓志"相关信息整理为表11-1"(A)系列的墓志"、表11-2"(B)系列的墓志",以及表11-3"系列不明的墓志"。① 采录取舍的标准,上一节开头已经提到,虽是同时期且同为墓主的记录,但本来在地上的墓碑、墓阙等,比如魏《范式墓碑》、吴《谷朗墓碑》、西晋《郛休碑》《孙氏(任城太守羊夫人)碑》《韩寿神道阙》《王君神道阙》等②,以及同为墓室内的刻文但无墓主直接相关记录的镇墓文、买地券、墓砖之类的,比如《杨绍买地券》③等被排除在外。

---

① 原书此处有一长注,详列了表格中每方墓志的文献来源并加入了一些作者的说明(包括表11-4在内),因篇幅过长,且与表格关系密切,为方便读者查考,将其移至正文表11-3之后。——译者
② 因为三国到西晋数次发布禁令,所以树立的墓碑、神道碑数量比东汉减少,现存的有魏《孔羡碑》(黄初元年[220],山东曲阜,拓片为144×81厘米)、《范式墓碑》(青龙三年[235],山东任城,碑阴为门生故吏名字?)、《霍君神道碑》,吴《谷朗墓碑》(凤凰元年[272],湖南耒阳,拓片为115×75厘米,碑侧有题名)、《葛祚碑》,西晋《郛休碑》(泰始六年[270],山东掖县,拓片阳面为209×89厘米,阴面为故吏等立碑相关人员的名字)、《孙氏碑》(任城太守羊夫人,泰始八年[272],山东新泰)、《韩寿神道阙》(洛阳出土,原石藏关林,后移置洛阳博物馆新馆)、《王君神道阙》(太康五年[284],山东安丘)、《赵府君墓阙》等。地域上多出土于今山东省,时期上也多为三国至西晋初,从拓片判断,碑的大小比西晋的碑形墓志要大。例如西晋的墓志大部分高度在1米以下,而地上的墓碑等多在1米以上。
③ 关于买地券,参见本章第一个注释。关于魂瓶,参见长谷川道隆:《吴·晋(西晋)墓出土の神亭壺》,《考古学雑誌》第71卷第3号,1986年;小南一郎:《壺型の宇宙》,《東方学報》(京都)第61册,1989年。

表 11－1 （A）系列的墓志

墓主	性别	本贯郡（国）县	夫及其本贯	出土地省、县（市）	葬年（*为卒年）	墓志形状与大小，高×宽(×厚)，单位 cm *为原石，其余为拓片	墓志的书写格式 题	墓志的书写格式 志（序）	墓志的书写格式 铭	字数 *为阴有字 **为阴侧有字	出土时期与现藏单位
1 张□	男	颍川		河南洛阳	魏？	？	神座			8	
2 鲍寄	男	陈郡		河南洛阳	魏？	长方形 30.5×7.8	神座			11	
3 鲍捐	男	陈郡		河南洛阳	魏？	长方形 34.5×7.8	神座			13	
4 冯恭	男	赵国高邑		河北唐山	太康三年 282	细长 130×10（93×12.4×12）		○		38	北京故宫博物院
5 乐生	男	阳平		河南洛阳	*元康三年 293	方形（"墓记"）12.3×13.4 长方形（"柩铭"）31.2×15.7	柩	○		24	1923 年

续表

墓主	性别	本贯郡（国）县	夫及其本贯	出土地省、县（市）	葬年（*为卒年）	墓志形状与大小，高×宽（×厚）单位cm *为原石，其余为拓片	墓志的书写格式 题	墓志的书写格式 志（序）	墓志的书写格式 铭	字数 *为阴有字 **为阴侧有字	出土时期与现藏单位
6 张普	男	清河		北京	景元元年260	砖形?	墓	○		*? 40	同治初年
7 张盛	男	沛国丰		河南洛阳	魏	砖形?		?		3行，每行5字	
8 张光	?	□阳			泰始元年265	砖形 31×16		○		8	
9 张丰之妻	女		张丰	河南洛阳	太康三年282	砖形?		○		7	1926年
10 蒋□	?			安徽寿县	元康元年291	砖形?	神柩			13	1961年

续表

墓主	性别	本贯郡（国）县	夫及其本贯	出土地省、县（市）	葬年（*为卒年）	墓志形状与大小，高×宽（×厚），单位cm *为原石，其余为拓片	墓志的书写格式 题	墓志的书写格式 志（序）	墓志的书写格式 铭	字数 *为阴有字 **为阴侧有字	出土时期与现藏单位
11 邓元之女	女			河南洛阳	元康七年297	砖形？		？		？	
12 贾荣	？	平阳			西晋	残缺？		？		？	1928年

*1张□,2鲍寄,3鲍捐是神座,4冯恭是"石椁题字",5乐生的方形石叫"塞记",长方形砖叫"板铭",6—12是墓砖。

表11-2 （B）系列的墓志

墓主	性别	本贯郡（国）县	夫及其本贯	出土地省、县（市）	葬年（*为卒年）	墓志形状与大小，高×宽（×厚），单位cm *为原石，其余为拓片	墓志的书写格式 题	墓志的书写格式 志（序）	墓志的书写格式 铭	字数 *为阴有字 **为阴侧有字	出土时期与现藏单位
13 和国仁	男	赵国中丘		河北磁县	太康五年284	方首（椁）50×23	墓			30	

第十一章　西晋墓志的意义

续表

墓主	性别	本贯郡（国）县	夫及其本贯	出土地省、县（市）	葬年（*为卒年）	墓志形状与大小，高×宽（×厚），单位 cm，*为原石，其余为拓片	墓志的书写格式 题	墓志的书写格式 志（序）	墓志的书写格式 铭	字数 *为阴有字 **为阴侧有字	出土时期与现藏单位
14 王文伯	男	乐安寿光		河南洛阳	太康八年287	圭首（穿）残缺 22×17		○		19	1953年河南博物院
15 菅洛	女	代郡?	徐氏	河南洛阳	永平元年291	圆首（晕、龙头）58×24.4	墓碑	○	辞	*244	1930年陕西省博物馆
16 成晃	男	阳平		河南孟津	*元康元年291	圆首（晕、龙头）69.3×28.8	碑	○		172	1925年千唐志斋
17 裴祇	男	河东闻喜		河南洛阳	元康三年293	方首（榫、方趺）43×25×4*		○		93	1936年洛阳古代艺术博物馆
18 荀岳暨妻刘简训	男女	颍川颍阴东莱掖		河南偃师	元康五年295 永安元304	圭首59×41.6	墓	○		**627	1917年偃师商城博物馆

351

续表

墓主	性别	本贯郡(国)县	夫及其本贯	出土地省、县(市)	葬年(*为卒年)	墓志形状与大小，高×宽(×厚)，单位cm，*为原石，其余为拓片	墓志的书写格式 题	墓志的书写格式 志(序)	墓志的书写格式 铭	字数 *为阴有字 **为阴侧有字	出土时期与现藏单位
19 王□君侯	男	天水新阳		河南洛阳	元康六年296	圆首64×21	碑	○	叹?	*182	1936年
20 郭槐	女	太原阳曲	贾充，平阳襄陵	河南洛阳	元康六年296	圭首(方趺)76×31.2	柩	○		171	1930年北京图书馆
21 魏雏	男	?		河南洛阳	元康八年298	圆首45.5×21	柩	○	辞	*152	宣统元年1909
22 徐义	女	城阳东武	徐氏，太原	河南洛阳	元康九年299	圭首(方趺)76×31.2	柩	○		171	1953年河南博物院
23 左棻	女	齐国临淄		河南偃师	永康元年300	方首27.3×14.3		○		*89	1930年陕西省博物院

第十一章　西晋墓志的意义

续表

墓主	性别	本贯郡（国）县	夫及其本贯	出土地省、县（市）	葬年（*为卒年）	墓志形状与大小高×宽（×厚），单位 cm *为原石，其余为拓片	墓志的书写格式			字数 *为阴有字 **为阴侧有字	出土时期与现藏单位
							题	志（序）	铭		
24 张朗	男	沛国相		河南洛阳	永康元年 300	圆首（晕、龙头）53×27	碑	○	辞	*418	1916年大仓集古馆
25 刘宝	?	?		山东邹	永康二年 301	圆首?	?	?	?	?	邹县孟庙
26 张綝	男	南阳白水		?	永嘉元年 307	碑形 38×13.5	碑	○	○?	?	清末，不明
27 华芳	女	平原高唐	王浚 太原晋阳	北京	永嘉元年 307	方首 131×57	铭	○	颂	1630	1965年首都博物馆
28 石尠	男	乐陵厌次		河南洛阳	永嘉二年 308	方首 46×22.5×9.7		○		**481	1919年故宫博物院

353

续表

墓主	性别	本贯郡(国)县	夫及其本贯	出土地省、县(市)	葬年(*为卒年)	墓志形状与大小高×宽(×厚),单位cm *为原石,其余为拓片	墓志的书写格式 题	墓志的书写格式 志(序)	墓志的书写格式 铭	字数 *为阴有字 **为阴侧有字	出土时期与现藏单位
29 石定	男	乐陵厌次		河南洛阳	永嘉二年308	方首 131×57		○	颂	185	1919年故宫博物院
30 刘韬	男	?		河南偃师	?	圭首 58.4×16.4	墓	○		47	乾隆嘉庆间,不明
31 刘氏	女	城阳黔陬	郑舒,荥阳开封	河南偃师	?	圭首? 残缺 35.4×15.3	?	○	?	55	1919年
32(杏园34号墓)	男	?		河南偃师	?	碑形残缺 44×45×11	○?	○	辞	*90	1984年
33 荀桙	?	?		?	?	??	?	?	?	?	

续表

墓主	性别	本贯郡(国)县	夫及其本贯	出土地省、县(市)	葬年(*为卒年)	墓志形状与大小，高×宽(×厚)，单位 cm *为原石，其余为拓片	墓志的书写格式 题	墓志的书写格式 志(序)	墓志的书写格式 铭	字数 *为阴有字 **为阴侧有字	出土时期与现藏单位
(叁)王戎	男	琅邪临沂		河南洛阳	*永兴二年305	碑形？	铭	○	?	数百字	隋代，散佚

表11-3 系列不明的墓志

墓主	性别	本贯郡(国)县	夫及其本贯	出土地省、县(市)	葬年(*为卒年)	墓志形状与大小，高×宽(×厚)，单位 cm *为原石，其余为拓片	墓志的书写格式 题	墓志的书写格式 志(序)	墓志的书写格式 铭	字数 *为阴有字 **为阴侧有字	出土时期与现藏单位
34 鲁铨	男			甘肃武威	太康元年280	方形？28×30		○		36	
35 杜瑗	男	蜀郡成都		四川成都(双流)	太熙元年290	长方形132×67		○		55	1939年成都市博物馆？

续表

墓主	性别	本贯郡(国)县	夫及其本贯	出土地省、县(市)	葬年(*为卒年)	墓志形状与大小，高×宽(×厚)，单位cm *为原石,其余为拓片	墓志的书写格式 题	墓志的书写格式 志(序)	墓志的书写格式 铭	字数 *为阴有字 **为阴侧有字	出土时期与现藏单位
36 徐文□	男	东莱卢卿		？	元康八年298	长方形？68×33				60	
37 土孙松	女	秦国	傅宣，北地泥阳	河南洛阳	永宁二年302	长方形60×36		○		139	1954年洛阳博物馆
38 王□	男			河南洛阳	？	方形11×11,11.3×12.4	表			9,9	1926年故宫博物院

第十一章 西晋墓志的意义

另外,像《房宣墓志》这样可以确定为伪刻的墓志①,和《虔恭

---

① 魏到西晋的墓志或类似墓志的石刻中的伪刻如下书中列举,方若原著,王壮弘增补:《增补校碑随笔》附伪刻(原著带＊＊标志,增补带＊标志);王壮弘、马成名:《六朝墓志检要》(带△标志);马子云:《碑帖鉴定浅说》(带×标志)。魏的有孙二娘等("题名",黄初元年[220]三月,＊＊×)、王五娘等("题名",黄初元年三月,＊＊×)、任达(正书,景初二年[238]十一月,△)、高堂隆(正书,景初二年,△)、管宁("碑"隶书,正始二年[241]十月,＊)、讳填(正书,嘉平元年[249]三月,△)、王绳武(正书,甘露五年[260]□月十六日,＊△)、陈景(陈璟。正书,景元三年[262]九月六日,＊△)、张辅国(楷书,咸熙元年[264]九月二十九日,＊＊△×),西晋的有张永昌("神柩",夫人天水赵氏"造像",原石藏西汉碑林,隶书,泰始四年[268]七月,＊、△疑为伪刻)、房宣("墓版""墓砖",太康三年[282]二月,＊＊×)、王兴(隶书,永熙元年[290],△)、王濬("墓志铭"隶书,永平七年,＊＊△×)、周章("墓记"正书,太康十五年五月,△)、刘遽("墓石题字",元康六年[296]四月七日,＊△)、郭少女("残石"隶书,永嘉二年[308]五月,＊)、李子忠("残志",年月漫漶,＊＊×)、永安侯("墓石""墓刻石"隶书,＊△)、管夫子("碑",以15营洛的形式和书法为样板,×,可能是想伪刻成魏之管宁)、吕猛妻马("墓碣"隶书,＊,△疑为伪刻)。特别是房宣墓志,叶昌炽《语石》(宣统元年[1909])卷一《晋二则》和端方《匋斋藏石记》(宣统元年)卷四《晋》中著录,志文为"晋故使持节都督青徐诸军事征东将军军司,关中侯,房府君之墓。君讳宣,字子宣,和明人也。璜君之子,夫人王氏。太康三年二月六日",明显是以西晋墓志中清乾隆嘉庆年间最早出土的30刘韬墓志志文"晋故使持节都督青徐诸军事征东将军军司,关中侯,刘府君之墓。君讳韬,字泰伯,叔孝处士君之元子也。夫人沛国蔡氏"为样板的(官职相同这一点已为端方《匋斋藏石记》指出),形制和书法等也与同时代的墓志迥异。王濬墓志中的王濬是西晋平吴的功臣之一,《晋书》卷四二有传,关于其死的记载为"太康六年(285)卒,时年八十,谥曰武。葬柏谷山,大营茔域,葬垣周四十五里,面别开一门,松柏茂盛",与"永平七年"("永平"年号为291年且只用了两个月)相矛盾。永安侯墓石,《六朝墓志检要》认为是伪刻,而《中国書道全集》第二卷仍著录。《六朝墓志检要》认为张永昌与马氏(吕猛妻)"疑伪刻",我本人也认为其伪刻的可能性很大〔张永昌与其他同时代的墓志迥异,马氏(吕猛妻)当以西汉《贾武仲妻马姜墓记》为本,志文中的"吕猛妻马"也很奇怪〕,但姑且不排除在外。另外,北京图书馆金石组编《北京图书馆藏中国历代石刻拓本汇编》第二册《三国两晋南北朝Ⅰ》采录的三国魏的拓片中,《何晏砖志》的志文中有"仲达题寄",系诛杀何晏的司马懿(字仲达)制作,而且写字方式,以及"明帝五年"的写法和明帝太和五年(231)与何晏的卒年正始十年(249)相矛盾;《管宁墓志》标题为"大儒管夫子碑",即《增补校碑随笔》《碑帖鉴定浅说》视为伪刻的"管夫子"墓志(不过从15营洛墓志的形式和书法上看不出来);《陈蕴山墓志》的标题为"大魏故陈□墓志",但这个时代的墓志并无称"大魏""墓志"之例,说是"河南人"而出土于河南洛阳,这与后文认为的洛阳出土墓志的墓主皆为外地人这一点相矛盾,且称景元二年的第二年(262,壬午)为"辛巳"年殊不可解,书体为正书这一点也可以看出其为伪刻的可能性甚大。因此,以上皆排除在外。

357

残石》这样可能只是墓志原石一部分而无法确定的残碑、残石①也被排除。

上述三表资料来源（频繁出现的文献用[ ]内的简称表示）：

索引类：

杨殿珣：《石刻题跋索引》（增订本）[索引]，商务印书馆，1957年；

永田英正编：《新出石刻资料一览》[一览]，《書道全集》第26卷《中国・補遺》，平凡社，1967年；

气贺泽保规：《中国新出石刻关系资料目录》(1)(2)(3)(4)(5)(6)[目录]。

以下按时间顺序列举刊布每个墓志的拓片和释文：

刘承幹：《希古楼金石萃编》[希古楼]，吴兴刘氏希古楼刻本，1933年。后收入《石刻史料新编》第1辑第5册，新文丰出版公司，1977年；

郭玉堂访记、王广庆校录：《洛阳出土石刻时地记》[时地记]，大华书报供应社，1941年。气贺泽保规惠赠复印本。另有《人文杂志》1975年第4期程仲皋《介绍〈洛阳出土石刻时地记〉》的记载；

---

① 关于残碑、残志、残石，从《王基残碑》（景元二年[261]卒，河南洛阳出土，拓片为113×93厘米，原石藏洛阳关林）、《张君残碑》（河南出土，拓片为102×45厘米）、《司马芳残碑》（司马芳被比定为司马懿之父马防，但尚存疑问，且立碑时间为北魏。陕西西安出土，原石藏陕西省博物馆碑林）的大小来看，从《袁君残碑》碑阴列举故吏来看，恐与地上所立的墓碑、纪功碑、表彰碑之类。《西乡侯残碑》《当利社残碑》性质如何尚不明确。只有《虔恭残石》（收入北京图书馆金石组编《北京图书馆藏历代石刻拓本汇编》第二册）是墓志的可能性比较大，残石（拓片28×22厘米，隶书）的志文"虔恭徽漠九十""孟化成轲背景启推□""不存贞顺节义贵"，从20郭槐墓志中同样有"虔恭"的语句和其他残存的志文来看，可能是女性的墓志。另外，14王文伯、31刘氏（郑舒夫人）、32杏园34号墓虽然也是残石，但明确为墓志，因此不排除在外。

罗振玉:《墓志征存目录》[征存],收入《贞松老人遗稿甲集》,1942年。后收入《罗雪堂先生全集续编》第3册,大通书局有限公司,1989年;

赵万里:《汉魏南北朝墓志集释》[集释],文物出版社,1956年;

平凡社:新版《书道全集》第3卷《中国三·三国·西晋·十六国》,1959年[书道三]、第26卷《补遗》1967年[书道二十六];①

中田勇次郎编:《中国墓志精华》[精华],中央公论社,1975年;

方若原著、王壮弘增补:《增补校碑随笔》[校碑],增补部分叫(增)。上海书画出版社,1981年。修订版为上海书店,2008年;

王壮弘、马成名:《六朝墓志检要》[检要],上海书画出版社,1985年。修订版为上海书店出版社,2008年;

马子云:《碑帖鉴定浅说》[浅说],紫禁城出版社,1986年。日文版为栗林俊行译:《中国碑帖导览》,二玄社,1988年;②

平凡社刊:《中國書道全集》第二卷《魏晋南北朝》1986年[中国书道];

北京图书馆金石组编:《北京图书馆藏中国历代石刻拓本汇编》第二册《三国晋十六国南朝》[汇编],中州古籍出版社,1989年。本章的墓志拓片照片多采自此书;

---

① 平凡社:新版《書道全集》第3卷《中国三·三国·西晋·十六国》,1959年[书道三]、第26卷《補遺》1967年[书道二十六]。
② 栗林俊行译:《中国碑帖ガイド》,二玄社,1988年。

西林昭一责编、执笔:《视觉书法艺术全集》第四卷《三国—东晋》[书艺术],雄山阁,1991年;①

赵超:《汉魏南北朝墓志汇编》[赵汇编],天津古籍出版社,1992年。

1 张□:检要。

2 鲍寄:索引。时地记、集释、检要、书艺术、赵汇编。罗振玉:《芒洛冢墓遗文》四编补遗(民国中),与下面的3鲍捐是一对。

3 鲍捐:索引。时地记、集释、检要、书艺术、赵汇编。《芒洛冢墓遗文》四编补遗。

4 冯恭:索引。集释、检要、汇编、赵汇编。

5 乐生:索引。时地记、征存、集释、检要、浅说、汇编、赵汇编。由方形的石制"墓记"("元康三年八/月十七日阳/平乐生年七十/物故")和长方形的砖制"柩铭"("阳平乐/生之〔止〕柩")构成。

6 张普:汇编。两种阳文隶书(有界线)的印戳。一种刻"魏景元元年使持节/护乌丸校尉幽州刺/史左将军安乐乡侯/清河张普先君之墓",另一种刻"张使君兄(?)/墓同年造"。与4冯恭、13和国仁类似。

7 张盛:检要。

8 张光:汇编、赵汇编。"泰始元年□阳张光"(旁有三个小字,难以辨识),系杂乱无章的隶书。

---

① 西林昭一责编·执笔:《ヴィジュアル書藝術全集》第四卷《三国——東晋》[书艺术],雄山阁,1991年。

第十一章　西晋墓志的意义

9　张圭妻：时地记、检要。

10　蒋□：检要(作"蒋之")、赵汇编(作"蒋之")。吴兴汉：《寿县东门外发现西汉水井及西晋墓》，《文物》1969年第7期。正书。

11　邓元之女：索引。检要。端方：《匋斋藏石记》卷四。"六月廿三日／邓元女丧／元康七年六月廿三日"。

12　贾荣：时地记、检要。据时地记，为郭玉堂本人花一元钱入手。

13　和国仁：征存、检要、浅说、汇编。与4冯恭类似(书式、制作年、出土地)。

14　王文伯：一览(太康八年残墓志)、目录(1)(2)(5)(西晋纪年残墓志)。浅说、汇编、赵汇编。河南省文化局文物工作队第二队：《洛阳晋墓的发掘》，《考古学报》1957年第1期。志文的复原应该是："大康八年 闰 八 月／乙巳朔岁在 丁 未／晋故中郎 乐 安 寿／光人姓王□□字／文伯年□ 十 □□"。

15　菅洛：索引。时地记、征存、集释、检要、浅说、汇编、赵汇编。陕西省博物馆(李域铮、赵敏生、雷冰编著)：《西安碑林书法艺术(增订本)》，陕西人民美术出版社，1988年。除《西安碑林书法艺术(增订本)》以外"菅"均作"管"。

16　成晃：索引。希古楼、时地记、征存、集释、书道三、检要、浅说、中国书道、汇编、书艺术、赵汇编。河南省文物研究所、河南省洛阳地区文管处编：《千唐志斋藏志》上，文物出版社，1984年。

17　裴祇：目录(2)(5)。精华、浅说、中国书道、书艺术、赵汇编。日比野丈夫等监修:《中华人民共和国河南省碑刻画像石》,共同通信社开发局,1974年;黄明兰:《西晋裴祇和北魏元暐两墓拾零》,《文物》1982年第1期;洛阳古墓博物馆编:《洛阳古墓博物馆》,朝华出版社,1987年(裴祇及其家族之死与八王之乱有关的说法是错误的)。系家族墓的墓志。

18　荀岳暨妻刘简训:索引。希古楼、时地记、征存、集释、书道三、精华、校碑(增)、检要、浅说、汇编、赵汇编。罗振玉:《芒洛冢墓遗文》三编(民国中)、平凡社旧版《书道全集》第四卷(1931年)、关野贞:《中国碑碣形式的变迁》(座右宝刊行会,1935年)①。欧阳辅《集古求真》卷一《小楷上》认为《荀岳墓石》系伪刻(参照同书《补正》卷一《荀岳墓志》)。系夫妇合葬墓的墓志。墓志的正反面是关于元康五年(295)下葬的夫荀岳的记载,右侧面是关于永安元年(304)下葬的夫人刘简训的记载,左侧面是后代。墓志是元康五年制作,永安元年增刻;还是永安元年始作,并不清楚。

19　王□君侯:时地记、汇编。题额中加入墓志的要素(与4冯恭、15和国仁共通)。"瓦制",圆首,"君侯"等称呼与21魏雏类似。

20　郭槐:索引、目录(2)(5)。时地记、征存、集释、书道三、精华、检要、浅说、汇编、赵汇编。

21　魏雏:索引。时地记、征存、集释、检要、浅说、赵汇编。平凡社旧版《书道全集》。浅说"雏"作"邹"。附有石柱,

---

① 关野贞:《支那碑碣形式ノ変遷》,座右宝刊行会,1935年。

上刻"元康八年二月甲戌朔十日/将军魏君之神柩也"。从志文推定魏雏是武官系统的人物。

22 徐义:一览(徐美人墓志)、目录(1)(2)(3)(4)(5)(6)。精华、检要、浅说、中国书道、汇编、书艺术、赵汇编。河南省文化局文物工作队第二队:《洛阳晋墓的发掘》,日比野丈夫等监修:《中华人民共和国河南省碑刻画像石》,陈直:《晋徐美人墓石考释》(《河南文博通讯》1980年第1期)。

23 左棻:索引。时地记、征存、集释、书道三、检要、浅说、汇编、赵汇编。

24 张朗:索引。希古楼、时地记、征存、集释、书道三、校碑(增)、检要、浅说、汇编、书艺术、赵汇编。平凡社刊旧版《书道全集》,关野贞:《中国碑碣形式的变迁》。关东大地震时破碎,后修复。或为夫妇合葬墓。

25 刘宝:目录(5)。刘凤君:《南北朝石刻墓志形制探源》。(补注:罗新、叶炜:《新出魏晋南北朝墓志疏证》,中华书局,2005年)

26 张纂:检要、浅说。

27 华芳:一览、目录(1)(2)(3)(5)(6)、书道二十六、精华、检要、浅说、汇编、书艺术、赵汇编。北京市文物工作队(郭存仁):《北京西郊西晋王浚妻华芳墓清理简报》(《文物》1965年第12期。后收入曹子西、于德源编:《秦汉魏晋十六国时期蓟城资料》,紫禁城出版社,1986年),邵茗生:《晋王浚妻华芳墓志铭释文》(《文物》1966年第2期)。郭伯南:《文物纵横谈》(文物出版社,1990年)记录了与墓志同时出土的"玻璃碗"的情况。

28 石尠:索引。希古楼、时地记、征存、集释、校碑

（增）、检要、浅说、汇编、赵汇编。《芒洛冢墓遗文》四编补遗。与下面的29石定同型且同时出土。石尠与石定父子在永嘉之乱的高潮时，永嘉元年(307)九月七日城陷之际一同被杀，两年后的七月十九日，二人的遗骸被合葬，石定附葬于石尠墓中。

29　石定：索引。希古楼、时地记、征存、集释、精华、校碑(增)、检要、浅说、汇编、赵汇编。《芒洛冢墓遗文》四编补遗、平凡社旧版《書道全集》。

30　刘韬：索引。时地记、征存、集释、书道三、校碑、检要、浅说、汇编、赵汇编。王昶《金石萃编》卷二五等。平凡社旧版《書道全集》。徐自强主编：《北京图书馆藏石刻叙录》（书目文献出版社，1988年）、刘声木《寰宇访碑录校勘记》卷一认为其非"墓志"，而是"神道阙"。

31　刘氏（郑舒夫人）：索引。时地记、征存、集释、检要、浅说、汇编、赵汇编。

32　杏园34号墓：目录(4)（西晋时代墓志碑）。书艺术、中国社会科学院考古研究所河南第二工作队：《河南偃师杏园村的两座魏晋墓》（《考古》1985年第8期）。碑阴像汉碑一样列举了人名。

33　荀炜：浅说。

34　鲁铨：汇编。汇编"铨"作"诠"。系战死者的墓志。勘案志文，可能系伪刻。

35　杜谔：西林昭一监修、考古文物研究友好访中团编《中国书法、史迹、博物馆导览》中的"成都博物馆"部分（雄山阁,1989年)①,高文、高成刚编:《四川历代碑刻》之六朝(四川大学出版社,1990年)。前者题为《杜谡造冢墓石》,后者题为《杜谡冢志》,系冢墓营造相关的记录。前者的拓片只有志文,后者拓片还包括志文上部镌刻的镇墓兽。另据前者,原石藏成都市博物馆,后者云不明。关于出土地点,我直接询问西林,答曰成都市南郊机场,但后者却说是双流县图书馆。以上诸多疑问尚未明确。

36　徐文□:征存、检要、汇编、赵汇编。志文中"其子其□卜□改葬西去旧墓七有一/□国治卌有五西南去□□□"等与改葬相关之处,与18荀岳暨妻刘简训有共通之处。

37　士孙松:一览(孙世兰墓志)、目录(1)(3)(5)(6)。精华、浅说、中国书道、书艺术、赵汇编。河南省文化局文物工作队第二队:《洛阳晋墓的发掘》,陈直:《对〈洛阳晋墓的发掘〉与〈南京近郊六朝墓的清理〉两文的意见》(《考古通讯》1958年第2期),日比野他等监修:《中華人民共和国河南省碑刻画像石》。从志文、书体判断的话,与(B)系列的小型碑形墓志同质。

38　王□:时地记。检要、浅说、汇编。刻文为"晋故虎/牙将军/王君表"二石。从"表"这一点来看,或与十六国时代的很多"墓表"有关,如前秦《梁舒墓表》、后燕《崔遹墓表》、后秦《吕宪墓表》、书道博物馆所藏后凉—西凉《镇军梁府君墓表》等,参见西林昭一:《中国新出土书迹》(二玄社,

---

① 《中国の書・史跡と博物館ガイド》中的"成都博物馆"部分,雄山阁,1989年。

1989 年)。①

比"4 冯恭"更早的汉代石椁题字有《郭季妃石椁题记》《郭仲理石椁题字》。参见王壮弘、马成名:《六朝墓志检要》。

比"5 乐生"更早的汉代墓记有《贾武仲妻马姜墓记》,参见高文:《汉碑集释》(河南大学出版社,1985 年)。王壮弘、马成名《六朝墓志检要》将之记为"墓志"。

墓砖尤其是仅限有墓志要素的刻字砖,具体可见王壮弘、马成名《六朝墓志检要》中所举的墓砖,再加上《北京图书馆藏中国历代石刻拓本汇编》第二册所收的墓砖。

将出土时期可知的西晋墓志整理为表 11-4"西晋墓志出土时期表"。从这张表可总结出以下信息:清代发现的只有 30 刘韬、21 魏雏、26 张纂三方,而且除 30 刘韬之外的两方都是清代末年的,据此可知清代金石学者对西晋墓志几乎一无所知。王昶《金石萃编》(嘉庆十年 1805 刊)中只采录刘韬墓志一方西晋墓志(卷二五),陆增祥《八琼室金石补正》中没有采录西晋墓志。进入民国之后,特别是 1916—1930 年,陆续发现了 24 张朗等十三方墓志。一大原因是民国十年(1921)前后因洛阳铲发明,以邙山陵墓为中心的发掘热兴起。② 顺带一提,截至此时的多数墓志,赵万里《汉魏南北朝墓志集释》中都有收录。此后迎来抗战和国共内战的空白期。不过这期间也有 17 裴祗墓志因盗掘而发现(1936 年)。中华人民共和国成立以后,偶然发现的有六方。

---

① 西林昭一:《中国新出土の书》,二玄社,1989 年。
② 参见马子云著,栗林俊行译:《碑帖鉴定浅说》,第 89—90 页。另参第二节(3)的第五段第一个注释。

第十一章 西晋墓志的意义

表 11-4 西晋墓志出土时期表

时代	年代	墓主
清朝乾隆、嘉庆年间		30 刘韬
宣统元年（1909）		21 魏雏
清末		26 张纂
民国时代	1916 年	24 张朗
	1917 年	18 荀岳暨妻刘简训
	1919 年	28 石尠
	1923 年	29 石定
		31 刘氏（郑舒夫人）
		5 乐生
	1925 年	16 成晃
	1926 年	9 张圭之妻
		38 王□
	1928 年	12 贾荣
民国时代	1930 年	15 菅洛
		20 郭槐
		23 左棻
	1936 年	17 裴祗
共和国时代	1953 年	14 王文伯
	1954 年	22 徐义
	1961 年	37 士孙松
	1965 年	10 蒋□
	1984 年	27 华芳
		32 杏园 34 号墓

(2) 形状特征

(B)系列墓志的第一个明显的共同特征,是原石的形状是碑形,同东汉时代流行的地上墓碑一样,与之相关的是原本立在墓室内这点。① 碑形还可以根据碑首的形状细分为(一)圭首、(二)圆首、(三)方首(或板状)三种。(一)圭首就是碑首尖如圭角,14 王文伯、18 荀岳暨妻刘简训、20 郭槐、22 徐义、30 刘韬等五方都是此类(另据拓本来看,14 王文伯好像有碑穿),31 刘氏(郑舒夫人)的墓志也应该是圭首。(二)圆首是半圆形的,15 菅洛、16 成晃、19 王□君侯、21 魏雏、24 张朗、25 刘宝等六方属于此类,其中15 菅洛、16 成晃、24 张朗这三方刻有晕和龙头的浮雕(另外,19 王□君侯和21 魏雏墓志的材质不是石,分别是瓦和砖)。② 以上的圭首和圆首在之前的汉碑中都已出现。③ 相比之下,(三)方首

---

① 参见关野贞:《支那碑碣形式ノ变遷》。
② 圆首的墓志西晋以后也有几方:东晋的张镇墓志(太宁三年[325],43厘米×29.2厘米,以下省略厘米,有穿,江苏省吴县出土),十六国的梁舒墓表(前秦,建元十二年[376],37×26.5,甘肃省武威县)和吕宪墓表(后秦,弘始二年[400],36.5×30,陕西省西安市,藏台东区立中村不折书道博物馆),北魏的刘贤墓志(承平年间[452—466],103×30×12,辽宁省朝阳县),沮渠封戴墓表(沮渠氏高昌国[北凉]承平十三年[455],43.8×25.2,新疆维吾尔自治区吐鲁番县,与"木表"同时出土),司马金龙墓志(太和八年[484],71×56,山西省大同市附近。墓志立于坟墓前室内,墓表置于墓门上,与夫人姬辰墓志同时出土),封和突墓志铭(正始元年[504],42×33,山西省大同市)。张镇墓志参见名古屋市博物馆、中日新闻社编:《中华人民共和国南京博物院名宝展図录》1989年,西林昭一监修、考古文物研究友好访中团编:《中国の书·史跡と博物馆ガイド》;吕宪墓表参见陆增祥:《八琼室金石补正》卷一〇,其余参西林昭一:《中国新出土の书》。另,关于十六国墓志,可参见张铭心:《十六国时期碑形墓志源流考》,《文史》2008年第2辑;关尾史郎:《"五胡"时代の墓誌とその周辺》,《環日本海研究年报》第16号,2009年。张铭心将其命名为"圆首碑形墓表"。
③ 圭首有郑固碑、鲁峻碑、白石神君碑、鲜于璜碑、张迁碑等,圆首有衡方碑、赵宽碑、樊敏碑等。孔谦碣、孔君墓碣也是圆首。圆首有晕和龙头装饰。参见水野清一:《碑碣の形式》(收入平凡社刊《书道全集》第二卷);黄永年著,气贺泽保规译、补注:《碑帖学》(上),《书论》第25号,1989年;马子云:《碑帖鉴定浅说》及第一节的最后一个注释。

如水野清一所言,是圭首、圆首矮小化的碑。13 和国仁、17 裴祗、23 左棻、27 华芳、28 石尠、29 石定等六方如后文推测,原本立于墓室内,因此也应属于方首墓志。① 虽然无法明确属于以上三种的哪一种,但可以确认为碑形墓志的还有 26 张纂、32 杏园 34 号墓和 33 荀炜三方。碑首的情况不明是因为,26 张纂、33 荀炜的原石、拓片均无法得见,而 32 杏园 34 号墓则是缺了碑首的残志。另外,表 11-3 中系列不明的 34 鲁铨、35 杜谡、36 徐文□、37 士孙松、38 王□等五方仅从拓片来看应该是长方形板状墓志,但无法确定是否属于(三)方首乃至(B)系列的碑形墓志。(B)系列的碑形墓志原本立于墓室内的直接证据是十分明确的出土情况。② 间接证据方面,放置在墓室内的证据是"刊石玄堂"的志文(24 张朗),像地上之碑一样立着的证据是有方跌(台座)(17 裴祗、20 郭

---

① 中田勇次郎编《中国墓誌精华》所见东晋墓志,即谢鲲墓志(太宁元年[323],60×16.5厘米,以下省略厘米,江苏省南京市),王兴之墓志(咸康七年[341],28.5×37.3,背面为妻宋和之墓志,南京市),刘剋墓志(升平元年[357],27×15.5,两面刻字,砖,两方,江苏省镇江市),王闽之墓志(升平二年[358],42.5×19.5,两面刻字,砖,南京市,参见朝日新闻东京本社企画部:《中华人民共和国出土文物展图录》,1973 年),王彬女王丹虎墓志(升平三年[359],48×24.8,砖,南京市)应当也是符合方首的墓志。另,关于东晋南朝的墓志,可参照罗宗真:《略论江苏地区出土六朝墓志》;罗宗真:《南京新出土梁代墓志评述》(《文物》1981 年第 12 期);中村圭尔:《东晋南朝的碑・墓誌について》(《比较史の観点による史料学の総合的研究》,项目主持人:河音熊平,大阪市立大学。后收入中村圭尔:《六朝江南地域史研究》,汲古书院,2006 年)等。中村论文中提到的周阐墓志也是《吴兴金石记》卷二中记载的从古墓中发掘出的古碑,应当与张镇墓志一样,是碑形墓志。另参川合安:《六朝"谢氏家族墓誌"について》,《古代文化》第 54 卷第 2 号,2002 年;同氏:《東晋琅邪王氏墓誌について》,《東北大学東洋史論叢》第 11 辑,2007 年;拙作《晋代の女性と家族の特徴に関する一考察》,京都外国语大学《COSMICA》第 32 号,2003 年。
② 22 徐义、32 杏园 34 号墓,另外,17 裴祗的墓室被洛阳古墓博物馆(后改成洛阳古代艺术博物馆,参见盐泽裕仁:《千年帝都,洛陽——その遺跡と人文・自然環境》,雄山阁,2010 年)复原,墓室内立有墓志的原石或复制品,参见第三节(3)的第二段第二个注释。墓室内放置的墓志碑阳是否朝向棺椁,是须进一步考察才能解决的新问题。

槐、22 徐义)以及有插进方趺的榫(13 和国仁、17 裴祗、32 杏园 34 号墓),另外,阴阳两面刻字(15 菅洛、17 裴祗、19 王□君侯、21 魏雏、22 徐义、23 左棻、24 张朗、26 张纂、32 杏园 34 号墓、33 荀炜),侧面也刻的四面刻字(18 荀岳暨妻刘简训、27 华芳、28 石尠)也是证据,这点特别适用于(三)方首和不明属于(一)至(三)哪一种的碑形墓志。

上述(B)系列墓志的形状及相应特征,与(A)系列墓志的共同区别是:这个时期(B)系列的墓志与东汉及少数三国西晋的墓碑相比,放置的位置同在墓域内(墓志在地下的墓室内,而墓碑在地上),都是碑形且竖立。不过就大小来说,西晋墓志多高 40 厘米到 60 厘米,最大的 27 华芳墓志高 131 厘米(表 11-2),与大多高达两米以上的汉碑①相比,实属小型。将洛阳关林内洛阳古代艺术馆②等地的两者原石(比如同屋的王基墓碑与 22 徐义墓志)进行实际比较的话,会得到明显不同的实感。而与北魏的墓志铭相比的话,两者的安放位置都在地下墓室内这点是共通的,但北魏的墓志铭是平放的方形墓石,上附志盖,两者形状和放置方式不同。

---

① 据高文:《汉碑集释》列举东汉墓碑的高度如下(残碑除外):景君碑 230 厘米(以下省略厘米),武斑碑 330、郑固碑 211,孔宙碑 241,鲜于璜碑 242,武荣碑 239,衡方碑 231,夏承碑 267,孔彪碑 343,鲁峻碑 380,韩仁铭 228,尹宙碑 267,赵宽碑 110,孔褒碑 323。除赵宽碑外,高度均在两米以上。孔谦碑(孔谦碣)高 86、宽 56,与西晋的碑形墓志无异,正如其"碣"的称呼,它应当无法纳入汉碑,特别是同一类东汉墓碑的范畴内,参见第一节最后一个注释。三国西晋的墓碑,如魏的范式残碑拓片为额 50×27、碑 100×67,吴的谷朗碑的拓片为 115×75,西晋的郛休碑拓片碑阳为 209×89、阴 69×90,任城太守羊夫人孙氏碑为额 38×32、碑身 175×89,碑本体高度与汉碑一样超过两米。

② 参见洛阳古代艺术馆(宫大中执笔):《洛阳古代艺术馆介绍》,《中原文物》1982 年第 3 期。

【补注】今石刻已移至洛阳博物馆新馆。

(3) 刻文特征

接着来讨论刻文的具体书写格式、字数、书体的特征。首先来看书写格式,东汉墓碑的书写格式由题(题额、篆额和标题,"碑""墓")、散文的序和韵文的铭("辞""颂""乱")以及大多情况下还有碑阴列举的门生故吏等立碑者姓名构成。这种书写格式基本为北魏墓志铭所继承,以题(刻于盖上)、序、铭为主要结构,①(B)系列的墓志中,15 菅洛、19 王□君侯、21 魏雏、22 徐义、24 张朗、26 张纂、27 华芳等七方,题、序、铭完备;16 成晃、18 荀岳暨妻刘简训、20 郭槐、30 刘韬等四方,缺铭,由题和序构成;14 王文伯、17 裴祇、23 左棻、28 石尠、29 石定、31 刘氏(郑舒夫人)等六方和 34 鲁铨、35 杜谡、36 徐文□、37 士孙松四块,题、铭俱无,仅存序(32 杏园 34 号墓现存部分序和铭,其他的西晋墓志有铭者俱有题,因此 32 杏园 34 号墓可能原本也是有题的)。由此可见(B)系列的小型碑形墓志与东汉墓碑和北魏墓志铭有同样的题、序、铭完备的书写格式,但并未定型。与此相关,题的末尾表示墓志名称的也有"墓碑"(15 菅洛)、"碑"(16 成晃、19 王□君侯、24 张朗、26 张纂)、"墓"(13 和国仁、18 荀岳暨妻刘简训、30 刘韬)、"铭"(22 徐义、27 华芳)、"柩"(20 郭槐、21 魏雏)等多种,与汉碑中已有的"碑""墓""铭"等称呼有共通之处,②此外,铭也

---

① 参见中田勇次郎:《中国墓誌精華》。
② 15 菅洛"晋待诏中郎/将徐君夫人/菅氏之墓碑",16 成晃"晋故处士/成君之碑"(篆书),19 王□君侯"晋故殿中中郎/将右卫伙飞□/□督□□□□/□□□□□□□/□□□梁国□/天水新阳人也/王□君侯之碑"(有碑阴,碑额包含墓志的要素),24 张朗"晋故沛/国相张/君之碑"(字的大小比下文序的字要大),26 张纂"晋张君碑",13 和国仁"晋故太康五年十一/月辛卯朔十九日己西广野将军赵国中/丘和国仁之墓"(只有题,题中含墓志的要素),18 荀岳暨妻刘简训"晋故中书侍郎颖川颖阴荀君之墓"(无额题,志文开头是标题),30 刘韬"晋故使持节都督青徐诸军事征/东将军军司关中侯刘府君之墓"(标题),22 徐义"晋贾皇乳母美人徐氏之(转下页)

有"辞"(15菅洛、21魏雏、24张朗、32杏园34号墓)、"颂"(22徐义、27华芳)、"叹"(19王□君侯)等多种名称,与题名类似,并不固定,其中"辞""颂"等已见于汉碑。① 以上可知,西晋墓志中(B)系列墓志的书写格式并未定型,与东汉墓碑和北魏墓志铭有共通之处,特别是继承了东汉墓碑的书写格式和形状这点(不过西晋墓志中碑阴列举门生故吏姓名的只有32杏园34号墓)。② 另外饶有趣味的一点是,审视西晋墓志的形状和题、铭的名称之间的关系,隐约可见两种组合。一种是有晕和龙头的圆首墓志,题为"墓碑"或"碑",铭为"辞"的组合,即更接近主流汉碑的组合,15

(接上页)铭"(标题。没有换行而是空两格开始序),27华芳"晋使持节侍中都督幽州诸军事领护乌丸校尉幽州刺史骠骑大将军博陵公大原王公故夫人平原/华氏之铭"(标题),20郭槐"夫人宜成宣君郭氏之柩"(标题),21魏雏"晋故/武威/将军/魏君/侯柩"。从有的墓志题"柩"这点来看,并非只是地上的墓碑,可能与墓室内的(A)系列墓志有关。东汉的墓碑,额题大半如"汉故郎中郑君之碑"(郑固碑)、"汉故雁门太守鲜于君碑"(鲜于璜碑)那样以"碑"结尾,如"汉循吏故闻熹长韩仁铭"那样以"铭"结尾的有景君碑、韩仁铭、尹宙碑三例,只有衡方碑"汉故卫尉卿衡府君之墓"以"墓"结尾。另外,书体多为篆书,而武斑碑、张寿碑、衡方碑、鲁峻碑、孔褒碑为隶书(八分)。据高文《汉碑集释》。与之相对,北魏的墓志铭,盖石和志文的开头刻"……墓志铭"的占压倒性多数,接下来"……墓志"也很多,其他另有"墓铭""志铭""铭"等(赵万里:《汉魏南北朝墓志集释》卷二至卷六。北魏墓志铭285块中,"墓志铭"有168块)。

① 15菅洛"其辞曰",21魏雏"其辞曰",24张朗"其辞曰"(以上三方的"其辞曰"在碑阳的序末尾。铭在碑阴),32杏园34号墓"其辞曰"(铭也在碑阳,碑阴列举人名),22徐义"遂作颂曰"(碑阴),27华芳"乃作颂曰"(碑阴。铭覆盖在碑阴到侧面),19王□君侯"叹曰"(在碑阳的开头,以下的志文不是严格的韵文,并非铭)。东汉的墓碑,除韩仁铭有铭外,大多以"其辞曰……"为铭的开端,用"辞"。其他还有"乱"(景君碑,其前文还有"乃作谋曰")、"颂"(鲜于璜碑)、"铭"(鲁峻碑、尹宙碑)。据高文《汉碑集释》。相比之下,如赵万里《汉魏南北朝墓志集释》的研究,北魏墓志铭多为"铭"(89例)、"辞"(73例)、"词"(56例)、"墓志铭"(8例)、"颂"(6例)也有一些。
② 东汉墓碑中题与铭的名称组合的主流是"碑"+"辞",(B)系列的墓志中24张朗的组合沿袭了东汉的主流。另外,东汉墓碑中碑阴列举门生故吏等立碑者姓名的有景君碑(故吏)、武斑碑(故吏?)、孔宙碑(门生、故吏、弟子)、孔彪碑(故吏)、鲁峻碑(故吏、门生)。另,衡方碑虽没有列举立碑者的姓名,但碑文中有"于是海内门生故吏□□□采嘉石,树灵碑,镌茂伐,祕将来"的句子。参照马子云:《碑帖鉴定浅说》。

菅洛、16 成晃、24 张朗都属此类;另一种是圭首或方首的墓志,题为"墓"或"铭",铭为"颂"的组合,18 荀岳暨妻刘简训、20 郭槐、22 徐义、27 华芳均属此种,前者墓主多为历史上无名的人物,相比之下,后者墓主郭槐与徐义分别是惠帝皇后、元康年间(291—299)权势熏天的贾南风的母亲和乳母,荀岳是荀彧所在的颍川荀氏出身的高官,华芳是出身太原王氏、西晋末年河北崛起的军阀王浚的夫人,均为当时的权贵或与之有关的人物。不过两种组合的存在有何意义,我们尚未得知。

接下来讨论字数与书体的关联。题、序、铭完备的墓志中,15 菅洛 224 字、19 王□君侯 182 字、21 魏雏 152 字、22 徐义 1001 字、24 张朗 418 字、27 华芳 1630 字,除字数不详的张纂外,均在 100 字以上,其中尤以 27 华芳字数为西晋墓志之最。缺铭而有题和序的墓志中,16 成晃 172 字、18 荀岳暨妻刘简训 692 字(其中荀岳自己的志文就有 627 字)、20 郭槐 171 字。与题、志、铭完备的墓志一样超过 100 字(30 刘韬的 47 字系因现存拓本只有原本墓志的一部分,故而除外),只有序的墓志中,14 王文伯 19 字、17 裴祇 93 字、23 左棻 89 字、28 石尠 481 字、29 石定 185 字、31 刘氏(郑舒夫人)55 字、34 鲁铨 36 字、35 杜谡 55 字、36 徐文□60 字、37 士孙松 139 字,除去(B)系列中的 28 石尠和 29 石定、系列不明中的 37 士孙松外,均在 100 字以下。此外,(A)系列的墓志以及只有题的 13 和国仁、38 王□均在 50 字以下,与(B)系列中具备题、序、铭或题、序的墓志大多在 100 字以上形成鲜明对比。这种对比分别对应着本章第一节开头提到的墓志的两种定义:(甲)"仅仅记载死者姓名、籍贯、年龄、身份和生卒年月以及埋葬时间地点,或者更简略一些"与(乙)包括"生平事略"和"颂词铭文"。而在字数这一点上,100 字以上的(B)系列,尤其是有题、序、铭或题、序的墓志,与东汉的墓碑和北魏的墓志铭有共通之处。①

最后来看书体(书法),虽然每方墓志刻文书体的巧拙、丰瘦各有特色,但其背后也可以窥见魏晋时代刻石的共同特征。(B)系列墓志中 16 成晃的题额为篆书,除此之外均为有波磔的八分隶书,特别是其中刻画仔细的 15 菅洛、16 成晃、17 裴祗、18 荀岳暨妻刘简训、20 郭槐、22 徐义、23 左棻、24 张朗、27 华芳、28 石尠、29 石定、30 刘韬、31 刘氏(郑舒夫人)、32 杏园 34 号墓等十四方(以及系列不明中的 37 士孙松)更是具备"折刀头"的特征,这是近乎楷书的典型魏晋时代的八分,由此可知这是从东汉墓碑书体的隶书(汉隶、八分)到北魏墓志铭书体的楷书(正书)之间的过渡性书体。② 另外,除这里举出的墓志以外,(A)系列的墓志也都是八分,但与本节所举墓志的书体相比,它们普遍比较杂乱、稚拙。

综上,结合形状、刻文等特征的分析可知,(B)系列的小型碑形类墓志,(1)从整体脉络上来看,扮演了东汉流行的墓碑到北魏基本定型的墓志铭之间的桥梁角色;(2)虽然具备了共同特征,但依然只是过渡性的存在,尚未定型。

从表 11-2 中还可以看到,(B)系列墓志有个非常有趣的独特特征,即时代性、地域性的分布不均。首先来看墓志的制作时

---

① 东汉的墓碑中,景君碑 602 字、郑固碑 409 字、孔宙碑 400 字、鲜于璜碑 827 字、武荣碑 272 字、张寿碑 556 字。不过碑额与罗列门生故吏等立碑有关人员的姓名除外。北魏的墓志铭中,司马悦墓志 661 字、杨颖墓志铭 472 字、杨阿难墓志铭 362 字、杨播墓志铭 1008 字、杨泰墓志铭 398 字、元邵墓志铭 1002 字、崔鸿墓志铭 656 字。据西林昭一:《中国新出土の书》。
② 书体(书法)变迁的对比,参见马子云:《碑帖鉴定浅说》。西林昭一更是把书风称作铭石书体(西林昭一:《中国新出土の书》)。

第十一章 西晋墓志的意义

代,即墓主的葬年(16 成晃的葬年不明,参照其卒年),除去表中 30 刘韬到 33 苟炜等葬年、卒年均不明的墓志外,限定为西晋王朝的晋武帝太康五年(284,13 和国仁)到怀帝永嘉二年(308,28 石尠、29 石定)之间,特别是后半段惠帝时期(永熙元年 290—光熙元年 306)集中了十七方中的 15 菅洛至 25 刘宝等十一方(系列不明的 37 士孙松等也是这个时期的)。再看墓志的出土地,14 王文伯、15 菅洛、17 裴祇、19 王□君侯、20 郭槐、21 魏雏、22 徐义、24 张朗、28 石尠、29 石定等十方(系列不明的 37 士孙松、38 王□两块也是)为河南省洛阳市,18 苟岳•刘简训、23 左棻、30 刘韬、31 刘氏(郑舒夫人)、32 杏园 34 号墓等五方为偃师县(现为偃师市),16 成晃一方为孟津县,除去(B)系列中出土地不明的两方外的十九方中,有十六方出土于今河南省北邙山为中心的相邻各市县内,环绕着"汉魏故城"即当时西晋的首都洛阳,更确切地说,集中出土于洛阳北面东西绵延的北邙山一带和今洛阳市内(即当时洛阳西郊),由此可见其地域究竟是如何分布不均的①(参考图 11-1"洛阳西晋墓志出土地")。我们对比西晋墓葬在全国的分布可以看到,墓志呈现出上述时代和地域的不平衡分布状况,而三国到西晋时代与墓志同样放置在墓室中的墓砖、买地券、随葬品(如镇墓瓶、魂瓶等)却以吴地为中心分布,二者形成鲜

---

① 据马子云:《碑帖鉴定浅说》,"邙山陵墓土地……民国十年(1921)前后,洛阳农民发明洛阳铲,探知地下埋藏物,此事数年流行,邙山陵墓的殉葬物被挖个精光"(栗林俊行译,第 89—90 页),因"洛阳铲"的发明,邙山盗掘成风,西晋墓志遂集中出土于洛阳周边。表 11-4"西晋墓志出土时期表",参见若是、土斌:《洛阳铲》,《文物参考资料》1955 年第 7 期。顺带一提,京都市考古资料馆藏有"洛阳铲"的实物。
【补注】盐泽裕仁:《千年帝都、洛陽——その遺跡と人文•自然環境》,第 91 页。

375

明对比。① 西晋墓志,特别是(B)系列墓志的这种分布不均究竟有何意义呢? 我们下一节来探讨。

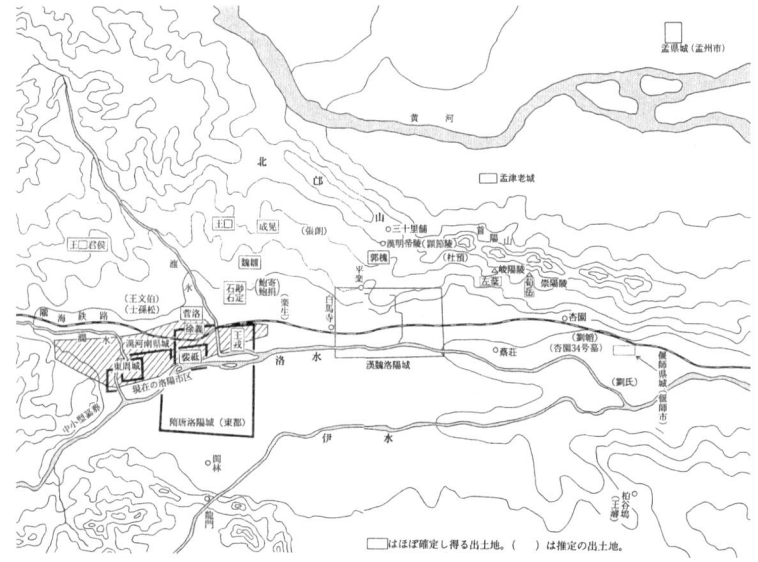

图 11-1　洛阳西晋墓志的出土地图

---

① 关于墓砖,气贺泽保规:《中国新出石刻関係資料目録》(1)至(5)查考十分便利,统计整理其中著录的纪年墓砖,纪年为 220—229 的零,230—239 的一例,240—249 的零,250—259 的二例,260—269 的三例,270—279 的六例,280—289 的十七例,290—299 的二十一例,300—309 的七例,310—316 的十例,可见东汉到东晋一直存在,但三国到西晋时集中于西晋后期 290—316 年之间,与西晋碑形墓志的分布时段重合。相比之下,出土地为江苏省二十五例,浙江省十二例,广东省七例,安徽省五例,江西省、湖南省均为三例,福建省、山东省、云南省、广西壮族自治区均为二例,江西省、湖北省、北京市、陕西省各一例,集中于孙吴即西晋的故吴地区。关于买地券,据富谷至:《黄泉の国の土地売買》的"買地券一覧",近年出土的买地券有九例。将其纪年与出土省列举如下:20 黄武六年(227)湖北省,21 赤乌八年(245)安徽省,23 五凤元年(254)江苏省,24 永安五年(262)湖北省,25 建衡二年(270)江苏省,26 凤凰三年(274)安徽省,27 太康六年(285)江苏省,30 永康元年(300)江苏省,31 永宁二年(302)江苏省,出土时段遍布三国到西晋,但地域却集中于孙吴即西晋的故吴地区,据富谷至所云,东汉以前墓田买卖文书(汉代型地券)集中于华北地区,而相比之下,三国以降护符性镇墓文(三国六朝型地券)则偏集于南方(孙吴等),与(B)系列的西晋小型碑形墓志在地域上形成鲜明对比。其他镇墓瓶、魂瓶等也出土于吴地,参见第二节(1)的第二段第三个注释。

(4) 王戎墓志

上文我们明确了出土史料中魏晋时代的墓志，特别是属于(B)系列的墓志，即西晋小型碑形墓志的几个特征。在本节将要结束时，我想以此为线索探讨文献资料中记载的西晋墓志的真伪，即唐代封演《封氏闻见记》卷六《石志》所载的王戎墓志。其记载如下：

> 东都殖业坊十字街有王戎墓，随代酿家穿旁作窖，得铭曰：晋司徒尚书令安丰侯王君铭。有数百字。

据此可知，竹林七贤之一的王戎（参见本书第八章第一节）的墓志据传隋代出土于洛阳（"东都"）城内（另，郑樵《金石略》卷上《三国晋南朝》云"晋王戎碑，惟存数十字，西京"，可知北宋洛阳〔"西京"〕仍存数十字刻文的残石，此后再无消息，或已散佚）。结合其出土经过，乃酿酒家挖地窖时偶然发现，从这点可以推测，可能是正好挖穿了王戎的坟墓，发现了墓室内的墓志，《金石略》虽称之为碑，但应非地上树立的墓碑，而是(B)系列的碑形墓志。而从"……王君铭"之题和"数百字"的志文这两点来看，王戎墓志对应的出土墓志之例是在100字以上，题、序、铭或题、序这种书写格式的墓志，题的名称"铭"与22徐义、27华芳相同，再结合王戎本人系出身琅邪王氏的贵族这一点来看，王戎墓志很有可能属于(B)系列中的圭首或方首，以"墓"或"铭"为题，以"颂"为铭。另外，关于墓志的制作时期，《晋书》卷四三《王戎传》记载"永兴二年，薨于郏县"，据此推测其制作时间距惠帝永兴二年（305）的卒年应当不远。这点与(B)系列墓志集中于西晋、特别是惠帝时期的倾向重合，而关于出土地点，隋唐东都洛阳位于东汉、曹魏、西晋、北魏京师洛阳（今"汉魏故城"）的西郊，这一点也符合洛阳周边集中出土的特点，尤其是"殖业坊"可以比定为今洛阳市老城区内,与15莒洛(洛阳城北门外后坑村)、17裴祗(周公庙北墙外)、22徐义(洛阳老城北五股路铁路小学院内)的出土地点相近。通过以上的讨论可知,王戎墓志满足西晋特有的碑形墓志的条件,应该是真石。因此,我把王戎墓志放到了表11-2的末尾以供参考,其原石、拓本虽均已不存,但理应加入(B)系列墓志之列,明显是属于此类的西晋墓志。①

第三节　西晋墓志的意义

(1) 左棻墓志

上一节分析了(B)系列的小型碑形墓志("墓志碑")的特征,这里想对西晋王朝突然出现这种墓志的原因进行如下说明。东汉时代因儒风炽盛,厚葬之风兴起,坟墓前随之纷纷立起墓碑、神

---

① 除王戎墓志外,赵明诚:《金石录》卷二〇《晋鸿胪成公重墓刻》(实际墓主为成公重之妻魏夫人)也有可能是西晋墓志。碑云"永宁二年四月辛巳朔十五日乙未守鸿胪关中侯成公重魏夫人之灵柩","永宁二年"(302)系惠帝时期,与37士孙松纪年相同,"灵柩"的写法与"柩"(5乐生、20郭槐、21魏雏)类似,题中下葬的年月日与4冯恭、13和国仁相同。刻字可能只有题。顺带一提,《晋书》中为东郡成公氏立传者有二人(卷六一成公简和卷九二《文苑传》的成公绥),成公重或许也是东郡成公氏的一员。陶宗仪《古刻丛钞》"墓刻、隶",黄本骥《古志英华》卷一著录晋无名氏墓志的一部分志文:"惟晋元康二年,太岁在子,承开造斯,奄窆丙户,□出西左,参师嵓合,宫商是位,龟筮易□,咸□同吾,□爵除殃,邪恶奔走,千禄百福,永施后焉。""元康二年"(292)是惠帝时期,处在16成晃(元康元年)和17裴祗(元康三年)之间,该志文内容与一般西晋墓志的内容大不相同。此外,北宋以来金石相关的文献中,著录了如《晋光禄勋向凯碑》(元康九年[299]四月甲子薨,永康元年[300]十二月葬。赵明诚:《金石录》卷二〇)之类的西晋碑,这种碑也有可能是(B)系列的西晋小型碑形墓志("墓志碑"),但大多无法确认。另外,陈思《宝刻丛编》卷六《河北西路》赵州条云"晋太尉杨骏墓志。在宁晋县北十里,骏,武帝后之父也。寰宇记"(王壮弘、马成名:《六朝墓志检要》也有著录),吴式芬《金石汇目分编》卷三《直隶下》赵州宁晋县条云"……(金石录)云,碑阴所记,凡二百五十三人,晋咸宁中建",晋咸宁年间(275—280)所立,与《晋书》卷四〇《杨骏传》中永平元年(291)的卒年相矛盾。从碑阴立碑者联名这点来考量的话,可能是生前所立表彰碑、颂德碑,或系后世伪刻。

道阙等石刻。然而东汉末年到魏晋时期,对厚葬进行了限制,立碑之禁作为鼓励薄葬的一环而出台,结果本该立于地上的墓碑变成了立于地下墓室内的碑形墓志。① 从外在上来看,因魏晋立碑之禁,墓碑的确大幅减少,代之以碑形墓志出现。但是,仅凭这个无法解释(B)系列碑形墓志的时代性和地域性的不均。碑形墓志并不像之后的北魏墓志铭那样定型化,出土墓志的数量也只有二十多方,而已经发掘的西晋墓葬的墓室内没有墓志的情况占据压倒性多数②,可见墓室内未必一定要立墓志。由此可知,立墓志尚未形成习惯,因此应该结合每方出土墓志的具体情况,来考虑其制作墓志并将之立于墓室内灵柩前的情由,如能发现其共同之处,那应该就是西晋碑形墓志出现的真正原因。基于这一推断,我将以具体的墓志志文,特别是23左棻墓志的志文为中心,从其内容中探索墓志的制作经过,并以之为焦点做进一步讨论。

左棻因其文才被晋武帝召入后宫,并登上贵人之位,《晋书》卷三一《后妃列传上》曾为她立传(本传讳芬,官至贵嫔③)。其兄

---

① 参见第一节及第三段的第二个注释。
② 甚至连西晋墓志集中出土的洛阳西晋墓,例如河南省文化局文物工作队第二队:《洛阳晋墓的发掘》,发掘的五十四座墓中,出土墓志的也仅有一号墓(14 王文伯)、八号墓(22 徐义)、二十二号墓(37 士孙松)三座。
③ 据《晋书》卷三一《后妃列传上·左贵嫔》,泰始八年(272年。《太平御览》卷一四五《皇亲部·嫔》所引《晋起居注》作咸宁二年277)为修仪,其后进位贵嫔,与墓志所记"贵人"之间的关系不明。据本传"姿陋无宠,以才德见礼。体羸多患,常居薄室,帝每游华林,辄回辇过之。言及文义,辞对清华,左右侍听,莫不称美",左棻在后宫的生活情况模糊不清,又云"帝重芬词藻,每有方物异宝,必诏为赋颂,以是屡获恩赐焉",可知她作为宫廷女诗人常应武帝要求作赋、颂、诔。关于左棻的作品,传末云"答兄思诗、书及杂赋颂数十篇,并行于世",此外《隋书》卷三五《经籍志·集》云"梁有……晋武帝左九嫔集四卷……亡",《太平御览》卷一四五《皇亲部·嫔》云"左贵嫔集有《离思赋》相风赋》《孔雀赋》《松柏赋》《泣洄颂》《纳皇后颂》《杨皇后登阼赞》《芍药花颂》《郁金颂》《菊华颂》《神武颂》、四言诗四首、《武元皇后诔》《万年公主诔》",后编为《左九嫔集》(《左贵嫔集》),其中《离思赋》《纳皇后颂》《武元皇后诔》三篇为《晋书》本传采录。左棻作品的佚文见严可均:《全上古三代秦汉三国六朝文》中《全晋文》卷一三《左九嫔》,逯钦立:《先秦汉魏晋南北朝诗》上《晋诗·左芬》,中华书局,1983年。

图 11‑2(1)　23 左棻墓志 阳面　　图 11‑2(2)　23 左棻墓志 阴面

左思为因"洛阳纸贵"故事而闻名、著有《三都赋》的文士①(参见第七章)。据郭玉堂《洛阳出土石刻时地记》,23 左棻墓志(图11‑2)民国十九年(1930)阴历十二月出土于偃师城西十五里蔡庄村(洛阳故城东十里),志石大如普通砖(27.3×14.3厘米),重七斤十二两(约3.9公斤)。方首墓志,阴阳两面刻八分隶89字。

其志文碑阳系墓主左棻本人的记录,具体包括姓、讳、字、本贯、后宫的官位、卒年月日、葬月日和墓葬之地,志文为:

　　左棻,字兰芝,齐国临菑人,/晋武帝贵人也。永康元年/三月十八日薨,四月廿五/日,葬峻阳陵西徼道内。

---

① 《晋书》卷九二《文苑传·左思》:"左思,字太冲,齐国临淄人也。……父雍,起小吏,以能擢授殿中侍御史。……复欲赋三都,会妹芬入宫,移家京师……及赋成,时人未之重……于是豪贵之家竞相传写,洛阳为之纸贵。"

碑阴简要记载了其父左熹与兄左思及其家族的情况。① 志文为：

> 父熹,字彦雍,大原相,弋阳大守。/兄思,字泰冲。/兄子髦,字英髦。/兄女芳,字惠芳。/兄女媛,字纨素。/兄子聪奇,字骠卿,奉贵人祭祠。/嫂翟氏。

该志文中值得注意的有两点：第一,碑阳的"葬峻阳陵西徼道内",即陪葬武帝陵墓峻阳陵；第二,碑阴的"兄子聪奇……奉贵人祭祠",即死者左棻的祭祠由其兄之次子执行。以下分别对这两点进行考察。

（2）"假葬"

左棻陪葬于洛阳东郊晋武帝陵墓峻阳陵的陵园"西徼道内"（环绕陵园道路的西边部分的内侧），后其墓志出土于河南省偃师县（今偃师市）。因左棻墓志的出土,此前详细位置不明的峻阳陵的位置反而得以确定。② 左棻陪葬武帝陵墓,这反映了二人的关系,也即皇帝与后宫女官之间的关系,西汉以来就有对官僚赐予帝陵的陵园内及其周边墓田的制度。③ 除左棻墓志外,西晋墓志的陪葬记录还见于18荀岳暨妻刘简训墓志（图11-3）。其志文

---

① 《晋书·左思传》其父左熹（字彦雍）讹作"雍",参见上注。另,墓志中记载了左思二女,左芳与左媛之名,左思《娇女诗》《玉台新咏》卷二）描写了这二人的生活,因左棻墓志的出现得以确认其实际存在。诗中姐妹的字"其姊字惠芳""小字为纨素",与墓志中姐妹的字一致。
② 蒋若是：《从"荀岳""左棻"两墓志中得到的晋陵线索和其他》,《文物》1961年第10期；中国社会科学院考古研究所洛阳汉魏故城工作队：《西晋帝陵勘察记》,《考古》1984年第12期。参照图11-1及第二节(3)的第五段第一个注释。
③ 参见杨宽著,西嶋定生监译,尾形勇、太田有子译：《中国皇帝陵の起源と変遷》之《歴代の陵寝制度と身分の序列制》,学生社,1981年。

云:"先祖世安措于颖川颖阴县之北。其年七月十二日,大雨过常,旧墓下湿,崩坏者多。圣诏嘉悼,愍其贫约,特赐墓田一顷,钱十五万,以供葬事。是以别安措于河南洛阳县之东,陪附晋文帝陵道之右。其年十月戊午朔廿二日庚辰葬。"据此,其本贯为颖川郡颖阴县,乡里代代先祖埋葬的"旧墓"多因大雨崩坏,惠帝赐予文帝(司马昭)陵墓(崇阳陵)的陵道旁墓田以为陪葬,志文后段更是直接刻上了诏书的原文。① 西晋时期赐墓田(葬地)的例子在《晋书》中还可见到以下三例。卷三四《羊祜传》:"从弟琇等述祜素志,求葬于先人墓次。帝不许,赐去城十里外近陵葬地一顷。"卷四〇《贾充传》:"太康三年四月薨,时年四十六。帝为之恸……给茔田一顷。"卷五七《滕修传》:"太康九年卒,请葬京师,帝嘉其意,赐墓田一顷。"虽然有符合墓主遗志(滕修)与不符合墓主遗志(羊祜)之别,但皇帝总会时不时地赐予亡故的功臣一顷"墓田"("葬地""茔田")。而赐予的墓田均在帝陵近旁(18 荀岳暨妻刘简训、羊祜),或至少也是京师洛阳近郊(滕修。从附葬贾充的后妻郭槐墓志"洛阳老城东北平乐村北地"的出土地点可知,贾充的墓田也在洛阳近郊),由此可知,即使不像左棻那样在帝陵陵园内的陪葬,也应该视作广义的"陪葬"。此外,没有赐予墓田而自愿

---

① 后面的志文为:"写诏书如左:诏。中书侍郎荀岳,体量弘简,思识通济,不幸丧亡,甚悼愍之。其赐钱十万以供丧事。诏。故中书侍郎荀岳,忠正简诚,秉心不苟,早丧才志,既愍惜之。闻其家居贫约,丧葬无资,修素至此,又可嘉悼也。旧墓遇水,欲于此下权葬。其赐葬地一顷,钱十五万,以供葬事。皇帝闻中书侍郎荀岳卒,遣谒者戴璿吊。皇帝遣谒者戴璿,以少牢祭具,祠故中书侍郎荀岳。尚飨!"诏书中将"墓田"写作"葬地"。
【补注】参见福原启郎:《西晋荀岳墓誌の檢討》,《京都外国語大学研究論叢》第 75 号,2010 年。

在洛阳近郊营建坟墓的例子还有《晋书》中的杜预和王濬。①

图11-3 18 荀岳暨妻刘简训墓志

洛阳北面是东西绵延的北邙山，其中有座特别高的首阳山，山脚下营建着西晋王朝历代的帝陵，以此帝陵群为中心，广泛分布着"陪葬"臣子的坟墓，②其中一部分坟墓的墓室内立着小型碑

---

① 杜预的情况见《晋书》卷三四本传所载"遗令"："吾去春入朝，因郭氏丧亡，缘陪陵旧义，自表营洛阳城东首阳之南为将来兆域。而所得地中有小山，上无旧冢。其高显虽未足比邢山，然东奉二陵，西瞻宫阙，南观伊洛，北望夷叔，旷然远览，情之所安也。"杜预生前因"陪陵旧义"，定下南北在洛水、伊水与北邙山中的首阳山之间，东西在帝陵、可能是宣帝司马懿的峻平陵与文帝司马昭的崇阳陵与洛阳城之间（今偃师县）的"兆域"。王濬的情况见《晋书》卷四二本传："太康六年卒，时年八十，谥曰武。葬柏谷山，大营茔域，葬垣周四十五里，面别开一门，松柏茂盛"，在洛水南的柏谷山营建了巨大的"茔域"。参见图11-1。
② 河南省文化局文物工作队第二队：《洛阳晋墓的发掘》一文云："西晋王朝在洛阳定都有五十二年（公元265—316年，其中愍帝四年在长安），在它故都的周围，自应埋有当时各个社会阶层的墓葬。今天发掘的只是属于城西的一部，城东过去也有晋墓出土，而且晋朝帝陵很可能也是在东区。根据近年发掘的结果，西区的晋墓多沿着邙山的南坡，南到洛河北岸为止，再南还没有晋墓出现。涧西发掘的多属中小型墓葬，可能属于当时一般的官吏的世族。"据此可知，不仅城东帝陵附近，城西的北邙山南麓到洛河之间也有西晋墓，而涧河以西的地区中小坟墓也为数不少。另外，关于涧西的坟墓，曹魏时代"（黄初三年222）冬十月甲子，表首阳山东为寿陵，作终制曰……其皇后及贵人以下，不随王之国者，有终没皆葬涧西，前又以表 （转下页）

形墓志。由是西晋墓志的特征之一就是从洛阳近郊集中出土。那么,为何"陪葬"时就一定要墓志呢?其答案的线索藏在《晋书》卷三三《王祥传》的记载中。"祥有五子:肇、夏、馥、烈、芬。……烈、芬并幼知名,为祥所爱。二子亦同时而亡。将死,烈欲还葬旧土,芬欲留葬京邑。祥流涕曰:'不忘故乡,仁也;不恋本土,达也。惟仁与达,吾二子有焉。'"某日王祥的二子王烈、王芬同时离世,将死之时,一子王烈欲归葬"旧土"("本土""故乡"),即乡里;而与之相反,另一子王芬欲葬"京邑",即京师洛阳。① 这桩逸闻中值得注意的是,离开本贯琅邪郡临沂县的乡里、居住在洛阳的王祥及其家族,在营建坟墓时有乡里和京师两个可能的选择:本贯所在的乡里地方,有琅邪王氏历代先祖的坟墓;现住地京师则系东汉、曹魏、西晋等定都洛阳的王朝营建帝陵之地。18 荀岳暨妻刘简训(图 11-3,参见拙作《西晋荀岳墓誌の検討》)原本在乡里(颍川郡颍阴县)有"旧墓",荀岳死后本欲葬于此,但"旧墓"却因大雨崩坏,于是皇帝在崇阳陵陵道近旁,也是广义上的京师洛阳赐给墓田,荀岳遂葬于此,后来夫人刘简训也附葬墓中,这里于是成为夫妇合葬墓。再来看羊祜,羊祜本人生前欲葬"先人墓次",可能是乡里泰山郡南城县(今山东省费县西)有历代先祖的坟墓,但是武帝并未允许,而是赐予峻阳陵附近的墓田。② 由此可见,当

(接上页)其处矣"(《三国志》卷二《魏书·文帝纪》)。

① 王祥的卒年为泰始四年(268)。《晋书》卷三《武帝纪》、《三国志》卷一八《魏书·吕虔传》注引王隐《晋书》。《晋书》卷三三《王祥传》作泰始五年),享年八十九岁("遗令"为八十五岁时所作),因此二子去世的时间可能是曹魏时期。顺带一提,从王祥的"遗令"(《晋书》本传)中"西芒上土自坚贞,勿用甓石,勿起坟墓"一节来看,王祥本人也应该葬在了洛阳北邙山。

② 《晋书》卷三四《羊祜传》云:"羊祜,字叔子,泰山南城人也。世吏二千石,至祜九世,并以清德闻。……祜,蔡邕外孙,景献皇后(司马师夫人羊徽瑜)同产弟。"咸宁四年(278)去世(《晋书》卷三《武帝纪》)。

时的贵族,特别是与皇帝关系紧密的权贵、功臣,在营建坟墓的时候都会受到来自乡里(即先祖)与京师(即皇帝)两个方向的作用力,这反映了当时贵族存在的两面性——即地方名望与中央官僚。而改葬京师洛阳的有些人会制作墓志。其他的西晋墓志志文中并没有明确记载埋葬相关的情形,但包括(A)系列、系列不明在内的出土于洛阳的墓志,墓主皆非洛阳本地人(参照第二节表11-1至11-3),这可能暗示墓主也是因为某些理由,才未葬乡里原本的坟墓而葬于京师。

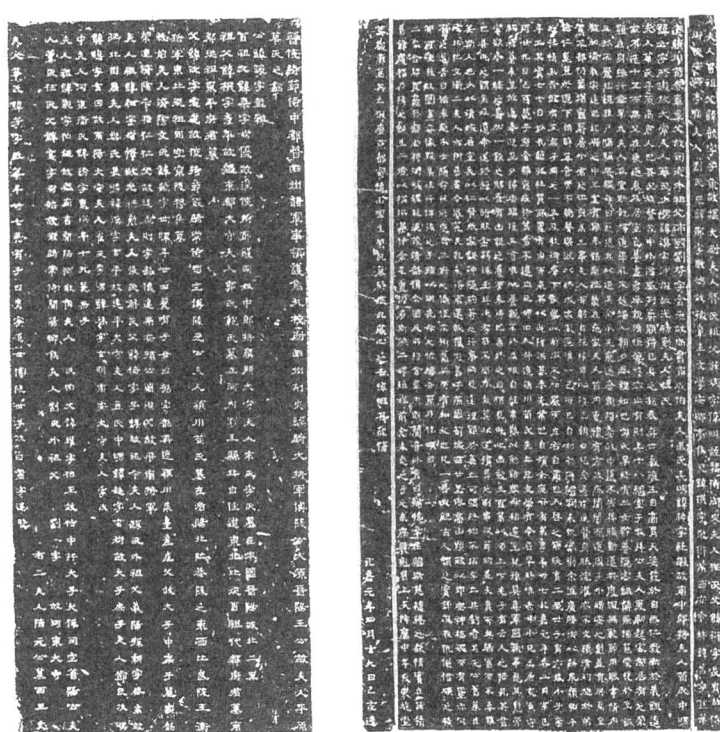

图11-4(1)　27华芳墓志阳面　图11-4(2)　27华芳墓志阴面与两侧

洛阳近郊以外出土的墓志数量较少,接下来以27华芳墓志

(图11-4)为例来具体考察其埋葬相关的情况。华芳墓志1965年出土于北京市革命公墓八宝山西侧。华芳为出身太原王氏的王浚的夫人,王浚是在西晋末永嘉之乱时以使持节、侍中、都督幽州诸军事、领护乌丸校尉、幽州刺史、骠骑大将军、博陵公的官爵出镇幽州的河北军阀。① 据志文,永嘉元年(307)二月,华芳可能是死在其夫王浚驻扎的燕国蓟县之地(今北京市附近),同年四月由王浚亲手埋葬,与其坟墓相关的志文云:"先公旧墓在洛阳北邙,文、卫二夫人亦附葬焉。今岁荒民饥,未得南还,辄权假葬于燕国蓟城西廿里,依高山显敞,以即安神柩,魂而有灵,亦何不之。"②可知其本应葬于洛阳北邙山太原王氏兆域,那里埋葬着亡父王沈("先公")和文、卫二位先夫人,但因战乱和饥馑,暂时假葬在王浚驻扎的蓟城近郊山丘,以期将来归葬北邙山"旧墓"。从表面上看,葬于洛阳一般是指上文提到的陪葬帝陵,与归葬本贯地的志向是相反的。顺带一提,王浚之前的太原王氏墓地均见于志文记载,现整理如下:③

---

① 官爵从华芳墓志的标题。关于王浚可参见《晋书》卷三九《王沈传附王浚传》,守屋美都雄:《六朝門閥の一研究——太原王氏系譜考》第三章,日本出版协同,东洋大学学术丛书,1951年。永嘉元年(307)华芳死后,王浚又领冀州,建兴二年(314)被石勒捕杀。
② 铭("颂")云:"假瘗燕都,寄情山冈。"
③ "曾祖父讳柔,字叔优,故汉使持节、护匈奴中郎将、雁门太守。夫人宋氏、李氏。墓在本国晋阳城北二里。祖父讳机,字产平,故魏东郡大守。夫人郭氏、鲍氏。墓在河内野王县北,白径道东北,比从曾祖代郡府君(王泽)墓南,邻从祖东平府君墓。父讳沈,字处道,故使持节、散骑常侍、司空、博陵元公。夫人颍川荀氏。墓在洛阳北,陪恭陵之东,西比武陵王、卫将军,东比从祖司空、京陵穆侯(王昶)墓。浚前夫人济阴文氏,讳粲,字世晖,年十四薨。有子女……中夫人河东卫氏,讳琇,字惠瑛,年十九薨。无子。……右二夫人陪元公墓西三丈。"见表11-5"太原王氏世系简图"(参见守屋美都雄:《六朝門閥の一研究——太原王氏系譜考》;矢野主税:《改訂魏晋百官世系表》,长崎大学史学会,1971年)。王浚系妾赵氏之子,王沈死后,因夫人荀氏无子,"亲戚"遂定王浚为后嗣(《晋书》本传)。

曾祖父(王柔)——太原晋阳(今山西省太原市)

祖父(王机)——河内野王(今河南省沁阳县)

父(王沈)——河南洛阳

夫人(华芳)——燕国蓟县

表11-5 太原王氏世系简表

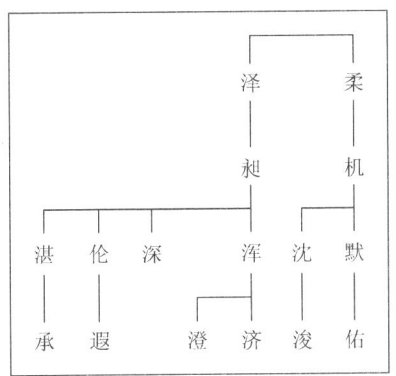

这正好适用于前面所说的乡里与京师的关系,到曾祖父王柔这代为止,均在本贯之地乡里太原郡晋阳县营建坟墓(祖父王机、从曾祖王泽之墓在河内郡),父亲王沈这代迁往洛阳北邙山。①因此华芳本该归葬的地方不是本贯太原而是京师洛阳。与华芳情况相同的还有东晋谢鲲。其墓志(图11-5)志文云:"晋故豫章内史陈国阳夏谢鲲,幼舆。以泰宁元年十一月廿八日,假葬建康县石子冈,在阳大家墓东北四丈。……旧墓在荥阳。"谢鲲"假葬"东晋首都建康,志文末尾记下了"旧墓"之地,如下所示:

---

① 据《晋书·王沈传》"泰始二年薨。帝素服举哀,赐秘器朝服一具、衣一袭、钱三十万、布百匹、葬田一顷,谥曰元"可知,武帝赐予"葬田"。此"葬田"陪"恭陵"(东汉安帝的陵墓)之东,其东西分别与王昶和武陵王(宗室司马澹)的坟墓相邻,参见上条注。顺带一提,关于"恭陵",《东汉会要》卷七《礼·凶礼·帝陵》安帝恭陵条云:"《帝王世纪》曰:高十二丈,在雒阳西北,去雒阳十五里。"

本贯——陈国阳夏(今河南省太康县)

"旧墓"——荥阳(荥阳)(今河南省荥阳县)

"假葬"——(丹杨)建康(今江苏省南京市)

西晋灭亡,东晋建立,许多汉族士人从中原南渡,其中之一谢鲲的"旧墓"在当时被五胡政权占领的荥阳郡内(并非本贯陈郡),他期待中原恢复之际归葬于兹。① 华芳与谢鲲两方墓志的共同点是,都有归葬先人所葬的"旧墓"的志向,而这个"旧墓"并不在本贯而在第二故乡,因此在墓志志文中记下假葬现住地。关于归葬"旧墓"的志向与"假葬"现住地,上文洛阳出土的墓志中亦曾见到,即西晋墓志均完全符合这种情况。此时,墓志具体记载墓主的姓、名、字、本贯等信息,其作用是证明墓主的存在。这种习惯可以上溯到陕西省临潼县秦始皇陵西发现的秦刑徒瓦和河南省汉魏洛阳故城南郊发现的东汉刑徒砖,②而东汉以来所见葬于战地的墓主

图 11-5 谢鲲墓志

---

① 参见中田勇次郎编《中国墓誌精華》的释文与解题之8谢鲲墓志(大庭脩执笔)。谢鲲,《晋书》卷四九有传。
② 富谷至:《ふたつの刑徒墓——秦～後漢刑徒と刑期》,收入川胜义雄、砺波护编:《中国贵族制社会的研究》,京都大学人文科学研究所1987年;船越信:《秦漢の瓦塼文刑徒墓誌》,《古代文化》第43卷第9号,1991年。富谷至认为,东汉洛阳出土的刑徒砖志文上的地名,不是刑徒的本贯地,而是移送以前收容的监狱所在地。刑徒离开故乡埋葬他乡这点与西晋墓志相同。

墓志(西晋墓志中的 34 鲁铨即属此类,十六国时代也有一些①),再往后到包括刚才提到的谢鲲在内的东晋南渡士人墓志,②最后到随着北魏孝文帝迁都洛阳而出现的墓志铭,③在广义的假葬中,都发挥着证明存在的作用。

综上所述,总结西晋墓志的制作条件,在远离埋葬先人的"旧墓"之地"假葬"时,大部分是离开本贯所在地的"旧墓","假葬"于京师洛阳,换句话说,就是广义上的"陪葬"帝陵。因此西晋墓志的志文中记载的墓主本贯(夫人则为其夫的本贯)和墓葬所在地(即墓志的出土地),除 35 杜谡外,皆非同一地点,而且墓葬所在地(墓志出土地)大部分都是洛阳周边。再回到左棻墓志,左棻奉武帝之命从本贯所在的乡里齐国临淄县(今山东省淄博市)入洛,出仕后宫,死后陪葬洛阳东郊武帝峻阳陵,因此墓志在简单记录了左棻本贯、出身的同时,还特别记录了陪葬的情形。

(3)"家"

接下来考察左棻墓志碑阴志文中"兄子聪奇……奉贵人祭祠"这部分的相关内容。从刻石上可以明确知晓,左棻死后,执行祭祠的是其兄左思的次子,左思大约在左棻死后八年去世,墓志可能是左思本人制作的,因而约定永远祭祀妹妹左棻的灵魂。左棻出仕后宫,一生独身,无夫无子,这就意味着她与这个世界的牵绊很少,安抚左棻灵魂的想法便凝缩成了"兄子聪奇,字骠卿,奉贵人祭祠"一句话。另外,左思对妹妹左棻的思念,早在左棻生前

---

① 参见第二节(2)的第一段第二个注释。
② 参见第二节(2)的第一段第四个注释。
③ 参见中田勇次郎:《中国の墓誌》。

进入后宫后就通过《悼离赠妹诗》二首表现了出来,①左棻也回以《答兄思诗书》(《晋书》本传)。与左棻墓志中祭祠类似的要素还出现在15营洛、16成晃、28石尠三方墓志(图11-6)中,分别是由"大女聟"(长女之夫)、"大女聟河间东乡训"、"庶子恭"制作并刻写墓志的。营洛和成晃没有儿子,所以由其长女之夫主持葬仪,制作墓志;石尠则是因嫡子石定与其一起战死,所以由庶子石恭承担此任务(29石定墓志见图11-6)②。也就是说,正因为没有本应执行祭祠的嫡子,改由长女之夫或庶子代行,这才制作墓志并明确将其记录下来。左棻是因无子而由兄之次子执行,这点虽与子或女婿不同,但共同点是都缺少本应执死者丧葬祭祀之礼的嫡子。另外,22徐义墓志(图11-7)云:"子孙攀慕断绝,永无瞻奉,呜呼哀哉,遂作颂曰……"这里追思的主体虽是徐义之子徐烈等人③,但根

---

① 收入《先秦汉魏晋南北朝诗》上册《晋诗·左思》,兹引其部分如下:"惟我惟妹,寔惟同生。早丧先妣,恩百常情。女子有行,实远父兄。骨肉之思,固有归宁。何悟离拆,隔以天庭。自我不见,于今二龄。岂唯二龄,相见未克。虽同京宇,殊邈异国。越鸟巢南,胡马仰北。自然之恋,禽兽罔革。仰瞻参商,沉忧内塞。何以抒怀,告情翰墨。""以兰之芳,以膏之明。永去骨肉,内充紫庭。至情至念,惟父惟兄。悲其生离,泣下交颈。""既乖既离,驰情仿髴。何寝不梦,何行不想。静言永念,形留神往。优思成疢,结在精爽。"同住洛阳,但左棻入宫以后,兄妹"生离",左思在诗中吐露了对妹妹的思念之情。
② 15营洛"附葬于洛之西南。大女聟尝不胜感慕(慕)网(罔)极之哀,财(才)立篆碑,略纪遗烈",16成晃"宗亲外内,赏属大小,及其畴类,远近知识者,莫不悲愕肝情凌碎者也。故铭勒名字、立身、修行,以表之灵祇",另起一行作"大女夫河间东乡训,深惟成君德行纯厚,情性款密,善和远近,愿其命齐南山,极子堂养。如何昊天,未老彫丧。路人行夫,尚有哀伤,况训亲属,岂不惆怅,碑以叙之,呜呼哀哉"。据28石尠墓志,永嘉元年(307)九月,防卫乡里乐陵郡的石尠在城陷之际被"逆贼"汲桑杀害,"天子嗟悼,遣使者孔汰、邢霸护丧。……祔葬于皇考(石鉴)墓侧神道之右。大子定、小子迈致命所在。庶子恭嗣,刊石纪终,俾示来世",又29石定墓志亦可与此志文对应,同日战死的石定"祔葬于侯墓之右次,刊石纪终,俾示来世"。
③ 22徐义墓志的志文云:"太康三年五月廿四日,武皇帝发诏,拜为中士(才)人息烈""司徒署军谋掾""元康五年二月,皇帝陛下,中诏,以美人息烈,为太子千人督",志中记载了其"息烈"。不过志云"美人讳义,城阳东武人也。……昔以乡里荒乱,父母兄弟,终亡遂流离,进窜司川(州)河内之土,娉处太原人徐氏为妇",可知她原本是否姓"徐"尚存疑问。

据"皇后追念号咷,不自堪胜"来看,惠帝皇后贾南风对亡乳母徐义的追思之情,才是制作如此精美的墓志并营造坟墓的实际原动力①。贾南风思念幼时乳母徐义,她被立为皇后之后,遂将徐义召入后宫,封为美人,"见会处上,待礼若宾。有论道,非美人不闻。寝食,非美(人)匪卧匪食。游观,非美人匪涉不行。技乐嘉音,非美人匪睹不看。润洽之至,若父若亲",一直一起生活。贾后予以徐义全方位信赖,徐义卧病在床时,贾后还诚恳探视。贾南风与徐义之间的亲密感情应该可以视作一种模拟的亲子关

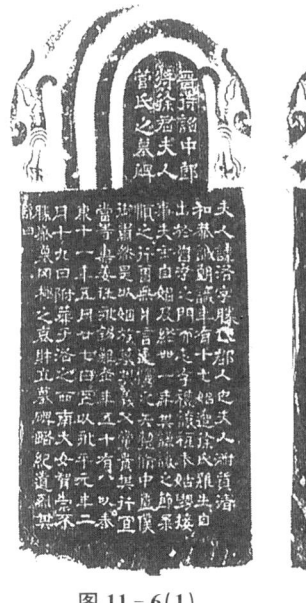
图 11-6(1)
15 菅洛墓志阳面

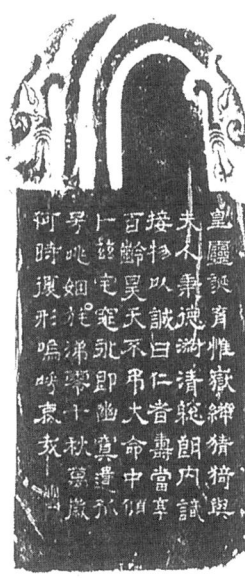
图 11-6(2)
15 菅洛墓志阴面

图 11-6(3)
16 成晃墓志

---

① 关于徐义坟墓的详细情况请参见河南省文化局文物工作队第二队:《洛阳晋墓的发掘》。贾南风本传见《晋书》卷三一《后妃传上·惠贾皇后》。贾南风乃西晋权臣贾充与20郭槐之女,一度代替愚钝的惠帝专权。参见小池直子:《賈南風婚姻》,《名古屋大学東洋史研究報告》第 27 号,2003 年。

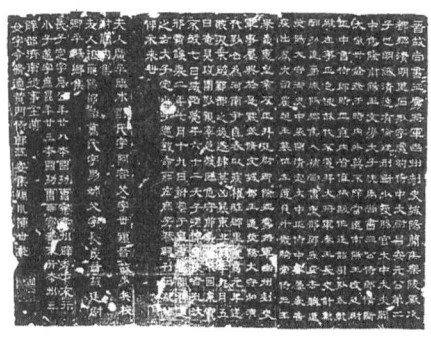 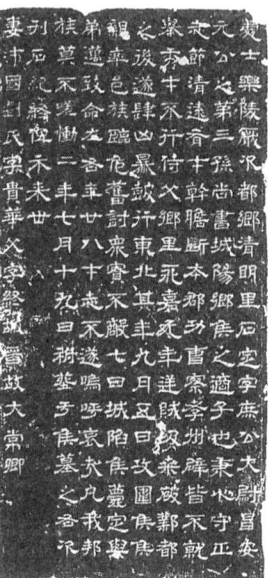

图 11-6(4)　28 石尠墓志　　　图 11-6(5)　29 石定墓志

图 11-7(1)　22 徐义墓志阳面　　图 11-7(2)　22 徐义墓志阴面

系,这就是徐义墓志刻画的图景。上述西晋墓志的共同点,总结起来就是墓主所在家族的生者对死者的牵绊,特别是因缺少某些正常牵绊而出现的特殊牵绊。

接着来看同样是家族的牵绊,但不是生者与死者之间的牵绊,而是死者与死者间的家族牵绊,即合葬或附葬的相关记载。例如18荀岳暨妻刘简训墓志的阴阳两面和右侧面分别记载了荀岳和夫人刘简训(左侧面为后代)的情况。刘简训志文末尾部分刻"四月十八日乙酉附葬"。荀岳于元康五年(295)七月去世,同年十月下葬,九年后的永安元年(304)三月其夫人刘简训去世,同年四月"附葬"于荀岳坟墓的墓室内,也就是说荀岳、刘简训夫妇合葬于此。① 读17裴祇墓志(图11-8)可知,与裴祇一起附葬的有太夫人(母)伏氏、夫人马氏和女儿惠庄三位女性,志文本身只简洁地记载了裴祇本人的官名、字、本贯、享年和其他三人的出身,以及墓室内灵柩的位置,但却表达了生者对裴祇这一家人亲密安居在家族合葬墓的愿望。② 20郭槐墓志(图11-8)云"附葬于皇夫之兆",与"皇夫"贾充未合葬于同一墓室,而是附葬于同"兆"(兆域、墓域)。可以明确这方墓志是按当时惠帝

---

① 碑阳云:"君以元康五年七月乙丑朔(为己丑朔之误,见赵万里《汉魏南北朝墓志集释》的考证,下同)八日丙申,岁在乙卯,疾病卒。……其年七月十二日,大雨过常,旧墓下湿,崩坏者多。……其年十月戊午朔廿二日庚辰(廿三日庚辰),葬。"碑右侧云:"夫人刘氏,年五十四,字简训。永安元年,岁在甲子,三月十六日癸丑,卒于司徒府。乙卯,殡。其年多故,四月十八日乙酉,附葬。"参见福原启郎:《西晋荀岳墓誌の検討》。
本注及正文中均认为碑左侧面记载的是刘简训,右侧面记载后代,误。右侧为刘简训,左侧为后代,据改。——译者
② 裴祇的砖制墓室被洛阳古墓博物馆复原,墓志立于太夫人灵柩所在的后室("西第"),右侧室("北第")安放裴祇夫妇的灵柩,侧室右边的耳室(只有"北第东入"不是砖室,泥土暴露)安放女儿的灵柩。墓志碑阴云:"大夫人枢止西第。/府君枢止北第西面。/夫人枢止北第东面。/女惠庄枢止北第东入。"写明了墓室内灵柩的位置。

的皇后贾南风的意思制作的,其背景是,贾充的前夫人之女、齐王攸之妃贾褒(荃)与后夫人郭槐之女贾南风二人,都想让自己的母亲与贾充合葬的争执。① 20 张朗墓志②云"昊天不吊,夺我考妣""合葬斯宇",由此可知它也是夫妇合葬墓的墓志。③

其中让人印象最为深刻的,是从形状上看系列不明的 37 士孙松墓志(图 11-8)。志文首先记载了士孙松作为妻子的贤良

---

① 贾充的前夫人为李丰之女(《世说新语·贤媛》注引《妇人集》云讳"婉",《隋书·经籍志·集》作"扶"),因曹魏嘉平六年(254)司马氏诛杀时为中书令的父亲李丰而受到连坐,流放乐浪郡,其后贾充改娶郭配之女郭槐。不过泰始元年(265),晋武帝即位后大赦,李氏被准许回洛阳,武帝特听贾充立左右夫人,即设置两位正妻,因而导致两夫人关系紧张,特别是郭槐嫉妒不已。结果暂时以李氏退让,不与贾充同居,住在别宅而收场。两位夫人在史书中的形象大不相同,李氏是著《女训》的贤夫人,而郭槐则被描绘成嫉妒心极强的女性,郭槐有次造访李氏的别宅时,不自觉地下跪行礼,从这段逸闻可以看出史书对李氏的赞扬。太康三年(282)贾充死后,两人的关系延续到李氏之女贾褒(武帝之弟齐王攸之妃)、贾裕与郭槐之女贾南风(惠帝皇后)的异母姐妹之间,她们都想让自己的母亲与贾充合葬,多年争执不下,这场争端以永康三年(300)贾皇后被废,李氏附葬而告终(《晋书》卷四〇《贾充传》,《世说新语·贤媛》)收录与此事有关的两条逸闻,兹引其中一条如下:"贾充妻李氏作《女训》,行于世。李氏女齐献王妃,郭氏女惠帝后。充卒,李、郭女各欲令其母合葬,经年不决。贾后废,李氏乃祔葬,遂定。"在确认了贾充两夫人之女围绕母亲合葬的争论之后,再读元康六年(296)死后下葬的 20 郭槐墓志中"附葬于皇夫之兆"的句子,便可知道这必是贾南风的意思。而与墓志出土地相关的新的疑问也随之产生:四年后的永康元年(300)李氏附葬之际,郭槐的灵柩及其墓志是如何被处理的呢?
② 本书日文原版封面背面即为张朗墓志原石,参见关野贞:《支那碑碣形式ノ变迁》。
③ 24 张朗墓志的志文有无法识读之处,兹引其中值得注意的地方如下:"君……春秋六十有七,永康元年三月丙戌,顾念未遂,奄忽徂卒。母氏内化,尽中馈之礼,温慈柔惠,有三母园。年五十有六,元康八年十二月戊申,寝疾不兴。昊天不吊,夺我考妣,出入屏营,靡枯靡恃。以父终之年十一月壬申,神迁祖土,合葬斯宇。令终有淑,遗教显融。孤弱号摧,哀慕无穷□□,嘻涕涟涟,刊石玄堂,铭我家风。灵迁潜逝,声寿永宣。其辞曰"(碑阳的后半段),"穆穆考妣,邈邈其贤"(碑阴的开头),据此可知,元康八年(298)十二月母亲("母氏""妣")死,一年多之后的永康元年(300)三月父亲张朗("君""父""考")死,同年十一月合葬。据刘承幹:《希古楼金石萃编》卷一〇《晋沛国相张朗碑》(不过"摧哀慕……铭我家风"一行脱漏,系笔者据大仓集古馆原石补)。

第十一章 西晋墓志的意义

图11-8(1) 17 裴祗墓志　　图11-8(2) 20 郭槐墓志

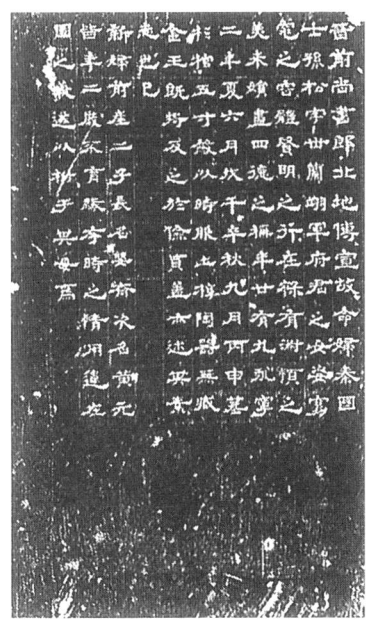

图11-8(3) 37 士孙松墓志

表 11-6 裴祗世系简表

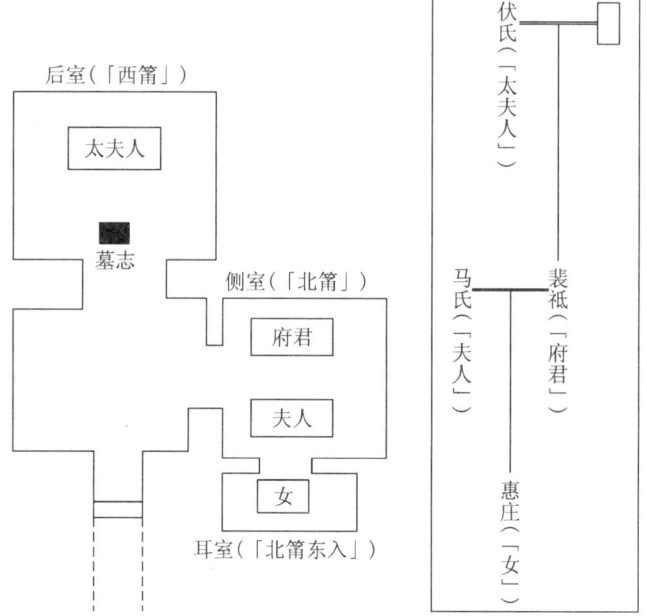

图 11-9 裴祗墓结构示意图

表 11-7 贾充家族关系表

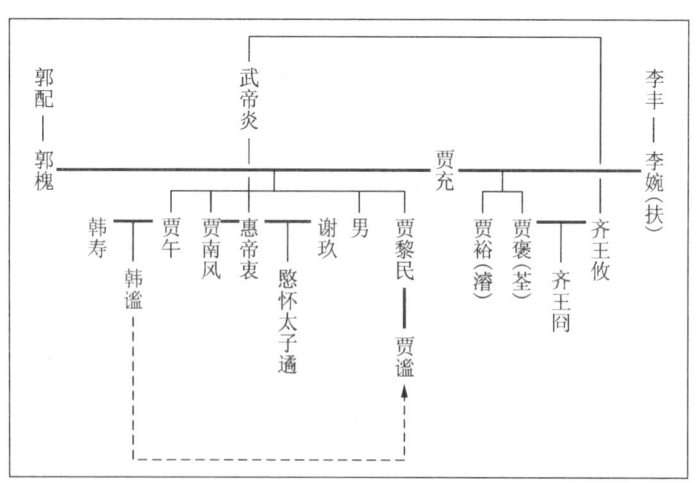

第十一章　西晋墓志的意义

和她的薄葬遗志,①然后换行说:"新妇前产二子,长名婴齐,次名黄元,皆年二岁不育。缘存时之情,用违在园之义,遂以祔于其母焉。"由此可知,二十九岁英年早逝的士孙松,与早夭二子的骸骨合葬。士孙松的丈夫傅宣,《晋书》卷四七有传,据知士孙松死后,傅宣娶弘农公主,但未能得子,最终以其弟傅畅之子傅冲为嗣。②主持士孙松葬礼、服丧和祭祀的应该是丈夫傅宣,墓志也应是由他制作的。士孙松的灵柩与附葬的二子被安置在与地上隔绝的墓室内,因而也就断绝了与阳间,特别是以丈夫傅宣为中心的生者的牵绊。现实中已再无亡妻生活的痕迹,透过墓志优美的刻文,傅宣将亡妻活着的证明刻在石上,并借此传达自己永恒而深切的思念之情。将士孙松与左棻对比,左棻入后宫一生未嫁,与之相反士孙松嫁人并诞下二子,但士孙松二子早夭,死后与生者的牵绊甚浅,二人同样孤独。从这两方女性墓志的共性可以看出,制作墓志的原动力是生者(这里特指左思与傅宣)想让孤独的故人灵魂安定。

如果进一步大胆推测的话,包括 23 左棻与 37 士孙松墓志在内,西晋(B)系列小型碑形墓志中女性墓主的墓志有 15 菅洛、20 郭槐、22 徐义、27 华芳、31 刘氏(郑舒夫人)等人,所占比例并不低,即

---

① 37 士孙松墓志的志文为"晋前尚书郎、北地傅宣故命妇,秦国士孙松,字世兰,翊军府君之女。姿窈窕之容,体贤明之行。在禄有淑顺之美,来嫔尽四德之称。年廿有九,永宁二年夏六月戊午卒,秋九月丙申葬。杉棺五寸,敛以时服。上椁陶器,无臧金玉。既将反之于俭质,盖亦述其素志也已",换行下接正文引用部分。参见中田勇次郎编:《中國墓誌精華》释文·解题之四《傅宣妻士孙松墓志》(永田英正执笔)。
② 傅宣,传附于《晋书》卷四七《傅玄传》。傅宣属北地傅氏,为傅嘏之孙,傅祇之子,著《晋诸公叙赞》的傅畅之兄。"宣字世弘。年六岁丧继母,哭泣如成人,中表异之。及长,好学,赵王伦以为相国掾、尚书郎、太子中舍人,迁司徒西曹掾。去职,累迁为秘书丞、骠骑从事中郎。惠帝至自长安,以宣为左丞,不就,迁黄门郎。怀帝即位,转吏部郎,又为御史中丞。卒,年四十九,无子,以畅子冲为嗣。"又,《傅祇传》在关于赵王伦失败的记载之后云:"子宣尚弘农公主。"

397

便墓主本身是男性,17裴祇、18荀岳暨妻刘简训、24张朗等夫妇合葬墓、家族墓的墓志中,实际上也包含了夫人等女性。与记载西晋历史的《晋书》等文献史料描绘的世界相比,这里出现了更多的女性,制作墓志的主体基本上是私的场所"家"。或者更进一步地说,在男性为中心的社会中,女性更可能被边缘化,就像是为了弥补这种落差一样,表现安定灵魂思想的墓志中,女性的身影反而较多。①

综上可知,西晋小型碑形墓志的志文中透露出的特征是,通过祭祀沟通死者与生者,或者借助合葬沟通死者与死者,二者均属家族间的牵绊。墓志用来确认死者,即墓主与其家族,乃至宗族、亲属之间的牵绊,换句话说,它就是死者曾在阳间生活过的证明。它与地上的墓碑不同,立于地下的墓室内,因此它的阅读对象首先就是墓主的灵魂,这是活着的人安抚墓主(死者)灵魂的唯一表现方式。特别是当这种牵绊很浅时,一定要通过制作墓志,在志文中明确记下这种牵绊,从而起到誓约的作用。制作墓志的主体是家族,若将视线上移,去东汉墓室的刻石里寻找这种要素的话,就是墓室内安放的广义墓志,比如体现出爱子夭亡的悲伤之情的《许阿瞿画像石题记》(图11-10)②。同时代其他类似的

---

① 参见拙文《中国、西晋王朝における女性の墓誌》,《Mare Nostrum 地中海文化研究会研究報告》Ⅱ,1989年。
② 1973年河南省南阳市出土画像石的一部分,石高112厘米、宽70厘米,志文刻于左侧。画像描绘了许阿瞿观看舞乐百戏的快乐场景,志文为隶书136字的四字句韵文。纪年为东汉建宁三年(170)。"惟汉建宁,号政三年,三月戊午,甲寅中旬。痛哉可哀,许阿瞿/□,年甫五岁,去离世荣。遂就长夜,不见日星。神灵独处,下归窈/冥,永与家绝,岂复望□。谒见先祖,念子营营,三增仗火,皆往/吊亲,瞿不识之,啼泣东西,久乃随逐,当时复□。父之与母,感/□□□,□□五月,不□□甘。赢劣瘦□,投财连(联)篇(翩),冀子长哉,/□□□□,□□□此,□□土尘,立起□垺,以快往人。"参见南阳市博物馆:《南阳发现东汉许阿瞿墓志画像石》,《文物》1974年第8期;高文:《汉碑集释》;日比野丈夫:《墓誌の起源について》。关于《许阿瞿画像石题记》在内的东汉"画像石题记""黄肠石题记"可参见西林昭一:《中国新出土の書》。

图11-10 许阿瞿画像石

文化产物,有与23左棻墓志相关的左思古诗,表达与妹妹左棻别离之情的《悼离赠妹诗》和咏唱女儿左芳、左媛姐妹儿时日常的《娇女诗》;还有与左思同为贾谧"二十四友"之一的潘岳哀悼亡妻的《悼亡诗》和悲痛夭亡之子的《金雀哀辞》等,①这些墓志、题记、诗歌的精神都是相通的。与之相反,立于地上的碑,假定的阅读者是他者,即墓主之外的家族、宗族、乡党等人,甚至是"行人"。有的墓碑与其他的汉碑(表彰碑、功德碑等)一样,由门生故吏等他者协力树立,碑阴列举出资的门生故吏姓名。② 这与阅读者是死者(墓主)灵魂、制作主体是家族的墓志相比,一公一私,性质迥异。

第四节 墓志的形成及其历史性意义

生者把对死者的追思刻在石头上以祈永远流传后世,是西晋小型碑形墓志制作的原动力,这一点与此前的东汉墓碑相通,③但

---

① 兴膳宏:《石崇と王羲之》,《書論》第3号,1973年。
② 参见第二节(3)的第一段第四个注释。西晋墓志中32杏园34号墓有碑阴。
③ 从西晋墓志的志文,如"大女䶒尝不胜感慕(慕)网(罔)极之哀,财(才)立墓碑,略纪遗烈"(15菅洛)、"故铭勒名字、立身、修行,以表之灵祇"(16成晃)、"刊石玄堂,铭我家风"(24张朗)等均能看出此点。参见第三节(3)的第一段第二个注释。

正如上文分析的那样,西晋墓志有两大突出特征。如下表所示:

表 11-8　西晋墓志特征表

	原本的存在方式	现实的状况
(1)	"旧墓"之地(多为乡里、本贯地)	"假葬"之地(现住地、异乡。多为京师洛阳)
(2)	宗族	家族(→个人)
	作为地方名望的贵族	作为中央官僚的贵族

(1)生前的生活与死后的埋葬,从乡里离开,转移到异乡之地;(2)血缘纽带方面,从宗族中分出,变成家族(进一步到个人)。在这两重意义上,从原本的存在方式割裂出来,愈发疏远。贵族则从地方的名望变成中央的官僚,以京师洛阳为根据地,此时西晋墓志开始出现。因为距离疏远,家族内部对死者的哀思失去了原本的存在方式,转而表现为对"旧墓"的怀念和对死者与家族宗族牵绊的描绘,与之前相比,这种哀思表现得更加激进化、更加精神化,这就是中国墓志的本质所在,由此可见,西晋出现的小型碑形墓志才是中国真正意义上墓志的起源。那么此前可能已经有了墓志产生的同样条件,但为何直到西晋时代墓志才开始出现呢?具备(1)或(2)特征之一的广义墓志东汉时代就已经萌芽。更进一步地从长期来看,生死观从对死者的畏惧变成对死者的追思以及随之带来的丧葬礼仪的变化,①从短期来看,作为追思对

---

① 关于当时的生死观,参见前野直彬:《冥界游行》,《中国文学报》第14、15册,后收入前野直彬:《中国小说史考》,秋山书店,1975年;吉川忠夫:《魂気の如きはゆかざるなし——漢墓を訪ねて想う》,筑摩书房《展望》1976年6月号,后收入吉川忠夫:《中国古代人の夢と死》第一章,平凡社,1985年;富谷至:《黄泉の国の土地売買——漢魏六朝買地券考》;都筑晶子:《六朝時代における個人と"家"——六朝道教経典を通して》,《名古屋大学東洋史研究報告》第14号,1989年。富谷至在论文中认为,买地券从汉代型地券(黄泉文书、墓田买卖文书)向三国六朝型(转下页)

象的死者的丧葬从厚葬变成薄葬,可以说墓葬从更外在性、物质性向更内在性、精神性转变。① 在这个脉络中,外部压力是第一节已经提到的魏晋时代禁止立碑,这是限制厚葬的一环,以此为契机墓志替代墓碑开始出现,内部动力一方面是对佛教和道教等宗教的狂热信仰;另一方面是产生表现个人独立人格的艺术,墓志也应运而生。② 从这一点来说,墓志也是魏晋南北朝时代的人群,特别是贵族创造的文化产物之一。值得注意的是,西晋墓志如前所见多出现在惠帝时期,特别是元康年间(291—299),地域上则集中于京师洛阳,特别是当时在洛阳专权的以贾皇后(贾南风)为中心的贾氏、郭氏等权贵,以及相关人物的墓志有 20 郭槐、22 徐义两方。另一方面潘岳与左思等文人,都撰写了墓志以及与墓志精神相通的作品(左思之妹 23 左棻的墓志制作也应当与左思有关),虽无直接证据证明二者有关,但潘岳与左思都是"二十四友"中人,

---

(接上页)地券(护符性镇墓文)转变。另一方面他推断汉代型地券到墓志之间有模糊的继承关系,两者都集中于华北,都是视死如生观点下的产物。

与之相关,当时流行"挽歌"。现在留存有缪袭、傅玄、陆机、陶渊明等人的相关作品,读之可以看出当时人认为死者的灵魂生活在墓室内。参见西冈弘:《中国古代の葬礼と文学》,三光社,1970 年;一海知义:《文選挽歌詩考》,《中国文学報》第 12 册,1960 年;卢苇菁:《魏晋文人与挽歌》,《复旦学报(社会科学版)》1988 年第 5 期;松家裕子:《抒情的五言詩の成立について》,《中国文学報》第 42 册,1990 年。

关于丧葬,诸桥辙次《支那の家族制》(大修馆书店,1940 年)丧葬篇认为,礼制上死者的精神在宗庙,肉体在墓室,二者分开祭祀,但因死者的精神、肉体都在墓内的朴素观念,东汉以来,墓祭盛行,宗庙祭祀逐渐衰弱。参见木岛史雄:《招魂をめぐる礼俗と礼学》,《中国思想史研究》第 13 号,1990 年。

关于坟墓,参见町田章:《古代東アジアの装飾墓》,同朋舍,1987 年;佐原康夫:《漢代祠堂画像考》,《東方学報》(京都)第 63 册,1991 年。其中夫妇合葬墓、家族墓的盛行,参见太田有子:《古代中国における夫婦合葬墓》,《史学》第 49 卷第 4 号,1980 年。

【补注】关于西晋的墓葬,参见张学锋编著:《中国墓葬史》,广陵书社,2009 年;余黎星、缪韵、余扶危编著:《洛阳古墓图说》,国家图书馆出版社,2009 年。

① 关于薄葬,参见王充:《论衡·薄葬》;吉川忠夫:《魂気の如きはゆかざるなし——漢墓を訪ねて想う》;魏鸣:《魏晋薄葬考论》。
② 参见小南一郎:《中国の神話と物語り——古小説史の展開》;谷川道雄:《世界帝国の形成》第四章《超俗の世界》,讲谈社,1977 年。

而"二十四友"的中心人物正是贾氏家族的成员、当时的权贵之一贾谧。而且史料中还间接暗示了潘、左与贾氏家族的关系,如潘岳曾为郭槐作诔,①如果潘岳等人直接参与了20 郭槐、22 徐义墓志的撰写,那贾谧"二十四友"等文人们就推动了墓志的形成。②

最后,与欧洲墓志相比,从东汉墓碑流行到西晋墓志出现的变化,与基本处于同一时代的古代罗马帝国从地上墓碑铭盛行到因基督教普及而消失和变成地下墓穴③,在内在化这点上应该是相通的。④

---

① 《晋书》卷三三《石崇传》云"(石崇)与潘岳谄事贾谧。谧与之亲善,号曰'二十四友'。广城君(郭槐)每出,崇降车路左,望尘而拜,其卑佞如此",另参卷四〇《贾充传附贾谧传》。潘岳《贾充妇宜城宣君诔》云:"昔在武侯,丧礼殊伦,伉俪一体,朝仪则均,行成于己,名生于人,考终定谥,实曰宣君,祝宗莅事,卿相奉引,轻车整驾,介士列阵,鸾路依容,辒车升樑。"潘岳还作了很多其他的诔文,参见严可均辑:《全上古三代秦汉三国六朝文》中《全晋文》卷九三《潘岳四》。上田早苗在《中国墓誌精華》(中田勇次郎编)释文・解题的2《徐义墓志》中推断,潘岳等"二十四友"中的某一位在贾皇后的授意下作墓志之文,参见本书第七章。
② 参见第七章相关论述。
③ 地下墓穴,原文为カタコム,日文的通行写法为カタコーム或カタコンベ,即catacomb,意为基督教徒的地下墓穴、陵寝。初期基督教徒受罗马教皇迫害,只得利用它秘密做礼拜,因此也可译为地下礼拜场所。——译者
④ 参见菲利普・阿里斯著,福井宪彦译:《図説死の文化史・ひとは死をどのように生きたか》,日本エディタースクール出版部,1990年,第6—22、52—57 页。
【补注1】"洛阳西晋墓志出土地示意图"中,地形、地名主要依据《河南省十万分之一地形图》的新安县、孟津县、偃师县(以上为东三省陆军测量局民国十四年[1925]印制)、洛阳县(国民革命军总司令部参谋处民国十五年[1926]印制)和贺官保编:《洛阳文物与古迹》所收《洛阳文物与古迹分布示意图》,文物出版社,1987年;关于隋唐东都洛阳城,主要参考了平冈武夫:《唐代の長安と洛陽,地図》所收地图,京都大学人文科学研究所,1956年,后收入松田寿男、森鹿三编:《アジア歴史地図》,平凡社,1966年;现在的洛阳市街则主要依据最新的洛阳旅游地图;关于墓志的出土地,则主要依据郭玉堂访识、王广庆校录:《洛阳出土石刻时地记》及其所附《洛阳石刻出土地图》。另外,论文发表后,收入本书前又以盐泽裕仁在《千年帝都、洛阳——その遺跡と人文・自然環境》(雄山阁,2010年)中所收《洛陽盆地の自然環境》地图进行了校正。
兹将洛阳出土墓志在地图上位置的确定或推定依据,以及详细的出土地、出土状况罗列如下。另,没有记录则主要依据郭玉堂访识、王广庆校录《洛阳出土石刻时地记》的记载。

(转下页)

第十一章　西晋墓志的意义

小结

本章对西晋墓志,特别是(B)系列的小型碑形墓志("墓志

(接上页)2　鲍寄墓志:"(鲍)寄座在东,(鲍)捐(捐)在西,两墓相距四五步。"

3　鲍捐墓志:"洛阳城东北二十里杨坟村北二百七十步处出土。"

5　乐生墓志(以上图11-11):"洛阳城东十五里陈家村东南出土。"

9　张圭之妻墓志:"洛阳城东史家凹出土。"

12　贾荣墓志:"洛阳东刘家坡东地出土。"

14　王文伯墓志(图11-12):"洛阳自1953年春季至1955年9月以前,共发掘了晋代墓葬54座……墓葬的分布,按自然区划,基本上可以分作'城北''城西'和'涧西'三区。城北区限于邙山南坡,城西区限于洛河北岸,西至涧河。均属于晋都的城西范围。"(河南省文化局文物工作队第二队:《洛阳晋墓的发掘》中的1号墓,《考古学报》1957年第1期)

15　菅洛墓志:"洛阳城北门外后坑村出土。"

16　成晃墓志:"洛阳东吕家庙及左寨两村人,于城北十八里左姓地中掘得,地在凤凰台及莫家沟二村之东,左寨村之西北,距(郭)玉堂所住刘家坡村一里许。"

17　裴祗墓志:"洛阳市内定鼎路周公庙北墙外。"(洛阳古墓博物馆编:《洛阳古墓博物馆》)

18　荀岳暨妻刘简训墓志:"洛阳故城东十里蔡庄人掘井得之。"

19　王□君侯墓志(图11-12):"洛阳城西北前楼村李汝珍地中出土,地在麻屯。"

20　郭槐墓志:"洛阳城东北平乐村北地中出土。"

22　魏雏墓志(图11-13):"洛阳城东北十八里西吕家庙村东北半里许出土。"

22　徐义墓志:河南省文化局文物工作队第二队:《洛阳晋墓的发掘》中的8号墓,具体位置参见14王文伯墓志。"洛阳老城北五股路铁路小学院内。"(黄明兰:《西晋散骑常侍韩寿墓表跋》,《文物》1982年第1期)

23　左棻墓志:"偃师城西十五里蔡庄村,鲍姓自地中掘出,地在洛阳故城东十里。"

24　张朗墓志(图11-13):"洛阳城东北二十里后营村西北出,距十八年杨乾志出土处数十步。"

28　石尠墓志:"洛阳城北五里马坡村东数十步地中出土,地主巴姓。"

29　石定墓志:"与石尠碣同地出土,发掘者为马坡村人。"

30　刘韬墓志(图11-13):"偃师西,洛阳东出土""今在偃师武氏。……亿案,志向为土人掘之,已二十余年仍弃置一民家,乾隆癸卯,余自杏园庄假之而归(《偃师金石遗文记》)"参见刘承幹:《希古楼金石萃编》。

31　刘氏墓志(图11-14):"偃师西南扒头村寨壕内出土。"

32　杏园34号墓墓志(图11-14):"1984年夏季,我队在配合河南首阳山电厂建厂过程中,清理了两座魏晋墓……这两座墓与过去发表的杏园东汉壁画墓和杏园唐墓同在一片墓区。"(中国社会科学院考古研究所河南第二工作队:《河　(转下页)

403

碑")的意义及其相关问题展开了分析,第二节和第三节分别聚焦于墓志的形式层面和内容层面,讨论了其特征。

先是墓志形式上的特征。关于形状,是小型的碑形,根据碑额的形状,还可以具体分为圭首、圆首和方首三种。关于刻文,书写格式并未定型,由题、序、铭组成的书式完备的墓志一般字数较多,书体以晋隶(有波磔、"折刀头"的八分隶书)为主。时代上集中于惠帝时期,地域上集中于当时的都城洛阳周边,特别是北邙山一带和西郊。另外,隋代发现的王戎①墓志,虽今已不存,但具备以上西晋墓志的特征,大概率为真石。

其次,从刻文内容上来看,以左思②妹妹左棻的墓志为中心展开讨论。只有当"假葬"现住地时,才会制作墓志,这是它在地域上集中分布于洛阳周边的主要原因。此外,制作墓志的目的是确认墓主与生者之间的牵绊,因此牵绊较浅的女性有墓志的比例较高。

综上所述,从外在上来看,西晋墓志处于东汉墓碑到北魏墓志铭之间,而这两个时代都十分流行追思死者的刻石,西晋墓志恰好扮演了二者桥梁的角色。第一节整理了中国墓志起源的相关研究,水野清一重视东汉墓碑与西晋墓志的关联,中田勇次郎

(接上页)南偃师杏园村的两座魏晋墓》)

37　士孙松墓志:《洛阳晋墓的发掘》中的 22 号墓,参见 14 王文伯墓志。

38　王□墓志(图 11-14):"洛阳北小梁村南高家岭村北地中出土,在元延明墓南里许地内。"

【补注 2】据偃师商城博物馆:《河南偃师东汉姚孝经墓》(《考古》1992 年第 3 期),1990 年偃师县城关镇北(土天)村东砖厂发现的古墓的前室入口处出土"字砖"。"字砖"为方形,边长 40 厘米(厚 5 厘米),表面刻隶书六行"永平十六年四月廿/二日,姚孝经……",永平为东汉明帝年号,其十六年为公元 73 年,这应该是目前为止发现的最早的一方广义墓志。(也有学者认为此"字砖"为买地券。——译者)

① "竹林七贤"之一,《世说新语·俭啬》的主角,详见本书第八章第一节。
② "二十四友"之一的文士,详见本书第七章。

重视西晋墓志与北魏墓志铭的关联,我部分同意两人的观点。而另一方面,从内在上分析西晋墓志地域分布不均的特点,西晋墓志以现住地的家族为主体,在二重属性疏远的情况下开始制作,从而认为西晋墓志才是中国墓志的起源。这个结论与中田勇次郎的观点一致,但不同的是,中田注意到的是墓志的书写格式,而笔者重视的是墓志出现的内在因素和时代背景。

总而言之,西晋墓志是精神上从"神"到"人"的变化中的一环,具体表现为外在的、物质的文化向内在的、精神的文化转变。同时它又是生死观变化的产物,从视死者为恐怖对象变为追思对象,从厚葬变成薄葬。而从这个角度来说,西晋墓志同左思咏叹与妹别离的《悼离赠妹诗》和潘岳哀叹亡妻的《悼亡诗》本质是一样的。

致谢

本章定稿前曾在京都大学人文科学研究所"中国中世の文物"研究班(班长为砺波护)上报告,后在1992年中国魏晋南北朝史学会年会暨国际研讨会(会场在西安市陕西师范大学)上口头发表,先后承蒙研究班的吉川忠夫等班员提示王戎墓志,以及南京博物院的罗宗真先生惠赐宝贵意见。

图 11-11(1)
1 张□神座

图 11-11(2)
2 鲍寄神座

图 11-11(3)
3 鲍捐神座

图11-11(4)
4 冯恭石椁题字

图 11-11(5)
5 乐生墓志-1

图 11-11(6) 5 乐生墓志-2

第十一章 西晋墓志的意义

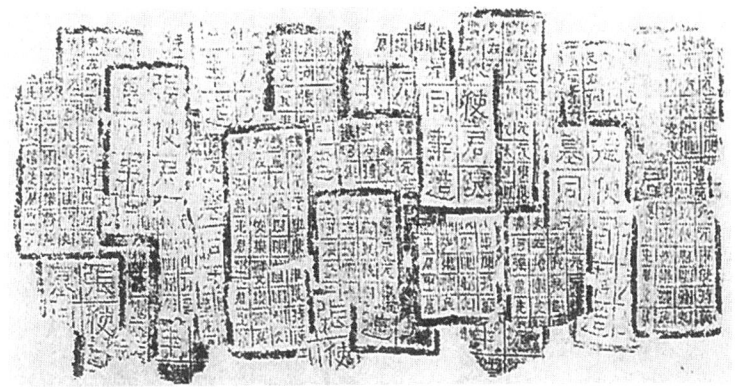

图 11‑12(1) 6 张普墓砖

图 11‑12(2)　　　图 11‑12(3)
8 张光墓砖　　　13 和国仁墓志

魏晋政治社会史研究

图11-12(4) 14 王文伯墓志

图11-12(5)
19 王□君侯墓志
阳面

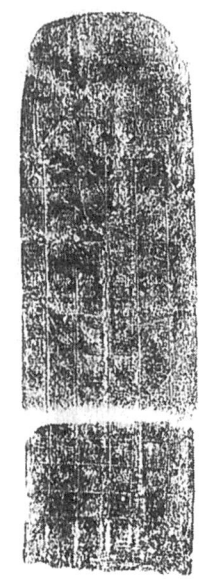
图11-12(6)
19 王□君侯墓志
阴面

图11-13(1)
21 魏雏墓志 阳面

图11-13(2)
21 魏雏墓志 阴面

图11-13(3)
21 魏雏墓志 石柱

第十一章　西晋墓志的意义

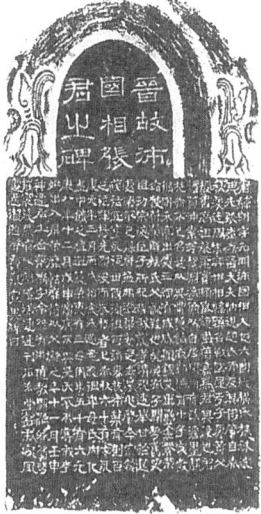
图 11-13(4)
24 张朗墓志　阳面

图 11-13(5)
24 张朗墓志　阴面

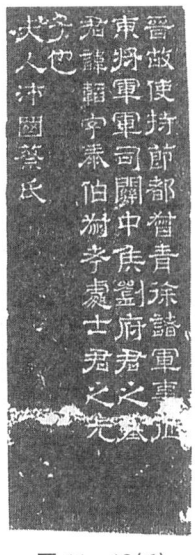
图 11-13(6)
30 刘韬墓志

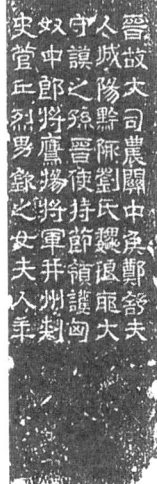
图 11-14(1)
31 刘氏墓志

图 11-14(2)
32 杏园 34 号墓-1

图 11-14(3)
32 杏园 34 号墓-2

图 11-14(4)
32 杏园 34 号墓-3

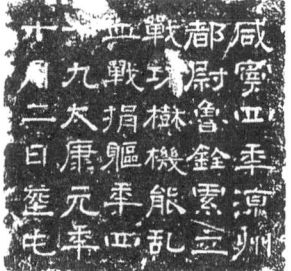
图 11-14(5)
34 鲁诠墓志

图 11-14(6)
35 杜稷墓志

图 11-14(7)
36 徐文□墓志

图 11-14(8)
38 王□墓志

补 记

本章发表之后,又有几方新出的西晋墓志被披露。例如,洛阳市文物工作队:《洛阳出土历代墓志辑绳》(中国社会科学出版社,1991年)中的羊祜墓志、齐慈妻陈氏墓志、南阳王妃墓志等拓片;郝本性、李秀萍编:《新中国出土墓志·河南1》(文物出版社,1994年)中孟县出土的王氏墓志拓片与释文;罗新、叶炜:《新出魏晋南北朝墓志疏证》(中华书局,2005年)中的赵氾墓志(香港中文大学文物馆所藏)、司马馗妻王氏墓志、孟□妻赵令芝墓志的释文与疏证;赵君平、赵文成编:《河洛墓刻拾零》(北京图书馆出版社,2007年)收录的以孟津县平乐镇出土三方墓志为中心的八方墓志的拓片。此外,我本人也曾于2010年在洛阳市购得数张初次见到的墓志拓片。其中多数出土始末不详,不排除是伪刻的可能,因此这里追加新出的西晋墓志时,不予讨论。

结　语

在中国历史的长河中,历时四百余年、位于秦汉帝国与隋唐帝国之间的六朝时代(魏晋南北朝时代),可大致分为三国与西晋、东晋与五胡十六国、南北朝三个阶段。其中,第一阶段的魏晋时代(指三国与西晋时代,参见本书序论),内藤湖南将之作为中国历史由古代("上古")向中世("中古")的转换期。更具体地说,内藤湖南将魏晋时代作为古代向中世的一个过渡时期。如此,则可以想象,魏晋时代的国家、社会,混合着古代社会的残留与中世社会的萌芽,呈现出一种复杂的面相。那么,在实际的历史中,是否能够确认此种世相?

在论述的开头,笔者想主要依据拙著《晋武帝司马炎》①,对魏晋时代历史的展开稍作叙述。

东汉延熹二年(159),外戚、号称"跋扈将军"的梁冀被诛杀,东汉的历史由"外戚时代"转为"宦官时代"。在此"宦官时代",爆发了党锢事件(166、169)、黄巾之乱与凉州之乱(184)。中平六年(189),随着汉灵帝驾崩、两千余人宦官被诛杀等事件的发生,董卓掌握了实权,但招致大量的反抗,进入了各地群雄割据的"军阀时代"。群雄(军阀)之一的曹操于建安元年(196)将献帝迎入自

---

① 福原启郎:《西晋の武帝司馬炎》,白帝社,1995年。

己的大本营许县,又于建安五年(200)在官渡之战中击败袁绍,控制了华北地区的东半部分。但建安十三年(208),曹操在赤壁之战中一败涂地,由此进入了三国鼎立的时代。曹操出任丞相,其后进爵为魏公(213)、魏王(216),"建安七子"集结于其幕府之中。

黄初元年(220),曹操去世,继承其官爵的曹丕通过汉魏禅让,于同年即皇帝位,建立曹魏王朝。与之相对,刘备建立起蜀汉王朝、孙权建立起孙吴王朝,狭义的三国时代就此开始。蜀汉具有浓厚的流寓政权色彩,孙吴则具有浓厚的割据政权色彩。根据宫崎市定的推测,三国之间的实力对比,为曹魏六、孙吴二、蜀汉一。① 由于国力上的差别,孙权、蜀汉政权需要结盟且占据险要之地才能够勉强对抗曹魏政权,这是三国间的基本态势。在曹魏方面,魏文帝曹丕去世后,魏明帝曹叡即位,对内政尤为措意,意图集权。② 其在位期间,蜀汉丞相诸葛亮数次北伐,但最终病逝五丈原(234)。防御诸葛亮北伐的司马懿,则依靠攻灭辽东公孙渊(238)的战功成为曹魏首屈一指的重臣。魏明帝驾崩后,三"少帝"——即废帝(齐王)曹芳、后废帝(高贵乡公)曹髦、元帝(陈留王)曹奂相继即位。在此期间,皇太后一直为魏明帝的皇后——郭太后(居永宁宫)。嘉平元年(249),司马懿对曹爽发动政变。③不恰当地说,以此为开端,司马氏司马懿及其子司马师、司马昭一直处于类似外戚的位置,利用郭太后的权威——具体而言,凭借着郭太后的"令"——先后镇压了王凌、毌丘俭、文钦、诸葛诞在对抗孙吴的重镇寿春发动的"淮南三叛",在都城洛阳,则有废黜废

---

① 参见宫崎市定:《中国史》上,岩波书店,1977年。后收入《宫崎市定全集》第1卷,岩波书店,1993年。
② 参见本书第二章。
③ "正始之音"由此结束。

帝(齐王)曹芳、后废帝(高贵乡公)曹髦等事,由此不断地篡夺曹魏王朝。① 相对于因"苛酷"之政而失去人心的曹魏政权,司马氏意图利用"宽裕"之政收获人心。② 此外,"竹林七贤"中的阮籍在司马懿、司马师、司马昭三人的幕府中都仕至从事中郎,景元四年(263)去世。在此前一年,嵇康被处以死刑。

正是在景元四年(263),三国的形势发生了极大变动。在司马昭的主导下,蜀汉平定。在此前后,郭太后去世。接着,相继进位晋公、晋王的丞相司马昭也去世了。而后,司马炎继承司马昭之位,于泰始元年(265)通过魏晋禅让称帝,开创晋王朝。通过禅让前不久创立的[开国]五等爵制,司马氏对曹魏旧臣加以安抚。作为礼仪、法律、官职革新一环中的措施,禅让前一年着手修订的《泰始律令》也于泰始四年(268)颁布。咸宁二年(267),又新设置了国子学。③ 太康元年(280),孙吴平定,天下一统,三国时代落下了帷幕。以曹魏政权的建立开始算起,至此正好六十年。以此为契机,占田制、课田制与户调式等新的土地、税收政策得以实施。

不过,暗影很快随之而来。太康三年(282),齐王攸归藩事件发生。就笔者的私见而言,此事件是八王之乱的前哨战。④ 太熙元年(290),晋武帝去世,晋惠帝即位,杨太后一族的杨骏以外戚身份专权。然而,权臣贾充之女贾后发动政变,将杨氏一党诛灭(广义八王之乱的开端)。在长约十年的元康年间(291—299),

---

① 《晋书·石勒载记·下》载后赵开国之君石勒评价云:"司马仲达父子,欺他孤儿寡妇,狐媚以取天下也。"
② 参见《三国志》卷四八《吴书·三嗣主传》裴松之注所引《襄阳记》。
③ 参见本书第三章。
④ 详细参见本书第五章第二节(2)。

"闇主"惠帝与"虐后"贾后执政,政局相对稳定。"二十四友"集结于贾后一党的贾谧府中。而将当时的社会风潮比喻为"互市"并加以批判的《钱神论》《释时论》等作品,受到人们的赞誉。① 然而,元康九年(299)至次年,贾后废除了愍怀太子,并将之杀害。以此为导火索,赵王司马伦发动政变(狭义八王之乱的开端)。自此开始,洛阳城因政变而起的巷战、会战在地域、规模上不断扩大,连锁性的政治对抗不断发生。这就是所谓的八王之乱。② 在此期间,随着政治对抗的不断发生,西晋政权不断衰弱,从王朝体系中脱离、独立的动向开始出现。匈奴人刘渊于并州(今山西省)独立,巴氐人李雄于益州(今四川省)独立,各自建立汉(前赵)、成汉政权,五胡十六国的时代就此开始(304)。如此一来,战乱的重心也从八王之乱向内徙的非汉族群与汉人流民转移,演化成试图推翻西晋王朝的永嘉之乱。在此期间,晋惠帝去世,"八王"之一的东海王司马越获得胜利,八王之乱终结(306)。永嘉五年(311),汉军攻破洛阳城,晋怀帝出降,西晋王朝在事实上灭亡,距其统一天下不过三十年。在长安苟延残喘的晋愍帝亦于建兴四年(314)出降,至此西晋王朝名、实皆亡。③

笔者对上述魏晋历史的第一个感受,是西晋的统一被夹在前后两个大规模战乱时代之间。前者为东汉末开始的著名的三国乱世,后者则是八王之乱与永嘉之乱。就战乱的规模而言,后者较之前者更加猛烈。之所以这么说,可以举八王之乱中成都王司马颖的军队为例。在司马颖对抗长沙王司马乂这一幕中,司马颖令陆机率领的总攻部队有二十余万人。其规模之盛大,可以说是

---

① 参见本书第九章、第十章。
② 参见本书第五章、第六章。
③ 琅琊王司马睿于次年得知消息,在建康称帝即位,也就是东晋的元帝。

汉魏以来前所未有。

不过,三国乱世与西晋的战乱两者在性质上有所不同。就大势而言,前者是通过战乱来走向统一;后者则反之,通过战乱走向分裂。毋宁说在三国乱世之前发生的党锢事件、黄巾之乱、凉州之乱正对应着西晋末年的八王之乱与永嘉之乱。之所以这么理解,是因为党锢事件与八王之乱中的一系列政治对抗,都是舆论对政治私权化的反对。两者在根本结构上是相同的。[①] 而接续两者之后的黄巾之乱、凉州之乱与永嘉之乱也是国家私权化波及民众,超越其界限所产生的后果。具体而言,反乱的主体是受到压迫的农民、流民,或是内徙的非汉族群。他们否定现有的王朝,以推翻其统治作为目标。两者在根本结构上也是相同的。

东汉政权的灭亡,意味着存续四百余年的秦汉帝国的瓦解。与之相对,西晋政权的灭亡,意味着不足百年的魏晋国家体制的瓦解。这一点,正如马克思在《路易·波拿巴的雾月十八日》中所说的那样,历史不断反复发生。也就是说,通过魏晋国家体制再造帝国的行为失败了。而如果关注到造成东汉、西晋灭亡的党锢事件与西晋之乱具有相同结构,则西晋王朝,或者说魏晋国家体制实际包含有导致东汉灭亡的因素在内。而其中最大的原因,正是如前所述国家,尤其是选举中的私权化,以及舆论对这种私权化的反对。

那么,作为上述历史的背景,当时的国家、社会又发生了怎样的变化?以现实中的基层社会变动为开端,作为自然聚落的"乡"遭到破坏[②],"坞""村"等新的村落共同体出现。根据川胜义雄的

---

① 参见本书第五章第一节。
② 参见宫崎市定:《読史箚記》中《漢代の郷制》,《史林》第 21 卷第 1 号,1936 年。后收入宫崎市定:《アジア史研究》,同朋舎,1957 年;《宫崎市定全集》第 17 卷,岩波书店,1993 年。

考察,在汉代基层社会由"父老"—"子弟"这种年龄秩序所控制,即所谓的"里共同体"。至魏晋时代,"里共同体"中产生了"上家"(豪族)—"下户"(贫农)的关系,乡里社会由此分裂。出现了豪族兼并,"武断乡曲"①,即所谓的"豪族领主化倾向"②。接着,川胜义雄更进一步,从社会结构的变化(东汉基层社会"里共同体"的解体)来探求贵族制社会的成立。他认为,豪族的领主化倾向是第一个条件;反对豪族的领主化倾向,希求建立新共同体的抵抗运动不断高涨则是第二个条件。这一矛盾性的对抗,造就了贵族制社会的形成。

在国家层面上,与东汉基层社会的矛盾对抗相对应的政治事件,就是党锢事件。在该事件中,后者将前者比喻为浊流,自认为是清流。③ 此外,对于私权化的舆论反对,则表现为"私"—"公"、"国家"—"社会"的构造。两相结合,则可以概括为浊流、私权化、国家(政权)对清流、公权化、舆论、社会(民间)。值得注意的是,国家(政权)与社会(民间)在公私关系上的逆转。这或许正是党锢事件与八王之乱的真实原因所在。

顺带一提,与社会、国家层面所展开的前后两阶段历史相通,在同一时代的心性(精神)层面,也能看到类似的变化。其中之一端,便是西晋墓志的出现背景。④ 笔者论述以为:"在心性史的层

---

① 《史记·平准书》之语。
② 参见川胜义雄:《貴族社会の成立》,《世界歴史》第 5 卷,岩波书店,1970 年(后修订收入川胜义雄:《六朝貴族制社会の研究》,岩波书店,1982 年)。在"豪族领主化倾向"的延长线上,则出现了如李典那样率领"宗族部曲三千余家"、担任曹操军团一翼的"豪侠"。参见川胜义雄:《曹操軍団の構成について》,京都大学人文科学研究所:《創立廿五周年記念論文集》,1954 年(后改名为《曹操軍団の構成》,收入川胜义雄:《六朝貴族制社会の研究》,岩波书店,1982 年)。
③ 前者为豪族,后者为豪族的抵抗者。——译者
④ 参见本书第十一章。

面,发生了从'神'到'人'的变化,从外向、物质性的文化转向内在、精神性的文化。西晋墓志的产生,就是以上二重性变化中的一环。由此,当时人们的生死观发生变化,死者从恐怖、畏惧的对象转为追思、钦慕的对象。对于死者,也由厚葬转为薄葬。"第一阶段应当对应着外向、物质的文化,厚葬之风。第二阶段则对应是着内向、精神的文化,薄葬之风。笔者还认为,由此所产生的墓志与同时期的左思《悼离赠妹诗》、潘岳《悼亡诗》等等也是相通的。由此,在个人觉醒之中,产生了人性迸发的艺术,以此为代表的文化典型,便是抒情五言诗的出现。此外,也出现了代表个人进行创作的诗人,例如曹操,其子曹丕、曹植("三曹")与集结于他们幕下的"建安七子"。以这些诗人为开端的魏晋文学,其中也可见两阶段的发展过程。而在艺术方面,随着汉代发明纸张为书写材料,书法、绘画等艺术门类得以确立,魏晋时期的钟繇①、卫瓘②等等也作为书法家而著名。

此外,与第二阶段相通,出现了个人有罪的意识。与之对应的,是[救济]个人的宗教。以家庭或以个人为单位,脱离了原本所属共同体的人们,在被社会边缘化的状态下,以罪的意识为媒介,为了精神上的解脱而渴望宗教。这些宗教,就是作为外来宗教的佛教,以及在佛教刺激下诞生的本土宗教——道教。道教源流之一的"五斗米道",也的确曾在汉中实现了"宗教共同体"。在对宗教如此热烈的信仰下,"宗教的时代"开始了,"儒佛道"三教并立。与之相关联,在思想、学术领域,作为汉代思想的独尊儒术(学术上的经学)向着"玄儒文史"的多样化发展。儒学,尤其是作

---

① 参见本书第一章。
② 参见本书第五章。

为"礼教"的儒学扎根于国家、社会之中,禅让就是其中的一个产物。在九品中正制中,"清议"的主要对象,是违背礼制者。而另一方面,作为对儒学的一种反对,玄学(老庄思想)风靡,尤其是与清谈联系在了一起。在"正始之音"中,尤其将重点放在了对《老子》的解释上。① 与之相对,"竹林七贤"将重点放在了对《庄子》的解释上。同时,与《庄子》的语言、思想相关的逸事则收入《世说新语》的《任诞》篇中。在文化方面,在"三曹""建安七子"以后,"竹林七贤"中的阮籍、嵇康、贾谧"二十四友"中的潘岳、陆机等等,文人辈出。② 他们个人的精神内涵等方面,通过文学作品,尤其是五言诗得以展现。在史学方面,郑默《中经》、荀勖《新簿》等魏晋时期的书籍目录文献创建了四部分类法。其中,正如丙部(相当于史部)从甲部(经部)中分离出来这一现象所见,史学由此开始独立,自行发展。

以上所见文化的新发展是一方面,另一方面,与第一阶段相通,个人欲望喷薄而出,淫虐、奢侈等风潮蔓延,渴望地位、名誉的飞黄腾达之欲(上升志向)走向历史前台。而此动向的底流,正是以选举为中心的政治私权化,进而成了东汉、西晋等王朝崩溃的原动力。

回到党锢事件上来。上文所及清流、公权化、舆论、社会(民间),其基础在于基层社会中对豪族领主化倾向的抵抗运动,对国家的私权化展开批判,以公权的回归为目标,形成以人物评价为核心的舆论,自认清流。这一社会(民间)势力,正是六朝贵族的本源所在。此势力所标榜的,是"清"的理念。私权化被他们视为

---

① 又,本书第一章所论正始年间围绕复肉刑利弊所展开的"私议",亦是"正始之音"中的一环。
② 参见本书第七章。

419

"浊",则"清"这一对立概念当由此产生。① 而在魏晋乃至于六朝时代,正是一个"清"的时代。可以说,"清"正是表现该时代的关键词。其中典型,有"清通""清远""清虚""清操""清贞""清慎""冰清"等评价人物的用语。② 在《释时论》中,亦可见"凝清""清剸"等评语。③ 不仅如此,在当时的官职、文学作品等等方面,亦皆浸透着"清"的理念。以此现象为对象展开的考论有很多。④ 根据川胜义雄的乡论环节重层构造理论,其中的枢纽,是第一次乡论中的"清议"至第三次乡论中的"清谈"这一选举之场。⑤ 清谈界的新星,有曹魏时期"正始之音"相关人士,曹魏、西晋之际的"竹林七贤"以及效仿之人,源源不绝。下文要提及的王衍也是清谈风潮末期的人物,其言行举止的相关逸事成了《世说新语》的核心内容。⑥

"清"的理念,原本包含在"清议"之中。而"清议"是清流士人基于儒学,对追求利欲、权力欲的浊流势力展开的批判。而更为接近民众的逸民人士基于老庄思想,不仅批判浊流势力,也批判追求名誉的清流士人。"清"的理念,也由此进一步纯粹化。在这

---

① 汉代乡举里选的科目中有"孝廉"一科。其中的"廉"即清廉,它作为国家所要求的道德品质早已存在。
② 参见森野繁夫编:《六朝評語集——世説新語・世説新語注・高僧伝》,中国中世文学研究会,1980年,《六朝評語集(晋書)》,中国中世文学研究会,1982年;森野繁夫・上村素子编:《六朝評語集(古〈晋書〉)》,中国中世文学研究会,1982年。
③ 参见本书第十章第四节。
④ 参见上田早苗:《貴族的官制の成立——清官の由来とその性格》,收入中国中世史研究会编:《中国中世史研究——六朝隋唐の社会と文化》,东海大学出版会,1970年;渡边信一郎:《"清"——あるいは二~七世紀中国における一イデオロギー形態と国家》,《京都府立大学学術報告(人文)》第31号,1979年。后收入渡边信一郎:《中国古代国家の思想構造——専制国家とイデオロギー》,校仓书房,1994年;兴膳宏:《人物評価における"清"字》,《三国志研究》第6号,2011年等。
⑤ 第一次乡论、第三次乡论的概念,参见本书第八章小结第三段的译者注。——译者
⑥ 参见吉川忠夫编译:《魏晋清談集》,讲谈社,1986年。

里,虽然清流势力也被包含在"清"之中,但在其内部,清流势力与批判者逸民之间的关系,既符合"清"这一理念的一致性,也能够看到两个阶段的面相。① 而浊流的存在状态,其本源在于人们自身的生存欲。因此,"浊"基于人们固有的欲望、利欲。与之相对,基于自律、他律,追求共生的"清"的理念,并非"浊"的对立概念,而是更高层次的一种理念。其中,不仅需要基于学问的知识、礼仪,更需要保持着"清"的理念的人格。也正是这种人格,使它的主人高于一般凡人。由此,就某种意义而言,越是无心于政治的在野逸民、处士,越能够获得舆论中的声望。一种悖论性的、全新的政治指导者理念,也因此而产生。② 而王衍,正处于这种理念的延长线上。

毋庸赘言,将清议、清谈与国家连接在一起的,是汉魏禅让前夜创设的九品中正制。正因如此,这项制度虽然属于国家制度,但也具有浓厚的社会要素。在九品中正制中,"中正"官(州大中正、郡中正)的存在,正显示了这一点。之所以这么说,是因为"中正"官不见于六朝正史的《职官志》中。③ 不仅如此,在《三国志》、唐修《晋书》西晋部分的列传等文献中,"中正"官也不作为官衔加以记载。④ 在曹魏正始年间夏侯玄对九品中正制的批判议论中,将"中正"官视为"上"(皇帝、政府)对"下"(民间)的代表。⑤ 西晋

---

① 即"清流"一同批判"浊流"为第一阶段,"清流"的逸民批判清流派士人为第二阶段。参见川胜义雄:《漢末のレジスタンス運動》,《東洋史研究》第25卷第4号,1967年(后修订收入川胜义雄:《六朝貴族制社会の研究》,岩波书店,1982年)。——译者
② 参见福原启郎:《内藤湖南の中世貴族成立の論理》的注(17),内藤湖南研究会编:《内藤湖南の世界——アジア再生の思想》,河合文化教育研究所,2001年。
③ 参见王鸣盛:《十七史商榷·三国志》的"州郡中正"条与《十七史商榷·晋书》的"九品中正"条。
④ 在唐修《晋书》东晋部分的列传中,官员履历中开始出现中正官的记载。
⑤ 参见《三国志》卷九《魏书·夏侯玄传》。

太康年间,刘毅的《九品八损议》中也指出,"中正"官"无尝罚之防"(不适用选举不实的相关法律)。① 此外,据《晋令》佚文②,兼职"中正"官的在京官员每月三回(或一回)于洛阳城上东门外张幔幕,举行会议。如果将"中正"官的这些特征视为国家与社会的对峙,那么,社会即川胜义雄命名的"乡论环节的重层构造"。而魏晋贵族作为社会的代表,他们兼任"内官"与"中正"这一行为,正清晰展现出该人群脚踏在国家与社会之间。顺带一提,在魏晋时代是否恢复肉刑的廷议中,贵族持反对派立场。③

重要的是,带有公权力的人物评价风潮,以九品中正制的形式被新的国家体制吸纳,然而并未完全消化。若举例表现,可以看到,在金字塔形的国家体制对面,屹立着同样金字塔形的社会体系——即川胜义雄所谓的"乡论环节的重层构造"。"中正"官所具有的特殊性,正源自此金字塔形的社会体系。"内官"+"领中正官"的形态,正清晰表现出贵族脚踏国家体系与社会体系这两座金字塔。在日本学界,围绕着六朝贵族的本质究竟是中央官僚,还是地方名望家这一问题,存在争议。就某种意义而言,中央官僚与国家体系重叠,地方名望家则与社会体系重叠。至少,六朝贵族游离于王朝兴衰之外而不断存续,在国家、皇权之外保持独立性,正是由于他们扎根在当时的社会体系之中。这是汉代国家身份制的"官"—"民"体系转向六朝社会身份制的"士"—"庶"体系的背景所在。④ 此外,它也是该时代许多乍一看无法理解的

---

① 参见《晋书》卷四五《刘毅传》。
② 参见《通典·职官典·州郡·上·总论州佐》"中正"条注文。
③ 参见本书第一章。
④ 参见葭森健介:《"士庶"考——针对唐宋变革前史的一个考察》,日本中国史研究会年刊刊行会编:《日本中国史研究年刊 二〇〇八年度》,上海古籍出版社,2011年。

历史现象——例如官员们怠于政务——的背景所在。

东汉时代，各地的乡里社会出现了人物评价的风潮，向全国扩大。在此阶段，本籍地与现居地原则上是一致的。此后，由于汉末战乱等原因，人士离散，导致本籍地与现居地的不一致变得显著起来。在这一阶段，出现了两种"本籍地主义"的可能性。一种是在默认本籍地与现居地乖离的基础上，标榜本籍的"本籍地主义"。一种是通过"土断"改变本籍地，使之与现居地一致的"本籍地主义"。前者是九品中正制的前提，后者是乡举里选的前提。在卫瓘、李重等人对九品中正制的批判中，就提到了"土断"。而在历史的现实中，魏晋国家选择了前一种"本籍地主义"。其结果，出现了一种"乡里"的游离，同时，现居地的束缚就某种意义而言也不复存在。随着此种状况向全国扩大，一旦国家、社会安定下来，大多数官僚也就在都城之中安家置业了。① 以此为契机，士庶开始区分，与本籍地所结合的"门地"受到重视。从东晋开始，出现了门阀贵族。

或由上述动向所产生的一个结果，那就是在魏晋时期，如金字塔般的社会体系——即"乡论环节"的重层构造中的"第三次乡论"（都城洛阳的贵族社交圈）在不断疏离于乡里社会。有关于此，本文正文曾引用过宫崎市定的一个简要概括：当时的社会，上层在清谈与奢侈竞争，而下层则行贿赂之事。② 对宫崎市定的这

---

① 这正是西晋墓志出现的前提（参见本书第十一章）。在都城洛阳当利里居民建社祠时所立《晋当利里社碑》的碑阴题名中，也刻有诸如"社史赵国范肇字弘基"的本籍。而几乎所有的题名者本籍都不是河南洛阳。这一点颇具意味。参见宁可：《记晋当利里社碑》，《宁可史学论集》，中国社会科学出版社，1999年。顺带一提，《晋辟雍碑》碑阴题名中也刻有本籍（本书第四章）。

② 参见《九品官人法の研究——科举前史》，东洋史研究会，1956年。后收入《宫崎市定全集》第6卷，岩波书店，1992年。另有中央公论社1997年版。

一观点,笔者在本书社会史篇的第七章至第十一章中进一步展开,进行了集中研究。

　　第九章《〈钱神论〉的世界》、第十章《〈释时论〉的世界》的研究对象,都是呈现西晋惠帝(290—306在位)时代的世相,将时世比作"互市"而展开批判的警世之言。在第十章,笔者基于对《释时论》的分析,揭示了元康年间作为第三次乡论场所——选举的混浊。即权贵子弟("挟炭之子")、权贵的追随者("趣势之士")这两类人在当时独占名声("虚誉")、排挤他人。在第九章,笔者分析了批判拜金主义风潮的《钱神论》,指出文中对清谈("綦毋先生")与贿赂("司空公子")这两种结交权贵的手段加以对比,认为后者为上。由此揭示了人们对用于贿赂的"钱"的崇拜,亦即对拜金主义的依附。

　　第七章《关于贾谧"二十四友"的若干问题》与第八章《关于西晋贵族社会风气的若干考察——从〈世说新语〉中〈俭啬〉〈汰侈〉的研究出发》都是关于西晋贵族社会特征的论考。在第八章中,笔者指出,《世说新语·汰侈》所见西晋第三次乡论场域中的奢侈竞争,实质是围绕着"豪"(豪胆)的名声所展开的对抗("辈")。本来,地方豪族基于任侠精神展开赈恤①,对此赈恤行为的"散"(即散财——译者),时人给予"豪"的评价(名声)。而都城洛阳中的官僚贵族则本末倒置,为了获得"豪"的评价而展开"散"的行为。在第七章,笔者考察了宫崎市定未曾言及、存在于元康年间第三次乡论场域中的权贵——贾谧,以及与贾谧结交、具有文才的"二十四友"集团。文中指出,"二十四友"与在"互市"的风潮下,以贿赂请托权贵的寒门层(《钱神论》《释时论》)具有共通的一面。此

---

① 即"轻财好施"。《后汉书·党锢列传》序言所见"能以财救人"的"八厨",就是典型。

结　语

外,他们与八王之乱中以军事才能结交宗室诸王,成为宗室诸王私党的寒门、寒人层也有共通的一面。

此外,笔者还指出,自东晋开始,贵族制社会克服了魏晋时代游离于第三次乡论之场、以各种权贵为中心、"炽热"[①]的贵族制社会的缺点,走向沉静化。即魏晋社会向着"门阀主义"与"贤才主义"两个方向发展变化。前者主要在南朝展开,后者主要在北朝展开,并最终生成了科举制度。

魏晋时代的另一座金字塔型体系——即魏晋王朝国家(政权),大致可分为东汉王朝内的曹操政权、曹魏王朝、西晋王朝三阶段。那么,这三阶段又各自具有怎样的特征?

魏晋王朝国家的起点是曹操政权。根据渡边义浩的概括[②],三国诸集团、政权由[以军事力量为基础的]君权与[以豪族层的支持等要素为基础的]"名士"层所构成。前者尊重、重用后者,后者则依存、配合前者。由此,双方结合在一起。[③] 取得此两种势力加以平衡的曹操、刘备、孙权诸政权,由此得以存续。以笔者的私见,曹魏政权得以称霸中原北方地区的要因,在于以下几点:(1)荀彧的归顺以及借助其推荐确保了人才;(2)以投降的黄巾军为基础所编成的"青州兵"军团;(3)屯田制的创设,保证了财政基础;(4)拥立献帝,以获得大义名分。(2)、(3)、(4)皆基于曹操幕下谋士的献策,再加上曹操对于求"才"所具有的热情,因此(1)是为最大的要因。与国家、社会两种金字塔形的体系相对应,在曹操政权中,位于君权顶点的是曹操,位于"名士"层顶点的则是荀

---

① 即《释时论》中的"热势",参见本书第十章。
② 参见渡边义浩:《三国政権の構造と"名士"》,汲古书院,2004 年;福原启郎:《渡辺義浩著〈三国政権の構造と"名士"〉》,《唐代史研究》第 9 号,2006 年。
③ 另一方面,这两种势力也存在对抗。

或。当然,正如本书第一章所揭示的那样,这并非一种单纯的二元论,双方也并非只存在排他、对峙性的一面。

若对以皇帝为首的王朝国家交替加以叙述,位于秦汉帝国末尾的是东汉王朝,此后曹魏、蜀汉、孙吴三国鼎立(辽东还有以燕为号的公孙氏政权),接下来是西晋王朝、东晋王朝与五胡十六国的并立。其中主要的王朝更迭,是在汉魏、魏晋间展开两次禅让的东汉、曹魏、西晋王朝。汉魏禅让,伴随着九品中正制的创设。魏晋禅让,伴随着[开国]五等爵制的创设。此外,就官爵而言,曹魏王朝的前身是立足于丞相、魏公、魏王的曹操政权与曹丕政权(不满一年)。同样,西晋王朝的前身是立足于相国、晋公、晋王的司马昭政权与司马炎政权。汉献帝禅位于魏王曹丕,魏元帝禅让于晋王司马炎。至于政权的实体,则毋宁说是曹丕、司马炎各自所开的丞相府、相国府等幕府(公府)。

如果从西晋王朝,特别是晋武帝司马炎的立场加以思考,当时存在着克服已灭亡的东汉王朝——即秦汉帝国、克服曹魏王朝这两个政策性课题。前一课题与曹魏王朝所共通,例如在曹操政权转化为曹魏王朝前夜,当时的曹丕政权创设了九品中正制,西晋王朝继承了这一制度。此外,在制定律令等确立新权威的政策方面,魏明帝时期的魏律也为西晋王朝所继承、进一步发展。① 自曹操政权开始,在曹魏王朝、西晋王朝、东晋王朝,不断出现围绕着恢复肉刑的廷议。这一事实,正是曹操政权与曹魏王朝、西晋王朝乃至于东晋王朝具有连续性的佐证之一。② 此外,实施于西晋太康年间(280—289)的土地制度(田制)、税制——占田、课

---

① 参见本书第二章小结。
② 参见本书第一章。

田制与户调式之中。至少户调式这一制度源自曹操政权在建安初年实施于兖州的政策,这应当也是一个旁证。①

与之相对,西晋王朝为了不重蹈曹魏王朝的覆辙,克服其弊端而采取了许多政策。如相对于曹魏"冷遇"宗室而采取的"优遇"宗室政策等,此点众所周知。② 此外,相对于被贴上"苛酷"标签的曹魏王朝,西晋王朝采取以"宽容"为主旨的方针。礼教政策也沿此方针得以实施,例如国子学的创设等等。③ 又,第三章《关于西晋国子学创立的考察》中指出,本应成为礼教中心的太学,在当时堕落为以避役为目的的"浊"之场。面对这一现实,以礼教国家为志向的晋武帝果然改革中央官学,通过创立国子学,确立了清浊分离的"二学"体制。

该时期的军事制度,也令人感到颇有意味。例如,曹操政权新设的中领军、中护军为曹魏、西晋王朝所继承。④ 其中值得注意的,是都督制的成立。⑤ 都督源自东汉后半期的临时官职,三国时期,诸军阀出于统率武装豪族等诸多武力集团的必要,使用了"都督"这一名号。与将军对比,都督带有监察的特征。汉魏禅让前夜,"州都督"诞生,最初以出镇作为对吴、对蜀要地的寿春、襄阳、长安为中心。进入西晋,特别是天下统一后,鉴于曹魏失败

---

① 参见渡边信一郎:《戶調式の成立——賦斂から戶調へ》,《東洋史研究》第60卷第3号,2001年(后收入渡边信一郎:《中国古代の財政と国家》,汲古書院,2010年)。
② 参见本书第六章开头。
③ 参见本书第三章、第四章等等。
④ 参见何兹全:《魏晋的中军》,《中央研究院历史语言研究所集刊》第17本,1948年(后收入何兹全:《读史集》,中华书局,1982年);《何兹全文集》第2卷《中国史综论》,中华书局,2006年。
⑤ 参见小尾孟夫:《六朝都督制研究》,溪水社,2001年;石井仁:《都督考》,《東洋史研究》第51卷第3号,1992年;森本淳:《曹魏軍制前史——曹操軍団拡大過程からみた一考察》,《中央大学アジア史研究》第22号,1998年;山口正晃:《都督制の成立》,《東洋史研究》第60卷第2号,2001年。

的经验,有力。"亲亲"的宗室诸王出镇邺城、许昌、长安等"方镇",期待他们成为"屏藩"。岂料八王之乱随之爆发,特别是在八王之乱的后半段,宗室诸王成为其中的主角。① 正如第六章所讨论的那样,与曹魏正相反,西晋宗室诸王以都督的身份出镇,掌握辖区军权,利用开府、召辟,将辖区内人才召辟至军府中。同时,宗室诸王还能够作为中央官员在全国范围招纳士人,由此也就能够与士人舆论建立起联系。如果借用前引渡边义浩对三国诸集团、诸政权的概括,在西晋宗室诸王的方镇中,可以看到君权与"名士层"的双重要素。作为"屏藩"出镇的宗室诸王,与皇帝具有血缘关系,其中更有血缘亲近的"亲亲"。如此一来,他们便可以借助于此身份以及士人所代表的舆论支持起兵。此外,宗室诸王的方镇本身也蕴含着向政权、国家转化的可能性。事实上,琅邪王司马睿(东晋元帝)的方镇就成为孕育东晋王朝的母胎。

在古代社会向中世社会转换,以及与此对应,在古代国家向中世国家转换的历史大势中,上述由曹操政权、曹魏王朝创设,后为西晋王朝所继承的诸制度,或者西晋王朝自行创设的诸制度,应当是国家应对社会变动所产生的结果。这些制度,也为此后的东晋、五胡十六国、南北朝诸国家乃至于隋唐帝国所继承。

在东汉政权实质灭亡后建立起的魏晋王朝,重建作为公权的国家,是其使命所在。这一公权,可分为权威、舆论两个要素。围绕恢复肉刑的廷议争论,就是这两种要素的冲突。② 重视权威者,赞成恢复肉刑;重视舆论者,则反对恢复肉刑。如果加以对比,则魏、晋两个王朝中,曹魏重视权威,而西晋重视舆论。魏明

---

① 参见本书第五章、第六章。
② 参见本书第一章。

帝营造宫殿,即创立、强化权威的措施之一。① 相对的,晋武帝则通过建立国子学②、竖立《辟雍碑》③等礼教政策来创立、强化权威。与此同时,考虑到对曹魏的舆论反弹,也为了确立起基于舆论之上的公权,晋武帝司马炎以身作则,作为孝行、节俭的模范展示于天下,并推行以"宽裕"为主旨的政策。附带言之,虽然皇帝与贵族存在着对立的一面,但在国家层面的问题尚未解决之前,皇帝与贵族并非对立。皇帝与贵族的对立关系,此时退入政治前台的背面。

然而,西晋王朝的公权却偏入了私权化的潮流中。其萌芽为魏晋禅让前夜创设的五等爵制。大肆封赏爵位,虽然获得了舆论支持,然而其目的却出于私心。再加上太康元年(280)孙吴平定、天下再次一统后,政治废弛,为私权化的全面展开提供了基础。晋武帝自身也不断地走向私权化。具体而言,这一倾向发端于立太子问题。为皇太子贴金增彩,也正是竖立《晋辟雍碑》的原因之一。④ 接着,便发生了齐王攸归藩事件。此事件可以说是八王之乱的先声。⑤

西晋王朝的灭亡,意味着一系列魏晋王朝国家体制的崩溃。其中原因,恐怕在于古代社会向中世社会的转换与古代国家向中世国家的转换之间,存在着时间差。换言之,也就是中世社会与古代国家之间的偏差,这也正是内藤湖南所谓的"过渡期"。不过,此时期也并非一无所获。虽然国家体制崩溃了,但由此国家

---

① 参见本书第二章。
② 参见本书第三章。
③ 参见本书第四章。
④ 参见本书第四章。
⑤ 参见本书第五章。

体制,却产生了诸多制度。例如曹魏时代创设的屯田制,为西晋所继承,并在其基础上制定了占田、课田制,与北魏均田制联系在了一起。此外,曹魏时代制定了魏律,西晋时代制定了泰始律令,而以律令作为根基的隋唐帝国,也将在此后出现。

参考文献

参考文献按照日文、中文的顺序,按作者个人或机构分别列举。日文文献作者以 50 音为顺序,中文文献作者以拼音为顺序排列。[ ]中文献名为本书第十一章《西晋墓志的意义》第二节第二段第一个注中确定的略称。

日文文献

足立丰解说　1971　《晋・皇帝三臨辟雍碑》,二玄社,书迹名品丛刊,第 166 回配本。

池田温　1981　《中国歴代墓券略考》,《東洋文化研究所紀要》第 88 号。

石井仁　1992　《都督考》,《東洋史研究》第 51 卷第 3 号。

一海知义　1960　《文選挽歌詩考》,《中国文学報》第 12 册。

伊藤敏雄　1986　《正始の政変をめぐって——曹爽政権の人的構成を中心に》,收入《中国史における乱の構図》,雄山阁出版。

伊藤正文　1958　《曹植》,《中国詩人選集》第 3 卷,岩波书店。

稻叶一郎　1976　《呉楚七国の乱について》,《立命館文学》第 369・370 号合刊。

井波律子　1983　《中国人の機智——〈世説新語〉を中心として》,中公新书。新版为讲谈社,2009 年。

井波律子　1988　《世説新語》,《鑑賞中国の古典》第 14 卷,角川书店。

今鹰真、井波律子、小南一郎译　1977・1982・1989　《三国志》,《世界古典文学全集》第 24 卷(3 册),筑摩书房。

上田早苗　1970　《貴族的官制の成立——清官の由来とその性格》,收入中国中世史研究会编:《中国中世史研究——六朝隋唐の社会と文化》,东海大学出版会。

内田智雄编　1964　《訳注中国歴代刑法志》,创文社。

宇都宮清吉　1939　《世説新語の時代》,《東方学報》(京都)第 10 册第

2分。后修订收入宇都宫清吉:《漢代社会経済史研究》,弘文堂,1955年。

大泽阳典　1976　《西晋政治史の二・三問題——八王の乱の前史として》,《立命館文学》第371・372号合刊。

太田有子　1980　《古代中国における夫婦合葬墓》,《史学》第49卷第4号。

大庭脩　1954　《漢代官吏の勤務規定——休暇を中心として》,《聖心女子大学論叢》第4集。后改名为《漢代官吏の勤務と休暇》,收入《秦漢法律史の研究》,創文社,1982年。

大庭脩　1971　《親魏倭王》,学生社。增补版为学生社,2001年。

冈崎文夫　1932　《魏晋南北朝通史》,弘文堂书房。内编新版为平凡社东洋文库版,1989年。

冈村繁　1952　《人物志の流伝について——支那中古人物論の本質解明への一試論》,广岛哲学会:《哲学》第3辑。

越智重明　1957　《晋代の都督》,《東方学》第15辑。

越智重明　1959　《西晋の封王の制》,《東洋学報》第42卷第1号。

越智重明　1963　《魏晋南朝の政治と社会》,吉川弘文馆。

越智重明　1980　《魏晋時代の四征将軍と都督》,《史淵》第117辑。

越智重明　1982　《魏晋南朝の貴族制》,研文出版。

越智重明　1993　《六朝の免官、削爵、除名》,《東洋学報》第74卷第3・4号合刊。后收入越智重明:《中国古代の政治と社会》,中国书店,2000年。

落合悠紀　2010a　《曹魏時代の太学について——明帝紀を中心として》,《駿台史学》第139号。

落合悠紀　2010b　《曹魏時代における肉刑復活論に関する一考察》,《白山史学》第46号。

小尾孟夫　1978a　《曹魏における"四征"将軍》,《広島大学教育学部紀要》第2部第26号。后改名为《曹魏における"四征"将軍と州都督》,收入小尾孟夫:《六朝都督制研究》,溪水社。

小尾孟夫　1978b　《晋代における将軍号と都督》,《東洋史研究》第37卷第3号。后改名为《晋代における将軍号と州都督》,收入小尾孟夫:《六朝都督制研究》,溪水社。

小尾孟夫　2001　《六朝都督制研究》,溪水社。

加贺荣治　1964　《中国古典解釈史　魏晋篇》,劲草书房。

金谷治译注　1999　《論語(新版)》,岩波文库。

狩野直喜　1968　《魏晋学術考》,筑摩书房。

镰田重雄　1943　《漢代の禁錮》,《歷史学研究》第 13 卷第 3・4 号合刊。后收入镰田重雄:《秦漢政治制度の研究》,日本学术振兴会,1962 年。

川合安　1995　《沈約の地方政治改革論——魏晋の封建論と関連して》,收入中国中世史研究会编:《中国中世史研究　続編》,京都大学学术出版会。

川合安　2002　《六朝"謝氏家族墓誌"について》,《古代文化》第 54 卷第 2 号。

川合安　2007　《東晋琅琊王氏家族墓誌について》,《東北大学東洋史論叢》第 11 辑。

川胜义雄　1982　《六朝貴族制社会の研究》,岩波书店。

川胜义雄　1950　《シナ中世貴族政治の成立について》,《史林》第 33 卷第 4 号。后改名为《貴族政治の成立》,收入川胜义雄:《六朝貴族制社会の研究》,岩波书店,1982 年。

川胜义雄　1954　《曹操軍団の構成について》,京都大学人文科学研究所:《創立廿五周年記念論文集》。后改名为《曹操軍団の構成》,收入川胜义雄:《六朝貴族制社会の研究》,岩波书店,1982 年。

川胜义雄　1967　《漢末のレジスタンス運動》,《東洋史研究》第 25 卷第 4 号。后修订收入川胜义雄:《六朝貴族制社会の研究》,岩波书店,1982 年。

川胜义雄　1970a　《魏・西晋の貴族層と郷論》,中国中世史研究会编:《中国中世史研究》(东海大学出版会)所收《貴族制社会と孫呉政権下の江南》的前半部分。后修订收入川胜义雄:《六朝貴族制社会の研究》,岩波书店,1982 年。

川胜义雄　1970b　《貴族社会の成立》,《世界歴史》第 5 卷,岩波书店。后修订收入川胜义雄:《六朝貴族制社会の研究》,岩波书店,1982 年。

川胜义雄等译　1964　《世説新語》,收入《世界文学大系》第 71 卷《中国古小説集》,筑摩书房。

木岛史雄　1990　《招魂をめぐる礼俗と礼学》,《中国思想史研究》第 13 号。

木岛史雄　1996　《〈大晋龍興皇帝三臨辟雍皇太子又再蒞之盛德隆熙之頌跋〉にみる晋初の礼学とその実践》,《中国思想史研究》第 19 号。

金文京　2005　《三国志の世界》,《中国の歴史》第 4 卷,讲谈社。

气贺泽保规　1981　《中国新出石刻関係資料目録》(1),书论编集室编:《書論》第 18 号。

气贺泽保规　1982　《中国新出石刻関係資料目録》(2),书论编集室编:《書論》第 20 号。

气贺泽保规　1983　《中国新出石刻関係資料目録》(3)，书论编集室编:《書論》第22号。

气贺泽保规　1989　《中国新出石刻関係資料目録》(4)，书论编集室编:《書論》第25号。

气贺泽保规　1992　《中国新出石刻関係資料目録》(5)，《富山大学教養部紀要》第24卷第2号(人文・社会科学篇)別册。

气贺泽保规　1997　《中国新出石刻関係資料目録》(6)，《明治大学人文科学研究所紀要》第41册。以上[目録]。

气贺泽保规编著　2002　《復刻　洛陽出土石刻時地記——附解説・所載墓誌碑刻目録》，汲古書院。

小池直子　2003　《賈南風婚姻》，《名古屋大学東洋史研究報告》第27号。

兴膳宏　1973a　《潘岳　陸機》，《中国詩文選》第10卷，筑摩书房。

兴膳宏　1973b　《石崇と王羲之》，《書論》第3号。

兴膳宏　1974　《潘岳年譜稿》，《名古屋大学教養部紀要》第18輯。

兴膳宏・川合康三　1995　《隋書経籍志詳考》，汲古書院。

兴膳宏　2011　《人物評価における"清"字》，《三国志研究》第6号。

黄永年(气贺泽保规译・补注)　1989　《碑帖学》(上)，《書論》第25号。

古胜隆一　2008　《魏晋時代の皇帝権力と死刑——西晋における誅殺を例として》，富谷至编:《東アジアの死刑》，京都大学学术出版会。

小嶋茂稔　1999　《〈冀州刺史王純碑〉考》，《論集中国古代の文字と文化》，汲古書院。

小林聪　1993　《六朝時代の印綬冠服規定に関する基礎的考察——〈宋書〉礼志にみえる規定を中心にして》，《史淵》第130輯。

小林聪　1996　《晋南朝における冠服制度の変遷と官爵体系——〈隋書〉礼儀志の規定を素材として》，《東洋学報》第77卷第3・4号合刊。

小南一郎　1984　《中国の神話と物語り——古小説史の展開》，岩波书店。

小南一郎　1989　《壷形の宇宙》，《東方学報》(京都)第61册。

小南一郎　1995　《射の礼儀化をめぐって》，《中国古代礼制研究》，京大人文科学研究所。

小南一郎　2001　《飲酒礼と裸礼》，《中国の礼制と礼学》，朋友书店。

佐竹保子　1994a　《"設論"ジャンルの展開と衰退——漢代から東晋までの人生観管見》，内藤幹治编:《中国的人生観・世界観》，东方书店。后

收入佐竹保子:《西晋文学論》,汲古书院,2002 年。

佐竹保子 1994b 《皇甫謐の"釈勸論"について》,神户大学文学部中国文学研究会:《未名》第 12 号。后收入佐竹保子:《西晋文学論》,汲古书院,2002 年。

佐竹保子 1995 《西晋の出処論》,《日本中国学会会報》第 47 集。

佐竹保子 2003 《郭璞"客傲"訳注及びその位置付け》,《東北大学中国語学文学論集》第 8 号。

佐藤达郎 1993 《曹魏文・明帝期の政界と名族層の動向——陳羣・司馬懿を中心に》,《東洋史研究》第 52 卷第 1 号。

佐原康夫 1991 《漢代祠堂画像考》,《東方学報》(京都)第 63 册。

盐泽裕仁 2010 《千年帝都 洛陽——その遺跡と人文・自然環境》,雄山阁。

滋贺秀三 1972 《刑罰の歴史——東洋》,庄子邦雄、大塚仁、平松义郎编:《刑罰の理論と現実》,岩波书店。

滋贺秀三 1976 《中国上代刑罰についての一考察——盟と誓を手がかりとして》,《石井良助先生還暦祝賀 法制史論集》,創文社。

滋贺秀三译注 1979 《唐律疏議訳注》一,律令研究会编:《訳注日本律令》五,东京堂出版社。

重泽俊郎 1952 《漢魏における肉刑論》,京大支那哲学研究会:《東洋の文化と社会》第 2 集。

岛田虔次编 1983 《アジア歴史研究入門》第 1 卷,同朋舍。

下仓涉 1996 《散騎省の成立——曹魏・西晋における外戚について》,《歷史》第 86 辑

杉山正明 1998 《史料とはなにか》,《世界歴史》第 1 卷《世界史へのアプローチ》,岩波书店。

角谷常子 1991 《秦漢時代の石刻資料》,《古代文化》第 43 卷第 9 号。

关尾史郎 2009 《"五胡"時代の墓誌とその周辺》,《環日本海研究年報》第 16 号。

关野贞 1935 《支那碑碣形式ノ変遷》,座右宝刊行会。

曾我部静雄 1976 《中国社会経済史の研究》,吉川弘文馆。

多贺秋五郎 1953 《唐代教育史の研究——日本学校教育の源流》,不昧堂书店。

多贺秋五郎 1977 《中世儒教主義学校体系完成の過程》,《東洋教育史研究》第 1 号。

高桥和巳　1957　《潘岳論》,《中国文学報》第 7 册。后收入《高橋和巳作品集》第 9 卷《中国文学論集》,河出书房新社,1972 年;《高橋和巳全集》第 15 卷《中国文学論》,河出书房新社,1978 年。

高桥和巳　1959·1960　《陸機の伝記とその文学》上·下,《中国文学報》第 11·12 册。后收入《高橋和巳作品集》第 9 卷《中国文学論集》,河出书房新社,1972 年;《高橋和巳全集》第 15 卷《中国文学論》,河出书房新社,1978 年。

竹田晃译　1983·1984　《世説新語》上·下,《中国の古典》第 21·22 卷,学习研究社。

多田狷介　1979　《〈人物志〉訳稿》(上),日本女子大学史学研究会:《史艸》第 20 号。

多田狷介　1980　《〈人物志〉訳稿》(下),日本女子大学史学研究会:《史艸》第 21 号。

谷川道雄　1966　《六朝貴族制社会の史的性格と律令体制への展開》,《社会経済史学》第 31 卷第 1-5 号。后收入谷川道雄:《中国中世社会と共同体》,国书刊行会,1976 年。

谷川道雄　1977　《世界帝国の形成》,讲谈社。

谷川道雄　1979　《東アジア世界形成期の史的構造》,唐代史研究会编:《隋唐帝国と東アジア世界》,汲古书院。

谷川道雄　1989　《後漢末、魏晋時代の遼西と遼東》,《中国辺境社会の歴史的研究》,昭和六十三年度科学研究費补助金综合研究(A)研究报告书(项目主持人:谷川道雄)。

谷川道雄　1990　《六朝時代の名望家支配について》,《龍谷大学論集》第 436 号。

谷口洋　1991　《"客難"をめぐって——"設論"の文学ジャンルとしての成熟と变質》,《中国文学報》第 43 册。

谷口洋　1992　《揚雄の"解嘲"をめぐって》,《中国文学報》第 45 册。

谷口洋　1994　《後漢における"設論"の变質と解体》,《中国文学報》第 49 册。

辻正博　2008　《西晋における諸王の封建と出鎮》,笠谷和比古编:《公家と武家Ⅳ·官僚制と封建制の比較文明史的考察》,思文阁出版。

都筑晶子　1989　《六朝時代における個人と"家"——六朝道教经典を通して》,《名古屋大学東洋史研究报告》第 14 号。

富谷至　1979　《"儒教の国教化"と"儒教の官学化"》,《東洋史研究》第 37 卷第 4 号。

富谷至　1983　《秦漢の労役刑》,《東方学報》(京都)第 55 册。

富谷至　1987a　《ふたつの刑徒墓——秦～後漢刑徒と刑期》,川胜义雄、砺波护编:《中国貴族制社会の研究》,京都大学人文科学研究所。

富谷至　1987b　《黄泉の国の土地売買——漢魏六朝買地券考》,《大阪大学教養部研究集録(人文・社会科学)》第 36 辑。

富谷至　1995　《古代中国の刑罰、髑髏が語るもの》,中央公论社。

富谷至　2003　《木簡・竹簡の語る中国古代——書記の文化史》,岩波书店。

内藤湖南　1914　《支那論》。后收入《内藤湖南全集》第 5 卷,筑摩书房。

内藤湖南　1922　《概括的唐宋時代観》,《歴史と地理》第 9 卷第 5 号。后收入《内藤湖南全集》第 8 卷,筑摩书房,1997 年。

内藤湖南　1947　《支那中古の文化》(后改名《中古中国の文化》),弘文堂。后以原书名收入《内藤湖南全集》第 10 卷,筑摩书房,1997 年。

内藤湖南　1947　《支那近世史》(后改名《中国近世史》),弘文堂。后以原书名收入《内藤湖南全集》第 10 卷,筑摩书房,1997 年。

永田英正编　1967　《新出石刻資料一覧》[一覧],《書道全集》第 26 卷《中国・補遺》,平凡社。

永田英正　1972　《漢代の集議について》,《東方学報》(京都),第 43 册。

永田英正编　1994　《漢代石刻集成》,同朋舍。

中田勇次郎　1975　《中国墓誌精華》[精华],中央公论社。

中田勇次郎　1975　《中国の墓誌》,《中国墓誌精華》,中央公论社。后收入《中田勇次郎著作集　心花室集》第 2 卷《中国書道史論考・魏晋南北朝篇》,二玄社,1984 年。

中林史朗・渡边义浩编著　1996　《三国志研究要覧》,新人物往来社。

中村圭尔　1982　《"郷里"の論理——六朝貴族社会のイデオロギー》,《東洋史研究》第 41 卷第 1 号。后修订收入中村圭尔:《六朝貴族制研究》,风间书房,1987 年。

中村圭尔　1974　《晋南朝における除名について》,《人文研究》第 26 卷第 11 分册。后改名为《除名について》收入中村圭尔:《六朝貴族制研究》,风间书房,1987 年。

中村圭尔　1988a　《南朝における議について——宋・斉代を中心に 3》,《人文研究》第 40 卷第 10 分册。

中村圭尔　1988b　《東晋南朝の碑・墓誌について》,《比較史の観点

による史料学の総合的研究》(项目主持人：河音熊平)，大阪市立大学。后收入中村圭尔：《六朝江南地域史研究》，汲古书院，2006年。

仁井田陞　1933　《唐令拾遗》，东方文化学院东京研究所。

仁井田陞　1939　《中国における刑罰体系の変遷——とくに"自由刑"の"発展"》，《法学協会雑誌》第57卷第3・4・5号合刊。后收入仁井田陞：《中国法制史研究　刑法》，东京大学出版会，1959年。

西冈弘　1970　《中国古代の葬礼と文学》，三光社。

西川利文　1990　《漢代博士弟子制度について——公孫弘の上奏文解釈を中心に》，《鷹陵史学》第16号。

西川利文　1991　《漢代博士弟子制度の展開》，《鷹陵史学》第17号。

西田太一郎　1974　《中国刑法史研究》，岩波书店。

西林昭一监修、考古文物研究友好访中团编　1989a　《中国の書・史跡と博物館ガイド》，雄山阁。

西林昭一　1989b　《中国新出土の書》，二玄社。

西林昭一责编・执笔　1991a　《ヴィジュアル書藝術全集》第4卷《三国—東晉》[书艺术]，雄山阁。

西林昭一　1991b　《書の文化史》上，二玄社。

丹羽兌子　1970　《魏晋時代の名族——荀氏の人々について》，《中国中世史研究——六朝隋唐の社会と文化》，东海大学出版会。

马子云(栗林俊行译)　1988　《中国碑帖ガイド》，二玄社。中文版为马子云：《碑帖鉴定浅说》，紫禁城出版社，1986。

长谷川道隆　《呉・晋(西晋)墓出土の神亭壺——系譜および類型を中心に》，《考古学雑誌》第71卷第3号。

滨口重国　1957　《漢代の笞刑に就いて》，《東洋学報》第24卷第2号。后收入滨口重国：《秦漢隋唐史の研究》，东京大学出版会，1966年。

滨口重国　1957　《魏晋南朝の兵戸制度の研究》，《山梨大学藝学部紀要》第2号。后收入滨口重国：《秦漢隋唐史の研究》，东京大学出版会，1966年。

日比野丈夫等监修　1974　《中華人民共和国河南省碑刻画像石》，共同通信社开发局。

日比野丈夫　1977　《墓誌の起源について》，《江上波夫教授古稀記念論集〈民族・文化篇〉》，山川出版社。

平冈武夫　1956　《唐代の長安と洛陽　地図》，京都大学人文科学研究所。

菲利普・阿里斯(福井宪彦译)　1990　《図説死の文化史・ひとは死

をどのように生きたか》,日本ディタースクール出版部。

福井佳夫　2007　《六朝の遊戯文学》,汲古书院。

福原启郎　1989　《中国、西晋王朝における女性の墓誌》,《Mare Nostrum 地中海文化研究会研究報告》Ⅱ。

福原启郎　1995　《西晋の武帝司馬炎》,白帝社。

福原启郎　2000　《王沈〈釈時論〉訳注》,《京都外国語大学研究論叢》第 55 号。

福原启郎　2001a　《魯褒〈銭神論〉訳注》,《京都外国語大学研究論叢》第 57 号。

福原启郎　2001b　《内藤湖南の中世貴族成立の論理》,内藤湖南研究会編:《内藤湖南の世界——アジア再生の思想》,河合文化教育研究所。

福原启郎　2003　《晋代の女性と家族の特徴に関する一考察》,京都外国语大学《COSMICA》第 32 号。

福原启郎　2004　《長沙呉簡に見える"刑"に関する初歩的考察》,《長沙呉簡研究報告》第 2 集。

福原启郎　2006　《渡辺義浩著〈三国政権の構造と"名士"〉》,《唐代史研究》第 9 号。

福原启郎　2008　《賈謐の二十四友に所属する人士に関するデータ》,《京都外国語大学研究論叢》第 70 号。

福原启郎　2010　《西晋荀岳墓誌の検討》,《京都外国語大学研究論叢》第 75 号。

福原启郎　2011　《日本における六朝貴族制論の展開について》,《京都外国語大学研究論叢》第 77 号。

藤川正数　1954　《郷飲酒礼に現われたる秩序の原理》,《内野台嶺先生追悼論文集》。

伏见冲敬　1971　《晋・辟雍碑》,《書品》第 214 号。

船越信　1991　《秦漢の瓦塼文刑徒墓誌》,《古代文化》第 43 卷第 9 号。

堀池信夫　1988　《漢魏思想史研究》,明治書院。

本田济　1955　《魏晋における封建論》,《人文研究》第 6 卷第 6 号。

前野直彬　1961　《冥界遊行》,《中国文学報》第 14・15 册。后收入前野直彬:《中国小説史考》,秋山书店,1975 年。

増渊龙夫　1960　《後漢党錮事件の史評について》,《一橋論叢》第 44 卷第 6 号。后收入増渊龙夫《新版　中国古代の社会と国家》,岩波书店,1996 年。

町田章　1987　《古代東アジアの装飾墓》,同朋舎。

松家裕子　1990　《抒情的五言詩の成立について》,《中国文学報》第42册。

松田寿男、森鹿三編　1966　《アジア歴史地図》,平凡社。

水野清一　1958a　《碑碣の形式》,《書道全集》第2卷《中国・漢》,平凡社。

水野清一　1958b　《墓誌について》,《書道全集》第6卷《中国・南北朝Ⅱ》,平凡社。

南澤良彦　1987　《王肅の政治思想——"感生帝説"批判の背景》,《中国思想史研究》第10号。

宮川尚志　1943　《魏晋及び南朝の寒門・寒人》,《東亜人文学報》第3卷第2号。后增补收入宮川尚志:《六朝史研究　政治・社会篇》,日本学术振兴会,1956年。

宮川尚志　1956a　《黄巾の乱より永嘉の乱へ》,《六朝史研究　政治・社会篇》,日本学术振兴会。

宮川尚志　1956b　《六朝時代の都市》,《六朝史研究　政治・社会篇》,日本学术振兴会。

宮崎市定　1936　《読史箚記》,《史林》第21卷第1号。后收入宮崎市定:《アジア史研究》,同朋舎,1957年;《宮崎市定全集》第17卷,岩波書店,1993年。

宮崎市定　1940　《中国に於ける奢侈の変遷——羨不足論》,《史学雑誌》第51編第1号。后收入宮崎市定:《アジア史研究》,同朋舎,1957年;《宮崎市定全集》第17卷,岩波書店,1993年。此外,正文部分另被收入《中国に学ぶ》,中央公论社,1986年。

宮崎市定　1956　《九品官人法の研究——科挙前史》,東洋史研究会。后收入《宮崎市定全集》第6卷,岩波書店,1992年。另有中央公论社1997年版。

宮崎市定　1968　《大唐帝国》,《世界の歴史》第7卷,河出書房。后收入《宮崎市定全集》第8卷,岩波書店,1993年。

宮崎市定　1974　《論語の新研究》,岩波書店。后收入《宮崎市定全集》第4卷,岩波書店,1993年。

宮崎市定　1977　《中国史》上,岩波書店。后收入《宮崎市定全集》第1卷,岩波書店,1993年。

目加田誠　1975—1978　《世説新語》上・中・下,《新訳漢文大系》第76・77・78卷,明治書院。

籾山明　1995　《秦漢刑罰史研究の現状》,《中国史学》第 5 卷。
森野繁夫　1976　《六朝史の研究》,第一学习社。
森野繁夫编　1980　《六朝評語集——世説新語・世説新語注・高僧伝》,中国中世文学研究会。
森野繁夫编　1982　《六朝評語集(晋書)》,中国中世文学研究会。
森野繁夫・上村素子编　1982　《六朝評語集(古〈晋書〉)》,中国中世文学研究会。
森本淳　1998　《曹魏軍制前史——曹操軍団拡大過程からみた一考察》,《中央大学アジア史研究》第 22 号。
守屋美都雄　1951　《六朝門閥の一研究——太原王氏系譜考》,日本出版協同。
诸桥辙次　1940　《支那の家族制》,《諸橋轍次著作集》第 4 卷,大修館书店,1975 年。
八木泽元　1970　《世説新語》,明德出版社。
安田二郎　1967　《"晋安王子勛の叛乱"について——南朝門閥貴族体制と豪族土豪》,《東洋史研究》第 25 卷第 4 号。后改名为《晋安王劉子勛の反乱と豪族・土豪層》,收入安田二郎:《六朝政治史の研究》,京都大学学术出版会,2003 年。
安田二郎　1976　《八王の乱をめぐって——人間学的考察の試み》,《名古屋大学東洋史研究報告》第 4 号。后改名为《八王の乱と東晋の外戚》,收入安田二郎:《六朝政治史の研究》,京都大学学术出版会,2003 年。
安田二郎　1995　《西晋初期政治史試論——斉王攸問題と賈充の伐呉反対を中心に》,《東洋大学東洋史論集》第 6 号。后改名为《西晋初期政治史試論》,收入安田二郎:《六朝政治史の研究》,京都大学学术出版会,2003 年。
安田二郎　2006　《曹魏明帝の"宮室修治"をめぐって》,《東方学》第 111 辑。
矢野主税　1967　《状の研究》,《史学雑誌》第 76 编第 2 号。
矢野主税编著　1971　《改訂魏晋百官世系表》,长崎大学史学会。
山口正晃　2001　《都督制の成立》,《東洋史研究》第 60 卷第 2 号。
山根幸夫编　1983　《中国史研究入門》上,山川出版社。
杨宽(西嶋定生监译,尾形勇、太田有子译)　1981　《中国皇帝陵の起源と変遷》,学生社。
吉川幸次郎　1962　《三国志実録》,筑摩书房。后收入《吉川幸次郎全集》第 7 卷,筑摩书房,1968 年。

吉川忠夫　1967　《范曄と後漢末期》,《古代学》第13卷第3・4号。后收入吉川忠夫:《六朝精神史研究》,同朋舎,1984年。

吉川忠夫　1976a　《党錮と学問——とくに何休の場合》,《東洋史研究》第35卷第3号。后收入吉川忠夫:《六朝精神史研究》,同朋舎,1984年。

吉川忠夫　1976b　《魂気の如きはゆかざるなし——漢墓を訪ねて想う》,筑摩書房《展望》1976年6月号。后收入吉川忠夫:《中国古代人の夢と死》第一章,平凡社,1985年。

吉川忠夫编译　1986　《魏晋清談集》,讲谈社。

吉川忠夫　1987　《鄭玄の学塾》,川胜义雄、砺波护编:《中国貴族制社会の研究》,京都大学人文科学研究所。

吉田欢　2000　《漢魏宮室中枢部の展開》,《古代文化》第52卷第4号。

葭森健介　1986　《魏晋革命前夜の政界——曹爽政権と州大中正設置問題》,《史学雑誌》第95編第1号。

葭森健介　1987　《〈山公啓事〉の研究——西晋初期の吏部選用》,川胜义雄、砺波护编:《中国貴族制社会の研究》,京都大学人文科学研究所。

葭森健介　1989　《"清"の時代——もう一つの〈三国志〉》,《歴史と地理》第411号。

葭森健介　1996　《劉弘と西晋の政界——劉弘墓出土によせて》,《古代文化》第48卷第11号。

若江賢三　1978　《前漢文帝の刑法改革考》,《東洋学術研究》第17卷第5号。

渡边信一郎　1979　《"清"——あるいは二～七世紀中国における一イデオロギー形態と国家》,《京都府立大学学術報告(人文)》第31号。后收入渡边信一郎:《中国古代国家の思想構造——専制国家とイデオロギー》,校倉書房,1994年。

渡边信一郎　1996　《天空の玉座》,柏書房。

渡边信一郎　2000　《宮闕と園林——三～六世紀における皇帝権力の空間構成》,《考古学研究》第47卷第2号。后收入渡边信一郎:《中国古代の王権と天下秩序——日中比較史の視点から》,校倉書房,2003年。

渡边信一郎　2001　《戸調式の成立——賦斂から戸調へ》,《東洋史研究》第60卷第3号。后收入渡边信一郎:《中国古代の財政と国家》,汲古書院,2010年。

渡边义浩　1995　《後漢国家の支配と儒教》,雄山閣。

渡边义浩　2004　《三国政権の構造と"名士"》,汲古书院。

渡边义浩　2005　《"封建"の復権——西晋における諸王の封建に向けて》,《早稲田大学大学院文化研究科紀要》第 50 卷第 4 号。后去除副标题收入渡边义浩：《西晋"儒教国家"と貴族制》,汲古书院,2010 年。

渡边义浩　2006　《西晋における国子学の設立》,《東洋研究》第 159 号。后改名为《国子学の設立》,收入渡边义浩：《西晋"儒教国家"と貴族制》,汲古书院,2010 年。

渡边义浩　2007　《三国志研究入門》,日外アソシエーツ。

朝日新闻社东京本社企画部　1973　《中華人民共和国出土文物展図録》。

大阪市立美术馆　1976　《六朝の美術》,平凡社。

艺术新闻社　1993　《中国碑刻紀行》,《季刊墨スペシャル》第 14 号。

三国时代出土文字资料班　2005　《魏晋石刻資料選注》,京都大学人文科学研究所。

筑摩书房　1964　《中国古小説集》,《世界文学大系》第 71 卷。其中收入川胜义雄、福永光司、村上嘉实、吉川忠夫译：《世説新語》。

名古屋市博物馆·中日新闻社编　1989　《中華人民共和国南京博物院名宝展図録》。

平凡社　1931　旧版《書道全集》第 4 卷。

平凡社　1955　《東洋史料集成》,《世界歴史事典》第 23 卷。

平凡社　1959a　《歴代随筆集》,《中国古典文学全集》第 32 卷。其中收入大村梅雄译：《世説新語》。

平凡社　1959b　新版《書道全集》第 3 卷《中国三·三国·西晋·十六国》[书道三]。其中收入神田喜一郎：《中国書道史》3《三国·西晋の石刻と、皇帝三臨辟雍碑解説（外山军治执笔）》。

平凡社　1967　新版《書道全集》第 26 卷《中国·補遺》[书道二十六]。

平凡社　1969　《中国古典文学大系》第 9 卷《世説新語·顔氏家訓》。其中收入森三树三郎译：《世説新語》。

平凡社　1986　《中国書道全集》第 2 卷《魏·晋·南北朝》[中国书道]。

中文文献

卜宪群、张南　1994　《中国魏晋南北朝教育史》,人民出版社。

曹子西、于德源编　1986　《秦汉魏晋十六国时期蓟城资料》,紫禁城出版社。

陈伯弢　1936　《晋辟雍碑跋》,《制言半月刊》第 13 期。

陈东原　1936　《中国教育史》,商务印书馆。
陈俊强　2004　《汉末魏晋肉刑争议析论》,《中国史学》第 14 卷。
陈望道　1932　《修辞学发凡》,大江书铺。新版为上海教育出版社,1997 年。
陈寅恪　1933　《天师道与滨海地域之关系》,《中央研究院历史语言研究所集刊》第 3 本第 4 分册。后收入《陈寅恪先生论集》,"中央"研究院历史语言研究所,1971 年;陈寅恪:《金明馆丛稿初编》,上海古籍出版社,1980 年。
陈寅恪　1956　《书世说新语文学类钟会撰四本论始毕后》,《中山大学学报》1956 年第 3 期。后收入陈寅恪:《金明馆丛稿初编》,上海古籍出版社,1980 年。
陈直　1958　《对〈洛阳晋墓的发掘〉与〈南京近郊六朝墓的清理〉两文的意见》,《考古通讯》1958 年第 2 期。后收入陈直:《文史考古论丛》,天津古籍出版社,1988。
陈直　1980　《晋徐美人墓石考释》,《河南文博通讯》1980 年第 1 期。后收入陈直:《文史考古论丛》,天津古籍出版社,1988。
程树德　1926　《九朝律考》,商务印书馆 1927 年合刊。
程舜英　1988　《魏晋南北朝教育制度史资料》,北京师范大学出版社。
程仲皋　1957　《介绍〈洛阳出土石刻时地记〉》,《人文杂志》第 4 期。
范宁　1980　《博物志校证》,中华书局。
方若原著、王壮弘增补　1981　《增补校碑随笔》,上海书画出版社。修订版为上海书店,2008 版[校碑]。
费振刚、胡双宝、宗明华辑校　1993　《全汉赋》,北京大学出版社。
傅振伦　1993　《洛阳考古随笔》,洛阳第二文物工作队编:《河洛文明论文集》,中州古籍出版社。
高明士　1979　《中華民國における中國教育史の研究》,《東洋教育史研究》3。
高明士　1984　《唐代东亚教育圈的形成——东亚世界形成的一个侧面》,国立编译馆中华丛书编审委员会。
高文　1985　《汉碑集释》,河南大学出版社。修订版为 1997 年。
高文、高成刚编　1990　《四川历代碑刻》,四川大学出版社。
谷霁光　1936　《六朝门阀——门阀势力之形成与消长》,《武汉大学文史哲季刊》第 5 卷第 4 期。后收入《谷霁光史学文集》第 4 卷《杂著》,江西人民出版社、江西教育出版社,1996 年。
顾廷龙　1931　《大晋龙兴皇帝三临辟雍皇太子又再莅之盛德隆熙之

颂跋》,《燕京学报》第 10 期。

郭培育、郭培志主编　2005　《洛阳出土石刻时地记》,大象出版社。

郭伯南　1990　《文物纵横谈》,文物出版社。

郭玉堂访记、王广庆校录　1941　《洛阳出土石刻时地记》,大华书报供应社。另有气贺泽保规:《复刻洛阳出土石刻时地记》[时地记],汲古书院,2002 年。

何兹全　1948　《魏晋的中军》,《中央研究院历史语言研究所集刊》第 17 本。后收入何兹全:《读史集》,中华书局,1982 年;《何兹全文集》第 2 卷《中国史综论》,中华书局,2006 年。

贺官保编写　1987　《洛阳文物与古迹》,文物出版社。

郝本性、李秀萍编　1994　《新中国出土墓志·河南·1》,文物出版社。

黄明兰　1982a　《西晋裴祇和北魏元暐两墓拾零》,《文物》1982 年第 1 期。

黄明兰　1982b　《西晋散骑常侍韩寿墓表跋》,《文物》1982 年第 1 期。

黄彰健　1982　《论曹魏西晋置十九博士,并论秦汉魏晋博士制度之异同》,《大陆杂志》第 64 卷第 1 号。

葭森健介　2011　《"士庶"考——针对唐宋变革前史的一个考察》,日本中国史研究会年刊刊行会编:《日本中国史研究年刊　二〇〇八年度》,上海古籍出版社。

蒋若是　1961　《从"荀岳"、"左棻"两墓志中得到的晋陵线索和其他》,《文物》1961 年第 10 期。

景有泉、李春祥　1997　《西晋"八王之乱"爆发原因研究述要》,《中国史研究动态》1997 年第 5 期。

柯昌泗　1943　《语石》,稿本。新版为《语石　语石异同评》,中华书局,1994 年。

李振兴　1980　《王肃之经学》,嘉新水泥公司文化基金会。

李晓杰　1999　《东汉政区地理》,山东教育出版社。

刘承幹　1933　《希古楼金石萃编》,吴兴刘氏希古楼刻本。后收入《石刻史料新编》第 1 辑第 5 册,新文丰出版公司,1977 年。

刘凤君　1988　《南北朝石刻墓志形制探源》,《中原文物》1988 年第 2 号。

柳诒徵　1929、1930　《南朝太学考》,《史学杂志》(南京)第 1 卷第 5、6 号,第 2 卷第 1、2、3 号。

逯钦立辑校　1983　《先秦秦汉魏晋南北朝诗》,中华书局。

卢苇菁　1988　《魏晋文人与挽歌》,《复旦学报(社会科学版)》1988 年第 5 期。

吕思勉　1948　《两晋南北朝史》,开明书店。

吕思勉　1958　《燕石续札》,上海人民出版社。

罗振玉　1941　《石交录》卷二,收入《贞松老人遗稿甲集》。后收入《罗雪堂先生全集续编》第 3 册,大通书局有限公司,1989 年。

罗新、叶炜　2005　《新出魏晋南北朝墓志疏证》,中华书局。

罗宗真　1980　《略论江苏地区出土六朝墓志》,《南京博物院集刊》第 2 集。

罗宗真　1981　《南京新出土梁代墓志评述》,《文物》1981 年第 12 期。

马子云　1986　《碑帖鉴定浅说》[浅说],紫禁城出版社。日译本为栗林俊行译:《中国碑帖ガイド》,二玄社,1988 年。

毛礼锐、沈灌群主编　1986　《中国教育通史》第 2 卷,山东教育出版社。

牟发松　1985　《鲁褒〈钱神论〉的产生与当时的商品货币经济——谨以求正于胡寄窗先生》,《江淮论坛》1985 年第 5 期。

宁可　1999　《记晋当利里社碑》,《宁可史学论集》,中国社会科学出版社。

启功　1973　《从河南碑刻谈古代石刻书法艺术》,《文物》1973 年第 7 期。

钱锺书　1979　《管锥编》,中华书局。

邵茗生　1966　《晋王浚妻华芳墓志铭释文》,《文物》1966 年第 2 期。

山口正晃　2003　《曹魏西晋时期的都督与将军》,《魏晋南北朝隋唐史资料》第 20 辑。

沈家本　1909　《历代刑法考》,收入《沈寄簃先生遗书》甲编。

苏健　1989　《洛阳古都史》,博文书社。

谭其骧主编　1991　《中国历史地图集》第 3 册《三国·西晋时期》,地图出版社。

唐长孺　1959　《南朝寒人的兴起》,收入唐长孺:《魏晋南北朝史论丛续编》,生活·读书·新知三联书店。

唐长孺　1981　《西晋分封与宗王出镇》,中国社会科学院历史研究所魏晋南北朝隋唐史研究室编:《魏晋隋唐史论集》第 1 辑,中国社会科学出版社。后收入唐长孺:《魏晋南北朝史论拾遗》,中华书局,1983 年。

唐长孺　1983a　《士族的形成与升降》,收入唐长孺:《魏晋南北朝史论拾遗》,中华书局,1983 年。

唐长孺　1983b　《魏晋州郡兵的设置与罢废》,收入唐长孺:《魏晋南北朝史论拾遗》,中华书局,1983年。

唐长孺　1983c　《南北朝间西域与南朝的陆路交通》,收入唐长孺:《魏晋南北朝史论拾遗》,中华书局,1983年。

王国维　1921a　《汉魏博士考》,《观堂集林》卷4。

王国维　1921b　《魏石经考》,《观堂集林》卷20。

王靖宪主编　1986　《中国美术全集·书法篆刻编》卷2《魏晋南北朝书法》,人民美术出版社。

王叔岷　1975　《世说新语补正》,台北艺文印书馆。

王文锦等点校　1998　点校本《通典》,中华书局。

王仲荦　1979　《魏晋南北朝史》,上海人民出版社。

王壮弘、马成名　1985　《六朝墓志检要》[检要],上海书画出版社。修订版为上海书店出版社,2008年。

魏鸣　1986　《魏晋薄葬考论》,《南京大学学报(哲学社会科学版)》1986年第4期。

吴天颖　1984　《汉代买地券考》,《考古学报》1982年第1期。

吴兴汉　1963　《安徽省寿县东门外发现西汉水井及西晋墓》,《文物》1963年第7期。

熊礼汇　1999　《先唐散文艺术论》,学苑出版社。

徐震堮　1984　《世说新语校笺》,中华书局。

徐公持编著　1999　《魏晋文学史》,人民文学出版社。

徐金星、黄明兰　1985　《洛阳市文物志》,洛阳市文化局。

徐自强主编　1988　《北京图书馆藏石刻叙录》,书目文献出版社。

许平石　1936　《晋太学盛德隆熙颂碑跋》,《河南博物馆馆刊》第4集。

严耕望　1963　《中国地方行政制度史》上篇(三)《魏晋南北朝地方行政制度·都督与刺史》,"中央"研究院历史语言研究所。

阎文儒　1955　《洛阳汉魏隋唐城址勘查记》,《考古学报》第9册。

杨承彬　1978　《秦汉魏晋南北朝教育制度》,台湾商务印书馆。

杨殿珣　1957　《石刻题跋索引(增订本)》[索引],商务印书馆。

杨吉仁　1968　《三国两晋学校教育与选士制度》,正中书局。

杨勇　1969　《世说新语校笺》,大众书局。新版为正文书局,1988年。

杨育彬　1985　《河南考古》,中州古籍出版社。

于安澜(暴拯群校改)　1989　《汉魏六朝韵谱》,河南人民出版社。

余嘉锡　1932　《晋辟雍碑考证》,《辅仁学志》第3卷第1号,1932年。后收入《余嘉锡论学杂著》上册,中华书局,1963年。

余嘉锡　1983　《世说新语笺疏》,中华书局。

余黎星、缪韵、余扶危编著　2009　《洛阳古墓图说》,国家图书馆出版社。

袁维春　1990　《秦汉碑述》,北京工艺美术出版社。

张爱波　2006　《西晋士风与诗歌——以"二十四友"研究为中心》,齐鲁书社。

张国星　1986　《关于〈晋书·贾谧传〉中的"二十四友"》,《文史》第27辑。

张铭心　2008　《十六国时期碑形墓志源流考》,《文史》2008年第2辑（第83辑）。

张鹏一　1933　《晋辟雍碑跋》,《北平图书馆馆刊》第7卷第6号。

张学锋编著　2009　《中国墓葬史》,广陵书社。

张彦生　1984　《善本碑帖录》,中华书局。

赵超　1992　《汉魏南北朝墓志汇编》[汇编],天津古籍出版社。

赵君平、赵文成编　2007　《河洛墓刻拾零》,北京图书馆出版社。

赵万里　1956　《汉魏南北朝墓志集释》[集释],科学出版社。

周一良　1985　《魏晋南北朝史札记》,中华书局。后以竖排繁体收入《周一良集》第2卷,辽宁教育出版社,1998年。

周予同　1933　《中国学校制度》,商务印书馆。

祝总斌　1980　《"八王之乱"爆发原因试探》,《北京大学学报（哲学社会科学版)》,1980年第6期。

北京图书馆金石组编　1989　《北京图书馆藏中国历代石刻拓本汇编》第2册《三国·晋·十六国·南朝》[汇编],中州古籍出版社。

北京市文物工作队（郭存仁）　1965　《北京西郊西晋王浚妻华芳墓清理简报》,《文物》1965年第12期。后收入[曹子西、于德源1986]。

国家文物局主编　1991　《中国文物地图集·河南分册》,中国地图出版社。

国务院　1997　《国务院关于公布第四批全国重点文物保护单位的通知》,1996年11月20日,《文物》1997年第3期。

河北第一博物院　1932　执笔者不详《晋咸宁辟雍碑并额及附记》,《河北第一博物院半月刊》第11、12期。

河南省文化局工作队第二队　1957　《洛阳晋墓的发掘》,《考古学报》1957年第1期。

河南省文物局编　1992　《河南碑志叙录》,中州古籍出版社。

河南省文物局编　1994　《河南文物名胜史迹》,中原农民出版社。

河南省文物研究所、河南省洛阳地区文管处编　1984　《千唐志斋藏志》,文物出版社。

洛阳古代艺术馆(宫大中执笔)　1982　《洛阳古代艺术馆介绍》,《中原文物》1982年第3期。

洛阳古墓博物馆编　1987　《洛阳古墓博物馆》,朝华出版社。

洛阳市文物工作队　1991　《洛阳出土历代墓志辑绳》,中国社会科学出版社。

南阳市博物馆　1974　《南阳发现东汉许阿瞿墓志画像石》,《文物》1974年第8期。

陕西省博物馆(李域铮、赵敏生、雷冰编著)　1988　《西安碑林书法艺术(增订本)》,陕西人民美术出版社。

偃师商城博物馆(王竹林)　1992　《河南偃师东汉姚孝经墓》,《考古》1992年第3期。

偃师县志编纂委员会编　1992　《偃师县志》,生活·读书·新知三联书店。

中国科学院考古研究所洛阳工作队　1973　《汉魏洛阳城初步勘察》,《考古》1973年第4期。

中国社会科学院考古研究所编著　2010　《汉魏洛阳故城南郊礼制建筑遗址》,文物出版社。

中国社会科学院考古研究所洛阳工作队　1978　《汉魏洛阳城南郊的灵台遗址》,《考古》1978年第1期。

中国社会科学院考古研究所洛阳工作队　1982　《汉魏洛阳故城太学遗址新出土的汉石经残石》,《考古》1982年第4期。

中国社会科学院考古研究所洛阳汉魏故城工作队　1984　《西晋帝陵勘察记》,《考古》1984年第12期。

中国社会科学院考古研究所河南第二工作队　1985　《河南偃师杏园村的两座魏晋墓》,《考古》1985年第8期。

各章摘要

拙著《魏晋政治社会史研究》是一部关于曹魏、西晋政治社会史的论文集。全书共分两个部分,第一部分为政治史篇(第一章至第六章),第二部分为社会史篇(第七章至第十一章)。

第一章 《魏晋时代的复肉刑议论及其背景——以赞成派与反对派在廷议中的论据分析为中心》

曹魏、西晋、东晋时期,朝廷围绕是否恢复肉刑,进行了反复的议论,本章重点在于分析赞成派和反对派的论据,并以下面两个问题作为行文的基点:为什么像郑玄、葛洪这样具有代表性的知识人主张恢复看上去不合时宜的肉刑?为什么曹操以及曹魏文、明二帝尽管有心恢复肉刑,但结果却并没有实现?

赞成派与反对派并不是通过"私议",而是利用廷议来阐释各自的观点。前者的主张,是恢复肉刑中替代死刑的斩右趾,反对派其实并非完全否定肉刑,只是认为实施的时期尚早。由此可见,两者之间并没有什么根本性的区别。在这里,我们可以把焦点对准曹魏前期的士大夫。如果根据川胜义雄、吉川忠夫两氏的分类,再运用现代政治的方法加以区分,就可以发现赞成派属于颍川集团、权道派或者说官僚型人物,而反对派则属于北海集团、党人派以及国会议员型人物。也就是说,双方都渊源于清流派,同时具备官僚与政论家的侧面。两者的分歧点在于,当政权、国家处于微弱状况时,究竟应优先确立作为公权的国家(政权)之必要条件亦即权威?还是应首先得到舆论(人心)的支持?在争论过程中,反对派的最大根据是肉刑本来具有残虐性,这会导致舆论(人心)的反对,而赞成派并没有成功地说服这一点,因此在反对派占据优势的情况下,肉刑终究没有得到恢复。

第二章 《魏明帝——奢靡皇帝的实像》

本章对曹魏明帝的实像作了分析。明帝一方面试图恢复肉刑,另一方面又被评为"奢靡"。明帝制定"三祖"的庙号,并且自封烈祖,这些显示了他有着强烈的自负,也就是继承武帝(曹操)、文帝的事业,创设制度,确立权威,完成曹魏王朝的建设。明帝在政策上积极制定律令的同时,另一方面却又不顾重臣们的谏奏,引萧何答刘邦"非壮丽无以重威"之语,强行营造宫殿,结果被评为"奢靡"。

第三章 《关于西晋国子学创立的考察》

国子学创设于西晋,本章着重分析了西晋时任国子祭酒、博士的人物以及创设的时间与背景等问题。

西晋武帝志在建设一个礼教国家,但他所面对的现实却是本应成为礼教中心的太学变成了以避役为目的的"浊"地。武帝对中央官学进行了改革,他采纳刘靖、王恂等人的提议,创设国子学。由此带来的结果,是在中央官学之中确立了清浊分离的"二学"体制。经咸宁二年(276)下诏,国子学于咸宁四年(278)开始筹建,于元康三年(293)建设完成。任国子祭酒、博士的都是具有儒学素养,出身名族的侍从官,学生则是贵族子弟。

第四章 《关于〈晋辟雍碑〉的考察》

本章针对与国子学有关的《晋辟雍碑》作了探讨。民国二十年(1931),该碑出土于河南省偃师县汉魏洛阳故城南郊太学遗址附近。该碑为西晋首屈一指的螭首巨碑,高三米,立于咸宁四年(278)。碑阳刻有题额、序、颂以及立碑的年月日。碑文主要叙述了晋王朝如何以恢复秩序和复活礼教作为根基建立基业,并对泰始、咸宁年间武帝以及皇太子司马衷(后来的惠帝)分别亲临辟雍学礼进行了记录。比较而言,对皇太子的亲临着墨更多。碑阴则有与学礼、立碑相关者四百余人的题名,其中包括太常、博士祭酒、博士以下的"礼生""弟子""寄学""散生"等各类学生。

立此碑的最重要意图,是从视觉上宣扬、标榜西晋王朝"宽容"的礼教政策;其次是彰显皇太子,意在对抗那些指皇太子"暗愚"的风评。立碑的背景,也有两点值得注意,第一是东汉时期反映门生故吏关系的彰显碑十分盛行;第二是魏晋时期设立碑之禁,受此影响,彰显碑急剧减少。

细观此碑碑阴题名,还可以看到某些反映咸宁四年前后社会态势的痕迹,如泰始、咸宁年间爆发于凉州的鲜卑秃发树机能的叛乱,以及武帝叔父司马伦从琅邪王转封为赵王等等,后者是咸宁三年(277)宗室诸王大规模始封、转封中的一个环节。

第五章 《八王之乱的本质》

本章及下一章都是针对八王之乱的论考。

本章有一个基本的设问,即表面上由外戚及宗室进行的相互抗争演绎成为八王之乱,在此过程中,并没有呈现出四分五裂或者说毫无秩序的状况,所谓抗争,是以连锁性的形式反复出现的,这其中的原因是什么？本章通过分析抗争的结构，发现存在着一种方向性，而推动这一方向的则是当时的舆论。

舆论的主体，是拥有自觉性的士大夫，乡里社会就是他们的支持母体。在他们看来，国家作为一种公权力，已经堕入到了私权化状态之中，那些执掌政权的人物和评价人物的舆论之间出现了乖离，这种状况正是国家陷入存亡危机的原因所在。针对那些导致私权化产生的势力，士大夫们显示出了批判的姿态。这样一种舆论的渊源，可以追溯到八王之乱以前的齐王司马攸归藩事件，那时朝臣们对武帝提出了批判，进而在东汉末年清流运动中形成的舆论那里也可以找到其源流。

这种舆论原本力图维护国家的存在以及中国的统一，但是其结果却推动了八王之乱，其因何在呢？如果看八王之乱中的个别抗争（"起义"），那些有着权力野心的寒门寒人层结成私党，作为幕下谋士，他们先是让外戚、宗室位居起义的中心，在抗争结束以后，又挑动其奔向私权化。在上述舆论中，这些寒门寒人层的行动正是国家私权化的象征所在，于是针对他们的批判又再次引发起义。寒门寒人阶层的出现，乃是贵族制的产物，而后者的形成和舆论又密切相关，因此可以说八王之乱是舆论不断推移与演进的结果，深刻反映了贵族制在理念与现实上的矛盾。

第六章 《西晋时代宗室诸王的特质——以八王之乱为线索》

本章探讨的问题源于第五章的结论，也就是宗室诸王为什么迫不得已而成为八王之乱的主角？

与曹魏时期不同，西晋的宗室诸王原本是可以任官的，其中有能力者还能够作为都督出镇，虽然并非"封建"，但被寄予一种"藩屏"的作用。在这种状况下，出镇的宗室诸王往往通过开府或者掌管所辖地区的军权，拥有强大的权力。开府也就意味着从管辖之下的地方辟召人才进入自己的军府，同时也可以擢用那些来自全国并且作为中央官的士大夫，这些人物一般都代表了各自地域的舆论，因此招延他们，也就有了同舆论相结合的可能。

在八王之乱的前期，抗争之际常见诏敕（其中多为"矫诏"）、"驺虞幡"，甚至皇帝本人也出现在抗争中。这就表明当时的抗争，撒手锏是源于皇帝或者说皇帝所代表的国家意志。正因为如此，当八王之乱后期不能直接倚仗皇帝时，出镇"藩屏"的宗室诸王与皇帝的血缘关系，尤其是与皇帝较近的"亲亲"，或者士大夫所代表的舆论，往往成为地方得以举兵的凭仗。

第七章 《关于贾谧"二十四友"的若干问题》

本章及下一章都是分析西晋贵族社会特征的论文。

元康年间（291—299）的贵族社会，出现了被称作"二十四友"的"文学集团"，本章探讨了这一集团的历史性质。

赵王司马伦针对贾皇后发动政变时，诛杀了外戚权贵贾谧，此时对其"党与"二十四友是如何问罪的？此外，针对"二十四友"的批判中，值得注意的是阎缵的上奏。综合分析这两件事，就可以发现这些人并没有作为贾谧的党羽遭到诛杀。这有利于我们探讨贾谧与"二十四友"相交的性质。不过从结果看，他们还是受到了一定的处罚。阎缵在上奏中提议免官，但实际上是外迁，这在当时的一般认识中属于较轻的处置。

那么，为什么会出现这样的结果？八王之乱时，那些通过军事才能与宗室诸王交接并成为其心腹的寒门、寒人层是要被诛杀的对象，而通过文学才能与贾谧相交的"二十四友"成为左迁的对象，尽管二者在受到惩处这一点上相同，但却有着轻重的不同。

张辅弹劾"二十四友"时,说他们互相举荐,结党为群,营造"声势"。由此可见,贾谧与"二十四友"的交接,近似于当时弥漫于社会的"互市"风潮中,用贿赂勾结权贵的寒门层(《钱神论》《释时论》),因为二者在获取"名声"这一点上极为相似。在九品中正制度之下诞生的名士社会("贵族社会"),经常可见攀附权贵、评价人物的现象,"二十四友"正是一个体现出这种"热势"的集团。

第八章《关于西晋贵族社会风气的若干考察——从〈世说新语〉中〈俭啬〉〈汰侈〉的研究出发》

本章通过分析《世说新语》中的《俭啬》《汰侈》,探讨了西晋贵族社会的吝啬及奢侈的风潮,指出其中两个特征:

第一,《俭啬》众多逸话中描述的吝啬行为,大致有以下结构,即通过聚敛导致过度蓄财→狭义的吝啬。相比较而言,记录奢侈行为的《汰侈》,所载逸话的结构则是通过聚敛导致过度蓄财→散财。在两类结构中,前半部分相同,都是"聚敛导致过度蓄财",这属于一种"私"的行为。后半部分的"狭义的吝啬"与"散财",表面上看是正相反的行为,但如果从"公"的视角来说,则两者又同属于一个层次的"私"的行为。因此上述两种结构呈现出来的是一种双重意义的"私"(私欲、利己)的行为。所谓贵族,其应有的姿态是贯彻"止足"的精神、积极进行赈恤和救济,而上述行为无疑与此正好相反,因而受到了舆论的责难。

第二,《汰侈》还有一些与奢侈无关的逸事,不过贯穿整篇的主题还是豪气二字。就"散"这一点而言,赈恤行为与豪奢竞争(实际是散财竞争)一样,都是一种散财的行为,但赈恤的对象是他人,散财却在为自己,这一点形成鲜明对比。不过散财行为也并非单纯为了自我的满足,它还是一种竞争,是为了获得"豪"(豪气、豪胆)的名声。原本在"轻财好施"的任侠精神鼓舞下,地方的豪族积极从事赈恤,针对其"散"财的行为,舆论评为"豪",由此获得名声。问题的关键在于,首都洛阳的官僚贵族却本末倒置,单纯为了获得这种评价,而把"散"的行为演变为一场豪奢的竞争。

第九章 《〈钱神论〉的世界》

本章及下一章对西晋惠帝(290—306 年在位)时期出现的警世之书作了探讨。这些警世之书把时世比作"互市",对此进行了激烈批判。

具体来说,本章澄清了以下四点:

(1) 作者鲁褒是出身于寒门阶层或者寒人阶层的隐逸之士,他所处的地位正是《钱神论》的视角所在。

(2) 以《钱神论》为名的佚文有几种存在,其中成公绥与鲁褒的二种《钱神论》是可以确认的。现存鲁褒《钱神论》只是描述了"司空公子"与"綦毋先生"的酬对以及"司空公子"的议论,接下来的部分,原本应是"綦毋先生(綦毋氏)"所作的反论。

(3) 现存鲁褒《钱神论》中随处可见各种修辞手法,如对句、以拟人法为中心的比喻、以《论语》为主的典故、反语等等。

(4) "司空公子"与"綦毋先生"的酬对,是在拜访高贵之人时应该具备的一种对立,"綦毋先生"的机知(清谈)与"司空公子"的礼物(贿赂)形成对立。"司空公子"谈论的主题是用作礼物的"钱"(货币),其结论是身处金钱万能(拜金主义)的时代,就不得不使用金钱作为贿赂。现存鲁褒《钱神论》在形式上采用的是出处论,由此可知,当时西晋贵族社会正好与选举的实际状况相对应(宫崎市定《九品官人法的研究》),即在上层弥漫着清谈和豪奢竞争,下层则是贿赂公行。在这里,清谈代表"綦毋先生",贿赂代表"司空公子",与此相对,豪奢竞争则是《世说新语·汰侈篇》。

第十章 《〈释时论〉的世界》

本章对西晋元康年间王沈所著《释时论》进行了分析,在此基础上考察了当时选举的溷浊状况。

《释时论》在外形上属于仕隐论,不过其中也包含有时世论,在文学史上,与"设论"的系统相连,尤以蔡邕《释诲》的影响最大。就时世论而言,其内容可分为三个部分:谈论"门阀主义"的盛行;列举"虚誉";描写了俗人们疯狂猎官的丑态。从时世论的描述可以得到一个图式,即"虚誉"对"寒素"。前者以权贵为中心,加上其子弟("挟炭之子")及追从者("趣势之士"),完全独占了名声。后者的位置正与其相对,如"冰氏之子"这样的人物在双重意义上被完全排斥到了选举范围之外。

第十一章 《西晋墓志的意义》

本章详细探讨了西晋时期的墓志。

这一时期墓志形式的特征,就形状而言,有小型碑形("墓志碑");根据碑头的形状,又分为圭首、圆首、方首等三种。刻文书式并没有定型,字数在具备题、序、铭等内容完整的墓志中较多,书体大半为晋隶(波磔、"折刀头"的八分隶书等)。从时期来看,西晋的墓志集中于惠帝时期,在地域上多分布在首都洛阳周围。

通过上述刻文特征,再来观察以左思之妹左棻墓志为中心的各种墓志,还会发现一些特点。这就是墓志仅仅是在针对现住地的"假葬"之处制作的,这也是选择在偏僻的洛阳周围的原因。此外,墓志的制作是为了确认墓主与生者之间的纽带。从结果来看,人际关系较少的女性墓志占据了多数。西晋时期,在现住地多以家族作为主体,所以从双重意义上而言,当时的墓志是在一个较为疏外的状况下开始制作的。本章的结论是,西晋墓志正是中国墓志的起源。

西晋时期在心性史上是从"神"变化到"人",在文化上是从外向的、物质的侧面向内面的、精神的方向转变的时期,西晋墓志深刻反映了这种双重变化。就死生观而言,死者本是受人们畏怖的存在,现在却变成追慕的对象,这一时期由厚葬变为薄葬的原因也似在此。从这一角度来看,西晋墓志中,如左思与妹妹别离时所作的《悼离赠妹诗》以及潘岳悼念亡妻的《悼亡诗》是处在同一地平线上的。

(李济沧原译、陆帅调整)

后 记

本书主要基于笔者1982年（昭和五十七年）至2009年（平成二十一年）公开发表的诸论考。首先列举本书各章也就是各论考的原始出处：

第一章 《魏晋时代的复肉刑议论及其背景——以赞成派与反对派在廷议中的论据分析为中心》

原出：《再论魏晋时代恢复肉刑论的意义——以廷议赞成派与反对派论据的分析为中心》，《京都外国语大学研究论丛》第48号，1997年。①

本章开头的大部分，出自《魏晋时代恢复肉刑论的意义》，《京都外国语大学研究论丛》第28号，1987年。②

第二章 《魏明帝——奢靡皇帝的实像》

原出：《三国魏明帝——奢靡皇帝的实像》，《古代文化》第52卷第8号，2000年。③

---

① 《魏晋時代の肉刑復活論の意義，再論——廷議における賛成派と反対派の論拠の分析を中心に》，《京都外国語大学研究論叢》第48号，1997年。
② 《魏晋時代の肉刑復活論の意義》，《京都外国語大学研究論叢》第28号，1987年。
③ 《三国魏の明帝——奢靡の皇帝の実像》，《古代文化》第52卷第8号，2000年。

第三章 《关于西晋国子学创立的考察》

原出:《西晋国子学创立研究札记(上)、(下)》,京都外国语大学环日本研究会:《环日本研究》,第 4、5 号,1997、1998 年。①

第四章 《关于〈晋辟雍碑〉的考察》

原出:《试论晋辟雍碑》,《京都外国语大学研究论丛》第 51 号,1998 年。②

其中第三节的(2)、(3),出自《再论晋辟雍碑——以碑阴题名的分析为中心》,伊藤敏雄编:《魏晋南北朝史与石刻史料研究的新展开——重构魏晋南北朝的史像》,平成十八～二十年度科学研究费补助金·基盘研究(B)(1)一般《以出土史料再建魏晋南北朝的史像》成果报告书别册,2009 年。③

第五章 《八王之乱的本质》

原出:《八王之乱的本质》,《东洋史研究》第 41 卷第 3 号,1982 年。④

第六章 《西晋时代宗室诸王的特质——以八王之乱为线索》

原出:《西晋时代宗室诸王的特质——以八王之乱为线索》,

---

① 《西晋における国子学の創立に関する研究ノート(上)、(下)》,京都外国语大学环日本研究会:《環日本研究》,第 4、5 号,1997、1998 年。
② 《晋辟雍碑に関する一試論》,《京都外国語大学研究論叢》第 51 号,1998 年。
③ 《晋辟雍碑の再検討——碑陰題名の分析を中心として》,伊藤敏雄编:《魏晋南北朝史と石刻史料研究の新展開——魏晋南北朝史像の再構築に向けて》,平成十八～二十年度科学研究费补助金·基盘研究(B)(1)一般《出土史料による魏晋南北朝史像の再構築》成果报告书别册,2009 年。
④ 《八王の乱の本質》,《東洋史研究》第 41 卷第 3 号,1982 年。

《史林》,第 68 卷第 2 号,1985 年。①

第七章 《关于贾谧"二十四友"的若干问题》

原出:《关于贾谧二十四友的若干问题》,《六朝学术学会报》第 10 集,2009 年。②

第八章 《关于西晋贵族社会风气的若干考察——从〈世说新语〉中〈俭啬〉〈汰侈〉的研究出发》

原出:《关于西晋贵族社会的风气——通过〈世説新語〉中〈俭啬〉〈汰侈〉篇的讨论》,《京都外国语大学研究论丛》第 36 号,1991 年。③

第九章 《〈钱神论〉的世界》

原出:《〈钱神论〉分析——上》,《京都外国语大学研究论丛》第 39 号,1992 年。④

第二节出自《鲁褒〈钱神论〉译注》(《京都外国语大学研究论丛》第 57 号,2001 年)中所载《钱神论》的原文与译文。⑤

第四节为新撰写。

第十章 《释时论》的世界

原出:《〈释时论〉的世界》,《京都外国语大学研究论丛》第 71

---

① 《西晋時代宗室諸王の特質——八王の乱を手掛りとして》,《史林》,第 68 卷第 2 号,1985 年。
② 《賈謐の二十四友をめぐる二三の問題》,《六朝學術學會報》第 10 集,2009 年。
③ 《西晋の貴族社会の気風について——〈世説新語〉の俭啬篇と汰侈篇の検討を通して》,《京都外国語大学研究論叢》第 36 号,1991 年。
④ 《〈銭神論〉の分析——上》,《京都外国語大学研究論叢》第 39 号,1992 年。
⑤ 《魯褒〈銭神論〉訳注》,《京都外国語大学研究論叢》第 57 号,2001 年。

号,2008年。① 中译本收入日本中国史研究年刊刊行会编:《日本中国史研究所年刊 二〇〇八年度》,上海古籍出版社,2011年。

第二节在原考论基础上增加了《释时论》的原文。

第十一章 《西晋墓志的意义》

原出:《西晋墓志的意义》,砺波护编:《中国中世的文物》,京都大学人文科学研究所,1993年。②

本书各章做了统一格式等修订,尤其是对各章的"小结"做了提示与其他章节的联系等大幅修订,但观点没有改变。

回首过往,京都大学文学部二年级时,我在文史哲诸多专业中选择了东洋史学。但出于怎样的理由,至今依旧茫然不知。而在东洋史学中选择六朝史为专攻,也并非出自什么积极的理由。当时模模糊糊地觉得六朝以前的史料太少,很困难,六朝以后的史料太多,很麻烦,于是便做了排除法。大学本科毕业论文的题目,是西晋时代主导平吴、撰写《春秋左氏经传集解》的杜预这一历史人物。结论以为,杜预的人生态度,是对其祖杜畿、其父杜恕此二人人生态度的扬弃。时至今日,自己的研究题目依然以西晋时代为中心。本科毕业后的挫折,在此就不说了。升学为硕士生后,我选择了同样发生于西晋时代的八王之乱作为硕士论文的课题。经过不断地思考、修改,在升学为博士生的那年秋天,于东洋史研究大会上对这篇文章做了口头报告,次年发表于《东洋史研究》。这也是我的第一篇正式论文(本书第五章)。此后,我一点

---

① 《〈釈時論〉の世界》,《京都外国語大学研究論叢》第71号,2008年。
② 《西晋の墓誌の意義》,砺波护编:《中国中世の文物》,京都大学人文科学研究所,1993年。

一点地不断撰写论文。至1995年,基于自己对魏晋时代的理解,撰写了概说书《晋武帝司马炎》(白帝社)。之后,我对书中未曾提及的史事——例如国子学的创立(本书第三章),虽提及但尚有问题可深入探求的史事——如《释时论》(本书第十章)等课题展开了研究。

以上诸研究的基础,说来要归于本科生、旁听生、研究生、研究员时代的各种课程,尤其是报告课。其中首先会想起的,是岛田虔次先生每周六下午第三、四节的"刘师培《普告汉人》"报告课。出席此课的本科生有两人,其余为研究生、旁听者。负责读书报告的只有本科生,虽整整一周都在准备,但还是赶不上进度,不过由此掌握了汉文史料阅读的基础。说起岛田虔次先生,记得将《八王之乱的本质》一文的抽印本呈送先生时,先生仅仅问了我一句"抚"的读法,我回答云:"[軽く]たたく。"先生颔首。这一场景,至今历历在目。其次会想起的,是川胜义雄先生的《南齐书·竟陵王萧子良传》报告课。记得在这篇列传中,南朝的经济专业词汇频出,很难读,甚至获生徂来都无法加以训点。文中的某些词汇,从上下文看无法用一般含义去理解。每在此时,川胜义雄先生就拿出北朝正史列传,指出这里或是那里的词汇用法应当与之相同,令人深感佩服。接着是谷川道雄先生的《晋书》、北朝正史列传、唐代藩镇关系等等史料的各种报告课。质量最高,也最让人受到锻炼。西晋创立国子学相关研究(本书第三章)的契机,也是来自某次报告课上谷川道雄先生的提示。先生退休后,继续出席各式各样的研究会,我也因此不断受到先生的指教。就学术训练这一点,还有竺沙雅章先生与梅原郁先生的报告课,至今仍有记忆。

此外,由于没有讨论课,取而代之的,是当时东洋史学研究室的诸多助手、研究生给予我的种种帮助,例如在惯例举行的东洋史夏季研讨①上的研究报告、"农书研究会"上的史料研读、论文选读等场合所给予的指导。杉山正明曾鼓励我在东洋史研究大会上进行报告。特别是在本科生五年级暑假中,渡边信一郎与我一对一,每日一同阅读《晋书斠注》中的《杜预传》,最为令人感念。

从研究生开始,特别是工作以后,通过参加各种日本的研究会、学会以及中国的学会,我接触到了许多研究者。我参加的日本学会、研究会,如加以列举(排名不分先后),有中国中世史研究会(即后来的中国中世史研究者论坛)、内藤湖南研究会、书论研究会、长沙吴简研究会、六朝史研究会(L 的会)、濑户魏晋南北朝研究会、唐代史研究会、魏晋南北朝史研究会(前身为魏晋南北朝史青年学者研究会)、六朝学术学会、三国志学会、中国古代史研究会等等。例如,我与葭森健介在五个研究会中都有碰面。此外,我还参加了京都大学人文科学研究所的"中国贵族制社会"研究班(班长为川胜义雄先生、砺波护先生)等等数个研究班。参加"中国中世文物"研究班(班长为砺波护先生),是我第一次真真切切使用出土史料的契机。如果没有参加这个研究班,也就不会有《西晋墓志的意义》(本书第十一章)这篇文章。另外,关于魏晋时代的出土史料,我参与了关尾史郎、伊藤敏雄各自申请的课题,在"长沙吴简"研究班等场合学习到了处理出土史料的方法。

近年来,每年三月,辻正博都会用心组团(并非研究会),在盐泽裕仁、宇都宫美生等人的导游下,以洛阳为中心,踏查汉魏洛阳城及周边遗迹。我也因此第一次去了金墉城遗址、晋武帝峻阳陵等地点。某次,在永宁寺遗址的陶管铺设现场,看到了汉魏洛阳

---

① 在据岐阜县、福井县县界不远的石彻白进行的合宿。

城下重重叠压的东汉、魏晋、北魏底层,尤其是看到了区别魏晋地层与东汉地层的焦土层,令人兴奋不已。

1989年(平成元年)以来,我一直在京都外国语大学工作,方方面面都受到学校的照顾。如果没有学校给予的薪水、研究费,要继续进行研究,是相当困难的。此外,同僚们也给予我诸多帮助。通过出席校内的研究会、报告会等活动,我增长了见闻。在本书全部十一章论考中,有六章最初发表于京都外国语大学的纪要。在学校中,我承担作为通识课的世界史。在此特别想提一句的,是讲授三国历史时学生激进的质问。特别有印象的是两个问题。其一,是学生问我《三国志》等文献史料是否都是谎言。这一有关[文献]史料可信度的问题,我当时未能加以反驳。当时,我的脑海中混混沌沌,未能发一言。之所以如此,是因为当时我觉得,如果文献史料在撰者本人无意识的表现中,反映了当时代通行的事实,那么应当是可以相信的。不管怎样,以学生的这一质问为契机,我在文献史料之外,开始更多地使用出土史料,也更为有意识地进行史料批判。对于"准当代史料"的相关思考,就是其例。①另一个问题,是一次上课时,学生看到我表情无聊,就突然笑着问我:"老师您觉得上课、研究有趣吗?"面对这一冲击学问原点的质问,我语无伦次,最终未能回答。对我自己而言,只是朴素地喜爱历史。通过撰写论文来解答历史上的疑问,这令我快乐。我将魏晋历史完完全全地作为自己自由研究之物,却未能在课堂传授给学生。对这一点,我也有所反省。

我在认真思考后,总结自己研究方法的特征,是一贯以魏晋,特别是西晋作为时空范围,发现朴素的疑问,根据生活于当时代

---

① 参见本书序言中"魏晋史的史料特征"一节。

人们的思想加以扩展（或许是受到大学入学前后学生运动的影响），找到解决问题的方向，检索资料，撰写论文。但很多时候，论文的水平有限。经常是以研究会等场合的口头报告为开端，而后最终好不容易形成论文。此外，论文选题往往来自突然浮现出的疑问，因而缺乏连贯性，十分零散，并非深思熟虑。与此同时，由于自己的研究往往是临阵磨枪，因此许多论文对涉及的各领域理解并不透彻，专业性不强，像个门外汉。因此，编写本书时，在进行总结、撰写全新"结语"的阶段，由于研究不成体系，感到非常的困扰，可以说是自作自受。

此外，如要问我对于六朝贵族制的理解。当年显然只停留在表面理解的程度，在《晋武帝司马炎》一书中，我也未能描绘出魏晋时代与六朝贵族制的关联。之后，为了领会贵族制论的原点——内藤湖南的贵族制论，我参加了内藤湖南研究会等活动，撰写了几篇相关论文，但时至今日，也说不上完全理解这一理论。目前我对于六朝贵族制的理解，见于本书序论的《贵族·贵族制·贵族制社会》一节。不过我认为，川胜义雄的贵族制论基本是正确的。之所以这么说，是因为在川胜义雄几乎没有涉及的魏晋时代，尤其是西晋时代，舆论的存在成为推进八王之乱的原动力（本书第五章）；堕落、本末颠倒的"豪"这一人物评价，在东汉以来便一直存在（本书第八章）；东汉末年浊流势力、清流势力与逸民人士的对立结构，在西晋时代的《钱神论》《释时论》中也能看到（本书第十章）。如此这般，由朴素疑问出发得出的个人研究结果，成了川胜义雄贵族制论的旁证。这种情况一直持续至今。

在最后，想对本书的出版直接予以帮助的诸多方面，尤其是一直以来对我加以指导的谷川道雄先生；曾鼓励我出版本书的夫马进先生；从前著《晋武帝司马炎》开始就一直指出诸多错别字、承担在初校中确认史料原文等校对工作,快速完工的山口正晃;在百忙之中迅速撰写中文目录、各章摘要的李济沧;负责出版的京都大学学术出版会,尤其是热忱、细心的国方荣二责编表达谢意。

此外,本书的出版,受到了京都外国语大学国际语言和平研究所(所长为堀川彻)所提供的高额出版资助。在此,也正式向相关诸位表示感谢。

最后的最后,想把这本书献给煞费苦心让我节制饮酒,粗茶淡饭以维持健康,曾为《晋武帝司马炎》一书制作索引的吾之爱妻——福原(原姓山村)弘子。

译后记

福原启郎先生所著《魏晋政治社会史研究》一书由京都大学学术出版会出版于 2012 年。该书作为福原先生多年来研究魏晋政治社会史的集结之作,收录了诸如《关于〈晋辟雍碑〉的考察》《八王之乱的本质》《西晋墓志的意义》等魏晋史领域的经典研究,出版后随即受到了学界的广泛关注与好评,学术价值无需赘言。此次,我们有幸承担中文版本的翻译,希望能够为中日历史学界的进一步交流尽绵薄之力,也衷心期待有更多的读者通过这部著作对魏晋历史与时代特征有所了解、产生兴趣。

此次翻译出版,虽然基本维持了日文版本的原貌,但仍有一些差异之处,在此稍加说明:

(1)原书多以"[作者+年代]"的形式在正文中直接标注文献,本书则转换为页下注的形式。此外,对原书中需要进一步说明的内容,或是书中说法与史料记载存在差异的地方,本书皆以译者按语的形式放入页下注。

(2)原书中以日语训读形式转写的古籍史料,统一转回原文。原书中以现代日本语翻译的古籍史料,以中文白话的形式写出。

(3)原书末尾附有李济沧老师翻译的各章中文摘要,本书予以保留,并进行了若干调整。

(4) 出于种种原因,删去了原书的索引部分,敬请读者谅解。

本书翻译工作的分工如下:中文版序、序论、第一章、第二章、第三章、第四章、第十章、结语、参考文献、后记,由陆帅翻译;第五章、第六章、第七章、第十一章,由刘萃峰翻译;第八章、第九章,由张紫毫翻译。最终由陆帅进行统稿。统稿的原则,是主要就格式进行统一。在不影响原意的情况下,尽量不调整语句表达形式,以保留不同译者的文风。

最后,想对本书出版过程中给予帮助的诸多师友进行感谢。

首先要感谢福原启郎老师在我们的冒昧请求下慨然应允《魏晋政治社会史研究》中文版的翻译。译者组成员都曾赴京都访学,在日本期间,承蒙福原老师诸多的关照与指导,一直感念于心。

其次,要感谢"海外中国研究丛书"主编刘东老师、江苏人民出版社社长王保顶老师将《魏晋政治社会史研究》接纳为丛书的一种,为本书的出版提供了平台与渠道。也要感谢本书责任编辑洪扬女士耐心细致的工作,不仅在体例、图片方面与我们反复沟通,还帮助纠正译文中的不少错误。

此外,还要感谢在百忙之中为此次中译本撰写推荐语的南京师范大学李济沧老师、日本东北大学川合安老师,以及在翻译过程中提供宝贵帮助的张学锋老师、葭森健介老师与小野响、三田辰彦、汪华龙、马云超、张今、张仲胤、徐莎莎、侯月影、胡伟、越石、李耀等诸多好友、同学。当然,还要感谢我们的家人对翻译工作的理解与支持。

本书的翻译工作是在国内抗击新冠疫情最为艰难的时刻进行的,在此谨向广大的一线医务工作者与志愿者致敬。

陆帅、刘萃峰、张紫毫
于建康篱门外
2020 年 7 月 15 日

"海外中国研究丛书"书目

1. 中国的现代化　[美]吉尔伯特·罗兹曼 主编　国家社会科学基金"比较现代化"课题组 译　沈宗美 校
2. 寻求富强:严复与西方　[美]本杰明·史华兹 著　叶凤美 译
3. 中国现代思想中的唯科学主义(1900—1950)　[美]郭颖颐 著　雷颐 译
4. 台湾:走向工业化社会　[美]吴元黎 著
5. 中国思想传统的现代诠释　余英时 著
6. 胡适与中国的文艺复兴:中国革命中的自由主义,1917—1937　[美]格里德 著　鲁奇 译
7. 德国思想家论中国　[德]夏瑞春 编　陈爱政 等译
8. 摆脱困境:新儒学与中国政治文化的演进　[美]墨子刻 著　颜世安 高华 黄东兰 译
9. 儒家思想新论:创造性转换的自我　[美]杜维明 著　曹幼华 单丁 译　周文彰 等校
10. 洪业:清朝开国史　[美]魏斐德 著　陈苏镇 薄小莹 包伟民 陈晓燕 牛朴 谭天星 译　阎步克 等校
11. 走向 21 世纪:中国经济的现状、问题和前景　[美]D. H. 帕金斯 著　陈志标 编译
12. 中国:传统与变革　[美]费正清 赖肖尔 主编　陈仲丹 潘兴明 庞朝阳 译　吴世民 张子清 洪邮生 校
13. 中华帝国的法律　[美]D. 布朗 C. 莫里斯 著　朱勇 译　梁治平 校
14. 梁启超与中国思想的过渡(1890—1907)　[美]张灏 著　崔志海 葛夫平 译
15. 儒教与道教　[德]马克斯·韦伯 著　洪天富 译
16. 中国政治　[美]詹姆斯·R. 汤森 布兰特利·沃马克 著　顾速 董方 译
17. 文化、权力与国家:1900—1942 年的华北农村　[美]杜赞奇 著　王福明 译
18. 义和团运动的起源　[美]周锡瑞 著　张俊义 王栋 译
19. 在传统与现代性之间:王韬与晚清革命　[美]柯文 著　雷颐 罗检秋 译
20. 最后的儒家:梁漱溟与中国现代化的两难　[美]艾恺 著　王宗昱 冀建中 译
21. 蒙元入侵前夜的中国日常生活　[法]谢和耐 著　刘东 译
22. 东亚之锋　[美]小 R. 霍夫亨兹 K. E. 柯德尔 著　黎鸣 译
23. 中国社会史　[法]谢和耐 著　黄建华 黄迅余 译
24. 从理学到朴学:中华帝国晚期思想与社会变化面面观　[美]艾尔曼 著　赵刚 译
25. 孔子哲学思微　[美]郝大维 安乐哲 著　蒋弋为 李志林 译
26. 北美中国古典文学研究名家十年文选 乐黛云　陈珏 编选
27. 东亚文明:五个阶段的对话　[美]狄百瑞 著　何兆武 何冰 译
28. 五四运动:现代中国的思想革命　[美]周策纵 著　周子平 等译
29. 近代中国与新世界:康有为变法与人同思想研究　[美]萧公权 著　汪荣祖 译
30. 功利主义儒家:陈亮对朱熹的挑战　[美]田浩 著　姜长苏 译
31. 莱布尼兹和儒学　[美]孟德卫 著　张学智 译
32. 佛教征服中国:佛教在中国中古早期的传播与适应　[荷兰]许理和 著　李四龙 裴勇 等译
33. 新政革命与日本:中国,1898—1912　[美]任达 著　李仲贤 译
34. 经学、政治和宗族:中华帝国晚期常州今文学派研究　[美]艾尔曼 著　赵刚 译
35. 中国制度史研究　[美]杨联陞 著　彭刚 程钢 译

36. 汉代农业:早期中国农业经济的形成 [美]许倬云 著 程农 张鸣 译 邓正来 校
37. 转变的中国:历史变迁与欧洲经验的局限 [美]王国斌 著 李伯重 连玲玲 译
38. 欧洲中国古典文学研究名家十年文选 乐黛云 陈珏 龚刚 编选
39. 中国农民经济:河北和山东的农民发展,1890—1949 [美]马若孟 史建云 译
40. 汉哲学思维的文化探源 [美]郝大维 安乐哲 著 施忠连 译
41. 近代中国之种族观念 [英]冯客 著 杨立华 译
42. 血路:革命中国中的沈定一(玄庐)传奇 [美]萧邦奇 著 周武彪 译
43. 历史三调:作为事件、经历和神话的义和团 [美]柯文 著 杜继东 译
44. 斯文:唐宋思想的转型 [美]包弼德 刘宁 译
45. 宋代江南经济史研究 [日]斯波义信 著 方健 何忠礼 译
46. 一个中国村庄:山东台头 杨懋春 著 张雄 沈炜 秦美珠 译
47. 现实主义的限制:革命时代的中国小说 [美]安敏成 姜涛 译
48. 上海罢工:中国工人政治研究 [美]裴宜理 著 刘平 译
49. 中国转向内在:两宋之际的文化转向 [美]刘子健 著 赵冬梅 译
50. 孔子:即凡而圣 [美]赫伯特·芬格莱特 著 彭国翔 张华 译
51. 18世纪中国的官僚制度与荒政 [法]魏丕信 著 徐建青 译
52. 他山的石头记:宇文所安自选集 [美]宇文所安 著 田晓菲 编译
53. 危险的愉悦:20世纪上海的娼妓问题与现代性 [美]贺萧 著 韩敏中 盛宁 译
54. 中国食物 [美]尤金·N.安德森 著 马孆 刘东 译 刘东 审校
55. 大分流:欧洲、中国及现代世界经济的发展 [美]彭慕兰 著 史建云 译
56. 古代中国的思想世界 [美]本杰明·史华兹 著 程钢 译 刘东 校
57. 内闱:宋代的婚姻和妇女生活 [美]伊沛霞 著 胡志宏 译
58. 中国北方村落的社会性别与权力 [加]朱爱岚 著 胡玉坤 译
59. 先贤的民主:杜威、孔子与中国民主之希望 [美]郝大维 安乐哲 著 何刚强 译
60. 向往心灵转化的庄子:内篇分析 [美]爱莲心 著 周炽成 译
61. 中国人的幸福观 [德]鲍吾刚 著 严蓓雯 韩雪临 吴德祖 译
62. 闺塾师:明末清初江南的才女文化 [美]高彦颐 著 李志生 译
63. 缀珍录:十八世纪及其前后的中国妇女 [美]曼素恩 著 定宜庄 颜宜葳 译
64. 革命与历史:中国马克思主义历史学的起源,1919—1937 [美]德里克 著 翁贺凯 译
65. 竞争的话语:明清小说中的正统性、本真性及所生成之意义 [美]艾梅兰 著 罗琳 译
66. 中国妇女与农村发展:云南禄村六十年的变迁 [加]宝森 著 胡玉坤 译
67. 中国近代思维的挫折 [日]岛田虔次 著 甘万萍 译
68. 中国的亚洲内陆边疆 [美]拉铁摩尔 著 唐晓峰 译
69. 为权力祈祷:佛教与晚明中国士绅社会的形成 [加]卜正民 著 张华 译
70. 天潢贵胄:宋代宗室史 [美]贾志扬 著 赵冬梅 译
71. 儒家之道:中国哲学之探讨 [美]倪德卫 著 [美]万白安 编 周炽成 译
72. 都市里的农家女:性别、流动与社会变迁 [澳]杰华 著 吴小英 译
73. 另类的现代性:改革开放时代中国性别化的渴望 [美]罗丽莎 著 黄新 译
74. 近代中国的知识分子与文明 [日]佐藤慎一 著 刘岳兵 译
75. 繁盛之阴:中国医学史中的性(960—1665) [美]费侠莉 著 甄橙 主译 吴朝霞 主校
76. 中国大众宗教 [美]韦思谛 编 陈仲丹 译
77. 中国诗画语言研究 [法]程抱一 著 涂卫群 译
78. 中国的思维世界 [日]沟口雄三 小岛毅 著 孙歌 等译

79. 德国与中华民国　[美]柯伟林 著　陈谦平 陈红民 武菁 申晓云 译　钱乘旦 校
80. 中国近代经济史研究:清末海关财政与通商口岸市场圈　[日]滨下武志 著　高淑娟 孙彬 译
81. 回应革命与改革:皖北李村的社会变迁与延续　韩敏 著　陆益龙 徐新玉 译
82. 中国现代文学与电影中的城市:空间、时间与性别构形　[美]张英进 著　秦立彦 译
83. 现代的诱惑:书写半殖民地中国的现代主义(1917—1937)　[美]史书美 著　何恬 译
84. 开放的帝国:1600年前的中国历史　[美]芮乐伟·韩森 著　梁侃 邹劲风 译
85. 改良与革命:辛亥革命在两湖　[美]周锡瑞 著　杨慎之 译
86. 章学诚的生平及其思想　[美]倪德卫 著　杨立华 译
87. 卫生的现代性:中国通商口岸卫生与疾病的含义　[美]罗芙芸 著　向磊 译
88. 道与庶道:宋代以来的道教、民间信仰和神灵模式　[美]韩明士 著　皮庆生 译
89. 间谍王:戴笠与中国特工　[美]魏斐德 著　梁禾 译
90. 中国的女性与性相:1949年以来的性别话语　[英]艾华 著　施施 译
91. 近代中国的犯罪、惩罚与监狱　[荷]冯客 著　徐有威 等译　潘兴明 校
92. 帝国的隐喻:中国民间宗教　[英]王斯福 著　赵旭东 译
93. 王弼《老子注》研究　[德]瓦格纳 著　杨立华 译
94. 寻求正义:1905—1906年的抵制美货运动　[美]王冠华 著　刘甜甜 译
95. 传统中国日常生活中的协商:中古契约研究　[美]韩森 著　鲁西奇 译
96. 从民族国家拯救历史:民族主义话语与中国现代史研究　[美]杜赞奇 著　王宪明 高继美 李海燕 李点 译
97. 欧几里得在中国:汉译《几何原本》的源流与影响　[荷]安国风 著　纪志刚 郑诚 郑方磊 译
98. 十八世纪中国社会　[美]韩书瑞 罗友枝 著　陈仲丹 译
99. 中国与达尔文　[美]浦嘉珉 著　钟永强 译
100. 私人领域的变形:唐宋诗词中的园林与玩好　[美]杨晓山 著　文韬 译
101. 理解农民中国:社会科学哲学的案例研究　[美]李丹 著　张天虹 张洪云 张胜波 译
102. 山东叛乱:1774年的王伦起义　[美]韩书瑞 著　刘平 唐雁超 译
103. 毁灭的种子:战争与革命中的国民党中国(1937—1949)　[美]易劳逸 著　王建朗 王贤知 贾维 译
104. 缠足:"金莲崇拜"盛极而衰的演变　[美]高彦颐 著　苗延威 译
105. 饕餮之欲:当代中国的食与色　[美]冯珠娣 著　郭乙瑶 马磊 江素侠 译
106. 翻译的传说:中国新女性的形成(1898—1918)　胡缨 著　龙瑜宬 彭珊珊 译
107. 中国的经济革命:二十世纪的乡村工业　[日]顾琳 著　王玉茹 张玮 李进霞 译
108. 礼物、关系学与国家:中国人际关系与主体性建构　杨美慧 著　赵旭东 孙珉 译　张跃宏 译校
109. 朱熹的思维世界　[美]田浩 著
110. 皇帝和祖宗:华南的国家与宗族　[英]科大卫 著　卜永坚 译
111. 明清时代东亚海域的文化交流　[日]松浦章 著　郑洁西 等译
112. 中国美学问题　[美]苏源熙 著　卞东波 译　张强强 朱霞欢 校
113. 清代内河水运史研究　[日]松浦章 著　董科 译
114. 大萧条时期的中国:市场、国家与世界经济　[日]城山智子 著　孟凡礼 尚国敏 译　唐磊 校
115. 美国的中国形象(1931—1949)　[美]T.克里斯托弗·杰斯普森 著　姜智芹 译
116. 技术与性别:晚期帝制中国的权力经纬　[英]白馥兰 著　江湄 邓京力 译

117. 中国善书研究　［日］酒井忠夫 著　刘岳兵 何英莺 孙雪梅 译
118. 千年末世之乱:1813 年八卦教起义　［美］韩书瑞 著　陈仲丹 译
119. 西学东渐与中国事情　［日］增田涉 著　由其民 周启乾 译
120. 六朝精神史研究　［日］吉川忠夫 著　王启发 译
121. 矢志不渝:明清时期的贞女现象　［美］卢苇菁 著　秦立彦 译
122. 明代乡村纠纷与秩序:以徽州文书为中心　［日］中岛乐章 著　郭万平 高飞 译
123. 中华帝国晚期的欲望与小说叙述　［美］黄卫总 著　张蕴爽 译
124. 虎、米、丝、泥:帝制晚期华南的环境与经济　［美］马立博 著　王玉茹 关永强 译
125. 一江黑水:中国未来的环境挑战　［美］易明 著　姜智芹 译
126. 《诗经》原意研究　［日］家井真 著　陆越 译
127. 施剑翘复仇案:民国时期公众同情的兴起与影响　［美］林郁沁 著　陈湘静 译
128. 华北的暴力和恐慌:义和团运动前夕基督教传播和社会冲突　［德］狄德满 著　崔华杰 译
129. 铁泪图:19 世纪中国对于饥馑的文化反应　［美］艾志端 著　曹曦 译
130. 饶家驹安全区:战时上海的难民　［美］阮玛霞 著　白华山 译
131. 危险的边疆:游牧帝国与中国　［美］巴菲尔德 著　袁剑 译
132. 工程国家:民国时期(1927—1937)的淮河治理及国家建设　［美］戴维·艾伦·佩兹 著　姜智芹 译
133. 历史宝筏:过去、西方与中国妇女问题　［美］季家珍 著　杨可 译
134. 姐妹们与陌生人:上海棉纱厂女工,1919—1949　［美］韩起澜 著　韩慈 译
135. 银线:19 世纪的世界与中国　林满红 著　詹庆华 林满红 译
136. 寻求中国民主　［澳］冯兆基 著　刘悦斌 徐硙 译
137. 墨梅　［美］毕嘉珍 著　陆敏珍 译
138. 清代上海沙船航运业史研究　［日］松浦章 著　杨蕾 王亦诤 董科 译
139. 男性特质论:中国的社会与性别　［澳］雷金庆 著　［澳］刘婷 译
140. 重读中国女性生命故事　游鉴明 胡缨 季家珍 主编
141. 跨太平洋位移:20 世纪美国文学中的民族志、翻译和文本间旅行　黄运特 著　陈倩 译
142. 认知诸形式:反思人类精神的统一性与多样性　［英］G.E.R.劳埃德 著　池志培 译
143. 中国乡村的基督教:1860—1900 江西省的冲突与适应　［美］史维东 著　吴薇 译
144. 假想的"满大人":同情、现代性与中国疼痛　［美］韩瑞 著　袁剑 译
145. 中国的捐纳制度与社会　伍跃 著
146. 文书行政的汉帝国　［日］富谷至 著　刘恒武 孔李波 译
147. 城市里的陌生人:中国流动人口的空间、权力与社会网络的重构　［美］张骊 著　袁长庚 译
148. 性别、政治与民主:近代中国的妇女参政　［澳］李木兰 著　方小平 译
149. 近代日本的中国认识　［日］野村浩一 著　张学锋 译
150. 狮龙共舞:一个英国人笔下的威海卫与中国传统文化　［英］庄士敦 著　刘本森 译　威海市博物馆 郭大松 校
151. 人物、角色与心灵:《牡丹亭》与《桃花扇》中的身份认同　［美］吕立亭 著　白华山 译
152. 中国社会中的宗教与仪式　［美］武雅士 著　彭泽安 邵铁峰 译　郭潇威 校
153. 自贡商人:近代早期中国的企业家　[美]曾小萍 著　董建中 译
154. 大象的退却:一部中国环境史　[英]伊懋可 著　梅雪芹 毛利霞 王玉山 译
155. 明代江南土地制度研究　[日]森正夫 著　伍跃 张学锋 等译　范金民 夏维中 审校
156. 儒学与女性　[美]罗莎莉 著　丁佳伟 曹秀娟 译

157. 行善的艺术:晚明中国的慈善事业　[美]韩德林 著　吴士勇 王桐 史桢豪 译
158. 近代中国的渔业战争和环境变化　[美]穆盛博 著　胡文亮 译
159. 权力关系:宋代中国的家族、地位与国家　[美]柏文莉 著　刘云军 译
160. 权力源自地位:北京大学、知识分子与中国政治文化,1898—1929　[美]魏定熙 著　张蒙 译
161. 工开万物:17世纪中国的知识与技术　[德]薛凤 著　吴秀杰 白岚玲 译
162. 忠贞不贰:辽代的越境之举　[英]史怀梅 著　曹流 译
163. 内藤湖南:政治与汉学(1866—1934)　[美]傅佛果 著　陶德民 何英莺 译
164. 他者中的华人:中国近现代移民史　[美]孔飞力 著　李明欢 译　黄鸣奋 校
165. 古代中国的动物与灵异　[英]胡司德 著　蓝旭 译
166. 两访中国茶乡　[英]罗伯特·福琼 著　敖雪岗 译
167. 缔造选本:《花间集》的文化语境与诗学实践　[美]田安 著　马强才 译
168. 扬州评话探讨　[丹麦]易德波 著　米锋 易德波 译　李今芸 校译
169. 《左传》的书写与解读　李惠仪 著　文韬 许明德 译
170. 以竹为生:一个四川手工造纸村的20世纪社会史　[德]艾约博 著　韩巍 译　吴秀杰 校
171. 东方之旅:1579—1724耶稣会传教团在中国　[美]柏理安 著　毛瑞方 译
172. "地域社会"视野下的明清史研究:以江南和福建为中心　[日]森正夫 著　于志嘉 马一虹 黄东兰 阿风 等译
173. 技术、性别、历史:重新审视帝制中国的大转型　[英]白馥兰 著　吴秀杰 白岚玲 译
174. 中国小说戏曲史　[日]狩野直喜 著　张真 译
175. 历史上的黑暗一页:英国外交文件与英美海军档案中的南京大屠杀　[美]陆束屏 编著/翻译
176. 罗马与中国:比较视野下的古代世界帝国　[奥]沃尔特·施德尔 主编　李平 译
177. 矛与盾的共存:明清时期江西社会研究　[韩]吴金成 著　崔荣根 译　薛戈 校译
178. 唯一的希望:在中国独生子女政策下成年　[美]冯文 著　常姝 译
179. 国之枭雄:曹操传　[澳]张磊夫 著　方笑天 译
180. 汉帝国的日常生活　[英]鲁惟一 著　刘洁 余霄 译
181. 大分流之外:中国和欧洲经济变迁的政治　[美]王国斌 罗森塔尔 著　周琳 译　王国斌 张萌 审校
182. 中正之笔:颜真卿书法与宋代文人政治　[美]倪雅梅 著　杨简茹 译　祝帅 校译
183. 江南三角洲市镇研究　[日]森正夫 编　丁韵 胡婧 等译　范金民 审校
184. 忍辱负重的使命:美国外交官记载的南京大屠杀与劫后的社会状况　[美]陆束屏 编著/翻译
185. 修仙:古代中国的修行与社会记忆　[美]康儒博 著　顾漩 译
186. 烧钱:中国人生活世界中的物质精神　[美]柏桦 著　袁剑 刘玺鸿 译
187. 话语的长城:文化中国历险记　[美]苏源熙 著　盛珂 译
188. 诸葛武侯　[日]内藤湖南 著　张真 译
189. 盟友背信:一战中的中国　[英]吴芳思 克里斯托弗·阿南德尔 著　张宇扬 译
190. 亚里士多德在中国:语言、范畴和翻译　[英]罗伯特·汪迪 著　韩小强 译
191. 马背上的朝廷:巡幸与清朝统治的建构,1680—1785　[美]张勉治 著　董建中 译
192. 申不害:公元前四世纪中国的政治哲学家　[美]顾立雅 著　马腾 译
193. 晋武帝司马炎　[日]福原启郎 著　陆帅 译
194. 唐人如何吟诗:带你走进汉语音韵学　[日]大岛正二 著　柳悦 译

195. 古代中国的宇宙论　［日］浅野裕一 著　吴昊阳 译
196. 中国思想的道家之论：一种哲学解释　［美］陈汉生 著　周景松 谢尔逊 等译　张丰乾 校译
197. 诗歌之力：袁枚女弟子屈秉筠(1767—1810)　［加］孟留喜著　吴夏平 译
198. 中国逻辑的发现　［德］顾有信 著　陈志伟 译
199. 高丽时代宋商往来研究　［韩］李镇汉 著　李廷青 戴琳剑译　楼正豪 校
200. 中国近世财政史研究　［日］岩井茂树 著　付勇 译　范金民 审校
201. 北京的人力车夫：1920年代的市民与政治　［美］史谦德 著　周书垚 袁剑译　周育民 校
202. 魏晋政治社会史研究　［日］福原启郎 著　陆帅 刘萃峰 张紫毫 译
203. 宋帝国的危机与维系：信息、领土与人际网络　［比利时］魏希德 著　刘云军 译